普通高等教育"十一五"国家级规划教材

新形态教材

U0719584

中学生物学教学论

（第3版）

主　编

刘恩山

编　者

张春雷　刘　晟　刘恩山

周丏晓　赵萍萍　李高峰

赵　博　杨文源　王　健

李秀菊　李　诺　张颖之

夏晓烨　张海和

质检

高等教育出版社·北京

内容简介

　　《中学生物学教学论(第3版)》立足于国内教育改革的推进、生物学课堂教学的实践,以及国际科学教育的发展,旨在提高职前和在职中学生物学教师教学理论和技能,同时助力中学生物学课程目标的达成。新版教材重点强调了对生物学核心素养的理解和生物学课程改革的方向与任务,凸显了对科学本质理解的要求和对科学教育理论的理解与应用,增加了适应改革需要的教学策略,并在保留原有基础性内容的同时,更新了教育技术、教师备课、教师专业发展、教学评价和校外活动等内容。

　　全书共12章,内容包括中学生物学课程、自然科学的本质特征、生物学核心素养、生物学教育的学习和教学理论、生物学课堂常用的教学策略、基本教学技能、在课堂中使用多种教育技术、生物学教师的备课、生物学教育评价、生物学校外活动与教学中的安全、生物学教师的专业素养发展与教育研究,以及国际科学教育发展概览。本教材配套的数字课程与纸质教材一体化设计,内容包括本章小结、参考文献,以及拓展阅读与视频讲解等丰富内容。

　　本书是一本具备了课程目标达成、反映时代要求和迭代升级教学的实用专业教材,不仅适合师范院校生物学教育专业的学生使用,也可供在职中学生物学教师进修学习与参考。

图书在版编目(CIP)数据

　　中学生物学教学论 / 刘恩山主编 . -- 3 版 . -- 北京:
高等教育出版社,2020.9(2021.11 重印)
　　ISBN 978-7-04-054592-0

　　Ⅰ . ①中… Ⅱ . ①刘… Ⅲ . ①生物课 – 教学研究 – 中
学 Ⅳ . ① G633.912

　　中国版本图书馆 CIP 数据核字(2020)第 123949 号

ZHONGXUE SHENGWUXUE JIAOXUELUN

| 策划编辑 | 吴雪梅 靳 然 | 责任编辑 | 靳 然 | 封面设计 | 王 鹏 | 版式设计 | 王艳红 |
| 责任校对 | 刘 莉 | 责任印制 | 刘思涵 | | | | |

出版发行	高等教育出版社	网　　址	http://www.hep.edu.cn
社　　址	北京市西城区德外大街4号		http://www.hep.com.cn
邮政编码	100120	网上订购	http://www.hepmall.com.cn
印　　刷	北京汇林印务有限公司		http://www.hepmall.com
开　　本	787mm×960mm　1/16		http://www.hepmall.cn
印　　张	19.25	版　　次	2003 年 8 月第 1 版
字　　数	380 千字		2020 年 9 月第 3 版
购书热线	010-58581118	印　　次	2021 年 11 月第 4 次印刷
咨询电话	400-810-0598	定　　价	36.00 元

数字课程（基础版）

中学生物学教学论

（第3版）

主　编　刘恩山

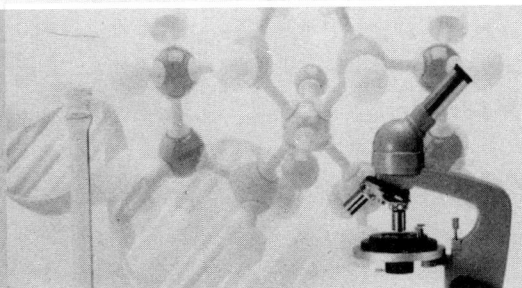

Abook

中学生物学教学论（第3版）

中学生物学教学论（第3版）数字课程围绕纸质教材知识体系，立足呈现更多拓展学习资源。本书配套数字资源涵盖了每章小结和参考文献，以及拓展阅读和视频讲解等内容。建议教师根据教学需求遴选数字资源用于教学，学生可根据学习需求利用这些资源开拓视野，提升学习效果。

用户名：　　　密码：　　　验证码：　　　5360　忘记密码？　登录　注册

http://abook.hep.com.cn/54592

扫描二维码，下载Abook应用

前　言

　　《中学生物学教学论（第 2 版）》于 2009 年出版，当我再次召集编写队伍、制定编写思路、体例框架和修订要求时，已经是 10 年后了。在这 10 年间，全球范围的中小学科学教育、我国的基础教育和生物学教育，以及生物学教师教育都经历了快速的发展，发生了巨大的变化，而这些变化势必会影响师范院校教师教育的课程建设和课堂教学。作为教学参考资源和学生学习支持材料的《中学生物学教学论》，也必须以积极和适度的步伐跟上时代的发展，顺应生物学课程改革和本学科前进的趋势。这就是本书第 3 版编写的缘由，也是作者团队此次修订工作的方向和意图。

　　在设计和构思本书的修订思路和编写框架时，既要考虑国际科学教育的发展，确保本书具备足够的国际视野和良好的学术积淀，又要立足于国内教育改革的推进和中学生物学课堂教学的实践。这两个要素，成为第 3 版撰写工作的重要基石。

　　在过去的 10 年间，国际科学教育的研究成果更加丰富且更有实践的针对性，包括学习进阶和 STEM 教育等方面的研究成果，直接支持了基础教育科学（生物学）课程的建设，指导了课堂教学实践。同时，学习科学的研究成果也更加清晰地为教师勾勒出了"学生在科学课堂中是如何学习的"。在科学课程设计和指导层面，美国 2012 年颁布的《K-12 科学教育框架》和新一代科学教育标准（NGSS）对科学教育改革具有重要参考价值。

　　在我国，生物学教育在 10 年间也有了阶梯式的跃升和发展。教育部颁布的《义务教育生物学课程标准（2011 年版）》中提出了"倡导主动探究学习，凸显重要概念传递"的改革方向，基于大概念构建的教学内容体系使生物学课程发展迈出了标志性的一大步。《普通高中生物学课程标准（2017 年版）》中又提出了将发展学生的生物学核心素养作为课程宗旨，在中学生物学课程建设的内涵和总体方向上又实现了新的跨越，为教学实践指出了改革的具体图景和方向。中学生物学课程所呈现的巨大变化，是生物学教师专业发展中必须要顾及的要素，也是本教材此次修订的立足点和出发点。

　　在充分考虑高校"中学生物学教学论"及相关课程的自身任务、目标和内容结构等因素后，此次修订最大限度地凸显了上述两个基石的地位和作用，成为新版教材的标志，也使本教材对"中学生物学"课程目标的达成起到了助力和推进作用。教材的更新和提升表现在了质和量两个方面。例如，本书的第一章和第三章中，着重强调了对生物学核心素养的理解和中学生物学课程改革的方向、任务；在第二章和第四章中凸显了对科学本质理解的要求和对科学教育理论的理解、应用；在第五章中应对课程改革的需要，增加了适应改革需要的教学策略，如建模教学策略、论证教学策略及 STEM 教育教学策略；在第七、八、九、十章中，在保留原有的、基础性内容的同时，应对教学实践新的要求更新了教育技术、教师备课、教学评价和校外活动等许多新的内容；第十一章和第十二章则是全新的、加强教师专业发展的内容。从整体上看，本版内容的更新率将近 60%，是一本具备了课程目标达成、反映时代要求和迭代升级教学的专业教材。正是因为如此，本版教材不仅适合师范院校的学生使用，也适合在职中学生物学教师的进修学习。

本版教材具备了以下特点：高度的教学目标指向；反映时代的特点，立足我国中学生物学教学的实际需求；开阔的国际视野，扎实的文献支持；坚实的理论基础和研究成果的支持；丰富的教学方法指导和可操作性强的策略、技能引领；完整的内容结构和逻辑体系。

本版教材的另外一个变化就是作者团队的组成。教材由 12 章组成，作者来自多所高等师范院校，教材的每章安排 1 位主要作者。作者在编写框架的范围内，展现了本学科的新内容和新成果。教材中第二章、第八章、第十一章、第十二章等为此次修订的新编章节；有些章节增加了全新的内容，如第三章、第四章、第五章等，使教材充满学术活力。特别要提到的是，本次参与修订工作的新增作者，均为近 15 年里毕业的生物学教育专业的博士生，他们有的是任职不久的讲师，有的是年轻的副教授，也有十几年教龄的教授，代表了我国生物学教育领域中的新生力量；他们每人在不同的研究领域，如科学本质、建模教学、评价测量等方面都学有所长、术有专攻。每位作者负责的内容均为他们的学术专长。这样的安排，也让本教材可以展现出更深厚的研究基础和更鲜明的学术亮点！

当然，众多的执笔人可以汇集更多的学术智慧，但也会造成文字风格上不尽相同。除此之外，由于学术水平的局限和编写时间的限制，我们的作品中可能存在些许瑕疵，也恳请广大读者包容和指正。

刘恩山

2020 年 2 月　于多伦多

目　　录

第一章

中学生物学课程

◇◇◇

本章学习目标

1. 概述中学生物学课程的性质和地位。
2. 阐明中学生物学课程的价值和目标。
3. 正确认识和理解中学生物学课程标准，并能利用课程标准指导课程与教学相关决策。
4. 概述中学生物学课程的教学内容和要求。

生物学课程是基础教育中学阶段重要的科学课程。随着时代的前进，生物科学技术也迅速发展并对人类社会产生了日益广泛而深入的影响，人们更加关注生物学课程在基础教育中的地位和作用，科学教育家及生物学教育专家们也在不断思考如何使中学生物学课程跟上时代的步伐和科学技术的发展。在过去的几十年间，这些因素都有力地推动了国内与国际中学生物学的课程改革。

为了全面贯彻党的教育方针、落实立德树人根本任务、深入总结 21 世纪以来我国中学课程改革的宝贵经验，我国先后修订了义务教育阶段和高中阶段的生物学课程标准，并分别正式印发了《义务教育生物学课程标准（2011 年版）》和《普通高中生物学课程标准（2017 年版）》。在充分借鉴国际课程改革研究成果的基础上，新修订的高中生物学课程标准不仅更新了教学内容，还凝练了学科核心素养，更成为推动新一轮中学课程改革深化的纲领性教学文件。

生物学课程的不断改革，给生物学教师提出了许多新的挑战和新的要求。在对教师诸多要求之中，一个基本要求就是生物学教师要能够正确认识和理解中学生物学课程，包括对课程的性质、课程的价值、课程目标及课程标准的认识。本章将基于课程标准，就中学生物学课程的这些基本问题展开讨论和介绍。

第一节　中学生物学课程的性质和地位

生物学教师对生物学课程性质、价值的认识是教师专业素养的基本要求之一，这种认识会直接影响教师对自身教学任务的理解和教学行为的调整。因此，生物学教师要对生物学课程性质及其在基础教育中的地位有深入的理解，并能随着新课程的推进，不断地深入思考这个问题。

中学生物学课程从课程性质来说属于学科课程。我国初中阶段的生物学课程是国家统一规定的、以提高学生生物学素养为主要宗旨的必修课程；高中生物学课程是在义务教育基础上，适应高中学生身心发展特点和规划人生、终生发展的需要，以进一步提高生物科学素养为主要目的的科学课程，包括必修、选择性必修和选修3部分内容。中学生物学课程是科学教育中的重要组成部分，它与社会生活、生产，以及其他学科存在着广泛而紧密的联系。

学科的性质是影响学科课程性质的另一个方面。生物学课程是科学课程，这是生物学课程的另一个基本性质。因此，生物学课程要体现科学的本质和特征。每一个生物学教育工作者，不论是教材编写人员、生物学教师，还是教研人员，都应在生物学课程的教学过程中注意向学生展示课程的这一性质。

科学不仅是一个内容丰实的知识体系，也是人类认识自然世界的途径和方法。由于有了这些对生命世界准确地提出问题及获取较为可靠答案的方法，如观察、提出问题、定量、求证等，人类对自身和环境的认识日益深入、全面、可靠。这些方法反映出自然科学与其他领域认识模式的不同，也体现了科学本质和特征最基本的部分。生物学课程作为科学课程，不仅要传播科学的事实和概念，更要体现科学探究的过程。

中学生物学课程中生物技术的内容在不断增加，生物学课程又有技术课程的性质。技术是推动人类文明进步的强大动力，技术增强了人们改变世界的能力，它在许多方面表现为生产力。科学和技术有密切的关系，科学家将科学和技术称为"一个硬币的两面"。在当今世界，生物科学和技术的发展已经充分地表现出了这些特点。中学生物学课程在注意到科学课程性质的同时，也注意到技术的本质和特征。一个具有生物科学素养的人，应该对生物技术的特征有一些基本的认识。这种认识包括生物科学与技术的关系、生物技术与社会的关系，以及生物技术的基本原理。在中学生物学课程中加强生物技术，是我国中学生物学课程在进入21世纪之后的突出变化之一。因此，在实施生物学新课程中，教师要注意体现其技术的性质。

中学生物学课程是面向全体中学生的必修课程，课程的主要目的是发展学生的学科核心素养。在当今社会中，任何一个公民都要在自己的生活和工作中去面对大量与生物学相关的问题，去做出各种决策。因此，生物科学素养对于每个人来说都是必须具备的基本素养。随着社会对生物技术研发投入的不断增加，以及生物工程产业的兴起，将会有更多的人直接或间接地从事与生物学相关的工作。从就业机会和需求上来说，这些工作岗位将接收更多具有一定生物学素养的人。从以上几方面来看，生物学课程的重要性和地位是显而易见的。基于这样的认识，教育部 2001 年颁布的义务教育课程计划中，生物学作为必修课程是自然科学课程中课时最多的。在高中课程方案中，生物学课程与其他大多数自然科学课程有着相同的学分要求。这些都反映了生物学课程在基础教育中必修课程的性质和在科学教育中的重要地位。

第二节　中学生物学课程的价值

生物学课程是中外义务教育阶段的重要核心课程，也是高中课程中的一门重要的理科课程。中学生物学课程的基本价值是这门学科课程在实现我国基础教育课程培养目标过程中的重要作用。生物学课程价值主要表现为以下几个方面。

1. 培养学生的生物科学素养

初中和高中学段生物学课程的所有要求和生物教师在实施课程中的所有努力都是为了培养学生的生物科学素养，具有生物科学素养的人应具有正确的科学态度、价值观和世界观，有一定的科学探究能力，能够理解生物学的核心概念和原理，具有良好的科学思维习惯和理解力，能够应用生物学的知识和方法去面对现实生活中与生物学相关的问题。生物科学素养是构成一个人科学素养必不可少的部分。因此，中学生物学课程在提高全体公民科学素养方面具有不可替代的作用。

2. 为学生终生学习和发展打下基础

中学生物学课程应体现自然科学的本质和特征，学生学习生物学的过程应是一个主动探究和认识生命世界的过程。这一过程不仅要使学生在头脑中构建一个关于生物学的较为完整的"画面"，同时也要提高学生的学习动机，使他们乐于学习和学会学习。通过生物学课程的学习，他们的认知能力，特别是高层次思维能力得到发展，并能有效地利用不同的学习资源和信息技术去获取、判断、筛选和利用信息，掌握终生学习的基本技能，为个人的持续发展打下基础。

3. 为学生步入社会、择业和确定进一步学习的专业方向提供帮助

21 世纪，生命科学和信息技术是率先发展的两个领域，这两个学科的迅速发展不仅推动了自然科学的发展，同时也在改变着我们的生活条件，加速了经济的发展，改变着我们的生活方式和思维方式。科学在推动社会变化的同时，也给人们带来了新的挑战和新的问题。因此，生物学课程也要跟上科学与社会的发展方向，帮助学生了解和适应这些变化和挑战，并有一定的能力去面对那些在日后必须要面对的、与生物学相关的问题。

现代生物技术的发展刺激了生物技术相关产业的扩大，未来将有更多的中学毕业生经过不同水平的培训后加入生物技术产业的大军之中。基础教育中的生物学课程虽然不是职业教育，但应适当介绍与生物技术相关的产业和工作，为学生

择业提供必要的信息和帮助。同时也要介绍生物科学的进展和不同的学术方向，为打算进入高等学校的学生合理地选择专业提供帮助。

生物学课程既有学科独特的课程价值，又有泛学科的课程价值，在生物科学迅速发展并日益影响我们社会变革和发展的今天，这门课程在基础教育中的价值和作用正备受关注。

第三节 中学生物学课程的设置

课程设置是指这一课程的开设学段、课程形式、在总授课学时中所占的比例（即课时）等要求。它反映了课程设计人员对于生物学课程地位、作用及其他课程相互关系的认识。在实行课程统一管理的国家和地区，课程设置一般在政府颁布的课程计划中描述。

从课程内容的组织方式来看，中学生物学课程可分为分科课程和综合课程。与生物学相关的综合课程是包括生物学、物理、化学、地球与宇宙科学等学科内容的综合理科课程（integrated science），也称作科学（science）或自然科学。分科课程是生物学与物理、化学等科目分别独立设课。中学阶段独立开设的生物学课程应称作生物学（biology）。多年来，我国中学生物学课程仍按习惯称之为"生物"。综合课程和分科课程各有优势和局限。

1949 年以后，我国初中学段开设分科的生物课程，在初一至初三年级开设的生物课分别称为"植物""动物"和"人体生理卫生"。20 世纪 90 年代初，在初中生物课程中淡化了学科内的再分科，同时在对原有课程内容适当删减的基础上加入了遗传学和生态学的内容。修改后的课程计划中，初中各年级生物学统称为"生物"。除全国绝大多数省市按照统一要求开设分科课程外，浙江等地还开始试验"自然科学"这一综合课程，并长期坚持以这种方式设课。进入 21 世纪后，开设综合理科课程的学校在广东、辽宁、山西等地的课程改革实验区中先后出现，随后又逐渐消失。从全国来看，开设分科课程的学校仍然是绝大多数。

从世界范围来看，综合理科的课程设置方式已有近百年的历史，但它的迅速发展是在 20 世纪 60 年代以后。综合理科发展的原因至少有两个，一个是受 20 世纪 60 年代一些发达国家理科课程改革运动的影响，另一个是联合国教育、科学和文化组织（UNESCO）的参与和推动。这使得综合理科课程在许多国家初中学段就确立了其优势地位，成为初中生物学（科学）课的主要设课方式。

我国高中学段的生物课是分科课程。新的高中生物学课程包括必修、选择性必修和选修 3 部分内容，必修部分是在初中生物课基础上，对生物学核心知识的扩展和延伸，是全体高中生必须学习的课程，是高中生生物学学科核心素养发展的共同基础。选择性必修课程是学生根据个人需求与升学考试要求选择学习的课程，是学生未来职业与专业发展的基础。选修部分是根据学生的兴趣和志向，由学生自主选择学习的课程，是为学有余力的学生设计的拓展课程及针对本校学生特点和当地资源开设的校本课程，旨在满足学生多样化的兴趣和发展需要，为学生进一步学习和职业规划奠定基础。国外高中生物学的设课方式不尽相同，但开设分科的生物学课程是多数国家高中生物学课程的共同特点。

第四节　中学生物学课程标准

2011 年 12 月教育部颁布了 7 ~ 9 年级《义务教育生物学课程标准（2011 年版）》；2017 年 12 月，又颁布了《普通高中生物学课程标准（2017 年版）》。生物学新课程标准的出台是我国中学生物学课程改革进展中的重大事件，对我国生物学教育的发展及每位中学生物学教育工作者都有直接的影响。什么是课程标准？它与教学大纲有什么不同？生物学教师应该如何使用教育部颁布的课程标准文件？本节内容将帮助中学生物学教师们去了解并学会使用生物学新课程标准。

一、国家课程标准

国家课程标准是由教育部颁布的、带有指令性的、重要的国家课程文件，是国家对基础教育课程的基本规范和要求。《基础教育课程改革纲要（试行）》指出：课程标准是教材编写、教学、评估和考试命题的依据，是国家管理和评价基础教育课程的基础。

国家课程标准体现了国家对不同阶段的学生在知识与技能、过程与方法、态度情感与价值观等方面的要求。生物学课程标准则是具体规定了中学生物学课程的性质、目标、内容框架，并提出了教学评价及编写教材等方面的建议。它是我国基础教育阶段生物学课程的基本规范和质量要求，具有严肃性和规范性，是每位中学生物学教材编写人员、生物学教师和教育管理者开展工作的依据和准绳。

二、生物学课程标准与生物学教学大纲

教育部颁布的另外一种课程文件是"课程计划"。课程计划规定了基础教育阶段的课程门类及课时分配。生物学课程标准根据课程计划，确定了学生在不同阶段生物学课程中的具体学习成果。

在中华人民共和国成立后的 50 年里，我国曾经使用的生物学课程文件一直称作"生物教学大纲"。对于教学大纲的性质和作用，生物学教师与师范生都已有相关了解，但可能依然会疑惑：教学大纲和课程标准有什么不同之处？相比之下，课程标准有什么特点呢？

课程标准和教学大纲的共同之处是它们都是教育部颁布的指令性课程文件，是"编教材、教学、评估、命题"的依据，也就是常说的起到"4个依据"的作用。

而课程标准又有一些与教学大纲不同的特点。

1. 生物学课程标准侧重学习成果，教学大纲强调具体学习内容

课程标准中内容标准的每一个具体标准都描述了学生学习的成果，用行为动词描述了学习后行为上的变化，即能做什么，如"描述种子萌发的条件和过程"。对于每个大主题，课程标准还以陈述句的形式清晰地描述了教师应帮助学生形成的重要概念，进一步明确了学生的学习成果。内容标准中的每一条标准都是一个小的生物学主题，课程标准中共有三级主题。每个主题涵盖了一定的知识范围。课程标准并没有规定具体的学习内容，因此教材编写人员、生物教师可以根据当地的条件、学生情况等因素，自主地选择最合适的学习内容去实现课程标准中的要求。这样，课程标准为实现教材的多样化和"面向全体学生"提供了选择的空间和弹性。

生物教学大纲更注重对具体教学内容的要求，对教学内容规定得十分具体明确，教师们常把这些具体内容要求称作"知识点"。例如与"种子萌发"相关的知识点有4条，包括"种子的结构、种子的成分、种子萌发的条件和过程、有关种子的知识在农业生产中的应用（1992年版）。"早期的生物教学大纲的知识点更细，对分类中要讲授的代表动物、代表植物都有明确规定。在20世纪50年代我国教育总体水平不高的情况下，教学大纲对教学内容整齐划一的规定对提高整体教学水平的促进作用是明显的，但随着社会的进步和我国教育水平及师资队伍的加强，其弊端也逐渐显现了出来。

课程标准中对科学探究、实践调查等教学活动没有做统一的规定，而只是为教师和教材作者理解和实现课程标准中的要求提供了部分"活动建议"。教师可选择设计更好的活动内容，不一定要完全按标准中的建议去做。而教学大纲中的实验、实习则是每本教材中必须要有的内容。这一点也反映了课程标准更注重学生的学习成果，而不拘泥于统一的教学内容要求。

2. 生物学课程标准是基本要求，生物学教学大纲是统一要求

课程标准中内容标准是国家制定的初中、高中阶段所有健全学生应该达到的共同的、统一的生物学素养的基本要求，或者说是最低要求，只规定了教学质量的下限要求，没有规定上限。因此，在经济发达、教学条件好的地区或学校，生物学教师要在保证课程标准基本要求的前提下，根据不同学校、不同班级、不同学生的情况，有针对性地制定不同的教学计划，使学生能够达到更高的学习水平。在条件不利的地区，教师要创造条件，努力达到课程标准的基本要求。

3. 生物学课程标准侧重学科核心素养水平，生物教学大纲侧重知识要求

课程标准中的内容标准不仅包括了知识领域的内容，同时也对基于学科内容载体发展学生学科核心素养水平提出了明确的要求。内容标准的一级主题中也更加注重学生态度、良好习惯的形成，以及技能方法掌握等要求。在内容标准的其他主题中，一些要求既是态度情感的要求，也是操作技能的要求，如"体验一种常见植物的栽培过程。"根据这一条标准，学生应在学习期间至少栽种一种植物，不论是观赏植物，还是农作物都可以，学生可根据自己的居住环境来选择。学生在栽培和呵护植物的过程中形成珍爱生命、热爱大自然的情感，学会基本的栽种技能，理解与此相关的生物学知识。这些方面的要求明显有别于以往的教学大纲，望教师们能注意到这些变化，并将课程标准的意图落实在教学活动中。

4. 生物学课程标准对学习结果的描述均为可见的行为

这些要求是学生可以理解的，并通过努力可以达到的，也便于教师对学生进行评价。课程标准中还更多地采用完整的陈述句来描述学生需要形成的重要科学概念，便于师生在教学过程中重点关注和建构。

5. 生物学课程标准指出教师的任务为落实课程标准，而非教好一本教科书

新课程标准要求生物教师首先要钻研课程标准文件，理解其提出的理念、课程目标和每一条具体课程标准。其次，教师要分析学生情况、学校条件、当地课程资源等因素，并参照课程标准制定适当的单元（主题）教学目标；再次，是要制定适合本校学生的教学方案，包括适当补充和替换教材中的活动或内容，以更好地实现课程标准的要求。最后，是实施教学方案和评价教学成果。教师的任务是开发教学方案、教（实施）生物学课程，而不只限于教教科书。因为很难有一本教科书，完全适合你的学生和当地条件、成为你在实现课程标准中的最佳方案。你可以利用一本教科书作为教学的主要参考，但要对它进行适当的修改和调整。在 20 世纪，教师"忠于教材、分析教材、教好教材"就能出色地完成教师的任务，而在 21 世纪，课程标准给教师提出了新的、更高的要求。

三、生物学课程标准的主要内容和结构

目前，各国课程标准的框架结构和内容不尽相同，没有一个严格的、统一的陈述形式，但大都包括前言、内容标准、评价标准及实施建议等内容。

我国各学科的课程标准采用了相对统一的框架结构。这一框架结构考虑了我国的教育传统和教师的可接受性，又注意吸收了国外课程标准中一些习惯的形式和特点，而且也在随着课程改革深化的需要而发展变化。比如我国《义务教育生物学课程标准（2011 年版）》就沿用了以往的框架，主要包括以下内容：

第一部分：前言。简要地阐明了生物学的特点和价值，生物学课程的地位、作用和价值取向，以及课程的性质、课程的基本理念和课程设计的思路。前言中

阐明的观点，为生物学课程设计定下了基调。

第二部分：课程目标。包括课程的总目标和课程的具体目标。它指示了教师在实施课程中的努力方向（见本章第五节）。

第三部分：内容标准。根据前言中的课程理念、指导思想及课程目标，综合考虑了学生发展的需要、社会需求和生物科学发展，选取适合不同学段学生的教学内容。初中生物标准选取了10个主题：科学探究，生物体的结构层次，生物与环境，生物圈中的绿色植物，生物圈中的人，动物的运动和行为，生物的生殖、发育与遗传，生物的多样性，生物技术，健康地生活。考虑到培养学生的生态环境意识是义务教育的重要任务，以及我国在可持续发展中面临的问题，内容标准选择了"人与生物圈"作为主线，贯穿在10个主题之中。而高中生物学标准由必修和选修两部分、共计6个模块组成，每个模块相当于一个主题。

内容标准的每一个主题都由若干个二级主题构成。每个二级主题中又有一些具体的内容标准，这些具体标准都是用清晰的行为动词描述的行为目标，以便学生和教师理解教学要求和评测教学效果。

第四部分：实施建议。为了在教学中更好地在每一所学校、每一个学生身上落实课程标准，课程标准中还提出了一些实施建议，主要包括教学建议、评价建议、课程资源的开发与利用及教材编写的建议。建议中也包括一些案例，以帮助教师更好地理解一些新的要求或新的方法。

而我国《普通高中生物学课程标准（2017年版）》的框架则发生了较大变化，除了前言、课程目标、内容标准及实施建议等内容之外，最为显著的变化就是凝练了学科核心素养并且明确了学业质量标准。其主要框架如下：

第一部分：课程性质与基本理念。简要地阐明了高中生物学课程的性质和基本理念，为准确地理解、设计和实施高中生物学课程奠定了基调。

第二部分：学科核心素养与课程目标。阐明了生物学学科核心素养与课程目标设计的依据和内容，为教师理解和实施高中生物学课程进一步指明了方向。

第三部分：课程结构。阐明了高中生物学课程结构设计的依据和目的，明确了课程结构方案及选修的相关要求，为学校开设不同类别的高中生物学课程提供依据。

第四部分：课程内容。具体对课程的内容要求、教学提示及学业要求进行了明确，为教师具体实施课程提供了依据和参考。

第五部分：学业质量。以学科核心素养为主要维度刻画了学生课程学习后的学业成就表现，为阶段性评价及学业水平考试命题提供了依据。

第六部分：实施建议。为了更好地实施课程，课程标准中提出了一些实施建议，主要包括教学与评价建议、学业水平考试与命题建议、教材编写建议及地方和学校实施建议等。

此外，在课程标准附录中还提供了一些教学与评价案例以帮助教师更好地理解和实施生物学课程。

从课程标准框架的变化来看，高中生物学课程标准的变化要比初中生物学课程标准的变化更大，特别是生物学核心素养的凝练及学业质量标准的制定都将在教材编写、教学、评估和考试命题等方面产生更为深远的影响，同时也向广大中学生物学教师及教育工作者提出了更高的要求和挑战。

▶▶▶ **视频讲解 1-1**　2017 年版高中课程标准对我国生物学教育有怎样的影响?

第五节　中学生物学课程的目标

教学是一种目的性和计划性极强的行为，教师的每一项教学活动都要依据生物课程的目标来制定和实施。因此，生物学的课程目标对课程的框架、内容、教学策略、教材、实施、评估等重大环节都有着决定性的影响和作用，它是一门课程总体水平的标志之一。课程目标要告诉生物学教师为什么要教，学生通过本课程的学习要学到什么。课程目标为课程人员、教材编写者指出了努力的方向，也是生物学教师备课、上课、分析课的出发点和依据。

一、课程目标的制定依据

基础教育阶段的每一门课程都要为实现国家教育目的、落实国家教育方针服务。因此，制定生物学课程目标的依据是国家的教育方针和全面推进素质教育的要求，以及《基础教育课程改革纲要（试行）》中提出的培养目标："要使学生具有爱国主义、集体主义精神，热爱社会主义、继承和发扬中华民族的优秀传统和革命传统；具有社会主义民主法制意识；遵守国家法律和社会公德；逐步形成正确的世界观、人生观和价值观；具有社会责任感，努力为人民服务；具有初步的创新精神、实践能力、科学和人文素养以及环境意识；具有适应终身学习的基础知识、基本技能和方法；具有健壮的体魄和良好的心理素质，养成健康的审美情趣和生活方式，成为有理想、有道德、有文化、有纪律的一代新人。"生物学课程要为实现这些目标做出贡献，如培养学生的科学素养、帮助学生树立正确的世界观和价值观等。

生物学学科的特点反映了课程设计者对于生物科学的认识和对科学本质的理解。因此，生物学的本质、研究对象的特点、本学科对于社会的作用及对学生现在和将来产生的影响，都是制定目标的依据。

生物学是 21 世纪率先发展的学科之一，它的研究成果正在迅速转化为生产力，显现出巨大的社会效益和经济效益，也改善着人民的生活。生物学还突出显示了科学 – 技术 – 社会（STS）的联系和作用。

生物学关系着每个人的健康和生活，关系着社会的进步和发展，关系着人类的生存和选择。生物学素养是每个现代公民必须具有的素养，是构成科学素养的重要组成部分。发展学生的生物学素养是中学生物学课程的根本目的。

生物学是自然科学中的一个重要学科。科学是一个探究的过程，科学包括了科学知识、思想方法、研究方法等不同维度，课程目标要反映这些基本的学科特点。

还有一些其他的依据，如不同年龄阶段学生的身心发展水平、思维特点，以及学习兴趣和需要等。

二、不同层次的课程目标

国家规定基础教育培养的总目标是最高层次的目标。这些目标要被分解到不同学科中去实现，并由学科课程专家制定出学科课程目标及不同学段（初中、高中）的目标。这是第二层次的、分科课程的目标。生物学教师在教学过程中，要将本学段的课程目标分解成单元或章的目标，这是第三层次的目标，并要进一步分解和制定节的教学目标和以课时为单位的教学目标。这是一个将宏观目标（一、二层次目标）分层转化为具体目标的过程，并最终把它们落实在每一节课的教学之中（图 1-1）。

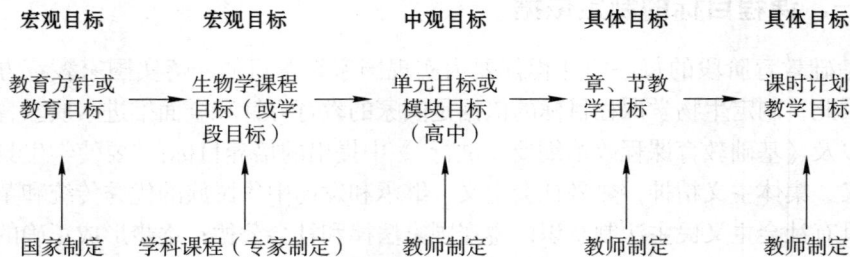

宏观目标	宏观目标	中观目标	具体目标	具体目标
教育方针或教育目标 →	生物学课程目标（或学段目标） →	单元目标或模块目标（高中） →	章、节教学目标 →	课时计划教学目标
↑	↑	↑	↑	↑
国家制定	学科课程（专家制定）	教师制定	教师制定	教师制定

图 1-1 课程目标具体化的过程

教师担负着将宏观目标分解、转化为特定目标并实现这些目标的任务，因此，教师在这一工作中要注意以下几方面。

（1）要在充分理解一、二层次宏观课程目标的基础上，依据高层次目标创造性地拟订可操作、可实现的各层次具体目标。

（2）拟订中观目标和具体教学目标还要依据生物课程标准中相应的内容标准，并充分考虑具体教学任务和内容的特点。

（3）根据学生特点和可以利用的课程资源，制定具体的、切合实际的教学目标。在处于不利地区、生活和资源条件薄弱的学校，教师的教学目标达到课程标准的基本要求即可。对于条件好的学校，教师应考虑达成更高的教学目标。

三、我国中学生物学课程目标

不同国家的大纲或标准在课程目标表述和分类上各不相同，但多数采用了布鲁姆（J. B. Bloom）的分类方法，即将课程目标分为知识、技能、态度情感 3 个领域。我国教育部 2003 年颁布的《普通高中生物课程标准（实验稿）》（10～12 年级）及 2011 年颁布的《义务教育生物学课程标准（2011 年版）》（7～9 年级），都采用了这样的归类方式。

其中《义务教育生物学课程标准（2011 年版）》将课程目标分为两个层次来表述。一是课程总目标，二是课程的具体目标。这样是期望在课程的宏观水平上明确地阐述课程的意图和要求。

（一）中学生物学课程的总目标

课程的总目标是一种宏观的、较为抽象的表述方式，它代表了课程设计者对本课程的认识、理念、期望和要求，指明努力的方向和教师应注意到的不同方面。在我国，初中和高中阶段的课程目标，方向上是一致的，但要求有递进的变化。

1. 初中阶段生物学课程的总目标

根据《义务教育生物学课程标准（2011 年版）》，我国 7～9 年级学段的生物学课程总目标如下。

通过义务教育阶段生物课程的学习，学生将在以下几方面得到发展：

（1）获得生物学基本事实、概念、原理和规律等方面的基础知识，了解并关注这些知识在生活、生产和社会发展中的应用。

（2）初步具有生物学实验操作的基本技能、一定的科学探究和实践能力，养成科学思维的习惯。

（3）理解人与自然和谐发展的意义，提高环境保护意识。

（4）初步形成生物学基本观点、创新意识和科学态度，并为确立辩证唯物主义世界观奠定必要的基础。

2. 高中阶段生物学课程的总目标

根据《普通高中生物学课程标准（2017 年版）》，我国 10～12 年级学段的生物学课程总目标如下。

普通高中生物课程是一门学科类基础课程。学生通过高中生物课程的学习，将获得以下发展：

（1）认识到生物学在坚持人与自然和谐共处、促进科技发展、社会进步和提高人类生活质量等方面的重要贡献。

（2）树立生命观念，能够运用这些观念认识生命现象，探索生命规律。

（3）形成科学思维的习惯，能够运用已有的生物学知识、证据和逻辑对生物学议题进行思考或展开论证。

（4）掌握科学探究的思路和方法，形成合作精神，善于从实践的层面探讨或尝试解决现实生活问题。

（5）具有开展生物学实践活动的意愿和社会责任感，在面对现实世界的挑战时，能充分利用生物学知识主动宣传引导，愿意承担抵制毒品和不良生活习惯等社会责任，为继续学习和走向社会打下认识和实践的基础。

（二）中学生物学课程的具体目标

我国初中和高中学段生物课程总目标概括性地描述了学生多个方面发展的要求。而生物学课程具体目标则是对总目标的进一步解释和具体明确。进入 21 世纪后，我国中学生物学课程具体目标包括了以下内容。其中初中生物学课程的具体目标是按照知识、能力、情感态度与价值观 3 个方面描述，高中则是按照生命观念、科学思维、科学探究及社会责任 4 个学科核心素养来描述的。

1. 初中阶段生物学课程的具体目标

（1）知识方面。获得有关生物体的结构层次、生命活动、生物与环境、生物多样性、生物进化，以及生物技术等生物学基本事实、概念、原理和规律的基础知识；获得有关人体结构、功能，以及卫生保健的知识，促进生理和心理的健康发展；知道生物科学技术在生活、生产和社会发展中的应用及其可能产生的影响。

（2）能力方面。正确使用显微镜等生物学实验中常用的仪器和用具，具备一定的实验操作能力；初步具有收集和利用课内外的图文资料及其他信息的能力；初步学会生物科学探究的一般方法，发展学生提出问题、做出假设、制订计划、实施计划、得出结论、表达和交流的科学探究能力；在科学探究中发展合作能力、实践能力和创新能力；初步学会运用所学的生物学知识分析和解决某些生活、生产或社会实际问题。

（3）情感态度与价值观方面。了解我国的生物资源状况和生物科学技术发展状况，形成爱祖国、爱家乡的情感，增强振兴祖国和改变祖国面貌的使命感与责任感；热爱大自然，珍爱生命，理解人与自然和谐发展的意义，提高环境保护意识；乐于探索生命的奥秘，具有实事求是的科学态度、探索精神和创新意识；关注与生物学相关的社会问题，初步形成主动参与社会决策的意识；逐步养成良好的生活与卫生习惯，确立积极、健康的生活态度。

2. 高中阶段生物学课程的具体目标

（1）生命观念。学生应该在较好地理解生物学概念的基础上形成生命观念，如结构与功能观、进化与适应观、稳态与平衡观、物质与能量观等；能够用生命观念认识生物的多样性、统一性、独特性和复杂性，形成科学的自然观和世界观，并以此指导探究生命活动规律，解决实际问题。

（2）科学思维。学生应该在学习过程中逐步发展科学思维，如能够基于生物学事实和证据运用归纳与概括、演绎与推理、模型与建模、批判性思维、创造性思维等方法，探讨、阐释生命现象及规律，审视或论证生物学社会议题。

（3）科学探究。学生应在探究过程中，逐步增强对自然现象的好奇心和求知欲，掌握科学探究的基本思路和方法，提高实践能力；在探究中，乐于并善于团队合作，勇于创新。

（4）社会责任。学生应能够以造福人类的态度和价值观，积极运用生物学的知识和方法，关注社会议题，参与讨论并做出理性解释，辨别迷信和伪科学；结合本地资源开展科学实践，尝试解决现实生活问题；树立和践行"绿水青山就是金山银山"的理念，形成生态意识，参与环境保护实践；主动向他人宣传关爱生命的观念和知识，崇尚健康文明的生活方式，成为健康中国的促进者和实践者。

（三）中学生物学课程的具体目标分析

无论是总目标还是具体目标，我国初中和高中生物学课程标准虽然在形式上不同，但是在整体方向上是一致的。比如二者都强调在生物学知识的基础上构建科学概念和生命观念；在发展科学探究的能力的同时加深对科学本质的理解；在树立正确价值观念的同时培养肩负社会责任的品格。如果从知识、能力和情感态度3个维度来分析，也存在很多共同指向和阶梯性的递进。

1. 知识方面的目标

初中阶段课程总目标明确指出要使学生"获得生物学基本事实、概念、原理和规律方面的基础知识，了解并关注这些知识在生产、生活和社会方面的应用。"这实际上包括了两个层面的要求，一方面是对生物学基础知识的理解；另一方面是这些知识在现实生活中的应用。其根本目的是为发展公民的科学素养做准备。生物科学素养是现代公民必不可少的组成成分。在一个人生物科学素养的构成中，理解生物学的基本事实、概念、规律和观点是其中重要的组成部分，也是生物学课程的基本任务之一。中学生物学课程要帮助学生初步构建一个生物学的知识框架，向他们展示一幅较为完整的生物科学的画面，为学生以后的发展打下基础。在传播知识方面，我国生物教育有其值得继承和发扬的传统优势。然而，让学生学习这些知识，不能只停留在对书本知识的了解、对事实的记忆和对理论试卷能取得较高分数的满足。学生掌握这些知识后，应该能够在一定程度上对生物世界有正确的理解和认识，能够正确和更有效地对待和处理现实生活中的问题并做出决策，能够帮助他们对今后职业的选择和学习方向有更深入的思考。这就是生物学课程对知识方面更高层次的要求。这一要求将直接影响着课程内容的选择——生物课不能只是"纯学术"的内容；它也将影响着教师教学策略的选择——生物课堂教学不能"死读书"和"满堂灌"。在生物（或科学）课程的知识目标方面同时强调"基础知识"和"知识的应用"，也是其他一些国家生物教学文件的共同特点。

2. 能力方面的目标

（1）实验操作技能。中学阶段的生物学课程应该使学生掌握生物学基本操作技能和生物学的一些基本实验方法。生物学基本操作技能包括使用放大镜、显微镜、实体镜等常规生物实验仪器，以及正确使用解剖针、解剖刀等常用工具。生物学的基本实验方法包括徒手切片，制作装片，染色，解剖无脊椎动物，观察动物行为并做出解释，估计种群密度，使用检索表，对糖类、脂质和蛋白质的测定等。此外，高中生还应能够用数学的方法对实验数据进行分析。

（2）科学探究技能。科学探究既是科学家工作的基本方法，也是学生学习生物学的有效途径。我国第八次课程改革中，科学探究在理科课程中得到广泛重视。在初中和高中生物课程目标中，都对科学探究技能提出了明确的要求。在初中，科学探究还是内容标准中的十大主题之一。科学探究技能包括：观察、测量、分类、变量分析、提出问题、做出假设、预期、设计实验、进行实验、记录数据、绘图、用数学方法处理数据、数据的整理与表达、对结果的解释和得出结论、交流等。

（3）获取信息的能力。生物学课程要使学生在主动学习的过程中初步具有：利用不同学习资源的能力，通过多种媒体搜集生物学信息的能力，对信息进行评价、鉴别、选择、加工处理和与他人分享的能力。这些能力的获得，将为学生终身学习和今后进入学习化社会打下基础。

（4）思维能力和思维习惯。我国新的生物学课程更注重发展学生高层次的认知能力，提倡学生在学习生物学知识的同时，了解并初步形成科学家的一些思维方式和思维习惯，在探究实际问题的经历中，发展他们比较、分析、判断、推理、分析、综合等科学思维能力，并初步形成批判性思维和创造性思维的品质。科学的思维习惯不是科学家才特有的，每个具有生物科学素养的人都应在一定程度上具有这样的习惯。这种能力可以终生保持，并可以使人在不同的工作岗位上更有效地工作。

3. 情感态度和价值观方面的目标

此维度目标具体包括：辩证唯物主义自然观和科学的世界观；生物学的基本观点；爱国主义情感；热爱自然，人与自然和谐发展和环境保护意识；科学态度、科学精神和创新精神。下面将对其中几点重点说明。

（1）生物学观点和科学的世界观。在生物学课程内容中，涉及的生物学观点主要有：结构与功能、局部与整体、多样性与统一性的观点，生物进化和生态学观点。支持这些观点的生物学事实很多，教师在教学中要注意结合不同的教学内容，在使学生接受科学知识事实的同时接受生物学观点。在形成这些生物学观点的基础上，使他们树立辩证唯物主义自然观和科学的世界观。对于生物学的具体事实，学生在结束学业后往往会遗忘很多，但生物学核心的观点一旦形成，则会保留很长时间，甚至将影响一个人的终生，影响其做人和做事，因此是十分重要的学习成果。教师对此应给予充分的注意。

（2）人与自然和谐发展和环境保护意识。培养学生的环境意识，是21世纪我国基础教育培养总目标中明确的要求。生物课和地学课在实现这一目标方面发挥着核心的作用。在生物学课程中更加注重环境意识的形成及人与自然和谐发展的教育。从初中生物学课程结构上看，以"人与生物圈"为主线的十大主题，也突出了这一教育的地位。在内容标准的多数主题中，都渗透了热爱大自然、珍爱生命、爱护一草一木、人与自然和谐发展、树立可持续发展观念的教育和要求。内容标准中的许多要求和活动建议，也是围绕着这一主题设计的，如"开展校园或社区绿化设计并积极参与相应的活动"等。在高中生物学课程的不同模块（主题）中，进一步加强了这一部分教育内容。教师应在理解课程目标的基础上，利用生物学课程的内容和当地课程资源的优势，努力实现课程目标。可持续发展是我国的基本国策，而要实现这一点，需要全体公民的理解和自觉行动。进入21世纪后，我国的生物学课程中删除了解剖脊椎动物的实验要求，减少了可能破坏生物资源的集体采集活动。

（3）爱国主义教育。从发达国家到发展中国家，几乎没有哪个国家的基础教育中不进行爱国主义教育，只是呈现的方式不同。在许多国家的生物课程（或教材）中，都渗透了爱国主义教育。我国生物课程标准在爱国主义教育方面提出了明确的课程目标。结合生物课程内容的特点，爱国主义教育的内容主要涉及生物自然资源状况的教育和我国生物科学技术发展的历史及现状的教育两个方面。从自然资源上看，我国在生态环境多样化、物种多样化、珍稀物种等方面有许多值得骄傲之处，同时我国也面临着生物自然资源正在遭到破坏、资源分布不均及人均自然资源严重不足等问题。生物科学和技术发展方面，我国古代的先贤和当今的科学精英都做出过令世人瞩目的成绩，但我们也面临着前所未有的挑战，在许多领域仍需要加倍努力，才能步入世界先进水平。从教育的效果看，爱国主义教育既要使学生具有自信心、中华民族自豪感，又要有危机感和紧迫感，使他们具有振兴祖国、改变祖国面貌的使命感和责任感。

（4）科学态度和创新精神。生物学教育的重要目的之一就是使学生对生物科学和学习生物科学有积极和正确的态度，增强学生的好奇心和求知欲，培养其探索精神、创新精神和严谨的科学态度。这将成为他们不断学习的持久动力。

中学生物学课程目标具有很强的时代特征，会随时代的发展、科技进步和社会的变化而不断更新。人们对生物学课程新的认识、对课程目标新的见解，都会进一步推动中学生物学课程的不断发展。

第六节 中学生物学课程的教学内容和要求

中学生物学课程内容都是综合考虑学生发展的需要、社会需求和生物科学发展3个方面的因素而选择确定的，其中初中和高中的教学内容和要求明显不同，这些内容不仅要分别与初中生和高中生的思维方式和认知能力层次相匹配，同时也服务于不同阶段课程设计的总体目标，并且要更好地展现出生物学本身的学科价值。

一、初中阶段的教学内容和要求

初中生物学课程内容选取了10个一级主题，它们分别是科学探究，生物体的结构层次，生物与环境，生物圈中的绿色植物，生物圈中的人，动物的运动和行为，生物的生殖、发育与遗传，生物的多样性，生物技术，健康地生活。这些内容围绕"人与生物圈"这一中心线索展开，各个主题既相互联系又相对独立，它们更多地体现了相互平行的关系。其原因是初中课程设计注重的是对学生进行全面的科学素养教育，因此要体现义务教育阶段生物学课程的普及性、基础性和发展性，而相对广泛的主题更有利于承载这样的课程目标和教育价值。

在10个一级主题中，科学探究被放在首位，这体现了科学探究在课程中重要的地位。它不仅是一级主题之一，同时也是学生主动获取生物科学知识、领悟科学研究方法的重要途径，从这个意义上说它将贯穿整个课程。此外，十大主题还包括"生物技术"和"健康地生活"两个应用性极强的主题，一方面是为了帮助学生认识生物技术发展对人类生活和社会发展产生的巨大影响，另外一方面也是提供科技真实应用的场景、为学生提供学以致用的机会，从而更深刻地认识科学、技术、社会三者之间的相互作用和联系。

其中，每个一级主题一般由若干二级主题及具体内容和活动建议组成。具体内容规定了义务教育阶段的生物学课程所要达到的基本学习目标。活动建议列举了有利于学习目标达成的观察、调查、资料的收集和分析、讨论、实验、实践等活动建议。

二、高中阶段的教学内容和要求

高中生物学课程内容分为必修、选择性必修和选修3个部分。其中必修模块是学习选择性必修模块和选修模块的基础，是所有学生都要学习的课程内容。选择性必修模块是选择生物学纳入高校招生录取总成绩的学生应完成的学习模块。选修部分则是在必修模块及选择性必修模块基础上的拓展模块，是为学有余力的学生设计的拓展课程，旨在满足学生多样化的兴趣和发展需要，为学生进一步学习和职业规划奠定基础。其中必修部分包括"分子与细胞"和"遗传与进化"两个模块，此为现代生物学的核心内容，对于提高全体学生的生物学学科核心素养具有不可或缺的作用；选择性必修部分则包含"稳态与调节""生物与环境"和"生物技术与工程"3 个模块；选修部分内容涉及现实生活应用、职业规划前瞻及学业发展基础 3 个方向，由学校根据需要及当地课程资源条件开设。

从学习顺序上看，高中的内容彼此依赖性更强，不同模块内容之间更多是递进的关系，因而有相对严格的先后学习顺序和逻辑依赖关系。高中阶段是在初中学习内容的基础上针对生物学核心知识的进一步扩展和延伸，课程更加注重学生生命观念的建立、科学思维的提升、科学探究能力的提高和社会责任的培养，也就是生物学学科核心素养的培养。而要达成这样的目标，过去"多而浅"的学习多是无效的，而必须注重学习的深度，只有"少而精"的课程内容设计才更有助于该课程目标的达成。

必修模块选择的是生物学的核心内容，其中"分子与细胞"模块选取了细胞生物学方面最基本的知识，是学习其他模块的基础，还反映了细胞生物学研究的新进展及相关的实际应用。通过本模块的学习，学生将在微观层面上更深入地理解生命的本质。了解生命的物质性和生物界的统一性，细胞生命活动中物质、能量和信息变化的统一，细胞结构与功能的统一，生物体部分和整体的统一等，有助于科学自然观的形成。学习细胞的发现、细胞学说的建立和发展，有助于学生加深对科学研究过程和本质的理解。而"遗传与进化"模块是在"分子与细胞"模块的基础上选取的减数分裂和受精作用、DNA 分子的结构和功能、遗传和变异的基本原理及应用等知识，主要是从细胞水平和分子水平阐述生命的延续性；选取的现代生物进化理论和物种形成等知识，主要是为了阐明生物进化的过程和原因。该模块的内容，对于学生理解生命的延续和发展、认识生物界及生物多样性、形成生物进化的观点、树立正确的自然观有重要意义，同时对于学生理解有关原理在促进经济与社会发展、增进人类健康等方面的价值也是十分重要的。

选择性必修课程由"稳态与调节""生物与环境"及"生物技术与工程"3 个模块构成。其中"稳态与调节"模块选取有关生命活动调节与稳态的知识，有助于学生理解高等生物个体生命活动的规律，从系统分析的角度，认识个体生命系统的稳态也有助于学生理解健康生活方式对于维持人体内环境的稳态及疾病预防的意义。"生物与环境"模块选取有关生物与环境的知识，有助于学生理解生命活动的本质，了解系统分析的思想和方法，提高对生命系统与环境关系的认识，并为学生树立人与自然和谐共处的观念，形成生态意识、环保意识，以及践行绿色低碳生活方式奠定基础。"生物技术与工程"模块的内容包括发酵工程、细胞工程、基因工程和生物技术安全与伦理等。生物学知识是生物工程的设计基础，而生物工程则应在法律和伦理的约束下，以人类需求为目标进行产品的开发，进而推动生物学的不断进步，提高人类生活质量。这一模块既是对必修内容的扩展和应用，也是对生物技术和工程的认识和理解。

选修课程旨在帮助学生更好地生活、就业，并满足一部分学生选择从事科学研究的需求。为便于各地区和学校设计有针对性的、适合当地教学条件的选修课程和校本课程，课程标准中还提供了课程的选题及设计实施建议。

三、教学内容和要求的表述形式

在教学内容和要求的表述形式上，初中课程标准采用陈述句描述每个一级主题下需要教师帮助学生形成的重要概念，同时采用"行为动词＋短语"的形式描述每个具体内容的水平要求，并通过活动建议对教师可能采取的教学活动进行提示。这样的表述形式一方面有利于师生明确概念建构的学习成果，同时也能通过外显的行为表现来衡量教学目标达成的情况，进而有针对性地进行调整和优化。

而高中课程标准除了内容要求、教学提示之外，还进一步明确了每个模块学习之后学生需要达到的学业要求。其中内容要求也采用陈述句描述每个模块学习后学生需要建构的核心概念及重要概念。此外，也在三级标题描述中采用了行为动词进而帮助教师明确对具体内容的不同水平要求。教学提示则主要为教师达成这些教学目标而可以选择实施的探究性活动和实验提出建议和提示。学业要求从生物学学科核心素养的角度对模块学习成果和外显行为表现进行刻画，有利于教师检验教学目标达成情况，并有针对性地优化自己的教学。

从表述形式上看，无论初中课程标准还是高中课程标准，一个显著的共同特点就是对重要概念的描述都采用了陈述句的形式，这一方面凸显的是对学科核心概念建构的重视，另外一方面也是对学科知识作为教育价值载体的重申，不存在真空中的核心素养培养，也不存在脱离学科知识的学科教育。

（张春雷　刘恩山）

🔍 思考与练习

1. 请用自己的话解释中学生物学课程有怎样的价值和意义。
2. 试述分科的中学生物学课程和综合理科课程各有哪些优势和局限。
3. 为何要在中学开设生物学课程？
4. 根据某一学段生物课程标准的总目标和本地区的特点，讨论并列出该学段生物课程应实现的具体目标。

🅴 更多数字课程学习资源

✏ 本章小结　　🔲 参考文献

第二章
自然科学的本质特征

◇◇◇

📍 本章学习目标

- 1. 举例说明自然科学的本质特征。
- 2. 用自己的话解释基础教育中科学本质的内涵。
- 3. 结合基础教育中的科学内容主题，拟定指向科学本质的教学设计。

　　生物学是自然科学领域中的一门基础学科，初中、高中生物学课程也是基础教育阶段科学领域内的重要学科课程之一。因此，中学生物学的课程设计、教科书编写、课堂教学等环节都应体现出自然科学的本质特征，即科学本质（nature of science, NOS）。什么是科学？科学作为人类的一项事业，其发展过程呈现出哪些特征？对这两个问题的思考可指引我们揭示出科学的本质特征。基础教育阶段科学领域的学科课程应体现科学的哪些本质特征？怎样的教学策略能有效地帮助学生获取对科学本质的深入理解？本章将围绕这些问题，结合国际科学教育的研究进展，逐一展开讨论。

第一节　人类科学事业的本质特征

　　回顾人类历史的发展，我们会发现，人们总是在孜孜不倦地探索着周围的世界。伴随着社会分工的逐渐细化，人类对客观世界的探索渐渐交由一部分具备专业技能的群体来承担。以科学家为代表的这一群体，一代代地投身于对世界的探索之中，为人类摸索出一系列行之有效的探索世界的方法，构建出人类对客观世界一套相互关联的看法与认识，与此同时也形成了人类的一项重要事业——"科学"。那到底什么是"科学"呢？

　　首先，科学是一套知识体系，反映着人类对客观世界的看法与认识。例如，变态发育的相关知识体现着我们对某些动物从幼体发育到成体过程中外观形态结构发生剧烈变化这一特定生命现象的认识，进化论体现着我们对现存的多种多样生物与已挖掘出的各式各样化石之间相互关系的看法，新陈代谢则反映出我们对生命基本特征的理解。这些知识可以帮助人类解释自然界中与生命有关的现象、相互关系或特性。同样，蒸发、牛顿定律、磁性等相关知识则可以帮助人类认识客观世界中与物质有关的现象、相互关系或特性；而化学、地球与空间科学等领域中的知识也都可以帮助人类从不同角度深入地理解客观世界。

其次，科学也是一系列探索世界的方法，反映着人类收集证据、产生并论证科学知识的过程。例如，通过"观察""归纳与概括"等方法提出进化论，通过"演绎与推理"得出基因的分离与自由组合定律，通过"模型与建模"论证出DNA的双螺旋结构，通过"实验"揭示出主要遗传物质等。同样，物理、化学、地球与空间科学的研究也包含着"观察""模型与建模""实验"等一系列方法。这些方法都是科学家在探索自然界、从中收集证据，进而提出并论证对客观世界的看法与认识（即科学知识）过程中摸索出来的行之有效的知识建构途径。这些方法可以帮助人类不断发展出新的知识，拓展对客观世界的认识。

科学既是一套知识体系，又是一系列方法。因此，从事科学事业的人应理解并能熟练运用与其研究领域相关的知识与方法。经历过良好科学学习和科研训练的科学家群体无疑是人类从事科学事业的典型代表。对科学家运用科学方法探索客观世界、建构科学知识体系的过程进行回顾和反思，有助于揭示科学的特征。科学哲学家、科学史学家、科学教育研究者根据这一思路，揭示出一系列关于科学的特征。

1. 科学知识具有持久性，但同时也具有暂时性

科学家通过一系列方法创建出的科学知识，反映着人类对客观世界的看法与认识，这些知识在一定时期内有效地解释着客观世界中的各种现象、相互关系和特性，展现出其持久性的特征。例如，牛顿第一、第二、第三定律，在很长的历史时期内，为人类有效地解读和分析了物体与物体之间力的相互作用关系。

但是，随着科学技术的发展及人类对客观世界认识的不断加深，这些科学知识也会发生变化，表现出其暂时性的特征。例如，相对论的提出改变了人类依据牛顿经典力学所创建的对客观世界的认识。又如，对烟草花叶病毒及其感染与重建的研究让人们认识到遗传物质不仅仅是DNA，在只有RNA而没有DNA的病毒中，RNA是遗传物质。

2. 科学知识的提出高度依赖于观察、实验证据和推理

科学家在探索客观世界的过程中，注重基于观察、实验等方式收集证据，并据此展开推理，从而得出对问题的答案，形成科学知识。这是科学有别于文学、艺术等其他领域的重要特征之一。例如，进化论的提出是有达尔文在其环球航行考察中对不同地区的生物之间、现存生物与化石之间的大量观察作为依据的。再如，"DNA是遗传物质"这一科学知识的提出是有肺炎链球菌转化实验、噬菌体侵染细菌的检测实验等证据支持的。

此外，基于观察收集到的资料、通过实验得到的结果都需要针对所要探索的

科学问题展开推理，才能最终形成科学知识。比如，达尔文的观察日志本身并不能产生知识，只有根据所要探索的问题，选择相应的方式对观察日志中的资料进行整理、归纳、概括，进而形成完整的、合理的推理过程，才能最终形成对科学问题的有效回答。

3. 科学知识的提出需要交流、质询、想象力与创造力

科学家依赖观察、实验证据等进行推理，找到对科学问题的答案后，需要将其发现以科学报告的形式精准表达出来，与同行进行分享。在这一过程中，借助同行评议、重复实验等环节，整个科学界会对形成这些科学知识所开展的观察、实验及其原始数据、推理过程等方方面面展开质询。通过质询，科研工作者群体或对某一问题形成共识，或产生不同看法并开展后续研究予以追索，或发现已有研究过程、数据和推理过程存在问题进而对已有研究结果质疑，无论是哪种情况都会推动科学的进步。

此外，科学家在探索过程中，也需运用其想象力与创造力揭示新的科学知识。例如，在 DNA 双螺旋结构模型提出之前，DNA 衍射照片、嘌呤与嘧啶含量的相对比例关系等相关发现就已被众多科学家揭示出来了，而沃森和克里克极具想象力和创造力地运用这些发现建立并论证了 DNA 双螺旋结构模型。

4. 科学的发展与技术的变革相互影响

科学家通过研究所建立的科学知识在帮助人们更为深入地认识与理解客观世界的同时，也为人类运用这些知识改造世界带来了可能，也即，科学的发展可以为技术变革提供相应的知识基础。例如，对 DNA 半保留复制机制的揭示及 DNA 聚合酶的发现等，为聚合酶链反应（PCR）技术的产生和发展奠定了基础。

新技术的出现反过来也会推动科学的发展。科学家可以运用新技术对研究对象进行更为深入地观察和实验，收集到更多证据，从而得到新的科学知识。例如，显微镜的出现与发展推动了细胞学说的形成。再如，以成簇的规律间隔的短回文重复序列（clustered regularly interspaced short palindromic repeats，CRISPR）为代表的基因编辑技术的出现，极大地推动了科学家对特定基因功能的探索。

5. 科学的发展会受到社会、文化等因素的影响

作为人类的一项重要事业，科学的发展会受到人类社会、文化、伦理、道德等多方面因素的影响。科研工作者所关注的研究领域和问题常常会受到诸如社会需求、科研基金等因素的影响，如战争对核物理研究的推动、人类基因组计划对分子生物学等领域的推动等。同时，由于人类社会整体资源的有限性，对某些研究领域的高度投入虽然可能会带来突破性的进展，但也同时会影响到其他领域的研究发展。此外，人类社会最基本的伦理和道德因素也会影响着科学的发展。例如，生物学家对人类胚胎展开研究时必须遵循一系列已达成共识的科研伦理与道德规范。

除了上述 5 项特征外，科学哲学家、科学史学家、科学教育研究者等还提出了诸如"世界是可被认知的""科学不能为所有问题提供完整答案"等关于科学的许多其他特征。而且，不同学者对科学的本质特征也存在不同的看法。就像科学知识具有暂定性一样，人类对科学的本质特征的理解也是在逐渐变化与发展的，对这一问题的回答不存在标准答案。

第二节　基础教育中的科学本质

纵观国内外中小学科学教育改革的历程就会发现，不论某一国家或地区的课程改革文件对其课程与教学目标是如何描述的，其改革的实质都是致力于提高学生的科学素养，并将深入理解科学的本质特征视为科学素养的关键构成要素之一。在知识爆炸、科技飞速发展并高度融入日常生活的时代，一名具备良好科学素养的公民虽然无法掌握全部的科学知识和方法，但对科学本质特征的理解有助于去学习和探索其从未接触过的科学知识，理性地面对和处理与这些科学知识有关的一系列个人与社会事务。

科学哲学家、科学史学家、科学教育研究者等对科学的本质特征有不同的命名方式，例如"科学本质""科学的特征"（features of science，FOS）等。但是，在世界各国或地区的基础教育课程改革文件中，都一致地使用"科学本质"一词来指代科学的本质特征，它是一种关于科学、作为认知方式的科学，或隐含在科学知识及其发展过程中的价值及信念的认知论。

一、中学教育中的科学本质

考虑到基础教育所面向的对象、有限的课时等因素，中学教育中所探讨的科学本质应满足下列条件。

1. 应是已基本达成共识的

大量的科学教育研究文献显示，科学哲学家、科学史学家，以及科学教育研究者等对科学本质有多种不同看法。这并不是一件坏事，因为这本身就体现着科学是在不断发展的这一本质特征。但考虑到学校教育中有限的课时，理性的做法是选择那些大家已达成共识的科学本质，纳入课程与教学之中，而不是展现那些仍存在较大争议的科学特征。例如，有研究者认为，随着现代科技的发展和研究领域的高度专业化，自然科学领域中的不同学科会具有不同的科学本质，但另外一些研究者并不认同这一点。所以，与此争议有关的一系列科学本质尚不宜进入课时非常有限的基础教育课程与教学之中。与之相反，"科学是尊重事实与证据的"这一特征，几乎是所有科学哲学家、科学史学家、科学教育研究者都认同的（可能不同学者的表述方式会有差别）。在基础教育阶段，让学生理解"科学是尊重事实与证据的"会比尝试让其知道"人类对不同的科学学科中是否具有不同的科学本质尚未达成一致的认识"更有意义。

2. 应是面向全体学生都有意义的

学生在完成基础教育阶段的学习后，并不会都继续在与科学有关的领域深造和学习，也不会都投身于与科学有关的行业，因此应选取那些对未来全体公民都有重要意义的科学本质，纳入学校课程与教学范畴中。例如，有研究者提出科学家建立了一套独有的话语体系，用于思考、探索和解释自然现象与事件，这种独特的语言在科学报告、审查与交流等环节展现得尤为突出。理解这一特征对日后即将进入科学相关专业深造或从事科学相关工作的学生来说也许会很有意义，但对其他学生而言，也许理解"科学与语言、艺术等学科的重要区别之一是基于实证"这一特征会更有意义。

3. 应是符合学生认知发展水平的

将科学本质纳入基础教育课程与教学之中，意味着学生不仅要学习科学知识和科学探究技能，还要反思并理解其特征，这对学生的认知能力提出了一定挑战。因此，基础教育阶段中的科学本质需符合学生的认知发展水平。例如，有研究者提出科学知识（如食物链、食物网等）是人类主观建构的对客观世界的反映和理解，知识本身并不是客观存在的，但它所描述的对象、相互关系或特性等是客观的。这一特征对学生的认知挑战较大，不宜将其纳入基础教育阶段的课程与教学目标。

4. 应是有实证研究显示通过教学可达成的

科学本质是世界各国或地区科学课程改革文件中的重要目标之一，同时也一直都是国际科学教育界的研究热点。在考虑要将哪些科学的本质特征纳入课程与教学时，选择那些已有实证研究显示经过适当的教学后学生可以达成相应理解的科学本质，就成为一种更为理性的决策。截至目前，已有一系列国际科学教育研究都聚焦于科学本质的教学实践，这些研究成果揭示出通过恰当的教学有多条科学本质都是学生可以理解的。

如前所述，科学既是一套知识体系，又是一系列探索世界的方法。因此，国际科学教育文献中对基础教育阶段科学本质的描述也聚焦于两个方面，一是关于科学知识的本质特征（nature of scientific knowledge），二是关于科学探究的知识（knowledge about scientific inquiry）。前者反映的是科学知识所具有的特征，后者反映的则是科学探索方法——科学探究的特征。依据上述 4 项筛选标准，国际科学教育界已建构出一套适合纳入基础教育阶段课程与教学的科学本质列表。

二、关于科学知识的本质特征

1. 科学知识的产生是基于实证的

科学家在探索客观世界的过程中，会基于所收集到的观测资料、数据等，揭示科学问题的答案，进而得出科学知识。换句话说，科学知识是基于实证的。这是科学有别于文学、艺术等学科的重要特征之一。例如，细胞学说的提出是有动、植物体各部位切片观察结果支持的，DNA 是遗传物质这一知识则是有肺炎链球菌转化实验、噬菌体侵染细菌检测实验等结果支持的。

2. 科学的观察与推测是不同的

观察是通过感官（或感官的延伸）对自然现象进行的描述，不同观察者对同一研究对象的观察结果常常较为容易达成一致。例如，对现存生物或已灭绝生物化石形态结构的描绘，就是一种观察，由此产生的知识可以帮助人们了解现存和已灭绝生物的外观形态结构。而基于对现存生物之间、现存生物与已灭绝生物之间外观形态结构相似性的观察结果进行推测，从而产生的有关进化论的知识，则是超越感官（或感官的延伸）的，是人对所观察到现象（现存的某些物种与某些化石具有相似的结构、或生活在不同环境中的某些现存生物其前肢具有相似的结构）的一种解释。

3. 科学定律与科学理论是不同的

科学定律（law）是对观察到的现象之间相互关系的描述。例如，玻意耳定律（Boyle law）描述的是气体压强、气体体积、气体温度之间的相互关系；孟德尔所揭示的有关豌豆性状在各世代中的相对比例关系，就是一种定律。而科学理论（theory）则是对所观察到的现象及相互关系的推测性解释。例如，分子运动理论（kinetic molecular theory）就为玻意耳定律所描述的 3 个变量间相互关系提供了解释；颗粒遗传理论、基因理论等则用于解释孟德尔所发现的性状相对比例。因此，科学定律与科学理论具有不同的属性，二者是无法相互转化的。

4. 科学知识的产生需要人的想象力与创造力

虽然在很大程度上来说，科学知识是人类在对客观世界进行大量观察的基础上形成的，但对观察结果的解释往往也需要结合科学家的想象力和创造力。例如，基于"3：1""9：3：3：1"等性状的分离与自由组合规律提出颗粒遗传理论，就展现出人类在并未见过和观察过"遗传因子"的情况下，对自然界中性状在生物及其子代之间比例关系的极具想象力和创造力的解释。再如，沃森和克里克基于DNA 衍射照片等观察结果，创造性地提出 DNA 双螺旋结构模型等。与此相似的，诸如黑洞、原子和物种形成等各种理论模型都蕴含着的人们的想象力与创造力。此外，科学家在追寻科学问题答案的过程中，也常常会提出极具想象力、创造力的探究方案，例如，对主要遗传物质的探索过程中所设计的一系列实验方案等。

5. 科学知识的产生是带有一定主观性的

科学家在探索客观世界的过程中，其头脑中已有的理论、信念，已有知识、经历等既会影响研究方案的设计与规划，也会影响其对研究结果的解释与分析，因此科学知识的产生会带有一定的主观性。例如，针对化石证据的不完整、不连贯这一现象，科学家们提出了多种不同的解释，有些科学家认为进化是逐渐发生的，而另外一些科学家则认为进化过程是跳跃式的，由此产生的各种理论在一定程度上就反映出了科学知识带有一定主观性，也有研究者将这一特征描述为科学知识的产生是带有一定理论预设的。

6. 科学知识具有暂定性，会随着科学的发展发生变化

随着科学技术的发展，人类可能会收集到新的证据，从而冲击原有的科学知识。例如，对逆转录现象和逆转录酶的揭示，冲击和改变了人类此前建立的"信息只能从 DNA 流向 RNA"这一科学知识，最终导致中心法则发生了变化和修改。此外，科学家对观察、实验等结果极具想象力与创造力的解读，也有可能会引发科学知识的变化。例如，在对 DNA 结构的探索过程中，也曾出现过三链结构假说，而后逐渐被沃森和克里克的 DNA 双螺旋结构模型所取代。

7. 科学知识的产生会受到社会和文化的影响

科学是人类社会的一项重要事业，它的发展离不开社会的支持。所以，社会政策、经济、文化信仰、伦理道德等因素都会影响科学知识的产生。例如，进化论的提出就曾受到社会、文化信仰的强烈冲击。再如，在揭示与人类胚胎有关的科学知识的过程中，科学家必须遵循国际社会达成共识的伦理与道德。此外，科学家自身的文化背景、理想信念等也会影响其研究设计及对研究结果的解读等。

三、关于科学探究的知识

1. 科学探究以问题为导向，但并不一定都在检验假设

科学家对客观世界的探索都是围绕某一科学问题展开的。基于问题，科学家设计出可以有效回答该问题的研究方案，然后实施研究方案并收集相应的资料、数据等，并最终得出该问题的答案。换句话说，科学研究不是漫无目的的探索，而是带有明确目标导向的，即要探索某一科学问题的答案。在开始探索某一科学问题时，科学家基于已有知识和自身经验等，可能对某些问题已有了初步的假设，并基于这些假设开展研究方案的设计，但科学家并不总是对所有问题都有假设。例如，在探索构成动物体、植物体的基本结构单位是什么，人体内部的结构是什么等问题时，科学家并非在检验假设，而是通过显微镜观察、解剖观察等方式直接获得问题的答案。再如，地球与空间科学领域中对行星的观察等也并非都是在检验假设。

2. 不存在一套适用于所有科学探索的探究方法与步骤

科学家在探索客观世界的过程中，开发出了多种不同的科学探究方法和步骤。在探索构成动物体、植物体的基本结构单位是什么，人体内部的结构是什么等问题的过程中，科学家通过解剖、制作切片、观察等步骤，运用人的感官和感官的延伸（如显微镜）进行观察，从而提出了细胞学说、揭示出了人体血液循环

系统的结构。在研究肺癌与哪些因素有关的过程中，科学家通过对比和分析吸烟人群与不吸烟人群中的肺癌发病率，发现吸烟与肺癌具有高度相关性。在研究何种抗生素可以抑制某种细菌生长的过程中，科学家通过变量控制，在实验组的培养皿中加入抗生素而对照组中不加抗生素，从而找到了可抑制此种细菌的抗生素。上述探索都是人类科学史上的经典研究，但揭示答案的方法与步骤是不同的：有的是直接观察，不需要进行变量控制；有的是进行调查分析；而有的则是进行变量控制开展实验研究。所以，不存在一套适用于所有研究问题的科学探究方法与步骤。

3. 所要探究的问题指引着科学探究的过程

由于科学探究是以问题为导向的，因此问题的属性就会影响所采用的方法与步骤，即科学探究的过程。有些科学问题是描述性的，例如"人心脏的结构是怎样的？""蝉的生长发育过程是怎样的？""细胞是如何一分为二的？"等，通常可通过观察等方法对这类问题展开探索。有些则是指向变量间相关关系的，例如"肺癌与吸烟有关吗？""全球气候变暖与二氧化碳排放量有关吗？""某些性状的遗传是否与性别有关？"等，通常会采用调查分析等方法回答这类问题。还有一些问题是指向变量间因果关系的，例如"辐射是否可以导致基因突变？""某种疾病是由何种细菌或病毒导致的？"等，通常会采用基于变量控制的实验研究来探索这类问题的答案。

4. 探究的过程与步骤会影响结果

在探索同一科学问题的过程中，不同的科学家可能会选用不同的研究对象、设计不同的研究方案、使用不同的观测工具等，这些都可能会影响研究结果。例如，在探索细胞膜结构的过程中，科学家采用不同的研究过程与步骤，分别揭示出"膜由脂质构成""蛋白质 – 脂质 – 蛋白质模型""流动镶嵌模型"等不同的答案。

5. 按照相同的步骤探索同一问题也未必会得出相同的答案

面对同一科学问题，科学家即使采用相同的方法与步骤展开探索，也有可能会得到不完全一样的数据。即使数据完全一样，在数据分析与解读等环节，仍有可能会依据各自头脑中不同的知识结构、信念等得出不同的结论。因此，即使按照相同的步骤探索同一问题，也未必会得出相同的答案。例如，在研究生物进化历程时，科学家常常会发现关键性过渡物种的化石证据是缺失的，有些科学家会将其解读为化石很难保存所有进化证据，从而继续支持进化是逐渐发生的理论，但也有一些科学家会将其解读为支持进化是跳跃式的证据。

6. 科学数据不等同于科学证据

在探索客观世界的过程中，科学家会收集一系列相关的资料、数据等，这些数据、资料经过整理、分析、论证后，形成了支持某一观点的证据，最终形成对科学问题的回答。由此可见，资料、数据等本身并不等同于科学证据。达尔文在进行环球科学考察的过程中，积累了丰富的有关动植物体标本、化石的外观形态结构资料。但这些科考资料和记录本身并不能自发地支持和产生科学观点，只有在达尔文对这些资料和记录进行有目的、有逻辑地整理、分析和论证后，才提出了进化论，与此同时这些经过整理、分析和论证的资料和记录也就成了支持进化论的证据。

7. 科学解释的形成基于对所收集到的数据与已有知识的综合

如前文所述，实施研究方案后获得的相关资料和数据，需经过有目的、有逻辑地整理、分析和论证后才能对某一科学问题形成完整的科学解释。在这一过程中，科学家会运用自己头脑中已有的知识结构去解读这些资料和数据，以支持其提出的科学解释。例如，科学家通过对某一化石的观测，可得到关于此化石年代、外形、成分等方方面面的数据，但在解读这些数据时，科学家会结合与现存生物或已灭绝生物的相关知识去分析此化石属于何种生物、其运动方式和食性等，最终形成的科学解释既基于化石观测数据，也运用了已有的科学知识。

8. 研究结论必须与所收集的数据相符

在完成科学探究时，必然要对所探索的问题给出最终的解释，即形成研究结论，而研究结论的提出必须要有实际证据予以支持，必须吻合科学研究所收集的数据。科学探究的这一特征与"科学知识的产生是基于实证的"这一科学知识的本质特征是相辅相成的。这也是科学有别于语言、艺术等学科的最重要的特征之一。

上述 7 项科学知识的本质特征与 8 项关于科学探究的知识，是在目前国际科学教育研究中已基本达成共识的、面向全体学生都有意义的、符合学生认知发展水平的、有实证研究显示通过教学可达成的科学的本质特征。在基础教育阶段至少应将这些科学本质纳入课程与教学中。但是，科学本质还包括科学的其他本质特征，而且随着人类科学事业的发展，科学本质也可能会发生变化，本节所列的这些特征是国际科学教育研究者考虑到基础教育阶段学校课程有限的课时和面向全体学生的需求，在众多科学的本质特征中必须做出选择之后得到的。随着科学的发展、科学教育研究的不断深入，适合纳入基础教育阶段的科学本质也有可能会有所增补或变化。

第三节　关于科学本质的教学策略

如前文所述，获取对科学本质的深入理解一直都是国际科学教育研究和各国科学课程改革所追寻的重要目标之一。生物学是自然科学领域中的一门基础学科，初中、高中生物学课程也是基础教育阶段科学领域内的重要学科课程之一。

因此，中学生物学的课程开发、教科书编写、课堂教学设计等环节都应体现上述科学本质，并致力于帮助学生获取对科学本质的深入理解。

要实现这一目标，课程开发人员、教科书编写者、任课教师都必须深入理解科学本质，并将其紧密结合到课程开发、教科书编写、课堂教学设计之中。上一节中所述的科学本质至少为我们提供了下列启示与建议，即生物学课程、教科书、教学应：

（1）充分运用科学史、动手活动、研究资料阅读等多种形式，为学生呈现可支持生物学概念的事实、证据，从而让学生理解和相信所学的生物学概念，而不是仅仅呈现抽象的概念让学生去死记硬背，因为科学知识的提出是有实证支持的，且研究结论（所得出的问题答案，即科学知识）必须与所收集的数据相符。

（2）尽可能地为学生提供机会，让其开展观察与实验、科学论证、模型建模等活动，亲自经历对所收集到的数据、资料等进行整理、分析、论证并最终得出完整科学解释的过程，而不仅仅是简单呈现相关的数据与资料，因为科学数据不等同于科学证据，且科学解释的形成是基于对所收集到的数据与已有知识的综合，而通过观察得到的数据（或资料）是基于感官及其延伸得到的对自然现象的描述，据此所进行的推测则是对现象的解释，在这一过程中也可能会产生出科学定律与科学理论两种不同属性的科学知识。

（3）尽可能地呈现人类对同一科学问题的多种探索过程，反映出科学知识不是一成不变的，而是会随着新证据、数据解读与分析的新视角的出现发生改变的。这是因为科学解释的提出（即科学知识的形成）是基于对所收集到的数据与已有知识的综合，研究者自身已有的知识体系、信念、文化、伦理与道德等因素都可能会影响数据收集方案的制定、数据的解读等环节，而探究的过程与步骤会最终影响到结果，而且即使按照相同的步骤探索同一问题也未必一定会得出相同的答案，因此科学知识的产生会带有一定的主观性、或者说是有理论预设的，会受到社会和文化的影响。换句话说，科学知识是具有暂定性的，它会随着科学的发展而变化，在此过程中，新的观察与实验证据、人类的想象力与创造力等都发挥着重要作用。

（4）引导学生在开展科学探究时先明晰所要探究的问题，并依据探究问题的属性，选用与问题类型相匹配的探究方法、过程与步骤，而不是要求学生背诵并必须遵循"提出问题—做出假设—基于假设控制变量设计实验组与对照组—实施实验记录数据—得出结论—进行交流"这种一成不变的次序和步骤去探索所有的科学问题，因为科学探究是问题导向的，所要探究的问题指引着探究的过程，不存在一套适用于所有科学探索的探究方法与步骤。

上述启示与建议有助于在基础教育阶段的课程开发、教科书编写、课堂教学设计之中体现出科学的本质特征，是帮助学生获取对科学本质的深入理解并最终形成良好科学素养的前提条件。但是，这些启示与建议并不足以有效地帮助学生获取对科学本质的深入理解。

国际科学教育研究发现，开展外显的（explicit）、反思性的（reflective）科学本质教学，是面向全体学生的有效教学策略。已有研究表明，仅参与对科学概念的学习和科学探究等实践活动并不能使学生自发地领悟其中所蕴含的科学本质。科学本质需要在教学过程中得到外显，即应将获取对科学本质的深入理解视作学生的重要认知类学习成果，并围绕上一节中所列的科学本质有针对性地开展教学设计，而不是将其视为学生在完成科学概念学习和科学实践过程中可自动获取的"副产品"。在针对特定的科学本质设计教学活动时，应选取恰当的科学史或科学探究活动等，有目的地通过活动设计、教师提问等引发学生围绕科学史和探究活动中所反映的科学本质展开外显的反思与讨论。

在实际教学实践中，我们如何实现外显的、反思性的科学本质教学呢？下面展示一个科学本质的教学设计片段（教学案例 2-1）。

教学案例 2-1

"血液流动的动力器官——心脏"教学设计片段

首先，要将理解科学本质视作与获取生物学概念理解和培养探究能力同等重要的教学目标之一。

其次，要在指向生物学概念和科学探究的教学设计过程中，遵循前文中探讨过的科学本质为课程、教科书、教学带来的启示与建议。以"血液流动的动力器官——心脏"这一节内容的学习为例具体来说，就是要为学生提供机会通过观察探索心脏的结构，形成观察记录，并基于观察结果对心脏的泵血功能进行推测与解释，从而最终帮助学生形成有关心脏结构与功能的概念理解，同时培养学生相关的科学探究技能。教学设计遵循了前文所述启示与建议，使学生建构科学知识的过程（即教学）反映出科学本质成为可能，是后续开展外显的、反思性的科学本质教学的前提条件。

最后，在完成指向生物学概念和科学探究的教学之后，通过教师提问引导学生对"心脏有怎样的结构可以泵血"这一问题的探索进行回顾，反思其中所蕴含的科学本质。在这一环节中，教师需设计出指向特定科学本质的、与本节课中探究活动紧密相关的问题，从而引发学生的思考、讨论与交流，并通过回应、追问等方式引导学生最终概括出相应的科学本质。

具体教学设计思路与意图详见表 2-1。

表 2-1 科学本质的教学设计片段（血液流动的动力器官——心脏）

教学设计片段（概要）		设计意图
教学目标（部分）	在完成本节课的学习时，期待学生可以： 1. 阐明心脏的结构使其可将血液泵出 2. 运用观察、测量等方法探索心脏的结构并推测其功能 3. 结合对心脏的观察，说出①科学知识是基于实证的、②科学的观察与推测是不同的、③科学解释的形成基于对所收集到的数据与已有知识的综合、④不存在一套适用于所有科学探索的探究方法与步骤	将获取对科学本质的深入理解视作学生的重要认知类学习成果
指向概念和探究的教学（部分）	1. 引入并提出本节课要探索的核心问题——"心脏有怎样的结构可以泵血" 2. 介绍心脏在人体中的位置等 3. 结合教具，介绍有关心脏的解剖学术语等 4. 向学生解释今天所用的材料为牛（或其他大型哺乳动物）的心脏，随后说明观察的方法和步骤，并提示观察和记录的要点（或问题），例如，心脏内部有几个腔？这几个腔的壁厚薄一样吗？腔壁是由什么组织构成的？这几个腔是相互连通的吗？连通之处有什么结构……同时，提醒学生边观察记录边思考这些结构是如何支持心脏将血液泵出的 5. 分小组开展心脏观察活动，每3～4名学生一组，每组两个心脏，一个为已纵切剖开的，另一个为完整的。学生对已剖开的心脏进行观察、测量和记录，对完整的心脏进行灌水试验 6. 对照分组活动前提示的观察和记录要点，引导学生分享观察记录和灌水试验结果，并补充心肌细胞收缩与舒张的视频等 7. 小结心脏的结构及其功能	通过对心脏的观察，了解心脏的结构，推测这些结构对心脏泵血功能的支持
指向科学本质的教学	8. 在完成上述生物学概念和科学探究教学之后，让学生围绕以下问题展开关于科学本质的外显的、反思性讨论： （1）在文学作品、歌词中常常会出现"玻璃心""通透的心"等说法，通过今天的观察，你认为心脏是由什么构成的？你为什么这么说？ （2）"左心室壁比右心室壁厚""左心室可以比右心室更有力地泵血"……这些都是我们观察到的吗？如果不是，那我们是怎么知道的？ （3）今天我们研究心脏结构与功能的方法与研究"光对鼠妇生活的影响"所用的方法有哪些相同和不同之处？ 在学生讨论与分享的过程中，教师进一步引导学生归纳总结出相应的科学本质	问题（1）指向"科学知识是基于实证的"；问题（2）指向"科学的观察与推测是不同的""科学解释的形成基于对所收集到的数据与已有知识的综合"；问题（3）指向"不存在一套适用于所有科学探索的探究方法与步骤"

外显的、反思性的科学本质教学并不是要求学生背诵、记忆 7 条科学知识的本质特征和 8 条关于科学探究的知识，而是倡导在学生完成概念性知识的学习后，引发其对科学知识及其建构过程展开反思，外显地讨论其中所蕴含的科学本质，在这一过程中理解并认同这些科学本质。这与科学概念的教学是一样，指向概念的教学并不是要求学生背诵、记忆概念，而是通过学习活动去理解和建构概念。

教学案例 2-1 所呈现的是结合科学探究活动开展的科学本质教学。除此以外，也可以结合科学史的学习开展外显的、反思性的科学本质教学。例如，在学习有关孟德尔豌豆杂交实验的科学史时，可以通过引导学生展开外显的、反思性讨论，从而理解其中的科学本质（教学案例 2-2）。

> ### 📖 教学案例 2-2
>
> #### "孟德尔豌豆杂交实验的科学史"教学设计片段
>
> 首先，也要将理解科学本质视作重要的教学目标之一。
>
> 其次，要在指向生物学概念的、基于科学史的教学设计过程中，遵循前文中探讨过的科学本质为课程、教科书、教学带来启示与建议，以孟德尔豌豆杂交实验这一科学史的学习为例具体来说，就是要为学生提供机会运用科学史中的资料与数据开展科学论证，基于"3∶1""9∶3∶3∶1""1∶1"等性状的分离与自由组合定律提出遗传因子的分离与自由组合这一解释性的理论（或假说），从而最终帮助学生形成相关的概念理解。这是后续开展外显的、反思性的科学本质教学的前提条件。
>
> 最后，在完成指向生物学概念的、基于科学史的教学之后，通过教师提问引导学生对"性状的分离与自由组合定律的发现"，以及在解释此现象过程中通过科学论证形成的"颗粒遗传理论"这一探索过程进行回顾，反思其中所蕴含的科学本质。同样，最为关键的是，在这一环节中，教师需设计出指向特定科学本质的、与科学史学习活动紧密相关的问题，从而引发学生的思考、讨论与交流，并通过回应、追问等方式引导学生最终概括出相应的科学本质。
>
> 具体教学设计思路与意图详见表 2-2。

表 2-2 科学本质的教学设计片段（孟德尔豌豆杂交实验的科学史）

单元教学设计片段（概要）		设计意图
教学目标（部分）	在完成本章内容的学习时，期待学生可以： 1. 阐明一对相对性状杂交实验中会出现性状分离 2. 阐明两对相对性状杂交实验中会出现新的性状组合类型 3. 结合科学史料，运用科学论证对性状的分离与自由组合进行解释，建构出颗粒遗传理论／假说 4. 基于对孟德尔豌豆杂交实验结果的科学论证，说出①科学知识是基于实证的、②科学定律与科学理论是不同的、③科学知识具有暂定性，会随着科学的发展发生变化	将获取对科学本质的深入理解视作学生的重要认知类学习成果
指向概念的论证式教学（部分）	1. 引入并提出本节课要探索的核心问题——"生物的性状是如何代代相传的" 2. 介绍科学史中出现过的融合遗传理论对这一问题的解释 3. 介绍孟德尔的生平及其对豌豆这一实验材料的选择、所进行的探索、杂交结果……最终呈现其揭示的性状的分离与自由组合定律 4. 引导学生基于孟德尔的豌豆杂交实验，为"3：1""9：3：3：1""1：1"等规律提供解释，并运用其实验结果对所提出的解释进行科学论证 5. 小结通过这段科学史及科学论证得到的生物学概念，即"一对相对性状杂交实验中会出现性状分离""两对相对性状杂交实验中会出现新的性状组合类型""豌豆内遗传因子的分离与自由组合可以解释上述现象"	通过对孟德尔豌豆杂交实验的科学史料及数据的回顾与分析，理解孟德尔遗传定律，并基于科学论证建构颗粒遗传理论
指向科学本质的教学	6. 在完成上述生物学概念教学之后，让学生围绕以下问题展开关于科学本质的外显的、反思性讨论： （1）你认为生物的性状是如何代代相传的，有何依据？ （2）"3：1""9：3：3：1""1：1""颗粒遗传理论"……这些都是孟德尔观测到的吗？如果是，那是对什么的观测？如果不是，那孟德尔是怎么知道的？ （3）对于"生物的性状是如何代代相传的"这一问题的探索，由"融合遗传理论"到"颗粒遗传理论"，这体现出科学有什么特点？ 在学生讨论与分享的过程中，教师引导学生归纳总结出相应的科学本质	问题（1）指向"科学知识是基于实证的"；问题（2）指向"科学定律与科学理论是不同的"；问题（3）指向"科学知识具有暂定性，会随着科学的发展发生变化"

综上所述，要想在基础教育阶段帮助学生获取对科学本质的深入理解，首先

要遵循科学本质为课程、教科书和教学带来的启示与建议。其次，但也是最重要的是要结合科学探究或科学史的学习，通过教师有针对性的提问，引导学生对探究和科学史中所蕴含的科学本质展开外显的、反思性的讨论与交流，从而最终归纳出相应的科学本质。只有将科学本质视作重要教学目标之一，并设计专门的教学环节予以外显，才能期待学生获取对科学本质的深入理解，因为我们不能、也不应期待学生在参与科学探究和科学史学习后，在缺乏相应的教学环节支持和教师引导的情况下自动地去反思并获取对科学本质的理解。

（刘 晟）

思考与练习

1. 用自己的话解释什么是科学，以及科学有哪些基本特征？

2. 在你学习过的自然科学课程中，哪门课程或哪个教学环节较好地体现了科学的本质特征？请举例说明。

3. 基础教育阶段中的某一生物学科学史、探究活动，可体现出哪些科学本质？请举例说明。

4. 制定一份基于科学探究活动或科学史学习的、外显的、反思性的科学本质教学设计。

更多数字课程学习资源

本章小结　　　参考文献

第三章

生物学核心素养

◇◇

📍 **本章学习目标**

- 1. 用自己的话解释科学素养和生物学素养。
- 2. 阐述生物学核心素养在生物学课程中的重要性和基本组成要素。
- 3. 能够解释生命观念在生物学教学工作中的地位及教学实施要点。
- 4. 说明科学思维的基本要点和教学中的有效策略。
- 5. 解释科学探究在课堂实践中的基本特点。
- 6. 说出生物学课堂上社会责任的适合主题和教学途径。

发展学生的科学素养是全球科学教育的共同方向和追求目标。在这一主导趋势下，一些国家根据各自的国情和理念提出了科学教育的具体要求，各具特点，如我国提出了聚焦学科核心素养的要求，美国提出了新的 3D（三维目标）科学课程方向。在我国，立德树人是 2018 年开始的高中课程改革的方向和任务，其发展方向将延续到义务教育的课程发展之中。顺应这一改革方向，高中生物学课程标准将学科核心素养作为本课程的宗旨。生物学核心素养的 4 个要素包括生命观念、科学思维、科学探究和社会责任，是教师开展课堂教学的总目标。本章将对科学素养、生物学素养和生物学核心素养进行概念性的介绍，然后对生物学核心素养 4 个要素的内涵和教学要求给予说明、解释和建议。生物学核心素养这一课程宗旨的确立，将对我国中学生物学课程和教学产生重大影响，理解这一课程变化，将有助于指导生物学教育人员的教学改革实践。

第一节　科学素养与生物学核心素养

我国在基础教育阶段对所有的学生进行科学教育，让他们在中学阶段学习物质科学、生命科学和地球空间科学等方面的知识和技能，其宗旨就是培养学生的科学素养。生物科学素养是科学素养的基本组成之一，生物学核心素养是教学中的关键。作为中学生物学教师，我们要十分清楚科学素养、生物学素养和生物学

核心素养这些基本概念，以及如何将这些概念作为生物学课堂教学的目标指向和
教学要求。

一、科学素养

我国基础教育的任务是培养未来的公民。在当今科技产品比比皆是、科学问
题在我们的生活中无处不在的时代，未来公民中有一部分人将会成为科学知识或
科技产品的创造者或生产者，而几乎所有的人都必定是科技产品的消费者，他们
在个人生活和社会生活中，也要去面对各种各样与科学相关的问题、甚至要做出
个人或集体决策。这些都要求生活在当今和未来社会中的公民具有一定的科学素
养（scientific literacy）。

1. 科学素养概念的提出

20 世纪 60 年代以前，中学科学教育并没有强调"科学素养"。随着科学课
程改革的浪潮，人们才提出了科学素养理念。20 世纪 70 年代初期，在一些教育
发达国家的中小学自然科学课程中（如美国、澳大利亚）就提出了科学素养的理
念，并把培养学生的科学素养作为课程的基本任务。20 世纪 80 年代以后，这一
任务作为课程理念已被许多国际的科学教育家和大多数理科教师所认同，成为当
今理科课程发展的一个共同趋势。在 2010 年以后，虽然一些国家在科学素养的
要求或描述上有了明显的变化，如中国和美国，但科学素养作为科学教育改革方
向，其基本内涵并没有变化，仍然是科学教育工作者的共同追求。

科学素养是指一个人对自然科学领域中核心的基础内容的掌握情况。自然科
学的核心基础应该包括：①学生理解基本科学现象、规律，以及科学原理是如何
用于技术领域之中的；②学生以在学校的学习为基础，形成终身学习的基本学习
能力和习惯；③学生能够理解或解释发生在身边的科学现象；④学生能够形成正
确的态度、情感、价值观和科学的世界观，并以此来指导自己的行为；⑤学生应
掌握一系列的相关技能，包括操作技能，科学探究一般技能，比较、判断、分析
和推理等思维技能，以及创造性和批判性的思维方式。

国内多数科学教育人士在过去的几十年间认可的解释是：科学素养是指了解
并能够进行个人决策、参与公民和文化事务，以及从事经济生产所需要的科学概
念和科学过程。科学素养最基本的含义是指学生能够合理地将所学到的科学知识
运用到社会及个人生活中。

科学素养包括了两个不同的方面：一方面是对科学知识、态度情感价值观及
科学技能的掌握情况；另一方面是在已有基础上提高自己科学素养的能力。

对于科学素养的解释，在不同的时代有所不同。随着时代的发展，人们对科
学素养的认识也在不断变化。例如，我国于 2018 年在原有科学素养的基础上又
提出了自然科学的学科核心素养概念，将科学素养的教学要求做了进一步的延

伸。即便是在同一个时代，不同的机构、组织或不同的专家对科学素养的解释也不尽相同。因此，目前在全球范围内，对于科学素养尚无一个严格的、统一的定义。

不同的学生在学习自然科学时会表现出不同的天赋和特点，有些学生在学习自然科学时能表现出很强的数理逻辑优势，有些则会在理科的学习中遇到困难。现代科学教育强调面向所有学生，旨在培养所有未来公民科学素养。因此，对于具有不同特点的学生来说，科学素养可以有不同水平的要求。但不论要求水平的差异有多少，学校科学教育都要使这些学生在原有的基础上得到发展，达到一个最基本的要求，而这个要求通常就是一个国家或地区颁布的学校科学教育标准。

具有科学素养是现代社会对每个公民的基本要求。一个具有科学素养的中学毕业生不一定要以科学或工程技术为职业。然而，每个公民需要具备基本的科学素养，才能使他们在面对日常生活中的科学现象、事件和观点时，能够运用科学的原理和科学方法去做出判断或决策。

2. 具有科学素养的人

要严格地定义科学素养总会有一些困难，因此一些专家和科学教育组织回避去直接定义科学素养，而是利用对具备科学素养的人的描述，间接地解释这一概念。例如，具备科学素养的人应该：①具有良好的科学态度和科学情感，包括探索自然的好奇心和求知欲、科学的价值观念，以及对科学学习的正确态度；②掌握了科学的基本概念和原理；③具有基本的科学探究能力、观察事物的能力、思考问题的能力、创造性地解决问题的能力、批判性思维的能力，以及在团队中的合作能力等。

又如，科学素养应具体地表现为一个人能够：比较顺利地阅读和理解一般科技文章，倾听并愿意参与科学问题讨论，能将所学的科学知识用于解决现实生活中的问题，熟悉并能解释常见的自然现象及其规律，以及了解科学原理在实用技术中的应用。

科学素养理念的提出，为中小学自然科学课程指出了明确的方向和任务。理解这一概念，将有助于生物学教育工作者更好地去制订和实施中学生物学课程方案或具体的教学计划。

二、生物学素养

"科学素养"是 20 世纪 90 年代以后许多国家的教育家在课程改革中的共同声音。在理科课程分科设课的国家、地区或学校，提高学生"科学素养"的目的是由各分科课程生物学、物理学和化学来共同完成的。生物学素养的本质是科学素养在生物学教育中的具体要求和描述。它也成为我国 2000 年开始的理科课程改革的基本目标。具体地说，中学生物学课程要担负起培养学生科学素养的重要任务，也就是要培养学生的生物学素养。

（一）生物学素养概念的提出

1987年，尤因（M.S.Ewing）等人在《美国生物学教师》（*The American Biology Teacher*）发表研究报告时，使用了"生物学素养"这一概念。尤因等人研究的是大学生在生物学课程的学习中利用课本以外的资源讨论生物伦理问题对他们生物科学素养的影响。1989年琼斯（G.Jone）在《美国生物学教师》发表了题为《生物学素养》的文章，讨论了美国公民缺乏科学素养，以及生物学课程设计等重要问题。1992年，吉布斯（A.Gibbs）等人研究了公众科学素养与高中、高校生物学教科书的关系。他们指出，教科书作者本人科学素养不够，会直接影响到教科书的质量，并影响学生。此后又陆续有人发表了关于生物学素养的文章，虽然文章都使用了"生物学素养"（biology literacy）这一概念，但这些文章都是从不同侧面来讨论生物学素养，而没有把它作为生物学课程的目的来论述。

1993年，美国生物科学课程研究所（BSCS）出版了名为《发展生物学素养》的生物学课程指南，对生物学素养进行了详尽论述，并把它作为生物学课程的基本目的。BSCS认为，一个具有生物学素养的人需要对科学的本质和特点有起码的理解。学生对科学知识特点的认识和理解，以及对科学的价值及科学探究的过程和方法的理解和掌握，是生物学素养的基本要点。

BSCS还具体描述了一个有生物学素养的人应能表现出的具体特点：①他应能理解生物学的基本原理和重要的生物学概念；了解人类对生物圈的影响；领悟科学探究的过程，知道历史上生物学概念的发展。②他应该对科学探究、生物的多样性与文化的多样性等问题具有正确的态度；对生物学和技术对社会的影响、生物学对个人的重要作用有正确的态度和价值观。③他应该能够对自然界的现象提出不同的问题；能够具备创造性的思维；知道如何正确地利用技术；能够在与生物学相关的问题上做出个人或社会决策；能够应用知识来解决现实社会中的实际问题。

我国在2001年教育部颁布的《全日制义务教育生物课程标准（实验稿）》中将"生物科学素养"的概念正式引入中学生物学课程，并将它作为初中生物学课程的主要目的。《全日制义务教育生物课程标准（实验稿）》中指出："义务教育阶段的生物课程是国家统一规定的，以提高学生生物科学素养为主要目的的必修课程，是科学教育的重要领域之一。"

《全日制义务教育生物课程标准（实验稿）》还将"提高生物科学素养"作为课程的基本理念加以论述。生物科学素养概念的确立，使众多国家的生物学课程改革走向深入。在我国，将提高生物学素养作为课程的主要目的和基本课程理念，标志着我国生物学课程有了重大变化。20年的教育和教学实践表明，这一变化将我国生物学教育提高到一个新的台阶。

（二）中学课程标准中的生物学素养

2001年后，我国先后在2003年颁布的《普通高中生物课程标准（实验稿）》、2011年颁布的《义务教育生物学课程标准（2011年版）》中明确了以生物学素养作为课程目标和理念。这样，生物学素养作为我国生物学课程改革的明确方向和课堂教学的总体要求，实施的时间已近20年，极大地促进了我国生物学教育的发展。下面就以我国2001年颁布的《全日制义务教育生物课程标准（实验稿）》为代表，来了解生物学素养的基本内涵。该课程标准对于生物学素养的解释是："生物科学素养是指参加社会生活、经济活动、生产实践和个人决策所需的生物科学概念和科学探究能力，包括理解科学、技术与社会的相互关系，理解科学的本质，以及形成科学的态度和价值观。"

课程标准提出"提高学生科学素养"的理念，是期望学生通过生物学课的学习能够在以下4个领域得到发展。

1. 科学态度和科学的世界观

（1）科学态度是人基于对科学知识的正确理解和对科学发展的认识而形成科学的信念和科学习惯。①好奇心。每个学生都是天生的科学家，他们生来就对周围的世界，尤其对自然界中那些有生命的东西充满了好奇心。生物学教师的任务就是培养学生对科学现象产生好奇，将这种好奇心保持下来，并将这种好奇心转变成对科学和对学习科学的积极态度。②诚实。实事求是对于学生来说是一种非常重要的品质。在生物学教育中，培养学生诚实的品质就要求学生要真实地报告和记录在实验中观察到的东西，而不是他想象中应该是的东西，也不是他认为教师想要的东西。③合作。团体成员之间的合作意识是科学精神的重要组成部分。④创造力。创造力一般分为两种。一种是特殊才能的创造力，主要是指科学家、发明家和艺术家等杰出人物的创造力。另一种是自我实现的创造力，它指的是对人类社会和其他人来讲未必是新的东西，但对自己来说是初次进行的、前所未有的认识或创造。培养中学生的创造力主要不是要求每个人都去搞发明创造，而是要求学生能够进行独立思考的创造性学习。因此，中学生的创造力主要是自我实现的创造力。

（2）科学的世界观。科学家对科学有一些基本的信念和态度，主要包括：①科学认为世界是能够被认知的。世间的万事万物都是以恒定的模式发生和发展，只要通过认真、系统的研究都可以被认知。②科学知识是不断变化的。科学是一个产生知识的过程，知识的变化是不可避免的；有些新的发现会对已有的理论构成挑战，需要不断地对这些理论进行检验和修改。③科学虽然处于不断的变化中，但这种变化只是处于缓慢的修正之中。绝大部分科学知识是非常稳定的，所以科学知识的主体具有连续性和稳定性。④科学不能为一切问题提供全部答案。世界上还有很多事物不能用科学的方法来验证，因此，科学还不能解决所有问题。人类面临的很多问题，是由政治、经济、文化和环境共同决定的，科学只是其中的因素之一。

（3）爱国主义教育。使学生具有热爱大自然、珍爱生命、热爱家乡、热爱祖国的情感，理解人与自然和谐发展的意义，并增强其振兴祖国和改变祖国面貌的使命感与责任感。

2. 科学探究方法与技能

（1）科学探究不仅是属于科学家的方法和技能，它也是学生学习科学的有效方式之一。学校的科学探究活动通常是指学生们用以获取知识、领悟科学的思想观念，以及领悟科学家们研究自然界所用的方法而进行的各种活动。

学生们应该掌握科学探究的一般技能，包括：提出问题、做出假设、制订计划、收集证据、得出结论，以及表达和交流的科学探究能力。科学探究更重要的是其过程，而不完全是结果。学生进行探究的真正意图，不仅在于掌握生物学知识本身，而更重要的是要学会科学探究的一般方法，让他们亲身体会科学家是如何困惑于问题，如何假设问题的"答案"，考虑从哪些途径去解决问题，并逐渐养成探究的态度、方法和思维习惯。

（2）科学思维的方法，包括形式逻辑思维、辩证逻辑思维、批判性思维和发散性思维等思维方式和思维习惯。科学的思维习惯不是科学家所特有的，是每个人均可以掌握，且应该掌握的技能。一个人一旦掌握了这些技能，无论他从事何种职业都可以终生受益。

3. 科学、技术与社会

生物学课程对学生进行科学、技术与社会的教育，目的在于突出科学、技术与社会之间的关系，即教育、教学内容的出发点不仅限于科学知识本身，也强调三者之间的关系。

学生要了解什么是科学、什么是技术，以及科学和技术的联系。解决技术问题需要科学知识，而一项新的技术的产生又使科学家有可能用新的方法来扩展他们的研究。在人们的实践中，科学提供知识，技术提供应用这些知识的方法，而价值观念则指导人们如何去对待这些知识和方法。

科学、技术与社会是紧密相连的。社会可以影响科学和技术的发展；科学和技术又会影响社会。通常技术对社会的影响比科学对社会的影响更为直接。学生在生物学课程的学习过程中，通过参与和解决现实世界中的具体问题来获取科学与技术的知识，从而形成正确的态度、价值观和社会责任感。这样，在日常生活中，他们就知道如何把所学的知识和方法与实践相结合，对科技引起的新的问题进行思考和判断。在当他们参与社会活动时，能够依照自己的价值观对某些问题做出合理的价值判断，并能够采取适当的个人行动。

4. 生物学知识和操作技能

这是生物学教育中人们熟知的一个领域。生物学知识包括基本的生物学概念、原理和规律。操作技能包括正确使用显微镜等生物学实验中的常用工具和仪器，以及掌握基本的实验操作技能。让学生掌握一定的生物学知识和操作技能也是生物学课程所规定的基本任务之一。学生在义务教育初中阶段应获得有关生物体的结构层次、生命活动、生物与环境、生物进化，以及生物技术等生物学基本事实、基本原理和基本规律，对生物学的整体画面有一个大致的了解。生物学课程应该给学生提供机会让他们了解现代生物学的进展，了解现代生物技术对人类社会和生活的影响。让学生具有在现实生活中运用知识的能力，也是生物科学素养构成中的另一个方面。

生物学课程标准提出关于科学素养的理念，是强调在生物学教学中注重学生的知识、科学探究、态度情感和价值观，及其对科学、技术与社会的认识等 4 个领域的全面发展。

（三）生物科学素养的不同水平

培养学生的生物科学素养是我国中学生物学课程的总目标。这一目标指明了生物学教师和学生的努力方向。教师的任务是使所有的学生在这个指定的方向上有尽可能大的进步。

学生在刚刚进入中学生物学课堂时，每个人的起点不尽相同。按照澳大利亚生物教育家摩尔根（D. Morgan）博士的观点，学生开始学习生物学课程的时候，一般不会是零起点；而当学生结束这门课程的学习时，他们大多数人也不会达到课程目标的 100%。但所有的人都应在自己原有的起点上前进了许多。

BSCS 也认为，生物学素养的高低是一个连续变化的过程，每个学生都处于这种连续变化的不同位置上。这些不同的位置，反映了其对生物学理解的程度。因此，说一个学生有或没有生物学素养的说法不够准确。该研究所还将这种连续的生物学素养分为 4 个水平，分别是：初步的生物学素养、功能化的生物学素养、结构化的生物学素养和多维的生物学素养。了解生物学素养的特点，有助于生物学教师在教学中选择适当的教学策略，并实现课程的目的——培养学生的生物学素养。

1. 初步的生物学素养

初步的生物学素养（nominal biological literacy）是指学生在日常生活中能够认出哪些是生物学的术语和概念，并能够将这些术语与自然界中的现象联系起来。但他们仍然有错误概念，对生物学概念的理解也很不准确（或者说天真）。学生从小学进入中学，刚刚开始生物学课程的学习时，他们的生物学素养常常在这一水平。

2. 功能化的生物学素养

功能化的生物学素养（functional biological literacy）是指学生能够使用正确的生物学词汇，对术语的定义表述也很准确，但大都基于记忆。一些学生在结束生物学课程的学习后只能达到这一水平。他们能表述一些概念，但是很少能表现出对于概念的理解。

3. 结构化的生物学素养

结构化的生物学素养（structural biological literacy）是指学生能够理解生物学的概念体系，理解科学探究过程的知识和技能，能够用他们自己的话来解释概念。学生能将所学的知识与他们个人生活实际相联系，对于生物学的学习充满兴趣；他们从学习或实践的经历中构建了概念的意义和对概念的理解。学生能长期保持对生物学学习的兴趣，愿意通过自己的努力学习更多的生物学知识；学生在面对一个与生物学相关的问题时，能够制订一个行动计划，去解决问题或寻找答案。

4. 多维的生物学素养

多维的生物学素养（multidimensional biological literacy）是指学生理解生物学素养在诸多自然学科中的地位，知道生物学的发展史和生物学的本质、特点，理解生物学与社会之间的相互作用。学生能够意识到自己在知识或技能方面的不足，自己主动去获取更多的知识或技能；能够将学科知识应用于解决问题或寻找答案的行动之中。

中学生物学教师的任务就是将学生的生物科学素养从较低的水平提高到较高的水平。

三、生物学核心素养的内涵

《普通高中生物学课程标准（2017 年版）》将发展学生的生物学核心素养作为课程宗旨，将生命观念、科学思维、科学研究和社会责任作为生物学课程目标和学科核心素养的具体组成。 这是高中生物学课程发展中标志性的变化，也是我国生物学教育里程碑式的发展和进步，对我国的中学生物学课堂教学将产生深远的影响。同时，它也对教师的专业发展和课堂教学的理论与实践发挥引领性和推动性的作用。

生物学核心素养的提出是时代的产物。21 世纪进入第二个 10 年的时候，我国将"立德树人"作为学校教育的宗旨，将提高学生的核心素养作为落实立德树人目标的实施途径和具体抓手。这样，各个学科的课程目标也就十分明确了，就是要将培养学生学科核心素养作为课程的根本任务和要求。这就是我国在新时代里课程设计和发展的总体方向和特色，也是生物学课程设计和发展中必须要完成的任务。根据林崇德教授团队的研究成果，核心素养被定义为：学生应具备的，能够适应终身发展和社会发展需要的必备品格和关键能力（林崇德，2016）。这一定义和思路成为影响（高中）生物学课程设计的关键。与此同时，生物学教育的研究成果（规律）、学习科学的精华、学生学习规律和需求、生物学学科的内在特点、科学本质特征，以及近多年的课程改革实践也是新一代课程建设的重要因素。

生物学素养与生物学核心素养是递进和发展的迭代关系。如前文所述，生物学素养是国际科学教育领域中广泛接纳的话语体系，是许多国家依然在使用、在追求的学科教育目标，它展现为生物学课程的三维目标（知识、能力、情感态度和价值观），是课堂教学的具体方向和要求。生物学核心素养取代生物学素养成为新的课程目标是在原有三维目标框架下的发展和进步，是综合了我国教育宗旨和科学教育规律后产生的新一代课程产品，在学科课程发展中具有划时代的意义。

生物学核心素养是全新定义的课程宗旨。前文已经介绍了我国权威学者对核心素养进行的定义，有了这个基本的概念，生物学核心素养就容易理解。生物学核心素养是核心素养在生物学科上的具体描述，是本学科特有的能力和品格，是学生获得的持久学习成果和运用能力，是让学生终身受益的学习成果，是生物学课程的宗旨和教学实践追求的目标，也展示了生物学课特有的育人价值。需要强调的是，生物学核心素养作为学生在中学生物学课程的学习结果，需要教师在每一节课中加以培养，持之以恒，不断磨炼。由于生物学核心素养具有可测评的特点，所以学生在具体4个维度上的进步和表现，以及教师在教学中的成就可以通过不同形式的测量评价加以刻画。生物学核心素养的4个维度将在后续的四节中具体阐述。

第二节 生 命 观 念

我国在《普通高中生物学课程标准（2017年版）》中将发展学生的生物学核心素养作为课程宗旨，将生命观念、科学思维、科学研究和社会责任作为生物学课程目标和学科核心素养的具体组成。在生物学学科核心素养的4个组成中，科学思维、科学探究及社会责任都具有自然科学领域的跨学科属性，而生命观念则是独具生物学学科特点的要素，是本学科核心素养的标志和关键。

一、生命观念是生物学课程内容的精华

生命观念是科学家经过实证后的想法或观点，是在自然科学领域中可以"站得住脚"的一些基本认识。这些观念汇总了生命世界中的自然法则，它体现了人们对生命世界理性的认知和科学的视角，是科学的自然观和世界观在生物学课程

中的具体展现。生命观念也是学生讨论生命现象和研究生命现象的基本立场，可以帮助他们区别和排除封建迷信、伪科学等干扰，做出理性的决策。

对科学家团队而言，生命观念是指对观察到的生命现象及相互关系或特性进行解释后的抽象。对于中学生而言，生命观念是他们学习生物学课程后对核心概念自身的理解，是学生可以长期保持记忆的精华，是思考和解决问题的基础，是获得的标志性的学习成果，是受到了良好生物学教育的标尺。

说到什么是生命观念，可以用这样的故事来做解释说明。曾经有人问一位资深的生物学专家："如果地球即将毁灭，仅有少数几人可以乘飞船逃离地球到其他星球上，请写出几句话来陈述全部生物学的精华，以便将地球上的文明带到其他星球。"如果你是这个生物学专家，你会写什么？其实，这不仅是一个假设性的提问，更是一个科学教育中的关键学术问题：什么是生物学中最具精华、最有价值的内容？这个的问题对基础教育和高等教育的专业科学课程设计都至关重要。如今，科学教育的研究人员对这个问题已经有了明确的答案，这仅限于用百余字来回答的结果就应该是对生物学核心观念的陈述，换一个表述就是"生命观念"。

二、生命观念在生物学课程中应被高度重视

将生命观念作为生物学核心素养之首，就是要凸显这些观念在生物学课程中的地位及其育人价值。生物学教师必须要看到，所有的生物学课堂都会向学生传授生物学事实性的知识，但并不是所有的教师都能够在传递这些知识的同时帮助学生发展生命观念或生物学重要概念。与细碎的生物学知识不同，生命观念有助于学生理解较大范围的生物学事件和生命现象，使其在面对现实生活的实际问题和挑战时具有更好的解释力和决策能力。这样的学习结果在发展问题解决能力和实践能力方面就远胜于仅仅局限于"书本知识"和靠"标准答案"习得的学业成果。

生命观念也是一个人随着时间的流逝、逐渐遗忘了那些彼此孤立的事实性知识后，留在头脑中的生物学想法和观点。从学习成果保持、记忆的特点上看，生命观念是学生可以保持数十年甚至是一生的学习成果。如果从更长的时间跨度上看，这是很划算、很有效的学习成果。

三、生命观念可以用生物学大概念来描述

生命观念是本学科中为数不多，但可以贯穿全部课程内容的重大观点，反映了科学家对生物学主题或核心概念的理解和认识。生命观念有一些相近的表述，如生物学核心概念（key concept）或大概念（core idea 或 big idea）。稍有不同的是，大概念常常是陈述的具体观点、理解或想法，是对核心概念（生命观念）理

解的具体表述，是生命观念的组成和教学的要求。

在中学生物学课程标准中，对生命观念的具体描述呈现在课程内容标准之中。它是指导教师开展教学工作的清晰路标，也是评价课堂实践的具体要求。

生命观念可以用一些简要的术语来指代，如"生态观念""进化观念"或"生态观""进化观"。但是，使用这种简单术语的交流环境只能限于具有生物学专业背景人员的交流中，用于指导教学工作或中学生的学习，就显得过于抽象和笼统，实践中难以具体操作。因此，在生物学课程标准中对每一个生命观念都有一系列清晰、详尽的表述和刻画。这种刻画就是用命题式陈述句来具体描述每一个观念的概念内涵，其突出特点是能够与授课年级学生的理解和接受水平相适应，不同学段的生物学课程标准在同一个观念或概念上有不同水平的描述和呈现，以符合学习进阶的规律。生命观念在我国和其他几个教育发达国家的课程体系中是以生物学大概念来具体描述的；也有人将生物学大概念称为"生物学大观念"，以此来对应生命观念和体现英文的本意。实际上，使用"生物学大概念"和"生物学大观念"并无实质的区别，从科学教育话语体系的习惯上考虑，我国生物学课程标准和教师教育体系中，还是使用了"生物学大概念"或"生物学核心概念"的说法。

生物学核心概念是生命观念在内容标准中的具体呈现方式，是贯穿本学科不同内容的主线，也是不同学段学生可以学习和能够理解的学习内容。事实上，中学生在学习中要接受一个事实性知识的时候较为容易，但要帮助他们建立一个或多个核心概念（大概念）是一件相对困难的任务，需要教师持续的努力，用一个或多个单元的教学安排逐步完成。在课堂教学中，教师需要以细碎的、具体的事实性知识为基础，再帮助学生概括为抽象的重要概念和大概念。为支持教师开展概念性知识的教学，内容标准采用了"大概念""重要概念"和"次位概念"的陈述方式。例如，"进化观念"在高中生物学课标中对应了必修模块的概念4，具体描述是"生物的多样性和适应性是进化的结果"。这就是前文所说的"命题式陈述句来具体描述每一个观念的概念内涵"。除此之外，对"进化观念"还有一个系列的具体陈述以适应教师从单元教学（大概念）、章节教学（重要概念），到课时教学（次位概念）的实际要求。

概念4　生物的多样性和适应性是进化的结果

4.1　地球上的现存物种丰富多样，它们来自共同祖先

4.1.1　尝试通过化石记录、比较解剖学和胚胎学等事实，说明当今生物具有共同的祖先

4.1.2　尝试通过细胞生物学和分子生物学等知识，说明当今生物在新陈代谢、DNA的结构与功能等方面具有许多共同特征

在所示的内容标准中，只有一级标题（如：4）的概念我们叫作大概念，也

称核心概念或生命观念；二级标题（如：4.1）的概念叫作重要概念，是对大概念的支持和具体描述；三级标题（如：4.1.1）的概念可以叫作次位概念，是形成重要概念和大概念的基础，常常在一节课的时间里可以完成。所有概念性知识的学习都高度依赖学生主动参与的学习经历和生活经验，重要概念的理解和生命观念的建立不能靠记忆和背诵来完成。生物学课程标准明确提示教师，学生生命观念的建立要以概念性知识的教学为基础。

四、生命观念是构成课程内容的主线和基本框架

根据教育理论、学习科学和科学教育研究的结果，在我国和为数不多的几个国家，生物学（或科学）课程标准都强调了以大概念（生命观念）来构建课程框架并开展教学实践。教师们要注意到，生物学课程标准使用了一组生命观念构成本课程的内容框架和逻辑体系，例如以细胞学说为基础的观念、进化的观念、生命体系稳态的观念。这些大概念（观点）都是生物学课程所特有的、需要在本课程中逐一落实的教学要求和内容主线。

为实现以大概念为主线的课程设计，生物学课程设计人员采用了一套重要的内容选择标准。对于生物学教师来说，了解这个标准也有助于日常教学中判断教学内容的重要性和优先级。在了解了生命观念的含义、价值和呈现方式后，教师就容易理解这个教学内容的入选标准。具体地说，生物学核心概念（生命观念）应该符合以下标准。

（1）每一个观念都能够贯穿生命科学全部课程；

（2）相应的观念对于理解生物学主题是必不可少的；

（3）所提出的观念应该能被对应学段的学生接受和理解，并在理解的基础上保持较长的时间；

（4）这些观念能够对课程有很好的覆盖；

（5）全部生物学课程可以由这一组生命观念所代表。

上述标准可帮助教师和教材研发人员进一步理解生命观念在本课程中的地位和作用，也可用于教学内容分析、把握教学重点和要求。

除了高中生物学内容标准中具体表述的本学科特有的观念之外，本课程中也涉及跨学科观念的教学，如结构与功能观、物质与能量观等。这些观念是自然科学课程共有的概念，在物理学、化学、生物学和地球科学的课堂教学中都要给予同样重视。教师要结合生物学科的具体教学内容，帮助学生建立这些跨学科概念，以期加深他们对生物学概念的理解并实现一些跨学科内容的融会贯通，这也是深度学习的标志。

五、生命观念的教学需要落实在每一节课堂教学之中

生命观念的形成依赖于学生在教师的指导下日积月累的课上和课下的主动学习。以生命观念为目标的学习过程更加注重以科学探究、工程实践、积极求索、合作交流为特征的主动学习，学生应该在这些参与性的学习中更好地理解生物学概念性知识并在此基础上形成生命观念，能够用这样的大观念解释生命现象，不断地探讨和认识生命世界。对于教师来说，实现这样的教学任务是一个新的挑战。建议教师们在以核心素养为导向的新课程实施中，特别是在备课的环节要注意以下要点。

（1）教师要重视研读课程标准、阅读相关的教学及研究资料。此次课程标准的研制中，贯穿了以学科核心素养为宗旨的指导思想，运用了学习进阶、概念教学的理论和研究成果，课程标准在呈现方式上有了阶梯式的迈进，在课程目标、内容要求、教学建议和学习质量等方面都有了更为详尽的要求，对教师把握教学要点有直接的帮助。研读课程标准、分析教科书是教师集体备课的首要工作。

（2）教师要进行模块知识结构的分析。教师要根据学期的教学计划做好单元教学内容的分析及生物学大概念、重要概念在单元中的分布和逻辑结构（或认知结构），并基于这样的分析完成单元教学目标的设计和教学进程安排。在单元教学设计环节，需要在集体备课中完成讨论的是聚焦重要概念的关键问题与课时计划目标、单元教学目标和课程目标的关系。

（3）在课时教学计划阶段，教师要有针对性地设计学生主动参与的教学活动和实践机会，这是最难、最需要投入的工作；其关键是学生的参与和高阶思维都要指向相关概念的形成或理解，指向特定的生物学能力和核心素养要素。

（4）教师要设计并积极采用形成性的评价方式。教师要积极学习、尝试和筛选在教学中行之有效的形成性评价方法。

作为学科的核心素养，当学生在生物学课程中理解并接受了生命观念后，可以对日后的学习和生活产生积极的、持久的影响。根据有关学者的建议，一个具体的期待是学生在头脑中对生命观念和"大概念"的保留和应用时间为40年，对"重要概念"的保留时间建议是40个月，对"次位概念"的保留时间是40周或更长。

生命观念可以被学习者用来科学地解释生命世界，有助于学生形成科学的自然观，进而形成科学的世界观。课程标准中用了数个最重要的生命观念（大概念）来统领整个生物学课程内容、强化对不同知识的理解和融会贯通，以期达到"少而精"的学习效果。通过教师的努力，生命观念成为学生可以长时间保留并终身受益的学习结果，可用于现实生活中对生物学问题的思考和决策。对于教学

效果最实际的期待是学生对生物学大概念能够"吃得透、记得住、用得上"。

▶▶ **视频讲解 3-1** 为什么将生命观念作为学科核心素养之首？

第三节 科学思维

学生参加了科学课程的学习之后，除了获得科学的事实、概念、原理和观念外，一个重要的学习成果应该是获得了科学工作的思维方法和范式，简称科学思维。在我国以往的科学教育和生物学教育中，科学思维虽然在学者研究的层面有一定的基础、在实践的层面给出过一些建议，但是从来没有将这一重要的学习要求作为课程和教学目标。2017 年版高中生物学课程标准将科学思维作为学科核心素养的要素和课程目标，对我国生物学教育的发展具有标志性和指导性的意义。

一、什么是科学思维

科学思维（scientific thinking）作为生物学科的核心素养与高中课程计划对学生核心素养中关于理性思维的要求高度一致。《中国学生发展核心素养》指出，理性思维的重点是"崇尚真知，能理解和掌握基本的科学原理和方法；尊重事实和证据，有实证意识和严谨的求知态度；逻辑清晰，能运用科学的思维方式认识事物、解决问题、指导行为。"如果用这一定义来解释科学思维也并无不妥，但是科学思维通常还有更加明确的范围、概念和解释。

科学思维通常是指科学家在思考和解决问题时使用的、有标志特征的思维方法，是对科学内容的思考和渗透在科学领域的一套推理过程，包括归纳法、演绎法、实验设计、因果推理、概念形成、假设检验等。库恩（D.Kuhn）将科学思维定义为有意识地寻求知识的过程，包括以寻求和加强知识为目的的思考。科学思维是理论和证据相互协调的过程，包括提出一些问题，这些问题可以通过收集数据或建立模型进行分析回答。科学思维从本质上反映的是利用这样的思维方式来认识世界、解决问题的过程，它建立在可以观察到的证据、推理和反复试验的基础上。教师要充分注意到，科学思维常常是与科学内容相关的，在生物学教学中要将发展学生的科学思维与发展学生的生物学概念（生物学核心素养）结合起来，课堂上尽可能减少孤立的思维训练存在，让学生在获取新知识的过程中，将已有的知识不够完善的概念，通过新的证据来加以检验和完善，形成新的知识。此外，探究活动（生物学核心素养）也是和科学思维高度相关的。但是，科学思维不限于科学探究之中。

科学思维为科学家所使用，但又不是为科学家所特有的，任何人在任何时候都可以使用，无论这些人正在发展新的知识还是解释科学现象。科学思维的特点是好奇心、开放的思想、逻辑思维、对证据的依赖，以及分享发现的勇气，这些发现改变了每个科学学科对科学知识的理解方式。

科学思维在不同的学科领域中的侧重点不尽相同。我国高中生物学课程标准将学生科学思维的发展聚焦在：质疑是思考的视角、实证是判断的尺度、逻辑是论辩的准绳。

二、科学思维对学生的发展十分重要

每个人生来就会思考，这是人们与生俱来的天性。然而，我们日常思考留给自己的常常会掺杂偏颇、扭曲、局部甚至无知的结果。卓越的思想和思维习惯并非生来有之，需要系统地培养，科学思维就是卓越的思维范式。科学思维需要思维者巧妙地管理思维结构，使用理智的标准，充分运用逻辑并精心权衡事实，以提高思维的质量。科学思维还要求一个人能够具有自主、自律、自我监控和自我纠正的思维品质。具备了这样思维品质的人，在工作、学习和收获中就会表现得十分优秀。这也说明了为什么科学思维对学生一生的发展都十分重要。

贝弗里奇（W.I.B.Beveridge）指出："研究中最重要的工具必须始终是人的思想，运用科学思维能帮助我们理解这个世界。"人们制造、建造或创作产品的质量，以及我们的生活质量很大程度上取决于我们思维的质量。低劣的思维会付出财力或是生活质量上的昂贵代价。科学思维是基于事实和严密逻辑，以期达到更好结论的方法，是高质量的思维范式和习惯。作为生物学学科的核心素养，学生在生物学课堂中习得的科学思维可以用来改善他们在其他科学领域的认识和观点，也可以将其应用在日常生活的许多领域中，提高他们学习和生活的效率和质量。这种学习结果通常可以长时间地保留和应用，是学生终生受益的果实。从认知的视角看，科学思维是获得正确信念或结论的艺术；从实践的视角看，科学思维是对所思考的问题获得明智答案的途径。

通过生物学课程和其他的学习活动，学生应该能够运用归纳与概括、演绎与推理、模型与建模等方法探讨生命现象、审视或论证生物学社会议题；能够将科学思维养成为一种可以带到每一节理科课堂并可以延伸到日常生活的习惯，使科学思维成为学生的第二天性。这当然是学生在生物学课堂上有价值的学习获得。

三、生物学教学要注重发展学生的科学思维

教师要充分认识到，教学不应该是没有思维活动的、事实性知识累积的过程，不应该是教师单一地将自己的思维和结论传递给学生的过程，而应该是学生参与的、积极思维与概念构建的过程。学生对生物学概念性知识和事实性知识的掌握也不应该是单纯的记忆和重复，而是需要主动寻找和使用，在对自然界的探

索中获取知识，将知识学习的过程和学习者的认知过程在精心设计的教学活动中落实。

杜威（J. Dewey）认为学校所能做或必须为学生做的事就是关注他们的思想、发展他们的思考能力。布鲁纳（J. S. Bruner）认为随着社会的发展，单靠对知识的机械理解和记忆只会加重学生的负担，必须注重和发展学生的认知能力。为了在教学中发展学生的思维能力，布鲁纳强调要让学生主动进行探索，在探索中发现、学习。布鲁纳的观点对学校的科学教育产生了深远的影响。库恩（Kuhn，1993）认为，科学思维是智力发展的最终目标，教育的核心应在于发展学生的思维，尤其是科学思维。库恩（Kuhn，2007）还指出，科学思维本质上是社会性行为，不是只发生在人们头脑中的过程。这就要求教师能够帮助学生将"清晰、准确、质疑、客观、逻辑、深刻"等科学思维的要素内化为思考和决策的原则，并将其应用于倾听和发言、阅读与写作等生物学课堂中的学习活动，进而能应用于未来的专业工作或个人生活之中。

科学思维会促进学生对科学的理解。实际上，正是由于想要对科学进行理解，才会促进学生科学思维的发展。获取知识的过程不是单纯的知识增加，而是概念转变的过程。促进学生对生物学概念的理解是课程的目标，但是由于学生的理解是建立在科学思维能力之上的，因此促进学生科学思维能力的发展同样是非常重要的教育目标。科学思维是获取知识的过程，包括所有为了获取更多知识而进行的有目的的思维过程。科学思维能够支持学生获取新知识，学会如何使用知识、建构、评价假设和观点。具备科学思维的学生能够成为独立的学习者，能够自主地为自己的问题寻求答案。科学思维的过程也是深入理解生物学内容、促进知识学习的过程。科学思维作为智力发展的最终目标，这种能力一旦获得就不会失去。

对于社会，学校教育应该培养出最有用的人，这些人应该具备发现问题并解决问题的能力，能够使用合理的论证来做出判断，而具备科学思维的学生才能成为我们期望的这种人。在学生步入社会后，科学思维可以指导学生运用逻辑推理来面对生活中的问题并做出决策。这需要生物学课堂教学将培养学生的科学思维作为重要的目标和实践指南。

四、运用新的教学策略培养学生科学思维

科学思维的培养应该放在高中自然科学课程的教学过程中，有多种教学策略和方式被研究者证明行之有效，其中的一个重要策略就是论证（argument）或科学论证，并以此来发展学生的论证技能，促进他们科学思维的发展。

2012年美国出版的《K-12科学教育框架》中明确强调了在科学课堂中应培养学生的论证技能。无论科学家发现知识或建立理论，还是工程师寻找解决问题

的最佳答案，都依赖于论证技能。通过培养学生的论证技能，可以让学生学会如何提出、支持、评价，以及修正观点、运用证据支持自己的观点、为研究问题构建合理的解释。在论证的过程中，学生的科学思维能力得到提高。除了论证教学策略外，还有一些教学策略对学生科学思维的培养有积极的作用，如建模教学策略、探究教学策略等，这些策略将在第五章详细介绍。

尽管我们不清楚学生未来面临的生活和挑战，但是具备科学思维的学生有能力获取知识并解决科学上、社会中的问题。通过科学思维的培养，学生不仅能够在课堂中学到足够的知识和技能，也有能力应对课堂之外的生活。生物学课堂和其他科学课堂都是适合开展科学思维的良好平台，教师要使用适当的策略，将科学思维的培养融入自己的课堂实践中，培养学生的科学思维，充分达成生物学课程既定的目标。

▶▶▶ 视频讲解 3-2 　为什么要在生物学课堂中重视科学思维？

第四节　科学探究

21 世纪伊始，我国开始了第八次基础教育课程改革。在这次革命性的变化中，生物学课程也顺应历史的潮流，迈出了巨大的跨步，其中"科学探究"（scientific inquiry）作为生物学课程的理念、内容主题和教学策略，可以说是课程最突出的变化之一，成为生物学课程改革的方向。在将近 20 年的时间里，我国的生物学教学产生了前所未有的进步，科学探究的改革方向没有发生改变。《普通高中生物学课程标准（2017 年版）》又明确将生物学核心素养作为课程宗旨，指出"科学探究"是本学科核心素养的基本组成。科学探究的重要作用和地位受到高度重视，始于 21 世纪之初的生物学教学改革方向再次得到保持和加强。作为生物学教师，从学科核心素养的角度不断加深对科学探究的认识是专业素养的基础和基本要求。本节内容是从核心素养的角度介绍科学探究在生物学课堂中的价值、内涵和实施要点，科学探究作为教学策略的部分将在第五章中具体介绍。

一、科学探究在中外理科课程中得到高度重视

好奇和探究是人与生俱来的特征。从孩童时期开始，人们就会困惑于一些自然现象。这种与生俱来的好奇心产生了强烈的求知或探索欲望，而这正是自然科学产生和发展的根本动力。人们提出问题并寻求答案的过程，既能满足好奇心，也是认识物质和生命世界的探索过程和发现新知识的途径，这也是科学探究中的核心要素。正是由于儿童具有寻求周围世界含义和理解的天然倾向，科学教育应该鼓励和增强学习者对周围世界的好奇、欣赏和探询。在中学生物学及科学课程

中，学生不仅应该掌握科学知识，还应该学会利用他们对知识的理解来开展科学探究，从而亲身经历并认识自然世界。基于这样的认识，国内外科学课程的研究和设计人员都在基础教育理科课程中将科学探究置于重要地位。

美国国家研究理事会 1996 年公布的《国家科学教育标准》详细阐明了科学探究教与学的主要组成部分，强调了各个学段所有年级的学生都应该有机会进行科学探究并且培养探究性思维和探究性活动的能力。

2001 年，我国在《基础教育课程改革纲要（试行）》中明确提出要在教学过程中培养学生的独立性和自主性，引导学生质疑、调查和探究。教育部在 21 世纪之初颁布的各门自然学科的课程标准也要求开展以探究为核心的教学。例如，2001 年教育部颁布的《全日制义务教育生物课程标准（实验稿）》和 2003 年颁布的《普通高中生物课程标准（实验稿）》都明确提出将"倡导探究性学习"作为课程理念，建议教师运用以探究为核心的多样化教学方式，推进学生在动手和动脑的学习活动中全面达成课程目标。

全球主流国家和地区的科学教育在过去 50 多年的时间里，都将科学探究放在科学课程的重要地位，科学探究在今后的科学教育中也会对课程和教学目标的实现起到决定性作用。

二、科学探究是科学工作的核心和基本范式

科学是人类活动的产物，包含了人的创造性和想象力，以及收集数据、解释数据以获取证据的过程。科学并不是静止的，科学理论是与支持它的证据有关的，因而当新的证据出现时，理论可以改变。诺贝尔奖获得者化学家辛舍尔伍德（C. N. Hinshelwood）将科学描述为"人类在神秘世界中寻求真理的一次富有想象力的冒险"。以这样的方式来描述科学，是要摆脱将科学看作仅仅是知识的积累的观点，而需要理解科学的本质，即科学概念的发展过程和价值。科学家探索或寻求世界真理的不同方式可以概括地称为科学探究。

科学探究是指科学家通过研究所得的证据来了解自然世界并做出解释的多种方法，也是指科学知识发展的一系列实践活动。根据美国《国家科学教育标准》（NRC，1996），科学探究包括观察、提出问题、查阅书籍或其他信息来确认已有信息、设计观察方案、根据实验证据修正已有信息、使用工具来收集、分析和解释数据、提出答案、解释和预测、与别人交流结果。科学探究需要检验假设等经典的科学过程，在这些过程中，科学家要运用科学知识、批判性思维、科学推理，也要评价多种解释，才能发展科学知识。科学探究是科学工作的核心和基本范式，其中进行科学探究传统的模式被称为科学方法。在学校科学教育体系中，"科学方法"这个术语 20 世纪 60 年代前后在国外有过使用，如今已经广泛使用科学探究的说法。

科学探究的基本概念有两个主要功能。首先，它描述了科学探究是如何在实践中进行的。其次，它解释了为什么科学探究在其工作过程的最后能够成功地获得可以信赖的知识。在自然科学领域，科学探究有 3 种基本的类型用于研究和发展对自然事件的解释，分别是描述性探究、比较研究和实验探究。

三、科学探究是生物学和科学课堂教学的重要途径

科学探究也指学生获取知识、理解科学概念、理解科学家如何工作的学习活动。也就是说，科学探究是一种学习方式，它涉及探索自然或物质世界的过程，在寻求新的理解的过程中，它促使人们提出问题、获得证据并对这些证据进行严格的检验。生物学教育中的科学探究应该尽可能反映科学研究工作的真实情况。

基于探究的生物学课堂在教学中采用探索性的策略，使学生有机会探寻或调查问题，寻找可能的解决方案，进行观察，提出问题，检验想法，进行创造性思考并运用直觉。从这个意义上说，基于探究的教学让每个学生都有从事科学的经历，有机会探索可能的解决方案，对正在研究的现象进行解释，详细阐述概念和过程，并根据现有证据评估或评估他们的理解。这种教学方法基于教师认识到向学生提出问题的重要性，用这些问题挑战他们现有的概念理解，也迫使他们调和异常思维或前科学概念，建立新的理解。

科学探究通过让学生参与研究以科学为导向的问题来挑战他们的思维，在这些问题中，他们将学会优先考虑证据，根据替代性解释来评估解释，并学会交流和证明自己的决定。这些是促进和证明其决定所需要的倾向。简而言之，"科学探究需要使用证据、逻辑和想象力来发展对自然世界的解释"。

通过科学探究来教授科学是良好教学的基石。但是很多教师认作的"科学探究"课堂，只是一些似是而非、照猫画虎的学生表演。那么怎样把握探究教学的关键呢？生物学教师可以参考美国国家研究委员会（National Research Council）关于科学探究的 5 个特征来抓取要点和实质。科学探究的 5 个特征是：①学习者参与面对科学的问题；②学习者在回答问题时优先考虑证据；③学习者根据证据来建立解释；④学习者将解释与科学知识联系起来；⑤学习者交流并证明自己的解释。此 5 点均很重要，但教师要特别注意"证据"和"解释"这两个词被多次强调。因此，帮助学生使用证据来解释自然现象是科学探究的核心。

四、从生物学核心素养的视角理解科学探究

作为生物学核心素养，科学探究是指学生能够针对有价值的问题、疑问、难题或者想法进行研究、基于好奇与困惑来理解生命世界和建构知识的意愿和能力。从 20 世纪 50 年代开始，科学探究就在众多国家的科学课程中加以推广，被普遍认为是培养学生科学素养的基石，科学探究对于学生掌握科学概念、参与科

学实践、理解科学本质、成为独立的思考者和学习者都有重要作用。

1. 科学探究帮助学生理解科学概念

科学探究重视学生本能的学习冲动，探究的过程可以为学生提供学习所需的直接反馈和亲身体验，使他们能够形成新的、持久的对外部世界的理解。在生物学课程中，学生"对外部世界的理解"主要聚焦在对本学科重要概念的理解和掌握。因此，科学探究是学生生物学课程中不可缺少的部分。

参与科学探究有助于学生理解科学知识的发展过程，让学生认同多种用于研究、建模和解释世界的方法，让学生更好地理解科学知识并且深刻地体现在学生的世界观中。在课堂教学中开展科学探究，要帮助学生建立生物学观点和重要概念，促进学习效率的提高与概念理解的深化。在生物学课程中，科学探究既是学习内容又是学习方式。我国《义务教育生物学课程标准（2011 年版）》将科学探究作为一个内容主题，具体描述了学生需要掌握的关于科学探究的概念，是科学探究作为学习内容的典型体现。这样的认识和做法在国外课程中也较为常见。作为一种主动学习的方式，科学探究不仅能帮助学生建构生物学知识，也能促进他们对科学探究的理解。

2. 科学探究是科学实践的重要部分

科学是解释世界的方式。科学教育的重要部分就是让学生学会科学和工程学实践，以及培养基本的科学概念。同时，受过教育的公民应该理解科学发现的过程。在生物学课堂上安排适当的科学探究，可以让学生很好地理解科学家的实践，包括确定变量，观察现象，设计实验、观察方案、收集数据的方案，构建工具，参与实地调查等多种过程，让他们亲身体验科学家是如何探究世界的。当今科学教育广泛使用"科学实践"的术语，其内涵完全包容了科学探究的内容并加入了工程学实践的要素。

作为一种学习成果，科学探究渗透了生命科学工作范式和工程学设计的习惯，学生一旦掌握，将会在这两类实践活动中将变得富有活力，包括更深入地理解科学知识及积极地认知并参与到科学、技术、工程学和数学（STEM）相关事业中。如今，创新驱动着社会高速前进，创新意识和实践能力是对 STEM 领域工作人员的基本要求。能够了解并开展科学探究是学生创新精神和创造能力的标志性学习成果，对于其日后步入社会有着重要的作用。

3. 科学探究有助于学生理解科学本质

我国在 2017 年版高中生物学课程标准中提出了关于发展学生科学本质观的建议。要实现这个要求，教师需要在教学中帮助学生认识和理解科学本质。

理解科学本质是科学素养的基本内容之一，也是许多国家在基础教育理科课程阶段的要求。科学本质是指科学知识的价值和固有的假设，包括科学研究的影响和局限等。美国《国家科学教育标准》在这一方面提出了明确的要求，包括学生应该理解科学是什么、科学能解决什么问题、科学对文化有什么贡献。

　　科学本质的知识属性是科学哲学的范畴，如果以简单的讲授方式授课，学生常常难以理解。采用科学探究的方式，可以使学生体验亲历发现的快乐，并开始了解科学活动的本质、科学的权威性和局限性；探究活动的讨论和反思环节，也是让学生理解科学本质的学习形式。科学探究已经被认为是科学本质教学的有效策略。

▶▶▶ **视频讲解 3-3**　科学探究作为核心素养对课堂教学提出了怎样的要求？

第五节　社 会 责 任

　　随着基础教育的普及和科学教育在我国的高质量发展，有越来越多的学生会接受到良好的科学教育，这将极大地提高他们服务社会和改变世界的能力。当这种科学能力积极和正面地用于造福人类社会时，掌握生物科学和技术的学生就能够更好地为社会增添福祉。从基础教育育人的角度出发，生物学课程要在积极发展学生科学能力和生物学能力的同时，让他们知道科学和技术应用的责任，这就是生物学课程要实现的另一个目标，培养学生的社会责任。

一、社会责任是生物学教学关注的重要目标

　　在生物学课程中，"社会责任"的教育不是从零开始的。从 2000 年开始，我国生物学课程中就渗透了关于社会责任的教育，这一要求主要体现在三维目标的"情感态度和价值观"维度中。2017 年版高中生物学课程标准将"社会责任"作为学科核心素养的组成部分和课程目标，显著加强了社会责任在本学科地位，需要教师在教育教学工作中给予高度关注并加以落实。

　　在中国学生核心素养的构成中，"社会责任"是"责任担当"要素中的一个要点，重点包括："自尊自律，文明礼貌，诚信友善，宽和待人；孝亲敬长，有感恩之心；热心公益和志愿服务，敬业奉献，具有团队意识和互助精神；能主动作为，履职尽责，对自我和他人负责；能明辨是非，具有规则与法治意识，积极履行公民义务，理性行使公民权利；崇尚自由平等，能维护社会公平正义；热爱并尊重自然，具有绿色生活方式和可持续发展理念及行动等"。生物学课程中要求的"社会责任"在字面上相同，总体来说与上述要求的方向完全一致。本学科"社会责任"的特别要求在于学生要负责任地运用生物学学习成果、恰当地处理个人与社区（社会）的关系，这种态度、意识、行为指向和行动能力是基于生物学的观念及与其贴切的价值观。"社会责任"也是学生参与个人与社会事务讨论、做出理性解释和判断、采取决策和行动的取向、尝试解决生产生活中生物学问题

的担当和能力。

作为生物学课程的学习结果和本学科核心素养，社会责任表现了学生相信科学、善待生命、环境友好、促进健康、造福人类的态度和价值观，反映了学生问题解决的意识和能力，以及学以致用的学业水平，是他们个人成长和社会进步的"正能量"，是生物学课堂富有育人价值教学成果。

二、社会责任在生物学课堂中的关注要点

在生物学课程中，社会责任既是学生的一种态度和意愿，又是高度依赖学习过程的综合能力，需要教师有目的计划、持之以恒地努力和培养。

教师要结合生物学教学的具体内容，在课堂上着重发展学生：①将生物学的观念作为观察和思考社会性科学议题的视角和立场；②将生物学的概念和原理作为对问题或议题进行判断的依据，优先考虑使用证据和信息做出决策；③能够将科学的世界观和方法论作为探讨社会性科学议题的方法和准绳；④乐于采纳其他学科有证据的研究结果。

学生在学习了生物学课程后，应能够积极关注生物学的社会议题，愿意参与讨论这些问题并做出理性解释，能够初步辨别出迷信和伪科学；主动向他人宣传健康生活、关爱生命和保护环境等相关知识；结合本地资源开展科学实践，尝试解决现实生活中与生物学相关的问题，提高本人、家庭及社区的生活质量。

三、使用多种教学策略提高学生社会责任

在中学生物学课堂中，有诸多内容和教学环节适合融入社会责任的教育。开展这一教育，通常不必增加额外的课时，关键是教师要有目的地切入教学内容，巧妙地安排和渗透，以下是几种较常使用的策略。

（1）运用"社会性科学议题"进行分析或展开讨论是国内外科学课堂中常使用的策略之一。在生物学课程中，"社会性科学议题"也可以称作是"生物学社会议题"，包括转基因技术、克隆技术、抗生素滥用等为社会和公众广泛关注并争议的问题。这些问题除了生物学科技的因素外，常常还涉及社会道德和伦理问题，有的甚至要考虑公共安全的因素。由于涉及诸多的社会因素和多方面的利益，人们在处理和决策社会性科学议题的时候更需要审慎、冷静、理性和科学。从转基因技术的利用到吸烟的控制，社会性科学议题有的复杂，有的相对简单，教师可以根据正常的教学计划和教学内容选择适当的议题指导学生学习和讨论，促进学生社会责任的形成感和发展。

（2）利用科技新闻是另外一种在生物学课堂中渗透社会责任教育的教学策略。从埃博拉疫情到新的吸烟管理措施，教师可以介绍这些国内外科技新闻背后的生物学知识、关注人们面对的挑战、讨论可能的应对决策和方案，唤起学生的

责任感。

（3）让学生面对当地或个人的现实问题参与决策和行动也是开展社会责任教育的有效教学策略。例如，讨论 2019 年年底爆发的新型冠状病毒肺炎疫情就是典型的现实问题的案例。此外，现实问题也可以是当地外来物种入侵、野生动物猎杀与贩卖、垃圾的管理办法或某种害虫的防控等。利用这些实际问题引发学生积极地思考，应用学到的生物学知识和方法，提出可行的建议、决策或宣传方案，强化学生对社会的关注，提高其运用课堂所学解决现实问题的意识和能力。

▶▶ 视频讲解 3-4　怎样在教学中落实社会责任的课程目标？

将生物学核心素养作为课程目标并用以指导教师的课堂教学实践，是我国生物学课程改革的新任务，高质量地完成这样的任务是一线教师、教研员，以及生物学教育研究人员新的使命，也是对生物学教师的基本要求。这个任务有很大的挑战性，生物学教师要在克服困难中完成它，与此同时实现个人的专业发展（见第十一章），努力迈上生物学教学实践的新台阶。

（刘恩山）

🔍 **思考与练习**

1. 请举例说明并解释具备科学素养的人有哪些特点或表现。

2. 尝试分析和说明生物学素养和生物学核心素养有怎样的一致和不同。

3. 用自己的话说出 1~2 个生命观念。为什么说生命观念是生物学教师关键的教学任务？

4. 具有良好科学思维的人有怎样的特点？

5. 请解释科学探究的 5 个特征及其在课堂教学中的实施要点。

6. 构想一个在生物学课堂中开展社会责任教育的主题和教学切入点。

🄮 **更多数字课程学习资源**

✏️ 本章小结　　📖 参考文献

第四章

生物学教育的学习和教学理论

- 1. 简述"学习"一词的含义。
- 2. 概述教育心理学上两大体系的学习理论,及其教学上的含义。
- 3. 简述建构主义理论的知识观、学习观和教学观,及其对科学教育改革的影响。
- 4. 简述概念转变的条件及为转变概念而教的教学原则。
- 5. 简述学习科学领域有关儿童科学学习的相关研究,及其对生物学教育的启示。

任何形式的教育,其教育效果都是在教与学的互动中产生的。然而,长期以来在教学的过程中,我们都是教重于学,教学活动以教师为中心,学生的学习只是在教师的规定下进行的。现代教育观认为,学与教并重,教师必须先了解学生是如何学习的,才能确定如何施教。因此,在生物学教育的有关理论中,我们首先讨论教育心理学领域两大体系的学习理论,然后再结合生物学教育的属性,讨论与科学教育改革关系比较密切的学与教两个方面的建构主义理论和概念转变理论。最后,跟进前沿领域,讨论来自学习科学的启示,从儿童如何学习科学的视角探讨生物学教育的改革与发展。

第一节 行为主义和认知主义的学习理论

在讨论学习理论之前,我们先对学习(learning)一词提出以下定义:学习是指学习者因经验而获得知识或者引起行为、能力和心理倾向较持久的改变的过程。在这个定义中,经验是指个体的活动过程和个体在活动中所经历的事物,也就是说,个体在生活中随时随地所见、所闻、所想的一切都是经验。强调经验是为了区别本能和学习、成熟和学习。有些行为的改变并不是学习的结果,而是本能的表现或生理成熟的结果。强调行为、能力和心理倾向较持久的改变表示要将学习同其他原因所引起的短暂改变区别开。例如,兴奋剂所引起的运动员成绩的提高是短暂的，它并不是学习的结果。

在心理学领域，围绕学习过程中知识如何获得、行为如何改变的问题，形成了两大体系的学习理论：行为主义学习论和认知主义学习论。20世纪50年代中期以前，行为主义学习论在学习理论的研究中占据着主导地位。作为一个划时代的人物，桑代克（E. L. Thorndike）首次用实验而不是思辨的方法来研究学习问题，是学习理论的一大超越，也为后继学习理论的研究提供了基本的范式；与行为主义学习论相对立的，是源自格式塔学派的认知主义学习论，经过布鲁纳（J. S. Bruner）、奥苏伯尔（D. P. Ausubel）等一批认知心理学家的大量创造性工作，从20世纪50年代中期之后在学习理论的研究中开始占据主导地位。在现代学习理论的发展过程中，还出现了体现当代认知心理学特点的加涅（R. M. Gagne）的学习的信息加工学习论、代表心理学新思潮的人本主义学习论，以及继认知主义之后更强调学生主体作用的建构主义学习论。限于本书的讨论重点，这里只对两大学习理论体系中的主要观点作一简要介绍，详细内容请参阅学习心理学和教育心理学的相关资料。

一、行为主义学习理论

行为学习理论（behavioral learning theory）把学习看作外显行为改变的过程，能够由选择性强化形成，学习者外显行为改变主要显示在刺激与反应之间的联结，学习者对原本不反应的刺激而表现出反应，即表示产生了学习。因此，行为主义学习理论强调外在环境对学习的影响，在教育上主张运用奖励和处罚。

在行为学习理论中又有许多论点不同的学习理论，其中对教育影响最大的有3种：以巴甫洛夫（I. P. Pavlov）– 华生（J. B. Watson）为代表的经典条件作用（classical conditioning）理论；桑代克的联结主义（connectionism）理论；斯金纳（B. F. Skinner）的操作条件作用（operant conditioning）理论。

经典条件作用的学习基本上是刺激替代的过程：从原有的刺激 – 反应关系到建立新的刺激 – 反应关系。华生认为刺激与反应联系的形成遵循频因律（law of frequency）和近因律（law of recency）。频因律说的是，在其他条件相等的情况下，某种行为练习得越多，这种行为习惯的形成越快。华生认为刺激与反应的牢固联结首先在于所学的反应的多次重复。在学习过程中，如果要学习某种动作，就要经过多次练习，形成连续的动作习惯，同时使其他不需要学习的动作的重复次数逐渐减少，从而使要学习的动作不断得到巩固。所谓近因律指的是，在反应频繁发生时，最近的反应总是比较早的反应更容易得到强化。前一次练习中最后学会的动作在下一次练习中，必定更容易出现，从而得到强化。华生还注意了学习者的年龄、练习时间的分配、过度学习等对学习的影响。在年龄方面，年龄大的小鼠与年龄小的小鼠在学习迷笼上所需要的练习次数并没有显著差别。在人类学习中，如果一个人所处的情境是紧急的，那么即使是年龄很大的人也能够学习。在练习的时间分配上，他认为练习的不同分配对动作习惯的养成有影响，一般情况是分散的练习优于集中的练习。在过度学习方面，如果练习时间已经很充足，还要继续学习，其练习曲线呈现水平线，不会再有什么进步。

根据经典条件作用的学习理论，我们在教学中可以得到以下启示：①学习是从原有的刺激－反应关系到建立新的刺激－反应关系，表示新的学习总以原有的学习为基础；②刺激－反应联结理论说明将概念和图表等联结起来有利于概念的学习，教具的使用有利于教学；③频因律意味着对一些重点难点加强复习巩固的必要性；④近因律提示如何合理地安排教学中的重点和难点；⑤教学中要注意时间的合理分配，避免过度学习和集中练习。

桑代克的联结主义理论又叫试误学习理论，是在多次动物实验的基础上建立的，根据实验研究结果，他认为所有的学习都不是突然发生的，而是通过一系列细小的步骤按顺序逐渐达到的。"学习即形成联结；教学则是安排各种情境，以便导致理想的联结并感到满意。"在桑代克所做的一个经典行为主义的实验中（1913），饥饿的猫不得不学会去拉"迷箱"上的绳子，以打开笼门出去获取食物。以这种方式去学会逃出笼子有什么意义呢？桑代克的结论是：猫并没有先考虑如何逃出去，然后再去行动，而是在尝试错误中学习（见图4-1）。当猫在玩的时候，碰巧拉动绳子打开了笼门，它就可以逃出去。但这并没有让猫对笼子产

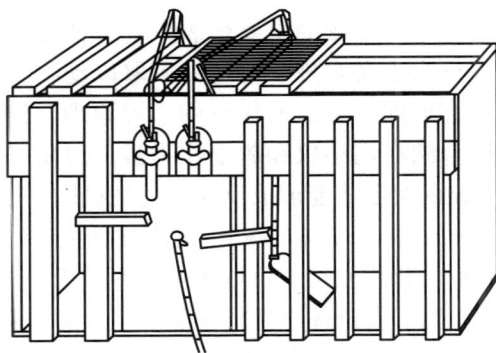

图 4-1 猫的学习

猫被放进笼子后，表现出不安并极力想从限制中逃出去。它努力试图从敞开的栅栏间挤出去；它抓咬金属杆，把爪子伸出敞口处，抓任何能抓到的东西……它并没十分注意外面的食物，而是本能地想逃出笼子……猫在本能的驱使下，不断地在笼子里乱抓，这样就有可能抓到绳子或者触到按钮把笼门打开。那些失败的尝试会逐渐地消退，而那些成功的行动就会得到强化。经过多次试误之后，当猫重新被放进笼子时，它就会准确地抓到按钮或吊环（桑代克，1913）

生深刻的认识，因为当它被重新放回迷箱时，并不知道立刻去拉绳子以逃出去。相反，对猫来说，它还需要通过试误法去尝试多次。据此，桑代克认为，动物的基本学习方式就是试误学习（trial-and-error learning），人的学习方式可能要复杂些。

虽然桑代克意识到人类学习的学习方式和动物学习方式有所不同，但他还是把这些原理作为人类学习的基础，并提出了一系列的学习律。按照桑代克的学习律，学习者对某种刺激的反应与其准备状态有关，这被称为准备律（law of readiness）；刺激－反应之间联结的牢固程度与练习次数有关，叫练习律（law of exercise）；刺激－反应联结的增强或削弱与反应后获得的是奖赏还是惩罚有关，此为效果律（law of effect）。

桑代克的试误学习理论对教学的启示有：①按照准备律，教学中要注意学习者的心理调节和心理准备。预先告知学习内容让学生有一个心理准备，或者创设让学生感到满意轻松的心理环境以利于教学效果的提高。②练习律提示着练习经过强化才能得到巩固，否则会被逐渐遗忘。③从效果律中可以看到，不知道结果的练习，不可能有助于学习。只有练习没有答案，不知道对还是错，即没有反馈的练习是没有效果的。④从桑代克后来对效果律的修改来看，奖赏与惩罚的作用并不等同，奖赏比惩罚更加有力，教师应当多用表扬少用批评的教育措施。在知识学习和技能训练时，通过对环境和行为控制上进行有效的安排，让学生一开始就做出正确和积极的反应，而不做出错误的反应，这样就可以避免当学生发生了错误以后再去纠正他，有利于学生的行为塑造，对传统的课堂教学也有指导意义。

斯金纳也是行为主义学派的重要代表人物，他继承了华生强调的科学、客观、控制、预测等行为主义心理学传统，采取以动物实验为依据的刺激－反应联结学习理论的研究取向，参照桑代克的学习原理，创立了操作性条件作用学说和强化理论。斯金纳在用小鼠和鸽子作为被试对象进行研究后认为，机体并不一定需要接受明显的刺激才能形成反应。他把机体由于刺激而被动引发的反应称为应激性反应（respondent response），机体自身主动发出的反应称为操作性反应（operant response）。操作性反应可以用来解释基于操作性行为的学习，如人们读书或写字的行为。为了促进操作性行为的发生，必须有步骤地给予一定的条件作用，这是一种"强化类的条件作用"，强化包括正强化（positive reinforcement）和负强化（negative reinforcement）两种类型，正强化可以理解为机体希望增加的刺激，负强化则是机体力图避开的刺激。增加正强化物或减少负强化物都能促进机体行为反应的频率增加。这一发现被提炼为"刺激－反应－强化"理论。这一理论可以用来指导教学工作：在学习过程中，当给予学习者一定的教学信息，即"刺激"后，学习者可能会产生多种反应（包括应激性反应和操作性反应）。在这些反应中，只有与教学信息相关的反应才是操作性反应，在学习者做出了操作性反应后，要及时给予强化，如学生答对时告诉他"好"或"正确"，答错时告诉他"不对"或"错了"，这样在下次出现同样刺激时学生做出错误反应的可能性就会大为减小，从而促进学生在教学信息与自身反应之间形成联结，完成对教学信息的学习。

在把操作性条件作用学说和强化理论应用于人类学习研究的基础上，斯金纳提出了程序教学的概念，并且总结了一系列教学原则，如小步调教学原则、强化学习原则、及时反馈原则等，形成了程序教学理论，并从 20 世纪 50 年代后期开始积极倡导程序教学运动。程序教学运动给教学方法带来了很大影响，那些以操作条件反射为基础而设计的教学课件在很长一段时间内很受欢迎。尽管人们最终发现程序教学法并不能解决所有教学中的问题，及时强化也不是在任何时候都比延迟强化有效，但不管怎样，斯金纳的及时强化思想仍然在很多领域被证明是有效的，而且受到大多数教师的欢迎，其程序教学思想也影响了教材的编排。直到现在，无论是在教材编排还是在课堂教学方法方面，都能够看到程序教学的影子，近年来流行的电脑辅助教学（computer-assisted instruction，简称 CAI）就是如此。

行为主义学习理论坚持用实验的方法对学习行为进行客观的研究，重视学习的外部条件，重视环境对学习的影响，重视人的外在行为反应。他们对学习的实质、学习的过程、学习的规律、学习的动机、学习的迁移及教学方法等进行了长期的探讨，积累了比较丰富的资料，为学习理论的发展奠定了良好的基础，也推动了学习理论的深入发展，其功绩和影响是不容低估的。不足之处是在研究中不考虑人们的意识问题，只是强调行为。把人的所有思维都看作是由"刺激—反应"间的联结形成的。把人和动物的学习等同起来，忽视人的学习的社会性，忽视人的学习的主观能动性。

二、认知主义学习理论

上文提到行为主义心理学家把学习看作是刺激－反应联结的过程，在这个过程中，学习者学到的是可以观察和测量的外显反应，这个反应成为习惯是后效强化的结果。学习者学到的个别反应，经组合后形成整体反应。因此，学习的产生是外控的或外铄的，是被动的、积少成多的，也是渐进的。而认知主义心理学家则把学习看作是学习者对事物进行认识、辨别、理解，从而获得新知识的过程。在这个过程中，学习者学到的是思维方式，即认知心理学家所谓的认知结构（cognitive structure）。学习者在学习情境中，运用其已有的认知结构去认识、辨别，以至理解各个刺激之间的关系，增加自己的经验，从而改变（扩大或提升）自己的认知结构。因此，学习的产生是内发的、是主动的，也是具有整体性的。

在认知学习论（cognitive learning theory）中，也有多种理论，其中布鲁纳的发现学习论（discovery learning theory）和奥苏伯尔的意义学习论（meaningful learning theory）尤其受到重视。

布鲁纳的发现学习论特别强调学生应像科学家那样去主动思考、探索求知，最终达到对所学知识的理解和掌握。发现学习论有以下一些特征：①强调学习过程：在教学过程中，学生是一个积极的探究者。教师的作用是要形成一种学生能够独立探究的情景，而不是提供现成的知识。学习的主要目的不是要记住教师和教科书上所讲的内容，而是要学生参与建立该学科的知识体系的过程。②强调直觉思维：大量事实都表明，直觉思维对科学发现活动极为重要。直觉思维的形成过程一般不依赖言语信息，尤其不依赖教师指示性的语言文字。直觉思维的本质是映象和图像性的。所以，教师在学生的探究活动中要帮助学生形成丰富的想象，防止过早语言化。③强调内在动机：发现活动有利于激励学生的好奇心。学生容易受好奇心的驱使，对探究未知的结果表现出兴趣。所以，布鲁纳把好奇心称之为"学生内部动机的原型"。他认为，与其让学生把同学之间的竞争作为主要动机，还不如让学生向自己的能力提出挑战。所以，他提出要形成学生的能力动机（competence motivation），就是使学生有一种求得才能的驱动力。④强调信息提取：布鲁纳认为，人类记忆的首要问题不是贮存，而是提取。提取信息的关键在于如何组织信息、贮存信息、提取信息。学生亲自参与发现事物的活动，必然会用某种方式对它们加以组织，而这一过程对记忆具有最好的效果。

根据布鲁纳 1966 年出版的《教学理论的探讨》（*Toward a Theory of Instruction*），教师在教学设计时要注意以下 4 点：①要使学生在学习情境中通过主动发现获得知识，教师必须先将学习情境和教材性质解释得非常清楚。②教师从事知识教学时，要配合学生的经验将教材进行适当组织。③教材的难度与逻辑上的先后顺序，要符合学生的心智发展水平和认知表征方式，使学生的知识经验前后衔接。④教材难度安排要考虑学生学习动机的维持。教材太容易，学生没有成就感；教材太难，则容易产生失败感；教材难度适当才能维持学生内在的学习动机。

意义学习论是奥苏伯尔教育心理学中最重要的观念之一，为了说明意义学习，他仔细地区分了接受学习（reception learning）与发现学习（discovery learning）、机械学习（rote learning）与意义学习（meaningful learning）之间的关系。在接受学习中，学习的内容是以定论的形式传授的学生的。对学生而言，学习不包括任何发现，只要求他们把教学内容加以内化，结合到自己的认知结构之内。在发现学习中，学习的内容不是现成地给予学生的，而是在学生内化之前，必须由他们自己去发现这些内容。换言之，学习的首要任务是发现，然后便同接受学习一样，把发现的内容加以内化。所以，发现学习只比接受学习多了一个阶段——发现，其他没有什么不同。接受学习并非一定是机械学习，发现学习也并不一定是意义学习，但接受学习和发现学习都有可能是机械的，也都有可能是有意义的。如果教师讲授得法，并不一定会导致学生机械接受学习；发现学习也不一定保证学生进行有意义的学习。如在实验教学中，学生只是机械地记住"典型的步骤"，而对自己正在做什么和为什么这样做不清楚，也属于机械学习。奥苏伯尔认为，意义学习的发生有两个先决条件：一是学生表现出一种意义学习的心向，即表现出一种在新学内容和自己已有知识之间建立实质性联系的倾向；二是学习内容对学生具有潜在意义，即能够与学生已有的知识结构实质性联系起来。需要注意的是，意义学习和机械学习并不是绝对的，而是处在一个连续体的两个极端上，学校中的许多学习往往处于两者之间。

奥苏伯尔根据有意义学习发展出来的教学模式叫作讲解式教学或陈述式教学（expositive teaching）。顾名思义，讲解式教学是由教师将教材详细规划，使之成为有系统有组织的知识，然后条理分明地向学生讲解。在实际教学的过程中，讲解式教学分为两个阶段：①提供先行组织者（advance organizer）。先行组织者是指和学生将要学习的新知识相关的引导性材料。提供先行组织者就是以学生已有的知识为基础，将这些知识和计划学习的新知识联结起来，并对计划学习的新知识提出清晰而具体的框架，作为引导学生进入新知识学习的准备。②呈现学习材料。教师呈现新材料的方式，可以以讲解为主，讲解时用语要清楚明确，不要让学生感到难懂或使学生产生误解。同时，讲解要遵守渐进分化（progressive differentiation）和整合协调（integrative reconciliation）的原则。渐进分化是从一般概念的说明，逐渐进入详细内容的讲解，即从概括到分化。在这个过程中，教师可以采用举例、类比等方式，帮助学生了解新知识和已有知识的异同。整合协调是将分化后的知识再前后连接起来，使之成为一个整合性的、协调性的知识整体。经过这个过程，使学生获得有意义学习。

第二节　建构主义和概念转变理论

行为主义的学习理论和认知主义学习理论之间虽然存在着冲突，但有一个共同点：以客观主义（objectivism）认识论为基础，形成于客观主义传统，即认为世界是现实的、外在于学习者的。在客观主义者看来，知识是不依赖于人脑而独立存在的具体实体，只有在知识完全"迁移"到人的"脑内部"后，并进入人的"内心活动世界"时，人们才能获得对知识的真正理解。虽然行为主义和传统的认知科学存在许多区别，但是二者对知识的本质、组成、来源、发展及应用存在许多共同的假定。它们都试图分析、分解并且简化学习，以便使学习更容易，同时提高教学的效率和效果。

20世纪90年代以来，人们逐渐认识到科学教育是当代教育的核心组成部分，它对培养人的生产能力和适应知识经济时代起着关键的作用，它关系到一个国家的经济发展与在全球经济一体化的国际竞争中的成败得失。科学教育改革成为新一轮教育改革的焦点。与 20 世纪 60 年代科学教育课程改革不同的是，这次科学教育改革的主要目标并非培养科学精英，而是让所有学生都学好科学，即科学为大众（science for all），并通过促进学生有意义地学习科学以提高科学教学质量。在这场科学教育改革中，主要指导思想首推建构主义理论。

一、建构主义理论

建构主义理论是一种庞杂的社会科学理论，它并不是一个全新的思想，在哲学、教育科学，以及在对学生教学前的（preinstructional）科学观念的经验研究中，建构主义思想有着长期的传统。它的影响涉及哲学、教育学、心理学、社会学、历史学，甚至文学和艺术领域。建构主义理论有着不同的类别，在许多方面也是颇有争议的，但它有许多十分有意义的思想，对教学，尤其是科学教学具有指导作用。在此，对其有关科学教育的基本理论观点作一介绍。

1. 建构主义的理论来源

在学习与教学领域中，建构主义受到了几个重要人物的影响，包括：①杜威（J. Dewey）的经验性学习（experiential learning）理论。杜威强调，教育必须建立在经验的基础上，教育就是经验的生长和经验的改造，是在经验中、由于经验和为着经验的一种发展过程，学生从经验中产生问题，而问题又可以激发他们去探索知识，产生新观念。②维果斯基（L. S. Vygotsky）的思想。维果斯基强调，个体的学习是在一定的历史、社会文化背景下进行的，社会可以为个体的学习发展起到重要的支持和促进作用。维果斯基区分了个体发展的两种水平：现实的发展水平和潜在的发展水平，现实的发展水平即个体独立活动所能达到的水平，而潜在的发展水平则是指个体在成人或比他成熟的个体的帮助下所能达到的活动水平，这两种水平之间的区域即"最近发展区"。在教学中，学生通过与教师的交往，观察体现在教师活动中的社会经验，在教师指导下从事某种活动，逐步把体现在教师身上的经验内化为自己的经验，从而可以独立地从事这种活动，将潜在的发展变成现实的发展、并不断创造新的最近发展区。另外，维果斯基很重视学生原有的经验与新知识之间的相互作用，他把学习者的日常经验称为"自下而上的知识"，而把其在学校学习的知识称为"自上而下的知识"，自下而上的知识只有与自上而下的知识相联系，才能成为自觉的、系统的知识，而自上而下的知识只有与自下而上的知识相联系，才能获得成长的基础。③皮亚杰（J. Piaget）学说是当代建构主义理论的重要来源。皮亚杰认为知识既非来自主体，也非来自客体，而是在主体与客体之间的相互作用过程中建构起来的。一方面，新经验要获得意义需要以原来的经验为基础，从而融入原来的经验结构中，即同化

（assimilation）；另一方面，新经验的进入又会使原有的经验发生一定的改变，使它得到丰富、调整或改造，即原有经验发生顺应（accommodation），这就是双向的建构过程。当今的建构主义者比皮亚杰走得更远，他们更强调学习中的具体情境性、非结构性，甚至反对学习中的抽象和概括等。另外，布鲁纳的发现学习，以及认知心理学中的图式理论、新手－专家研究等都对当今的建构主义者有重要的影响。

2. 建构主义的知识观

建构主义所关心的首先是知识问题——知识是什么及知识来自何处。建构主义强调，知识并不是对现实世界的绝对正确的表征，不是放之各种情境皆准的教条，它们处在不断的发展之中，而且在不同情境中，它们需要被重新建构；学习者不是空着脑袋走进教室的容器，在以往的生活、学习和交往活动中，他们已逐步形成了自己对各种现象的理解和看法，而且他们具有利用现有知识经验进行推论的智力潜能；相应地，学习不单是知识由外到内的转移和传递过程，而应是学习者主动建构自己的知识经验的过程，即通过新经验与原有知识经验的相互作用，来充实、丰富和改造自己的知识经验。因此，建构主义在对科学知识的看法上和传统的认识论有根本的不同：传统的认识论把科学知识看作是对客观实在的精确反映，是经过严格的科学方法获得的，是客观真理或者是客观真理的接近；而建构主义认为，科学知识不是对现实的准确表征，它只是一种解释、一种假设。检验科学知识的标准是看它在实践中是否可行、是否起作用。

建构主义的这种知识观向传统的教学和课程理论提出了巨大挑战，值得我们深思。按照这种观点，课本知识只是一种关于各种现象的较为可靠的假设，而不是解释现实的"模板"。科学知识包含真理性，但不是绝对正确的最终答案，它只是对现实的一种更可能正确的解释。而且，更重要的是，这些知识在被个体接受之前，对个体来说是毫无权威可言的，不能把知识作为预先决定了的东西教给学生，不要用我们对知识正确性的强调作为让个体接受它的理由，不能用科学家、教师、课本的权威来压服学生，学生对知识的"接受"只能靠他自己的建构来完成，以他们自己的经验、信念为背景来分析知识的合理性。学生的学习不仅是对新知识的理解，而且是对新知识的分析、检验和批判。另外，知识在各种情况下的应用并不是简单套用，具体情境总有特异性，所以学习知识不能满足于教条式的掌握，而是需要不断深化，把握其在具体情境中的复杂变化，使学习走向"思维中的具体"。

3. 建构主义的学习观

建构主义认为，学习不是知识由教师向学生的传递，而是学生建构自己的知识的过程，学习者不是被动的信息吸收者，相反，他要主动地建构信息的意义，这种建构不可能由其他人代替。什么是建构呢？"建构"本来用于建筑或木器加工中，指为了某种目的而把已有的零件、材料制成某种结构。在这里，建构指学习者通过新、旧知识经验之间的反复的、双向的相互作用，来形成和调整自己的经验结构。在这种建构过程中，一方面学习者对当前信息的理解需要以原有的知识经验为基础，超越外部信息本身；另一方面，对原有知识经验的运用又不只是简单地提取和套用，个体同时需要依据新经验对原有经验本身也做出某种调整和改造，即同化和顺应两方面的统一。

学习是个体建构自己的知识的过程，这意味着学习是主动的，学习者不是被动的刺激接受者，他要对外部信息做主动的选择和加工，因而不是行为主义所描述的刺激-反应联结过程。而且，知识或意义也不是简单地由外部信息决定的，外部信息本身没有意义，意义是学习者通过新旧知识经验间反复的、双向的相互作用过程而建构成的。其中，每个学习者都在以自己原有的经验系统为基础对新的信息进行编码，建构自己的理解，且原有知识又因为新经验的进入而发生调整和改变，所以学习并不是简单的信息量的积累，它同时包含由于新、旧经验的冲突而引发的观念转变和结构重组，学习过程并不简单是信息的输入、存储和提取，而是新旧经验之间的双向的相互作用过程。

通俗地说，在学习观方面，建构主义突出以下几点。

（1）强调学者的经验。即认为学习者在教学前对所要学习的材料已存在有许多先前概念（prior-concept），学习者学习新的材料的时候并非是一张"白纸"，存在于学习者脑海中的相关概念有多也有少，存在个别的差异，而新知识的学习则是在这存在个别差异的先前概念之上的。

（2）注重以学习者为中心。如前所述，知识并不能像货物一样直接传输给学生，学习科学的概念必须由学生主动地参与整个学习过程，再建构自己的意义，因此传统的老师"讲"学生"听"的学习方式不一定是恰当的。

（3）创造冲突的真实的学习情境。学习的发生在于解决认知冲突（cognitive conflict）或不平衡时认知结构所发生的改变。个人的学习被看作新旧知识、经验交互作用的结果，并不只是新概念的堆积。学习发生的最佳情境（context）不应是简单抽象的，相反，只有在真实世界的情境中才能使学习变得更为有效。学习的目的不仅是要让学生懂得某些知识，更要让学生能真正运用所学知识去解决现实世界中的问题。

（4）注重互动的学习方式。个人理解的质量和深度决定于他所处的社会环境，要鼓励学习者体验多种情境和验证不同的观点。有效的科学学习必须通过学习者与教师、学习素材，以及学习伙伴的互动来进行。学习者、教师和学习伙伴等形成学习社群（community of learners），通过对话、沟通的方式，提出不同看法以刺激个体反省思考，在交互、质疑、辩论的过程中，以各种不同的方法解决问题、澄清疑问，逐渐形成能够在学习社群中达成共识的科学知识。

4. 建构主义的教学观

建构主义的教学是基于建构主义的认识论和学习观之上的，学习者必须自己通过主动的、互动的方式学习新知识，教师不再是将自己的看法及课本现有的知识来直接传授给学生，而是要把教学植根于学生的经验世界之中。建构主义本身并没有一套固定的教学模式或教学方法，它只是一个认知和学习知识的理念。因此，将建构主义理论应用于教学可作为一种反省的工具而不是一种教学模式。建构主义的教学活动中，教师和学生一样同时在建构自己的知识，在整个学习过程中，教师必须随着教学情境的变化改变自己的知识和教学方式，以对应学生的学习。因此，师生之间的感情、心智活动在教学中彼此交融，两者的知识都在这个过程中成长。以建构主义为基础的科学教育中，教师本身除了是教学者之外，也是一位学习者，这与我国教育传统所说的"教学相长"的理念不谋而合。根据以上观点，建构主义教学强调以下几点。

（1）从学习者的经验出发。教师在教导科学知识之前应认真考虑学习者先前的（原有的）知识背景，呈现的教学内容应在学生可能的建构区范围之内。

（2）角色的调整。教师在教学过程中不是一个知识的提供者，而是一个"协助者"，适时创设机会由学生自己去组合、批判和澄清新、旧知识的差异，进而再构建自己新的认知。

（3）布置良好的学习情境。教师是学习环境的建构者，以建构主义为取向的教学应注重调整现有的教学材料，布置适当的问题情境，制造学习者在认知上的冲突，以引起学习者的反省及思考，寻找解决问题的途径，不能照本宣科。

（4）鼓励学习者反省和思考。科学课程教材的安排虽然无法兼顾多样性的学习者之间的个别差异，但建构主义取向的教学希望学习者能对过去一直被视为理所当然的知识，如课本知识，加以思考。教学时注意提供适合学生经验背景的教材次序，以促使学习者对学习对象有建设性的理解。

（5）重视合作的学习方式。建构主义的教学方式有别于传统以教师或教材为主的教学。整个教学活动借助于师生之间、学习伙伴之间充分的沟通互动、辩论协调、澄清疑问等过程，以引导学习者由非正式的先前概念向正式的科学想法接近。虽然整个教学过程可能比较费时，但却是值得尝试的。

5. 建构主义对生物学教育的启示

21世纪的课程改革，普遍存在着建构主义的影子，在科学教育领域更加明显。科学教育是科技发展的根本，而科技发展的成果深深地影响着整个社会，与我们的生活息息相关。那么现代生物学教育应该向哪个方向发展？建构主义理论为生物教育改革提供了一些有益的启示。

（1）着重培养学生的科学态度和素养。例如：不迷信权威、积极主动地探究真相的批判精神；正确理解科学本质、目的和一般局限性；理解技术的本质、目的和局限；了解科学与技术的实际工作方式；理解科学、技术和社会之间的内在关系；掌握科学语言和一些关键概念等。

（2）重视科学技能的培养。把科学技能和科学知识放在同等重要，甚至更为重要的地位，技能有时比知识更重要。学生要掌握科学方法和一般的科学过程技能，如观察、比较、分类；收集和解释数据；吸收、运用技术信息和技术成果；正确表达，畅通地与他人沟通等。

（3）教材编写不应是知识的堆积。教材不应只是陈列科学家历年来所发现的结果，应从历史和技术的角度来看科学发展整个形成的过程，以及科学与日常生活之间的关系。

（4）把生物教师的素养提到应有的高度。生物学教育工作者的素养应从科学史及科学的哲学基础培养起，使其了解到科学的活动乃是具有人性价值的活动，科学也是人类社会的一部分，而并非只是自然现象的反映而已。也就是说，现代生物教师不仅要有相应的科学素养，而且要有相当的人文素养。

（5）生物学教育改革要以提高人类生活品质为最高目标。21世纪初的生物学教育改革，必须面向全体国民提高国民生物科学素养，保证人与自然的和谐协调发展，提高人类生活品质。

本节最后我们要提出注意的是，科学教育的问题极为复杂，建构主义不是解决教育问题的"万灵药"。我们要以批判精神吸取这种理论，思考、反省、规划教育改革，进而促进教育发展。

二、概念转变理论

前面多次提到学习者在教学前对所要学习的材料并非是一张"白纸"，他们已经存储了许多先前概念，这些概念有些是正确的、有的是错误的；有些是完整的、有些是不完整的；但都对学习者的生物学学习产生影响。概念转变理论（conceptual change theory）就是试图理解和解释这些先前概念是如何转变为科学概念（scientific concept）的理论。概念转变被认为是科学教育中的核心问题，近一二十年来成为国际科学教育研究的热点。

1. 概念转变理论及其发展

概念转变的研究开始于20世纪70年代，20世纪80年代后开始出现大量研究。1982年，美国康奈尔大学教育系的鄱斯纳（G. J. Posner）等4位教授在《科学教育》（*Science Education*）杂志联名发表了《科学概念的顺应：建立概念转变理论》一文，提出了著名的概念转变模型（conceptual change model，CCM），对概念转变的条件及个体的知识经验背景对概念转变的影响提出了自己的解释。他们认为，一个人原来的概念要发生顺应需要满足4个条件。

（1）对现有概念的不满。只有感到自己的某个概念失去了作用，他才可能改变原概念，甚至即使他看到了原来的概念的不足，也会尽力作小的调整。个体面对原来的概念所无法解释的事实（反例），从而引发认知冲突，这可以有效地导致对原有概念的不满。

（2）新概念的可理解性。学习者需懂得新概念的真正含义，而不仅仅是字面的理解，他需要把各片段联系起来，建立整体一致的表征。

（3）新概念的合理性。个体需要看到新概念是合理的，而这需要新概念与个体所接受的其他概念、信念相互一致，而不是相互冲突，它们可以一起被重新整合。这种一致包括：与自己的认识论信念的一致、与自己其他理论知识或知识的一致、与自己的经验一致、与自己的直觉一致等。个体看到了新概念的合理性，意味着他相信新概念是真实的。

（4）新概念的有效性。个体应看到新概念对自己的价值，它能解决其他途径难以解决的问题，并且能向个体展示出新的可能和方向，具有启发意义。有效性意味着个体把它看作是解释某问题的更好的途径。

新概念的可理解性、合理性、有效性之间密切相关，其严格程度逐级上升，人对概念有一定的理解是看到概念的合理性的前提，而看到概念的合理性又是意识到其有效性的前提。

另外，郡斯纳等人认为，个体对新概念的接受会受到其现有的其他概念的影响，他们把影响概念转变的个体的经验背景称为"概念生态"（conceptual ecology），具体包括：①反例：某概念所无法解释的事例。②类比与比喻：这可以帮助学习者在新旧经验间建立联系，使新概念更易理解。③认识论信念：什么样的理论才是成功的理论？一般情况如何，具体到某学科又怎样？④形而上学的信念与观点：这包括关于科学的形而上学的信念，如关于世界的规则性、对称性、确定性的信念，对科学和日常经验的关系的理解等，也包括具体科学领域中具有形而上学意义的概念，如绝对时空观等。⑤其他领域的知识。⑥与新概念相对立的概念。

概念转变理论提出后，科学教育理论界对其进行了诸多批评、修正和发展。针对概念转变理论的批评概括起来有以下几种：①不要只看到概念内容的改变而忽视了学习者认识方法上的改变，学生的错误概念往往是与他们认识世界的直觉经验方法相联系的。②不要用纯认知的观点来解释概念转变过程，应该看到动机的、态度的影响。教学实验发现，学生积极的态度、较高的责任感对概念转变很重要，漠不关心的学生很难产生认知冲突感，另外，消极的自我印象、过高的焦虑或消极的态度等，也会妨碍认知冲突的产生。③不要过于强调儿童日常经验中的核心信念对具体概念的限制，概念转变常常并不是随核心信念的改变而整个改头换面，而是一个一个地进行的，这与科学理论的革命不同。④一个概念的转变并不一定是一步完成的，最初的概念与科学概念之间有一段过渡，这个过程是渐进的，有时两种概念同时都在使用，或者是把原有概念和科学概念糅合成新的混合概念。

针对以上批评，郯斯纳等曾于1992年对此理论做了一些修改。首先，他们把将要发生转变的概念本身也看成是概念生态的一个组成部分，以体现某个具体概念与个体的经验背景之间的双向相互作用，强调概念生态本身不是静止的，也是不断发展变化的，具体概念的改变也会对基本观念产生重要影响。其次，他们又把动机因素放到了概念生态中，包括学习动机、对某学科的性质和价值的认识等。另外，他们看到，所谓的错误概念有时并不是直接以现实表征的形式存在于学习者头脑中的，而只是个体以现有经验体系为背景做出的推论。

2. 生物教育中的错误概念

概念转变理论也建立在认知科学关于儿童错误概念（misconception，又可称为迷思概念）的经验研究之上。关于错误概念的最早的研究始于皮亚杰早期对儿童自然概念的探讨。20世纪70年代以来，发展心理学中的认知学派对儿童的错误概念进行了大量的经验性研究。与错误概念相近的概念还有先见（preconception）、儿童科学（children's science）、教学前概念、另类框架（alternative framework）、天真理论（naive theory），等等。错误概念是指人们在日常生活及以往的学习中形成了的那些与当前科学理论对事物的理解相违背的经验的理解。它的形成往往不简单是由于理解偏差或遗忘而造成的错误，它常常与日常直觉经验相联系，植根于一个与科学理论不相容的概念体系或概念生态之中，有时，它恰巧是科学界以前所主张的观点，如"胎儿是由母亲的血凝结而成的"。

1929年，皮亚杰出版了他的经典著作《儿童关于世界的概念》（*The Child's Conception of the World*）。皮亚杰研究表明，儿童关于生命概念的形成可分为4个阶段：①最小年龄段（3~7岁），认为生命是能动的或有用的东西，如有响声的玩具。②7~8岁段，通常把运动作为生命的特征，如汽车。③9~11岁段，把自发运动作为生命特征，如河流、太阳。④大年龄段（11~12岁），认为生命就是植物和动物。

皮亚杰理论提出之后，相关研究越来越多，得出的结论与皮亚杰也不尽相同。近期的研究结果表明，即使低年龄段的儿童对人的身体各部位也有比较完整的概念。10岁的儿童画出人体的主要部位有：心脏、脑、基本骨架、血管、肾、肺、肌肉、肋骨和胃。

📖 **拓展阅读4-1** 国内外对中学生生物错误概念各种表现的相关研究

对生物教师来说，了解学生的错误概念有助于教学策略和教学重点难点的确定。那么，如何才能了解到学生的错误概念，又如何帮助学生转变这些错误概念呢？概念转变理论为我们提供了指导原则。

3. 概念转变理论和生物学教学

当前，国际上流行的一个口号是：为转变概念而教（teaching for conceptual change）。美国学者修森（P. W. Hewson）提出了为转变概念而教的指导原则，其中两条可操作性较强。

第一，学生和教师的观念要明确地成为课堂话语的一部分。也就是说，要让学生在课堂上有表达自己观点的机会。在为概念转变而进行的教学中，必须让一系列与课题有关的、课堂上不同的人所持的观点都有机会表达出来。这些观点有教师的，也有学生的。在此过程中，学生就会意识到、理解、并可能接受那些他们以前不曾听过或未曾认真考虑过的观点。

传统的科学教学中，只有教师的观点才成为课堂话语。在为概念转变而教的课堂上，与通常的课堂教学实践完全不同的是，教师需要使学生的观点也明确成为教学的一部分。这一做法承认现有的知识在学生的学习中起着重要作用。然而在一般的科学教学中，学生的观点往往不会被予以考虑。教师这样做的理由很多，如浪费时间、干扰其他学生等。可是，当其他学生的观点不被考虑时，他们只知道自己个人的观点与教师的观点不同，但并不知道其他学生的看法。这可能引出的一个结果是，学生认真对待自己的观点得不到鼓励，这很可能导致学生轻视自己的观点这样一个意想不到的结果。

与传统科学教学不同的第二点是，学生的观点应当与教师的观点同样地被考虑。这意味着学生有机会选择不同的观点，其选择的依据不是以谁说的为准，而是以为每一种观点所具有的解释力为准。这样做，学生就会认识到某一观点的权威来源不应是教师，而是以明确陈述的和经过讨论的证据为标准的。这样的课堂教学当然与传统的课堂教学不可同日而语了。

在观念转变理论的有关文献里，有许多不同的引出学生观点的方法，其中有些适合在课堂上用，另一些则更适合用于研究情境中。广泛用于课堂上的方法包括教学前的测验、课堂讨论、画概念图等。

第二，降低或提高概念的地位。一个概念的地位表示拥有这一概念的人了解它、接受它和感到它有用的程度。概念的地位有不同的方面，首要的是概念的可理解性。这个概念的意思是什么？有什么意义？人们能表述它吗？当一个概念可理解后，其次要考虑的是概念的合理性和有效性。当一个可理解的概念被认为是真实的，或与已被人们接受的其他概念协调或一致时，这个概念就会被认为是具有合理性的。当这个概念有某种效用，或者解决了在其他情况下不能解决的问题或揭示了新的可能性、方向或观念时，它就会被认为是具有有效性的。一个概念符合以上的条件越多，这个概念的地位越高。

为转变概念而教就是要促进学生考虑不同的概念，引导其做出明智的选择。

在学生的各种选择中，他们可能是继续选择以前的概念，或者接受了多个概念，或者把自己的概念和他人的概念融合起来，或者是抛弃了旧概念接受了新概念。在选择的过程中，学生们会发现，有些概念易被他们接受，有的就不易被他们接受，换句话说，这些概念的地位变化了，有的概念地位提高了，有的降低了。

因此，在教学中，我们要注意提高某些概念的地位，降低一些概念的地位。为了提高一些概念的地位，我们可以采用多种方法，如：对这些概念举例说明，把这些概念用到不同的情境中，以不同的方式思考这些概念，把这些概念和其他的概念联系起来，等等。为了降低一些概念的地位，我们可以探讨这些概念隐含的不可接受的含义，不能解释的一些经验，以及这些概念思考方式的不足之处，等等。在教学活动中，教师要注意的是，设计教学活动降低某一概念地位时，要考虑学生的具体情况，除针对本概念外，还要考虑概念生态，使学生对其原有概念产生不满。降低概念地位和提高概念地位的活动可同时进行。

第三节　来自学习科学的启示

1991 年，《学习科学杂志》（*Journal of the Learning Sciences*）的创刊，标志着"学习科学"这一新兴多学科交叉研究领域的诞生。自此，学习科学在近 30 多年来得到前所未有的广泛关注和迅速发展，而作为其代表性研究成果"人是如何学习的"及"儿童是如何学习科学的"两大研究议题深入探讨了人类学习的原理、机制及其影响因素，形成了诸多颇具价值的学习研究成果，为变革时代的教育改革注入新鲜活力，推动和引导着课堂教学、教师教育等一系列教育活动的变革与创新。

一、学习科学研究成果及其对教育改革的影响

作为学习科学研究成果促进教育改革的标志性事件，美国国家研究委员会（National Research Council）于 1999 年发布了研究报告《人是如何学习的》（*How People Learn：Brain，Mind，Experience，and School*），该报告综述了关于人类学习的研究，聚焦专家和新手学习机制及影响因素的比较研究，融合心理学、神经科学、脑科学等相关研究，以原有学习研究为基础，跟进学习科学的最近研究，对人类的学习进行更为多维深入的研究，其研究结果对课程、教学、评估和学习环境的设计具有重要意义。基于对人类学习机制的研究，美国国家研究委员会在此基础上对其研究成果进行扩展和延伸，深入探讨学习科学与课堂实践之间的融合，重点聚焦学生如何学习科学等话题，汇总相关议题和研究成果后，于2005 正式发布研究报告《学生是如何学习的——课堂中的科学》（*How Students Learn：Science in the Classroom*）。这两项学习科学领域重大研究为国际范围内的

基础教育的改革提供了扎实的理论依据，也间接加快科学教育改革的步伐。

二、学生是如何学习科学的

在对人类的学习及学生在科学领域学习表现的研究中，教育研究者们产生了一系列重要发现，既有扎实的研究基础来支持这些发现，又对课堂教学具有重大影响，以下对其中显著影响科学教学及学习环境设计的 3 个关键发现依次做详细阐述。

1. 深入理解的达成，需要学习者围绕核心概念建构学科概念框架

学习科学特别强调理解性学习的重要作用，在学习科学中，对专家和新手学习过程的研究表明：新手将需要处理的信息视为独立信息，专家则将其视为有组织的想法，专家不仅是"聪明的人"，掌握更多的事实信息，他们更擅长利用结构丰富的信息库。专家和新手之间的显著区别在于对专业概念和概念框架的掌握，专家的知识结构会影响他们对新信息的理解，由此，专家能够看到新手看不到的模式、关系或差异。专家未必拥有比其他人更好的整体记忆，但他们有组织的知识结构及学科核心概念能够使他们从繁杂信息中提取出新手识别不了的信息，将零碎的事实知识转变为可用的知识，而概念框架使专家可以将信息组织成有意义的模式，并将其分层存储在知识内存中，以方便检索和解决问题。此外，专家还能够顺利地获取相关知识，因为他们对知识框架的理解能够使其快速识别出相关内容，即便是复杂事件也会应对得当。

与单纯获取事实知识不同，对概念的掌握有助于将学习转移到新问题上。事实性知识与概念性知识是相辅相成的，概念性知识增强了对事实性知识的记忆，并且由于概念性知识能够用于帮助组织重要细节，因此事实性知识对概念性知识进行了进一步地阐释。因此，要发展学习能力，学生必须既具有扎实的事实知识等基础，同时具备强大的概念框架。促进深度理解的学习要求应像专家一样围绕核心概念构建概念框架。首先，教师应帮助学习者形成深厚的事实知识、核心概念及概念框架；其次，应在概念框架背景下理解事实知识和核心概念，明确事实知识和核心概念置于概念框架中的位置，以便深入理解其内涵和价值；最后，教师应促进学习者对知识的检索和应用。

2. 儿童天生就是探索者

儿童在入学前已对自然世界有一定了解，能够通过推理等方式来了解科学，其中一部分是基于对周围物质环境的直接经验和日常活动获得的。以往研究认为幼儿缺乏形成复杂想法的能力，需到达一定年龄才能学习某些复杂原理和推理技能。与普遍认为幼儿思维具体而简单的观点相反，学习科学研究表明，儿童的思维异常复杂，幼儿具有广泛的认知能力。首先，幼儿可用因果关系初步建构他们对物质和生物世界现象的基本理解及解释，如利用因果关系解释他们如何思考物

体的行为，区分有无生命特征等。其次，幼儿具备早期的数字概念，甚至也能主动参与自己的数字学习和问题解决。最后，幼儿具有初步推理能力，这些推理可以用作支持证据生成和评估的起点，掌握较为复杂的科学原理。例如，幼儿对符号和比例模型的理解可以帮助他们进行建模活动和推理，这些初步推理能力可为后续发展科学推理奠定基础。但是，他们的推理能力受到其知识基础、任务性质和对自身元认知能力发展的限制。

简而言之，幼儿在物质运动、生物因果关系、早期的数字概念和语言等特定领域具有好学、易学的先天素质，尽管幼儿缺乏知识和经验，且他们的经验是多变的，但他们可以使用构成科学思维基础的各种推理过程，善于用已有知识进行推理。上述儿童的认知能力直接与科学实践能力的发展相关。然而，与科学实践直接相关的认知能力通常在教学之外并不能完全发展，即使在青少年或成年人中也是如此。这些能力需要在提供支架的学习环境中加以激发、培养和完善，并通过评估进一步促进有效学习。

3. 元认知技能在深入学习中至关重要

学习科学研究的另一贡献还体现在对元认知技能的研究和关注方面，长期以来困扰教育领域的问题之一即是学校是应该强调"基础知识"还是应教授思考和解决问题的技能。对人类学习的研究表明两者都是必要的，当知识与解决问题活动相联系，以及当帮助学生理解这些事实知识与技能之间的相关性、因果关联等联系时，他们应用知识和技能的能力也会增强。此外，在缺乏扎实知识基础的情况下尝试教授思维技能也不会提高解决问题的能力，更不会支持迁移应用。在知识与技能协同发展的过程中，元认知技能至关重要。元认知指自我调整学习，以及反思学习过程及表现的能力。对专家行为的研究表明，他们会仔细监控自己的理解，记下何时需要其他信息，新信息与已知信息是否一致，以及可以得出哪些类比来促进他们的理解，他们会评估和调整当前结果与期望结果之间的距离。元认知技能促进自我调节能力，个体需学会控制自己的学习行为，通过一些学习策略促使自我监控和对学习行为的总体调整，如预测结果、制订计划、分配时间、自我解释以便促进理解、反思学习过程和结果等。

在课堂教学上，教师可教授一些元认知策略，使学生通过定义学习目标并监测他们在实现目标方面的进度调整自己的学习，监控他们的理解和解决问题的进度。例如，当儿童建立的常识框架与科学家提出的框架大相径庭时，需要大量的概念反思工作来实现知识的重构。学习者通常难以实现概念框架的重大变化，因为它要求学习者打破已有框架并重新组织知识体系，在此过程中往往需要放弃一套熟悉但不正确的想法，转而采用不熟悉的概念。当学生进行以元认知为指导的学习，学习者将不断反思自己对知识和技能的理解和掌握水平，有助于其做出相应的调整，促进对知识和技能的深入理解及灵活应用。

三、学习科学理论和生物学教学

当代生物学教育需建立在对学生科学学习的现代理解基础之上，学习理论强调学习是一个建构性理解的过程，知识学习是了解、构建、扩展、完善和修改知识的过程，新知识的学习伴随着知识框架的持续修正和重组。因此，基于学习科学的课堂教学应聚焦理解性学习，高度强调推理、论证等高阶思维的发展，进一步促进学习者元认知技能的提升，由此成为一名优秀的终身学习者。

1. 关注概念框架的重构和有效组织，以促进理解性学习

学习科学的研究表明，专家会理解相应领域内的核心概念和概念框架，并用以理解新信息和处理新问题，而新手更多情况下掌握的是一些互不相关，甚至互相矛盾的知识碎片。此外，仅了解大量不相关的事实无法达成深入理解的学习目标，对学习内容的深入理解需要将事实信息转化为可用的知识和组织良好的知识结构。因此，深入理解的标志之一即是学习的迁移，而将信息组织到概念框架中可以实现更大的"迁移"，它允许学生运用在新情况下学到的知识，并更快地学习相关信息。理解性学习需要更为关注概念框架的构建，强调知识框架的结构性和连贯性，理解组成知识框架的每一知识元素在该领域更宽广的知识结构中的价值和作用，这对于深度学习至关重要。

在生物学课堂中，评估学习水平的提高应关注知识架构的变化，学生需要学习核心概念及概念之间的相互联系，以及它们在本学科中的内涵意义和应用，这是一个概念框架发展的过程，可能涉及知识的大规模重组，而不仅是简单零碎事实信息的积累。在此过程中，有效的知识组织至关重要，而学生往往缺乏深入理解新概念及在知识网络中组织概念的能力。因此，教师应该在学科概念架构背景下，围绕核心概念促进新旧知识单元的二次构建，最终帮助学生形成连贯一致、组织良好的概念框架。当学生对生物学知识的组织原理形成连贯的理解时，他们才更有可能灵活应用生物学知识解决现实问题。

2. 应关注学生科学推理和论证等高阶思维能力的发展

科学既是代表当前对自然系统理解的知识体系，也是基于证据不断扩展、完善和修订知识体系的模型构建过程。在此基础上，精通科学的学生应具备如下 4 方面的能力：①了解，使用和解释自然界的科学解释；②生成和评估科学证据和解释；③理解科学知识的本质和发展；④富有成效地参与科学实践和对话。由此可知，科学推理和论证是科学的显著特征。此外，当前学习科学研究已经发现，儿童对自然界有着丰富的经验感知，并且能够进行推理形成复杂的想法，这为其后续科学推理和论证能力的发展奠定了坚实的基础。教学应走在儿童发展之前，在最近发展区内促进学生学习，而儿童已经具有一定推理能力，因此，教学不应仅仅将科学推理和论证等高阶思维能力的培养放在高年级学段，而应在 K–5 年

级学段就开始让学生逐步学习科学推理和论证技能，发展这些高阶思维能力帮助其逐渐形成对自然现象越来越复杂的理解。

与此同时，囿于知识基础和元认知能力等方面的限制，学生的科学推理和论证能力的发展也亟须获得教师的指导和教学支持，引导其学习适当的规范和科学语言，帮助其有效掌握和应用科学推理和论证技能。在生物学教学中，科学探究和实践活动在发展学生科学推理和论证技能方面具有重要价值，而教师在设计科学探究和实践活动时，需尤为关注在科学实践活动中渗透问题意识、推理和论证特征及取证方法，由此学生可在发现问题并解决问题的过程中，应用科学推理和论证完成问题解决和知识建构活动。此外，在课堂实践中，教师还可进一步通过与学生对话、提问等来促进其推理论证能力的发展，或者精心设置一定学习任务，让学生在任务达成的过程中应用推理和论证能力，最终实现灵活应用科学推理和论证等高阶思维能力解决现实生活中的问题。

3. 将元认知技能的教学纳入课程设计中，鼓励学生发展元认知技能

学习科学高度强调学习者对学习过程进行自我调控，认同反思性教学的重要性，教学中应不断反思教什么、如何教，以及如何评价学习的成果，学习者学会评价和调整自己的学习策略、方法等将有效促进学习的成效。具体来说，元认知技能强调个体主动地对认知活动进行自我反思、自我调节和自我监控，学习者主动对自身学习行为审查分析，监控思维互动，及时发现问题，加以批判调整和修正，从而改进和完善自身的学习活动，在此过程中伴随反思过程、激活元认知策略、提升自我效能感等。元认知技能有利于学习者反思自己的学习过程、知识和技能，进一步发展终身学习的信心和能力，因此，教学应关注学生元认知技能的发展。

面对当前知识大爆炸的时代特征，学习的意义已从知识的记忆转向发现和使用知识，教学目标应更多关注对学生认知工具和学习策略的发展，提高学生的元认知技能，使其能够学会学习并成为终身学习者。在生物学课堂中，教师应鼓励学生在课堂讨论中进行自我想法的表达和反思，阐明自己的想法并反思自身想法及表达的其一致性、连贯性和准确性。其次，提供有关使用元认知技能的指导，帮助学生应用"元认知"方法定义学习目标、调整学习过程及策略，以控制自己的学习，不断提高自我的元认知技能，为未来成为一名优秀的终身学习者奠定良好基础。

（周丐晓 张海和）

🔍 思考与练习

1. 请结合生物学教育中的知识和技能的学习，谈谈学习一词的含义。

2. 请到中学或小学听一节课，详细记录教学情况，并试用行为主义学习理论的观点对这节课进行评论。

3. 有意义的接受学习和发现学习有什么不同，怎样合理地利用这两种学习方式？

4. 以自己的学习经历为例，说明建构主义学习观和教学观的某些合理性。

5. 以小学科学、初中生物或高中生物中的一个概念为例，设计相应的概念调查量表，对相应的学生进行调查，总结相应概念的错误概念。

6. 尝试在自己的教学设计中融入学习科学给教师提出的建议。

📧 更多数字课程学习资源

✏️ 本章小结　　📖 参考文献

第五章

生物学课堂常用的教学策略

本章学习目标

- 1. 简述讲授 – 演示策略的特点并概述其在生物学教学中的使用原则。
- 2. 简述实验课教学的主要环节。
- 3. 简述探究式教学的基本特征和探究活动的基本形式。
- 4. 简述概念图在改进生物学教学方面的作用。
- 5. 绘制概念图，用概念图表达某一单元教学内容的知识结构。
- 6. 概述建模教学策略的主要实施步骤。
- 7 简述图尔明论证模型和论证教学的含义。
- 8. 简述论证教学的三大类型和概述论证探究式教学的主要实施步骤。
- 9. 概述合作学习的基本要素及这些要素的含义。
- 10. 简述 STEM 的含义、特征及教学应用原则。

　　教学策略（instructional strategy）在教育心理学中是指教师教学时有计划地引导学生学习，从而达成教学目标所采用的一切方法。广义上是指一般教学中所考虑采用的教学取向。狭义上是指用于某种科目的教学方法。从教学取向来说，教学策略可分为两种，一种是以教师为主导的教学取向策略，另一种是学生自学取向的教学策略。从狭义的教学方法来说，教学策略的分类则是五花八门。本章主要介绍几种与生物学教学及我国新一轮课程改革关系比较密切的常用教学策略。

第一节　讲授 – 演示策略

　　自班级授课制度确立以来，课堂讲授得以普遍应用。随着教育不断变革，尽管中外教育家对各种教学模式进行了探索，教学策略不断更新、名目繁多，但没有哪一种教学策略可以完全取代讲授 – 演示策略。合理恰当地运用讲授 – 演示策略绝不等同于"满堂灌"，而其他教学策略的完美实施，也离不开娴熟的"讲授 – 演示"技巧。从教的角度看，任何教学策略都离不开教师的"讲"，在运用时都必须与讲授相结合。例如，基于实验室活动的教学策略需要在教师讲授指导下进行、探究式教学策略需要在教师的引导下进行。所以，教师只有讲得好，其他各种教学策略的有效运用才有了前提。从学的角度看，学生最基本的行为动作就是"听讲"，其他各种学习方法的掌握大多建立在此基础之上。因此，讲授－演示策略的基础性地位不容置疑。

讲授－演示策略是由教师通过口头语言系统并配合恰当的演示手段，连贯地向学生叙述事实、描绘现象、解释概念、论证原理和阐明规律的教学策略。讲授－演示策略并不等同于注入式教学，合理恰当地运用讲授－演示策略能够达成教学目标、完成教学任务、实现教学的高效性。对于讲授－演示策略，生物学教师要正确对待它、合理使用它、发挥出其优势。

▶️ **视频讲解 5-1** 讲授－演示策略落伍了吗？

一、讲授－演示策略的特点

要合理运用和发挥讲授－演示策略的优势，需要了解其特点，下面主要从优点和缺点两个方面来分析。

（一）讲授－演示策略的优点

1. 短时高效

教师在课堂上运用讲授－演示策略教学时能够在相对较短的时间内传递大量系统化信息。因此，其最大的优点是"节省时间与精力"，可以"大量传递"知识。除了能在短时间内传递大量的知识外，讲授－演示策略还没有学生数量的限制。课堂讲授可在小班教学和大班教学中采用，也可在线上教学和慕课（MOOC）中采用。理论上，只要教学设施能够保证每个学生都能听清楚教师的讲授，课堂讲授是没有学生数量限制的。

2. 应用广泛

在常用的教学策略中，每种策略一般都有其适用范围，但没有哪一种策略像讲授－演示那样适用范围广泛。首先，课堂讲授不受学科、年级的限制。它适用于各层次、各年级、各学科的教学，无论是感性知识的传授，还是理性知识的传授，也无论是新知识的教学，还是旧知识的巩固，讲授－演示策略都可运用。其次，课堂讲授不受地域的限制。不管是在现代化信息技术高度发达的城市学校，还是在偏远落后的山区学校，教师都可以利用现有条件进行较为有效的讲授。

3. 可控性强

学生所学习的内容主要是由教师以系统的形式呈现的。教师在传授知识时，由于能够主动驾驭知识，对课堂教学的全面管理有较强的控制力。教师可以用学生易懂的形式由易到难、由浅入深地传递知识；可以根据听课对象、设备和教材对讲授内容灵活处理。此外，教师可自主控制课堂讲授的时间，及时发现课堂进程中的问题，针对有关情况随机应变，对内容、方法及进程都可以做出相应的调整，以保证教学目标的实现和促进学生的发展。

4. 演示方式多样

众多演示手段的运用，使课堂讲授锦上添花。在生物学课堂中，教师讲授之时往往会配合演示：使用活的生物或标本、挂图、模型等直观教具，或者进行示范性实验。如在进行 DNA 的分子结构教学时，教师可展示 DNA 双螺旋结构的模型，让学生在亲眼见到模型之际，通过教师的恰当描述，感知其分子结构的特性。"讲授"和"演示"的有机统一，能使学生形象生动地感知生物及其生命现象，激发学习兴趣。

（二）讲授 – 演示策略的缺点

1. 易陷入"注入式教学"误区

讲授 – 演示教学和注入式教学有共通的地方，即教学过程都主要是教师讲、学生听。如果教师没能很好地把控讲授策略或操作不当，在运用时不能唤起学生的注意和兴趣，又不能启发学生的思维和想象，就很容易进入机械性讲授，久而久之易导致学生丧失学习主动性，过于依赖教师传授，满足于简单记背，最后步入注入式教学的误区。

2. 易导致知识与能力脱节

学生对知识的真正掌握需要建立在新旧知识有机结合，以及自己独立思考与运用的基础上。由于在课堂上以教师的讲授为主，学生往往以倾听代替思考，并无切身体验，即使产生了自己的思考，也往往因为要与教师同步而受到一定程度的制约。学生常常听起来好像什么都明白，事后却又说不清，一遇新问题就会手足无措。

基于上述优缺点，教师要合理恰当地运用讲授 – 演示策略，尽可能地使其优点最大化，并采取一切可能措施避免其缺点。

二、讲授 – 演示策略在中学生物学教学中的应用

生物学作为理科课程，具有严谨性、抽象性、逻辑性，以及实践性和科学性等特点。这些特点是中学生物学教师在教学过程中选择教学策略的出发点和基础。为满足上述特点，讲授 – 演示策略在生物学教学中需遵循一定的原则。

1. 讲授语言要准确、真实

所谓"准确"，就是指教学用语要严谨、措辞要确切、表达要正确、语言要精练。比如，生物学中涉及单倍体、二倍体、多倍体这些易混淆的概念，教师要通过事实举例、对比说明等多种方式准确地、科学地描述这些概念。所谓"真

实"，就是要按照事物的实际情况，选择最准确的、最恰当的语言，把事物的面貌和特征原原本本地反映出来，既不夸大也不缩小。

2. 讲授语言要注意辩证性，不能绝对化

在准确和真实的基础上，语言还要注意辩证性，不能绝对化。若讲述用语绝对化，讲述就会失去科学性。例如，生物学中，"DNA 主要存在于细胞核里，RNA 主要存在于细胞质里""DNA 是主要的遗传物质"等。类似这样的表述中，"主要"两字绝不是可有可无的，它反映了科学本来的面貌，若疏忽丢掉了它，就将会是谬误了。

3. 讲授语言要科学使用专业术语

教师在讲授过程中要注意使用生物学的专业术语来授课，在有必要使用通俗说法时也不能与专门术语相违背，滥用名词、用俗语代替学科术语都是不允许的。比如，授课中将动物的门齿说成"大牙"，臼齿说成"槽牙"，鳄加之以"鱼"字，杨与柳不分，猿和猴相混，呼和吸不辨等，虽然有时是无意中说出，但也是不应该的。

4. 讲授语言要逻辑性强

教师在讲授时要根据学生心理认知、理解能力的发展，遵循知识从浅到深、从简单到复杂的顺序。后面的知识必须以前面的知识做基础和铺垫，因此教师在讲授时，必须按照一定的逻辑顺序进行，不能超出知识的逻辑结构。

5. 讲授语言遵循"具体—抽象—具体"的思维规律

在讲述课程时，教师要帮助学生架设起由形象思维通向抽象思维的桥梁，不仅为学生的认识提供具体的背景材料，也要指导其将抽象的理论应用于具体问题。也就是说，教师在讲述课程时，必须让学生经历由具体到抽象，再由抽象到具体的过程。

6. 借助形象化的演示手段辅助讲授

（1）教具演示。教具演示是教师在课堂讲授的同时通过展示各种实物、标本、模型、图片、图画等直观教具，让学生通过观察，并在教师讲述的指引下，获得直观感性认识的一种方法。教师在讲述过程中通过教具演示往往能够使教学内容更生动、形象、易于理解。

（2）实验演示。实验演示是教师在讲述的过程中，将实验作为辅助其讲述的一种方法。对于生物学中的一些现象，学生很难通过教师的讲述来理解现象的发生、变化和结束，而若辅以实验演示，通常能让学生在倾听讲述的同时直观地观察现象，使学生对现象的理解更加透彻，也促进学生思考现象背后的原因，从而产生进一步探究的欲望。

第二节　基于实验室活动的教学策略

生物学是一门实验性科学。在生物学研究中，实验是指为检验假设或寻找特定问题的答案而进行的收集数据的活动。从生物学学科特点看，生物学实验可分为形态学实验、解剖学实验、生理学实验和分类学实验等。从教学活动特点看，生物学实验可分为验证性实验和探究性实验等。尽管学校的实验与科学研究中的实验距离尚远，但对于培养学生学习生物学的兴趣，加深其理解生物学的基础知识或直接获取生物学知识，使其掌握生物学实验的基本技能，培养其观察、思考及动手能力等，都有重要作用。因此，在中学生物学教学中始终重视实验教学。基于实验室活动的教学是指教师在实验室引导学生利用一定的工具、仪器和设备（或药品的处理）对生物体的形态结构和生理功能进行有目的、有重点的观察和研习的授课过程。

一、生物学实验教学的准备

生物学实验教学的准备包括制定实验教学目标、编制实验教学计划、做好实验课前的准备（采集、培养实验材料，准备药品、仪器和用具等）。

（一）制定实验教学目标

实验教学的教学目标，应包括动作技能目标、认知目标和情感目标 3 部分。

1. 动作技能要求的类别

（1）使用实验仪器、器具和药品的动作技能。具体包括：①使用放大镜和光学显微镜等常用仪器的技能；②使用解剖器等实验工具（解剖剪、解剖针、解剖刀、镊子和解剖盘）的技能；③使用各种器材器皿和配制试剂的技能。

（2）采集、培养、处理和观察实验材料的动作技能。具体包括：①制作装片、徒手切片和涂片的技能，染色及在盖玻片下换液的技能；②采集植物与昆虫，并制成标本的技能；③培养或饲养常见植物及小动物的技能。

（3）生理及生态实验的动作技能。如进行光合作用、脊蛙反射的有关实验及森林植物群落考察的相关技能等。

（4）绘图和记录的一般技能。如绘制显微图和实验图，以及观察记录和统计等技能。

2. 动作技能的教学目标

我国生物学课程标准将技能型目标分为：模仿水平和独立操作水平（表 5–1）。

表 5-1　生物学实验中技能型目标的分类和要求

	各水平的要求	行为动词
技能型目标动词	模仿水平： 在原型示范和具体指导下完成操作	尝试，模仿
	独立操作水平： 独立完成操作；进行调整与改进；与已有技能 建立联系等	运用，使用，制作， 操作

　　动作技能型目标序列的制订，使教师对学年或学期的实验教学要求有一个整体的安排。在随后的每一节实验课上，教师都应对学生有明确的要求，经过循序渐进的培养，使学生的动作技能得到发展。

　　3. 认知和情感的教学目标

　　实验中，学生除接受动作技能训练外，还需运用已学到的生物学知识，进行验证、巩固和思考相结合的智力活动，例如观察、记录某一种生物形态结构，解释分析实验结果，完成实验报告等。实验教学中的认知目标可分为了解、理解和应用 3 个层次，并通过各种实验活动来实现（表 5-2）。

表 5-2　生物学实验中认知领域目标的水平分类

水平 分类	水平分类说明	行为动词		实验报告
		观察	思维	
了解	看清、记忆、再认	看见、认识	描述、记忆、复述、 说出	指出、注字、填 写、列表
理解	说明操作、处理的原 理，解释实验的结论	比较观察、系列 观察	比较、分析、综合、 解释、设计	简述、说明、 解释
应用	运用有关知识、技能分 析实验现象，解决实际 问题	比较观察、注意观 察特定的现象	比较、分析、综合、 推导、设计	剖析、解决、使用

　　生物学实验教学中的情感目标可以是注意、接受、兴趣、满意等。由于学生在实验过程中直接观察生命现象，因而在情感培养上有其独特的作用，教学中应引起重视。情感培养要有耐心，在实验活动中，教师的引领、示范和以身作则可以起到潜移默化的作用。

　　只有全面地分析每个学生在实验方面的基础和能力，才能有针对性地制定出每节实验课的教学目标。例如，初中生物学教学中"观察植物细胞实验"的教学目标可参考表 5-3。

表 5-3 初中生物学"植物细胞实验"的教学目标

实验内容	动作技能	认知领域			情感领域
		观察	思考	实验报告	
制作洋葱表皮装片	①学会取材 ②熟练制作 ③学会染色	学会用放大镜观察	①将取的洋葱表皮置于载玻片水滴中的道理 ②染色的道理	按照实验要求填写	培养耐心细致的作风
低倍显微镜的使用方法	显微镜的对光、调焦，视野中物像的观察	学会用低倍显微镜观察洋葱表皮细胞结构	看不到物像或看不清物像的原因		

实验教学目标既是指导设计整个教学过程的依据，又是衡量教学成果的标准，还有助于教师决定实验活动的顺序安排。所以在制订实验课时计划前，一定要有明确的实验教学目标。

（二）编制实验教学计划

由于生物学实验材料有其生长、发育和繁殖的规律，不少材料还需长时间培养，教师在实验教学前通常要编制实验教学计划，包括学年实验教学计划和实验课时教学计划。

1. 学年实验教学计划的编制

教师首先要按生物课程标准的总体要求、教科书中的实验安排，以及本校实际情况安排好教学进度，然后再根据本地具体要求及教师的实验教学意图，在有关的教学进度中列出学生实验、演示实验及课外实验作业的内容。最后根据每周实验需要，计划什么时候应做哪些准备工作，即实验材料的准备与实验活动的组织工作。实验计划的编制框架可参照表 5-4。

表 5-4 学年实验教学计划表

周次	日期	教学内容	需进行的实验准备	备注

2. 实验课时教学计划的编制

在学年实验教学计划统筹安排的基础上，教师要深入分析教材，明确实验目标，确定实验教学的重点、难点，进而写好课时教学计划。

（1）确定重点和难点。教学重点是指授课内容中最本质、最重要的生物学概念、原理和基本技能，是教学内容的核心。难点是指多数学生对某些基础知识和基本技能的学习感到困难或容易产生错误概念的授课内容。一般来说，技能往往包括一连串操作程序，每一步的失误都会影响实验结果，甚至使实验失败。因而，教师常将某一完整的实验技能列为实验教学重点，尤其是新学习的动作技能。确定难点首先要了解学生以前实验的情况与技能基础，才能比较准确地预计出这次实验将会发生的困难，以确定帮助学生克服困难的方案。

（2）书写课时计划。课时计划又称教案。实验教案的书写形式很多，但都应包括：教学目标、实验材料、设备用具、药品、课型、重点、难点、课前准备、课堂教学，以及小结与评价等。教案中要写出组织教学的方法、实验操作的讲解内容及实验要求、实验后的讨论题，以及巡视辅导中应主动关心的问题等。总之，实验课教案要充分体现学生的主体地位和教师的主导作用，并要根据学生操作中反馈的信息，围绕实验要求及时调整教学。

（三）做好实验课前准备

实验课前的准备工作主要包括：①准备好实验材料。最好选用活的、新鲜的材料。②准备好实验设备、用具和药剂。实验前，教师必须认真地检查一次实验设备、用具。每种配好的试剂都要有标签，标明试剂名称、浓度和配制日期。③准备好实验教学辅助教具。例如，运用电化教具（如视频与幻灯片），形象直观地演示实验相关技能。④进行预实验。在实验前，教师必须要预先完成一次测试实验，以便能根据实验结果及实验时间确定整节课的安排。⑤培养小助手。每个实验小组最好有一名小助手来帮助教师辅导学生实验。

二、实验教学的类型与主要环节

在生物学实验教学中有以学生动手操作为主的学生实验和教师操作演示为主的演示实验。学生实验是在教师指导下，学生利用一定的仪器设备和材料亲自动手、独立操作的参与性学习活动，是生物学实验教学中一种常见的主动学习方式。

学生实验按实验作用来分，大致有两种类型：①通过实验结果去验证生物学理论和规律的验证性实验；②通过实验结果去探究生物学理论和规律的探究性实验。按照实验的组织方法和学生动手操作的时间安排来分，一般分为模仿式实验、分段实验、学生独立实验和伴随讲授实验。

（一）验证性实验和探究性实验

1. 验证性实验

验证性实验是教师在课堂上先讲授知识，随后组织学生实验，让学生用实验过程、实验现象和实验结论来验证已学过的基本原理和规律。此类实验教学的一般步骤和方法是：①引导学生运用已有的知识去分析实验原理及实验应出现的结果；②让学生了解为达到实验目的应使用哪些仪器、用具、材料和药品；③让学生学会实验的方法和步骤并按照操作规程进行实验；④通过对实验现象的观察和分析得出结论，验证和巩固已学过的知识；⑤帮助学生对实验中出现的误差做出判断和分析，达到实验的教学目标。

验证性实验对于学生理解和巩固生物学知识，以及学习和掌握实验基本技能是有帮助的。但是，从培养学生创造性思维和主动获取知识的能力方面看，验证性实验还有其局限性。

2. 探究性实验

教师指导下的探究性实验即教师在实验前不告知学生实验将会出现什么现象及实验结论是什么，而是让学生带着明确的问题，自行观察和实验，在实验过程中去探究、发现和获得新知识。探究性实验教学的一般步骤和方法是：①教师根据教学内容或教学目的要求，从生产生活中提出（或启发学生提出）相关的探究课题；②使学生明确实验的目的、方法和步骤；③学生在教师指导下实验，观察实验过程、现象，记录数据；④指导学生整理数据、得出结论；⑤引导学生进一步思考，通过实验结果和结论概括出生物学的概念、规律和定理。

这种实验教学方法能很好地培养学生的思维能力、分析综合能力和解决实际问题的能力。对培养学生实事求是的科学态度，以及训练科学探究的基本方法等方面，都有很大积极作用。

（二）实验的组织方法

1. 模仿式实验

模仿式实验是教师一边讲解实验原理和操作要领，一边示范操作过程，学生边听边看，并模仿教师的示范进行实验。这种实验组织方法适宜在初中低年级刚开始做生物学实验时采用。

2. 分段实验

这种组织方法是将整个实验过程分成几段，教师讲授和演示一段，学生操作和观察一段。这种实验教学类型常在学生已具备一定的实验技能、实验内容较多、实验过程又较长的情况下采用。

3. 学生独立实验

学生独立实验是指学生在教师指导下，按实验提纲独立地进行实验操作、观察和记录。这种实验方式一般是在学生初步具备独立操作能力和较好的实验习惯后采用。其教学一般步骤和方法如下：①实验前教师把编写的实验提纲发给学生预习，使学生明确实验目的，了解实验用具、实验方法和实验步骤。②实验时，学生按实验提纲独立进行操作，并且要按要求完成提纲中的实验作业。③实验完毕，老师进行实验小结和讲评，指出学生在实验中的优点、问题及改进方法。这种实验教学要注意防止学生盲目地按照教师讲的或实验提纲上的步骤，机械地进行操作。

4. 伴随讲授实验

这是目前常用的和研究较多的一种实验教学形式。实验过程中教师一边讲授教学内容，一边指导学生进行实验操作，或引导学生观察教师的演示过程。教师讲述的内容要与实验紧密配合起来，并使全部教学活动安排周密、合理。课堂设计应注意把学习的主动权交给学生，使学生处于主动地位。

实际在实验教学中采用哪种组织方法，既要依据内容和目的，又要依据学生生物学实验基础知识和实验操作能力情况而定。一般应从模仿实验逐渐过渡到分段实验（或伴随讲授实验），再过渡到学生独立实验。

（三）实验课教学的主要环节

不论采用哪种实验教学组织方法，实验课一般都有组织教学、指导性谈话、学生实验操作、检查实验效果、实验小结及清理结束等几个环节。

1. 组织教学

教学不仅在实验课开始时要稳定学生情绪、安定课堂纪律，而且应贯穿在全部教学过程中。教师通常采用以下方式组织教学：①要求学生认真、安静地操作和观察，允许学生围绕实验讨论问题，小声地交换意见；②合理地进行实验分工，使每位学生都有事做；③要进行认真的指导和必要的课堂实验检查。

2. 指导性谈话

指导性谈话是实验开始前教师要向学生讲清楚实验的目的、内容和要求，使学生明白实验的方法和步骤，提出实验时应注意的事项及关键问题。这是保证实验顺利进行的重要环节。在讲解实验原理和示范操作时，注意运用板书、视频资源和幻灯片等直观手段以提高演示效果。指导性谈话一般控制在 10 分钟内，不宜时间过长，否则会影响后续实验安排。

3. 学生实验操作

学生实验操作是实验教学的主要环节，教师在这一环节上应注意：①在时间安排上要保证这一环节有尽可能多的时间。一般情况下，学生动手的时间不应少于30 分钟。②教师要注意学生操作的安全问题，确保学生活动符合实验室规范。③教师要指导各小组顺利开展实验工作，及时发现有困难的小组，并给予启发或点拨。

4. 检查实验效果

绝大多数的实验课应包括检查实验效果这一环节。个别实验可能会因为时间等因素将检查效果这一环节放到课后或下一次实验课中。检查应依据教学目标来进行，看学生是否掌握了目标规定的操作技能或完成了探究的任务。

5. 小结及清理结束

教师小结通常包括两部分内容：一是根据教学目标再次强调本次课中学生应掌握的技能或知识方面的要点；二是可在学生态度、表现和纪律等方面进行小结，指出应注意的问题。

第三节 探究式教学策略

科学探究（inquiry）是学生积极主动地获取生物科学知识、领悟科学研究方法而进行的各种活动。科学探究通常包括：提出问题、做出假设、制订计划、实施计划、得出结论，以及表达和交流。在美国《国家科学教育标准》中对探究则有这样一段描述：科学探究指的是科学家们通过多种不同途径研究自然界并基于此种研究获得的证据提出种种解释。科学探究也指学生们用以获取知识、领悟科学的思想观念、领悟科学家们研究自然界所用的方法而进行的各种活动。在BSCS 教材中，探究被认为是主动学习的核心，探究式教学的原则是"让学生自己得出概念，而不是把概念灌输给学生。"

探究式教学的特征可以归纳为：①学生主动地去研究自然事物与现象，经过探求自然的过程获得科学上的知识。②为了研究自然而培养所需要的探求能力。③有效地形成认识自然基础的科学概念。④培养探究未知自然的积极态度。⑤通过探究活动而学得的知识是科学概念而不是文字知识。

探究式教学的目标主要有：①使学生通过自己的努力来解决问题或回答问题；②保持学生的好奇心；③让学生参与需要高水平认知和技能的活动；④形成积极的对待科学的态度；⑤为学生提供具体的经验。

▶️ 视频讲解 5-2 哪些教学活动属于科学探究？

一、探究式教学的形式

探究活动可以说形式多样，并没有固定的活动形式，我们可根据活动情况将其分为：发现式探究（inquiry by discovery）、推理性探究（rational inquiry）和实验式探究（inquiry by experimentation）3 种基本形式。

（一）发现式探究

发现式探究是以学生本身观察和经验为基础，在学习情境中通过自己的探索自我发现学习的内容要点。这种教学法就是我们常说的发现教学法的典型。其教学程序又可分为两个阶段。第一阶段：教师将预先准备的教具交给学生，根据教具的质量让学生单独或分组集体操作这些教具。教师巡回于各组之间，注意个别学生的操作情形与态度，以及学生彼此之间的讨论对话内容，尽量不直接告诉学生怎么操作或观察什么，只偶尔以口头或个别示范的方式，协助特别有困难的学生。第二阶段：让各组学生自行探索操作方式并记录其发现，并鼓励全班学生讨论他们刚才所获得的学习经验。主要的教学活动内容有：教师与学生之间进行口头交流，根据与教师交流讨论的内容，学生重复操作教具；教师们以提问题的方式，诱导学生依据既得的经验自行去发现法则、关系，以完成教学目标。

在这类教学中，教师所提的问题，必须是开放性的问题（open question），而不是封闭性的问题（closed question），否则就会剥夺学生自行思考、发现的机会。所谓封闭性的问题，是指有固定答案的问题，这些答案往往是"是"或"不是"。例如：它们是不是有……的关系呢？这是对的还是错的呢？等等。开放性的问题则是指没有固定答案的问题。这类问题可以随着学生程度而有不同的发挥，能给予学生较多的思考机会，能激发学生对自己看到的和知道的事物做出解释。例如：这种现象为什么会发生？我们怎样才能使这种现象发生？你同意这种观点吗？为什么会这样呢？等等。

（二）推理性探究

推理性探究是"没有动手做"（no hands-on）而应用探究方法的探究，主要是开发学生的批判性思维技能（critical thinking skill）。它的主要特点是：学生通过问题进行思考；学生直接或间接地观察现象，如亲手做、教师示范、看视频和阅读等；学生通过提出疑问和讨论来得出或归纳出概念。

推理性探究教学过程往往包括教师讲述、师生共同讨论、学生运用推理方法形成概念等步骤。有些教学单元由于教学内容本身的性质，例如有关食物链、食物网的单元，或由于所探究的概念比较抽象，使这些单元的教学设计没有小型教具可以让学生操作，因此推理性探究教学进行的方式与发现式探究有所不同。开始时，教师可用下列的方式之一（或合并使用）向学生提出问题：给学生讲一段故事、趣闻；给学生看一些图画或图表数据；给学生看一段影片或演示一个课件；由教师或少数学生示范某种实验或某些活动，或从互联网上查看某些信息等，然后由师生共同讨论，让学生运用理性的推理进行了解，并自行发现结论。在讨论中，教师同样不应告诉学生结果，应以开放性的问题，诱导学生得出结论。

（三）实验式探究

实验式探究是一个较为完整的实验过程，包括从问题的提出到最终的解释、报告全过程。这种探究学习是让学生在实验过程中学习。在这种学习过程中，学生发现经历、发现问题、辨别变量、形成假设，并根据控制变量的原则自行设计实验、执行实验来验证假设，最后完成实验报告。实验式探究的特点是：比发现式探究涉及更多的过程性技能；需要确认有待回答的相关的问题；有时需要陈述一个假设，并设计验证这个假设的实验；实验或收集证据的计划必须在动手操作之前准备好；学生要根据拟定的实验计划步骤进行操作，并通过证据发现假设是否成立，或改进现有的假设。实际上，实验式探究的开始部分就是发现式探究，学生通过观察、摸索发现问题、发现变量，教师及时补充讲解新的概念帮助他们形成一种或数种假设。从"设计实验"开始，才显示出实验式探究的特征。因为学生在实验式探究过程中，运用的过程技能较为复杂，因此这种教学方法更加适用于中学阶段的学生。

二、科学探究的技能

探究式教学比较强调维持学生对周围事物的好奇心、培养与科学探究有关的各种技能，以及对科学概念、原则和规则的理解。那么，哪些是与科学探究有关的技能呢？根据科学家的工作性质和工作过程特点，美国科学进步协会科学教育委员会（Commission on Science Education of the American Association for the Advancement of Science）将科学技能（skills of science）定义为一组具有广泛迁移力的适合多种学科和科学家的工作性质所需要的能力。美国基础科学课程计划《科学——过程和方法》（Science—A Process Approach，S—APA）认为科学过程技能包括：①观察；②分类；③测量；④推论；⑤预测；⑥交流；⑦数量关系的识别；⑧时空关系的识别；⑨构建假设；⑩辨别控制变量；⑪确定可操作性定义；⑫解释数据；⑬实验。现将各项技能简述如下。

1. 观察

观察指利用 5 种感觉——视、听、味、嗅、触和一些工具来观察事物和自然现象。观察是最基本的科学技能。从观察获得的信息可以引发我们的好奇心，对周围的事物提出问题、进行思考、做出解释，并做进一步的探究。观察能力对发展其他科学技能如分类、测量、推论、预测、交流等至为重要。观察又可以分为定性观察（qualitative observation）和定量观察（quantitative observation）。

2. 分类

分类指依照事物的相同性和相异性分门别类。分类的作用在于使不同事物变得更有条理、易于了解、方便记忆、容易处理。分类准则是根据事物的特性分成有用的类别。分类方法有单级分类法（mono-stage classifying）和多级分类法（multi-stage classifying）。单级分类法是按照事物是否拥有某一种特性而分门别类。如将植物分为有花植物和无花植物。多级分类法是应用多个分类准则作逐级分类。如动植物的科学分类。

3. 测量

测量是运用适当工具进行度量，利用熟悉事物作度量标准显示结果。描绘的事物属性不同，应用的度量工具不同，选用的度量单位也不同。测量的精确性与度量工具和度量单位的选择有很大的关系。例如测定细胞的大小就不能用常用的米尺。

4. 推论

推论是对观察现象的因果关系进行分析的过程，它是根据以前收集的数据或信息对物体或事物做出合理的猜测和推断。推论是在观察、旧有经验和理论的基础上形成的。

5. 预测

预测是对将要发生的现象的断定。它不同于观察和推论，观察是通过感官获取资料的过程，推论是对观察所得资料的因果关系的分析过程，而预测是预期将会观察到的现象。

6. 交流

交流是应用适当的工具和技巧将有关资料或自己的意见和情感清楚、准确而全面地表达出来。在科学探究和科学教育的过程中常用的交流工具和技巧有以下几种。

（1）图表可以有效地表达事物之间的关系，并表现出事物的发展趋势。图表在科学探究过程中是经常使用的交流工具。

（2）统计图可以有效地将已记录的数据综合，并展示其间的相互关系。在科学探究过程中经常使用统计图以展示实验结果与推论之间是否吻合。

（3）方程式是另一种交流语言，属数学语言。在科学探究过程中数学语言可将信息互相交流。

（4）语言是人类最擅长的交流工具。在科学探究过程中免不了以语言交流，把探究结果或过程进行说明发表。

（5）文字与语言一样是人类重要的交流工具。文字可以超越人与人、人与时空的距离将信息记录保存，是人类文化传承的重要工具。利用文字可将科学探究中的过程、结果及结论等记录并说明。

（6）图画一般指以颜色及线条描述的事物，所以除了一般的绘画外，广义上也包括摄影图片。在科学探究过程中，有许多情况需要图画辅助，特别是对形状、位置及仪器设置等，如对动物或植物形态的说明。

（7）符号作为交流媒介与文字图画有很多共同之处，但在符号中信息更加浓缩，同一种符号可带有不同的意思，表达的信息只能是简短和意会的。在科学探究过程中经常使用符号以减省交流上的时间。

（8）模型能具体地表现事物的空间关系，同时又可将生活经验以外的情况做出仿真。模型标本是科学探究中常用的交流形式，数学模型是科学理论中常用的表达方式。

7. 数量关系的识别

数量关系的识别（recognizing number relation）指找出资料或数据间的数量关系。如在测量的基础上比较两个物体的大小。

8. 时空关系的识别

时空关系的识别（recognizing space-time relation）指以一个物体或时间为参照，描述另一个物体所处的时空位置。

9. 构建假设

构建假设（formulating hypothesis）是对整个事件做出一个将被证实的陈述，即预测变量之间的相互关系。它能引导数据的收集。当某变量被选定，便可设定一个可被检验的假设。合理的假设应能指出科学探究或实验设计的方向以便进行检验。假设的构建基于事实、意见、线索或任何其他资料，而不是凭空想象。

10. 辨别控制变量

辨别控制变量（naming and controlling variable）是对科学探究过程中变量关系的认识，找出影响事件的所有变量、可处理和持续控制的变量（自变量）和因自变量而改变的变量（因变量）。自变量的选择和控制，以及对因变量的观察测量记录关系到探究过程的成败。

11. 确定操作性定义

确定操作性定义（making operational definition）是指定义实验中所用到的所有变量，说明如何测量一个实验中的变量。

12. 解释数据

解释数据（interpreting data）指组织数据并从中得出结论。

13. 实验

实验是进行一个完整的科学实验。包括提出适当的问题，做出假设，识别并控制变量，操作性定义这些变量，设计可行的实验方案，实施实验方案，收集证据，利用数学的方法处理、解释数据，根据证据做出合理判断，用准确的术语、图表介绍研究方法和结果，阐明观点。

三、探究式教学策略在中学生物学教学中的应用

下面展示一个探究式教学案例（教学案例 5–1）。

📖 教学案例 5–1

"探究运动和心跳脉搏频率的关系" 探究式教学设计

教学单元：循环系统

适合年级：初一

探究式教学过程：

一、问题与形成假设

问题 1：运动后心跳与脉搏变化如何？

假设：

（1）运动后，心跳与脉搏会比运动前快。

（2）运动越久，心跳与脉搏越快。

（3）运动后，心跳与脉搏一分钟跳动的次数会增加。

（4）运动后，心跳增加，脉搏亦加速。

（5）运动越激烈，运动后的心跳与脉搏次数增加越多。

提示性问题：

（1）变快是什么意思？（频率增加）

（2）与什么情况比较？（运动前）

（3）可用什么方式表示变快？（单位时间心跳与脉搏的次数）

（4）心跳与脉搏有什么关系？（一样）

问题2：不同的运动进行方式，如不同的运动方式、运动时间长短等，会不会影响心跳与脉搏的变化？

假设：

（1）跑步比爬楼梯激烈，增加的心跳次数较多。

（2）运动时间长，则心跳次数增加较多。

二、找出变量

自变量：运动、运动方式、运动时间

因变量：单位时间（每分钟）心跳与脉搏的次数

对照组：不运动人的心跳脉搏频率

三、设计实验与进行实验

		静止	原地跑 10 s	原地跑 20 s
	心跳			
	脉搏			

		静止	原地跑 10 s	原地跑 20 s
甲	心跳			
	脉搏			
乙	心跳			
	脉搏			

		静止	绕教室走两圈	绕教室跑两圈
甲	心跳			
	脉搏			
乙	心跳			
	脉搏			

四、结果与讨论

由实验结果发现，运动后心跳与脉搏会比运动前_____（快）。

运动越激烈，心跳与脉搏的次数_____（增加越多）。

运动时间越长，心跳与脉搏次数_____（增加越多）。

心跳与脉搏单位时间内次数_____（相同、差不多）。

对照组未运动的人心跳与脉搏次数_____（没有增加）。

五、结论

心脏的肌肉可有规律地收缩和舒张，心脏收缩，大量血液流入动脉，动脉发生弹性扩张，当心脏舒张时，动脉又恢复原状，这种动脉产生的搏动叫作脉搏。因此脉搏次数与心跳次数相同。

运动时，产生大量的二氧化碳，因此心跳加快使血液流速加大，血液循环加快，进而加速气体的交换。

▶▶ **视频讲解 5-3** 如何在科学探究中培养学生的提问能力？

▶▶ **视频讲解 5-4** 科学探究中做出假设后就要直接设计研究方案吗？

第四节 概念图策略

概念图（concept map）是组织和表征知识的工具，它包括众多的概念，以及概念与命题之间的关系，每两个概念之间的关系通过连接线和连接线上的词表示。在这里，"概念"被定义为：能感知的事物内部的规律性或以标签标注的关于事物的记录。概念图中的概念是以词或术语来做标签的，如光合作用、血液循环，少数概念是以符号作标签的，如＋、％等。命题是对宇宙中自然发生或建构的事物的陈述，这种陈述是通过两个或两个以上的概念及其连接词形成的有意义的陈述。命题有时被称为语义的单位（semantic unit）。

概念图源自美国康奈尔大学 J. D. Novak 等人的一个研究计划，这个计划是研究学生在 12 年的学校生活中，知识结构的改变情况。对于大量面谈的资料，需要有效地表达出学生的知识结构及知识结构的改变，所以开发了概念图。概念图的开发以奥苏伯尔的教育心理学为基础。意义学习是奥苏伯尔教育心理学中最重要的观念之一，奥苏伯尔对机械学习（rote learning）和有意义学习（meaningful learning）做了重要的区分，认为有意义学习需要 3 个条件，而概念图对于满足这些条件有独到的优势。这 3 个条件如下所述。

（1）学习的材料必须概念清晰，并且以与学习者先前知识可关联的事例或语言表述出来。概念图有利于满足这个条件，可以通过多个精确的概念来使学生在教学前就存在的大而泛的概念明晰化，也可以帮助学生在面对越来越多的需要学习的知识的情况下理清学习的顺序，从而使新的知识植入发展中的概念框架之中。

（2）学习者必须有相关的先前知识。这一点对 3 岁以上的人来说是很容易满足的，因为每个人对任何事物都有一个先前认识，但要清晰、详细地表达概念框架却不是一件很容易的事。概念图正好能帮助把先前知识的框架表达出来。

（3）学习者必须选择有意义的学习方式。为了引导学生选择有意义的学习方式，教师必须间接地，而不是直接地控制学生的学习。间接的控制有利于促进学生把新的意义整合到其先前知识之中，而不是简单地记住概念的定义、命题的陈述或计算的程序。对学生这种选择的控制主要依靠评价策略的应用，典型的客观试题的要求和机械学习相差无几。事实上，最糟糕的客观试题或简答题仅仅要求把有关的陈述逐字逐句地背出来，实际上妨碍了有意义学习。概念图让学生自己建构、表达自己的知识结构，有利于教师对学生进行诊断，从而有目的地进行指导。

从认识论角度看，有意义学习的过程和科学家、数学家建构知识的过程是一样的，知识的建构不是别的，只不过是相关的、高水平的有意义学习。概念和命题是任何领域知识的基本构造单位，Novak 把概念比作知识的原子，命题比作知识的分子。一种语言中词与词之间连接起来可以形成无数个词语组合，这种任意的词语组合尽管大部分可能是无意义的，但词语组合还是能创造无数个有意义的命题，这些用来建构知识的命题是取之不绝用之不尽的。当人们创造或观察新事物或现存事物时，具有创造性的人就会创造新知识。

一、概念图的特征

概念图的特征除了包括众多的概念及概念或命题之间的关系之外，还可以看到其他一些特征（图 5–1）。

1. 概念图中的概念是按分层的形式表现的

含义最广、最具概括性的概念在最上端，更多的明细的、概括性不强的概念依次排列在下方。一个特定知识领域的概念层级结构也取决于这个知识应用的背景，因此，构建概念图最好能够参考我们试图回答的特定的问题，或者参考我们希望通过概念图来理解的事物或情境。

2. 概念图中包含着交叉连接

交叉连接（cross-link）反映了概念图中各概念之间的相互关系，它能帮助我们看明白概念图上各知识点之间是如何发生关系的。在创造新知识的过程中，交

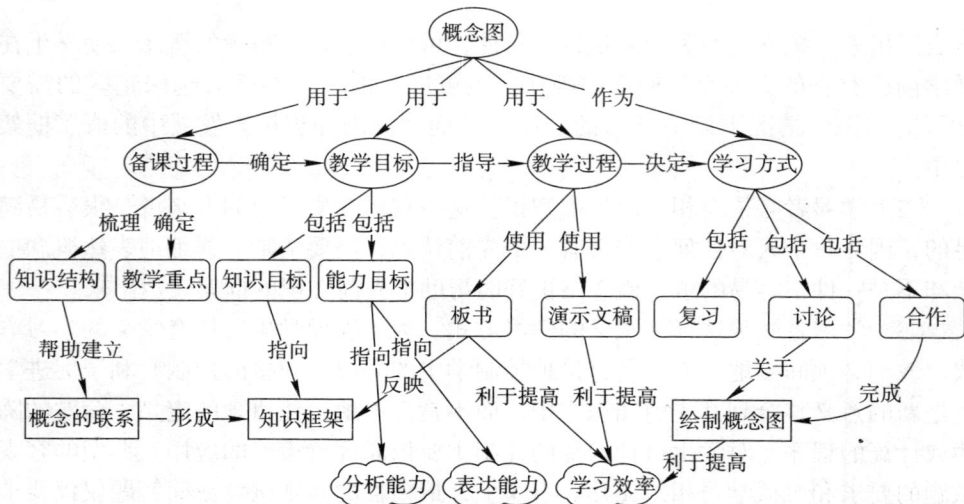

图 5-1　概念图在教学中应用的概念图

叉连接恰好能表现创造者思维的跳跃性。在生物教学中，概念并不是孤立存在的。一个概念只有与多个概念发生联系才能表现出它的意义。概念图描绘了概念之间的层次性和相关性，也就是说，概念图反映了概念之间既有纵向联系，又有横向联系，由此构成一个网络结构。

3. 概念图中包含着具体事例

概念图中包含的若干具体事例有助于澄清所给定概念的意义。在绘制概念图的过程中，所列举的有效事例和有意义的概念越多，说明绘制者对这一事物的理解越深入。

4. 针对同一知识领域，不同的人绘制的概念图可能有明显不同

概念图表达的是学习者个人对特定事物的理解，而各人对同一事物的理解可能有不同的方式，因此他们绘制出来的概念图可能有明显的不同。这也反映了个人认知结构的异同。

二、概念图的制作

要有效地应用概念图策略，首先要帮助学生学会绘制概念图。下列步骤或建议可能对此有所帮助。

（1）在学习绘制概念图的过程中，可先从一个绘制者熟悉的知识领域开始。因为概念图的结构取决于绘制者习惯的知识情境，所以最好选择教材中的一个片段或一个实验活动，或者是学生试图去解答的一个具体问题。这样的创建情境，可以使学生在确定概念图层级结构时感到容易些。绘制第一个概念图时，知识领域不要选择得过宽。

（2）选择了知识领域之后，接下来是确定在这个领域中所要用到的概念。把这些概念先列出来，然后根据这些概念在这个领域中的概括性进行排列。这种排列不要求很精确，但它是构建概念图的开始。

（3）画出概念图的草图。把草图画在易擦写的纸上或用电脑软件绘制，这样可以随时对概念层级进行调整。

（4）对草图进行修正。要意识到没有完美的概念图，对概念图进行修正是完全必要的。在与同伴进行交流后，可对草图进行多次修正。

（5）草图完成后，开始寻找交叉连接。交叉连接是不同知识点之间的连接，反映了各知识点之间的相互关系。最后，对概念图进行修正和装饰，使概念图完整而整洁。

绘制概念图不仅要注意以上步骤，同时也要注意概念图的绘制规范。这些规范包括。

（1）概念图中的每个概念是一个专有名词，在一个概念图中只出现一次。一个概念图通常只用来表达一个主概念（如光合作用），主概念之下分出几个相关联的支概念（如 CO_2、太阳能、植物、水），支概念下又可分出几个支概念（如叶片、根），依次分支下去。

（2）连接两个概念间的联系词应尽可能选用意义表达具体、明确的词。任何两个概念和连接此二者的词必须能表达一个完整的观点。

（3）连接概念的直线可以交错，连接默认的指向是由上向下，当由下向上或向两侧联系时需加箭头。

（4）概念名词要用方框和圆圈圈起来，而联系词则不用。

概念图图例见图 5-2。

三、概念图在中学生物学教学中的应用

概念图在教学中有多种用途，一般来说，它可以作为 3 种工具：教的工具、学的工具和评价的工具。

1. 概念图作为教的工具主要用于组织课程内容

在制定课程计划时，概念图能发挥特殊的作用。它能以简练的形式展示所要教授的重要概念和原理原则。概念图的层级结构使教学材料得到有效组织。有意义学习的基本特点是将新知识整合到先前的概念或命题网络之中。因此，在制订课程计划时，我们既要建构一个"大概念图"来展现本课程所要完成的教学内容，同时又要建构许多具体的"小概念图"来表达具体的知识结构。这些小概念图都是大概念图的片段，是整个教学课程计划的一部分。教师通过画好每节课或每个主题的概念图，能够更清楚这节课或这个主题中的主要概念

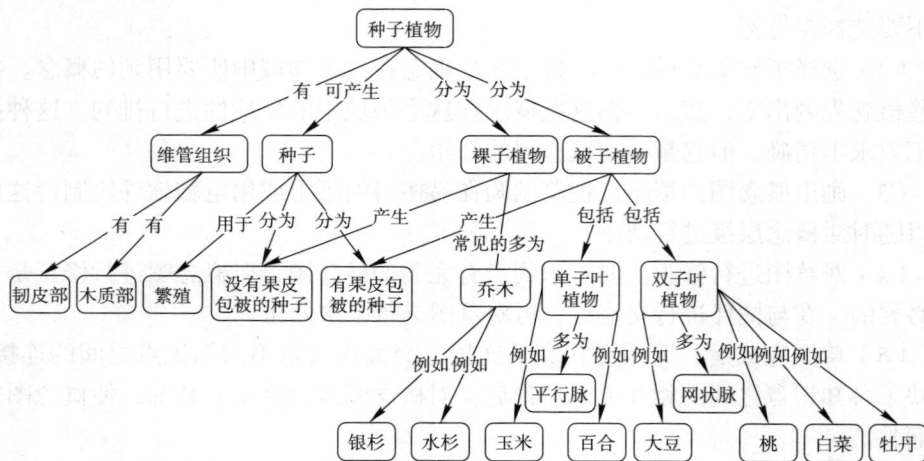

图 5-2　种子植物概念图（引自李辛陶和刘恩山，2007）

及其相互关系，在教学中能够更好地把握主次关系，不至于遗漏或曲解主要概念。

2. 概念图作为学的工具

学生可以用概念图作课堂笔记或者用它整理笔记和组织学习过的内容，概念图还可以帮助学生贯通整个课程内容及整合跨学科的内容。概念图的一个很大的优点在于，它能提供可视性的图表，而这种图表形式能引起学生的注意，同时又可以随时修改。在学生绘制概念图的过程中，学生对于概念与概念之间关系的有意义理解得到了巩固，这样学生的学习也就成为主动的过程而不是被动的过程。教师在教学中千万不要要求学生记住教师准备好了的概念图，否则，它只能促进学生的机械学习。

3. 概念图作为评价工具

概念图作为评价工具。一方面可以评测学生的学习效果，另一方面可以为教师或学生自己提供反馈信息。概念图可以在课程中评测学生对概念理解的程度和范围的变化。具体方法是：课程开始前的概念图，用于测量学生的先前知识；课程进行中的概念图可以看到学生知识的变化（形成性评价）；课程结束后的概念图可以评价学生在整个课程中的知识增长情况（总结性评价）。学生利用概念图的反馈信息是：看有无关键的概念或概念之间的关系被遗漏，以此来检查自己对学习材料的理解状况。教师利用概念图的反馈信息是：学生的概念图中有没有错误概念，如果有的话，错误概念有没有一定的规律或趋势。教师通过概念图可以了解学生的认知结构，寻找纠正错误概念的途径。教师在使用概念图作为评价工具时，要注意学生的概念图的水平除了和他的认知结构有关外，还和其绘制概念图的熟练程度有关。只有在课堂中经常使用概念图作为教的工具和学的工具，学生才能熟练掌握概念图的绘制方法，在这个基础上概念图才能作为评价工具。

第五节　建模教学策略

科学教育鼓励学生融入真实的科学实践中，像科学家那样了解知识形成的过程。教师可采用引导学生建构模型的方式开展教学，学生通过建构和发展自己的模型，像科学家那样了解知识的产生和运作，从而深入理解和运用知识。自 20 世纪 80 年代末 90 年代初以来，越来越多的研究者开展建模领域研究，建模教学（modeling instruction）已成为一个研究关注点。美国颁布的《K–12 科学教育框架》中，"构建和使用模型"作为"科学和工程学实践"这一维度的一个实践活动被专门提出。要理解建模教学，我们需要了解什么是模型，以及建构模型的过程等。

一、模型的内涵和作用

1. 模型的内涵

模型的定义众多，目前没有统一的说法，但从文献研究中可以看出模型定义中的核心内容是：模型是事物的表征，且这些事物除了具体的实物之外，还包括观点、概念、事件、过程和系统等。模型可以表征具体的实物，如一列火车、一个植物细胞、一个病毒、人体的骨骼结构等。模型可以表征抽象的观点，如物理学中的作用力和反作用力。模型可以表征一个系统的运作，如某一地区海洋生态系统的稳态与变化。模型可以表征一个事件，主要是指某一时间段或时间点上的行为，如在一次田径比赛中选手成绩的趋势或特点。模型还可以表征一个过程，如盐酸和铁屑发生反应生成氢气的过程、细胞有氧呼吸的过程等。

2. 模型的作用

科学家的工作之一就是理解自然界如何运作，当物体或现象太大或太小，过程和系统运作得太快或太复杂时，模型将是一个非常有用的工具，它可以协助科学家描述、解释或预测现象。吉尔伯特（J. K. Gilbert）认为模型作为科学理论与现实世界之间的桥梁，具有以下 3 个功能：①可以使抽象的事物具体化；②可以简化复杂的现象；③可以为现象进行科学的解释和预测提供依据。邱美虹认为模型具有描述性、解释性、预测性、抽象化、模拟、沟通、推理性、问题解决这 8 个功能。这 8 个功能可分成两大类，前 5 个属于一类，主要是针对模型与所表征对象之间的关系而言；后 3 个属于另一类，主要是强调人们利用模型可以有哪些收获。施瓦尔茨（C. V. Schwarz）也认为模型有这两大类的功能，一是用来描述、解释、预测现象；二是用于人们之间沟通观点，帮助人们产生新的观点。

综上所述，基于前人的研究，模型在科学研究中的功能主要聚焦在两个方面：①模型有助于对事物进行描述、解释和预测；②模型有助于人们沟通彼此的观点和加深对事物的理解。

二、建构模型的过程

建构模型是个循环往复、不断修正的过程。吉尔伯特（S. W. Gilbert）于1991年将建模定义为建构可预测概念模式的过程，认为模型的建构是一种进阶的过程技能。施瓦尔茨将建模定义为：建模包括科学实践的要素（建构模型、使用模型、评价模型、修正模型）及指导和促进建模活动的模型和建模的相关知识。邱美虹认为建模是产出模型的过程，是一个动态的历程。包括提出假说、确定目的、确认模型的组成成分、确认它可能衍生出的来源、选择模型、调节模型中的变因、建立适当的模型并进行检验与修正，进而发展出新的模型。可以看出，建模具有复杂性、过程性、多因素性等特点，是一个动态复杂的过程。

尤斯蒂（R. S. Justi）和吉尔伯特（J. K. Gilbert）于2002年提出了建模过程的一般框架，该框架有助于我们理解建模的具体过程。首先，建模的目的应该明确，根据建模目的来选择形成模型的资源，包括学生体验或观察到的现象，无论是直接的还是间接的，定性的还是定量的等。这个过程的结果是学生形成一个最初的模型构思。接下来，选择合适的表征方式，例如实物、视觉、语言、符号、手势等，模型还可是静态的或动态的，定性的或定量的（具有数学或数字关系）。运用合适的表征方式将头脑中的模型构思展示出来，形成他人可见的模型。接着就要检验这个模型。可以通过思想实验来检验。科学家总是在脑海中不断预演实验过程，若模型不能产生思想实验预测的结果，则接下来就要返回原来的路径修正模型。反之，就可以进入实证实验阶段，通过实验证据检验模型。最后根据检验结果，修正、完善模型。可以看出，建模历程从明确建模目的开始到最后模型的修正和改进，中间经历了一系列步骤，这些步骤不是线性的，而是可根据实际建模活动情况调整的。对建模历程的梳理，可帮助我们理解何为建模教学。

三、建模教学的含义与实施步骤

（一）建模教学的含义

建模教学注重以学生为中心，强调学生在建模过程中的思维发展，绝非等同于手工制作课。通常认为，凡是涉及模型建构、使用、评价、修正过程的教学均称为建模教学。可以看出，建模教学除了让学生动手动脑建构模型之外，还注重让学生解释说明和使用自己建构的模型，随后教师和学生要对模型进行评价，最后根据评价建议修正模型。经过模型建构、使用、评价、修正过程，学生对知识内容的理解得以加深，学生的科学思维得以发展。

由于建模过程的复杂性、多因素性等特点，以建模为核心教学活动的建模教学也因此呈现出较为复杂、较难掌控等特点。研究者认为基于学生认知发展的规律，建模教学策略实施之初，教师可采用以示范为主的教学形式，将建模的主要步骤潜移默化地渗透到教学中。随后待学生逐渐熟悉和理解这些步骤，教师就可采用以学生建构模型为主、教师引导为辅的教学形式。

（二）建模教学策略的主要实施步骤

建模教学可遵循一定的步骤。以尤斯蒂（R. S. Justi）和吉尔伯特（J. K. Gilbert）于 2002 年提出的建模框架作为理论基础，建模教学的步骤主要包括：①明确模型建构目的；②选择和使用合理的模型表征方式；③建构模型；④检验和评价模型；⑤修正模型。以上 5 个步骤贯穿建模教学的每个建模活动，并呈现一定的逻辑顺序。

1. 明确模型建构目的

此步骤要求建模者能全面理解模型的功能，从而确定建构模型的作用和目的。模型的功能主要包括描述、解释和预测事物或现象。也就是说，模型可用于描述难以直接观测到的太大或太小以及人工难以控制的事物或现象，可用于解释事物发生的原因和机理，还可用于预测事物的发展趋势。基于上述功能，建模者就容易理解建构模型并非是手工制作，而是为了帮助人们描述、解释或预测事物和现象，从而更有目的性、针对性地建构模型。

2. 选择和使用合理的模型表征方式

在明确模型建构目的后，需将模型用合理的方式呈现。常见的表现形式有实物、视觉、符号、语言和行为手势等，并可将不同的形式自由组合，从而更全面多样化地表现模型。

3. 建构模型

以学生为主体进行模型建构，在此过程中，教师需聆听并可参与学生的讨论，及时发现学生建模过程中的疑问和困惑，有助于后续建模教学的顺利开展。

4. 检验和评价模型

建模完成后，需基于一定的评价标准审视模型。促使建模者反思模型，有助于建模者真正地理解和运用知识，并表达自己的观点。

5. 修正模型

基于模型评价产生的优、缺点或改进建议，对模型进行修改或更新从而最终达成建模目的。

教师应将以上 5 个步骤渗透和融入建模教学设计中，在帮助学生完成建模的同时促使学生获得知识和能力，提升科学素养。当然，建模的 5 个步骤并非完全单向线性，而是可循环往复的。如若在第三步"建构模型"过程中发现模型的表征方式不合理，可返回第二个步骤，重新思考"选择和使用合理的模型表征方式"。

四、建模教学策略在中学生物学教学中的应用

建模教学策略虽使学生受益，但并非所有中学生物学内容都需要或适合运用建模教学。研究者认为应从模型的功能视角衡量是否使用建模教学策略。也就是说，当教学内容运用建模的方法有助于学生更好地描述、解释和预测事物或现象时，教师可考虑使用该策略。

下面展示一个建模教学案例（教学案例 5-2）。

教学案例 5-2

"精子的形成过程"建模教学设计

一、 创设情境，引入新课（略）

二、 建构模型，理解精子形成过程

教师以精子的形成过程为例，有步骤、有针对性地播放精子形成过程的视频，开启建模教学的主体部分。在建模活动开始前，教师先播放减数分裂的完整视频，并提出如下问题：①减数分裂过程中两次分裂各个时期的细胞名称是什么？②染色体在这些时期有哪些行为变化？视频播放后，教师引导学生回答这两个问题。此教学过程设计意图在于帮助学生形成对减数分裂过程的整体初步印象，此时教师不必过多关注学生答案的完整性和精准性。

1. 减数第一次分裂过程建模活动设计

教师只选择性播放减数第一次分裂的视频，减数第一次分裂过程建模教学主要步骤如下表。

教学阶段	教师活动	学生活动	设计意图
明确模型建构目的	教师播放减数第一次分裂视频前提醒学生：接下来我们将分组完成一个活动。每小组运用课前发给大家的纸板、纸条、橡皮泥等材料制作模型模拟减数第一次分裂过程。制作的模型应能清晰地描述减数第一次分裂各个时期的发生过程	聆听教师对本次模型建构内容和目的的要求，开始为模型建构做准备	使学生明确本次建模活动的内容和目的，并非只是手工制作那么简单；为学生开展建模活动预热

续表

教学阶段	教师活动	学生活动	设计意图
选择和使用合理的模型表征方式	教师进一步提醒引导学生：每个小组可根据自身需要从分发给大家的材料中选择纸板或橡皮泥等不同材料建构模型，不过需注意几点： ①最终选择的材料应能灵活方便地展示同源染色体的联会等染色体的行为 ②每小组可将减数第一次分裂各个时期的模型都制作出来，将各时期的静态模型按次序排列从而展示一个过程；也可制作一个由精原细胞到次级精母细胞连续变化过程的动态模型 ③除利用发放的材料建模外，也可选择将第一次分裂过程画出来，建模的方式多样，这也是其中的一种	学生基于教师的建议分小组审视和讨论手中的材料，选择并确定本小组要如何呈现模型	帮助学生在建构模型前充分理解选择哪些材料或方式建构模型，既可避免学生不知如何选择材料无从下手，又有助于学生思考从而高效地开展建模活动
建构模型	①教师播放减数第一次分裂视频，帮助学生熟悉此过程，并引导学生开始建模 ②在建模过程中，教师在各个小组间巡回指导，玲听并及时发现学生在建模时遇到的困难，并适当给出解决建议	学生分小组建构减数第一次分裂间期、前期、中期、后期的模型	学生在教师指导下动手动脑建构模型，能比较深刻地理解细胞减数分裂过程及过程中染色体行为变化
检验和评价模型	①学生建模活动完成后，为节约课堂时间，教师最多请两组同学到讲堂上展示并讲解自己小组的模型 ②展示完毕后，教师请其他小组同学对展示和讲解过程中可能出现的错误或表述不当之处进行评价 ③待同学互评完毕后，教师对两组同学的模型进行总结性评价 ④教师在评价过程中向学生着重强调易产生错误理解的3个概念：同源染色体、四分体、联会	①两小组分别展示并使用模型阐述对分裂过程的理解，其他小组同学观看、聆听并对比自己的模型 ②学生讨论评价已展示模型的优缺点及不当之处 ③学生聆听教师对两组模型的总结性评价并反思 ④基于评价和反思，并根据教师对概念的阐述，思考本小组模型需改进之处	通过学生间互评和教师总结性评价，学生在反思模型可能存在的错误或不当之处的同时，加深了其对减数第一次分裂过程的理解

续表

教学 阶段	教师活动	学生活动	设计意图
修正 模型	①教师组织每组学生讨论自己模型的不当之处并进行修正 ②教师请之前上台展示的两组同学再次展示修正后的模型，并引导学生思考和回答减数第一次分裂过程模型与之前所学有丝分裂的异同点	①学生讨论并修正本小组的模型 ②学生观看模型修改前后的变化，进一步理解减数第一次分裂；并思考回答其与有丝分裂的异同点	学生通过亲身参与修正及观看模型修改前后的对比，进一步理解减数第一次分裂；并能区分其与有丝分裂的异同点

2. 减数第二次分裂过程建模活动设计

减数第二次分裂的建模教学步骤与上表相似。需指出的是，经过对减数第一次分裂的模型建构，学生对建模目的和模型表征方式已有所了解。因此，在实际教学中为节约课堂时间，教师对该步骤简单引导即可，不必花费过多时间。

三、 回顾总结，分析减数分裂特点和概念

▶▮▶ **视频讲解 5-5** 如何在教学中培养学生的建模能力？

第六节　论证教学策略

论证（argument 或 argumentation）是科学发展过程中必要的组成部分。科学家提出的理论会不断地受到挑战或质疑，而科学家之间不断地对理论进行辩论和论证促成了科学的进步。基于论证的论证教学策略也成为当前国际科学教育所关注的一个新方向。

一、论证的结构模型

论证最初是从逻辑学研究的基础上建立起来的。随着对论证逻辑理论的研究，不同的学者发展形成了不同的论证结构与模式，其中以图尔明（S. E. Toulmin）的论证模型使用最为广泛。20 世纪 50 年代，图尔明提出了著名的图尔明论证模型。这个模型描述了论证的基本组成部分，是最常用的分析学生论证的组成和复杂度的模型（图 5-3）。

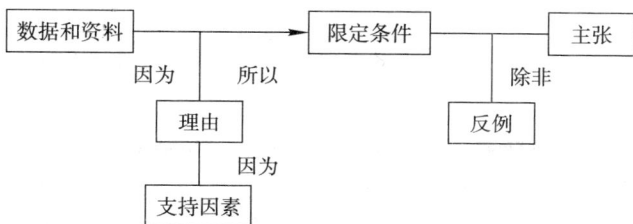

论证模型（改自图尔明论证模型）

图 5-3　图尔明论证模型（引自何嘉媛和刘恩山，2012）

该模型包含 6 个成分：①主张。即在论证中试图证明和维护的正当的结论。当主张受到质疑时，必须能够为其进行辩护。②数据和资料。它是论证的基础（可以是观察结果、事实和信息等），也是任何研究或推断开始时必需的材料或信息，是在回应对主张的质疑时所要引用的事实。③理由。它是连接资料与主张的桥梁，是更具一般性的证据，也就是资料到主张的过渡。图尔明指出，当为自己的主张提供了资料之后，需要进一步指明如何从资料得出结论，理由相当于是一个从资料到结论的辩护。④支持因素。通过回答对理由的质疑而提供附加的支持。支持因素是对理由的支援性陈述。当人们对理由本身有疑问时，就要求对其合理性加以说明，这时就需要提出支持理由的支持因素。⑤反例。反例是通过削弱论证效果的证据和理由，阻止从理由得出主张的因素。⑥限定条件。有些情形则必须附加一定的条件或限制才能成立。图尔明模型也具有一定的局限性，它只能分析论证的结构，但是并不能评价论证的正确性。另外，由于这个模型是非情境化的，也没有考虑对话过程中论证之间的相互关系和相互作用。因此，在使用图尔明论证模型时还需要结合具体的知识和背景进行分析。

二、论证教学的含义与类型

（一）论证教学的含义

论证教学指的是在科学教育中融入论证活动，关注教师与学生之间、学生与学生之间多层面网状的立体交互过程，让学生经历类似科学家的评价资料、提出主张、为主张进行辩驳等过程，从而培养学生的推理能力、问题解决能力、决策能力，以及运用科学语言进行交流与表达的能力。

（二）论证教学的类型

虽然当今关于论证教学策略融入课堂教学的方式有很多，但在比较了课堂中论证活动的性质、目的和涉及的科学性质后，可以将论证教学策略分为三大类型：浸入式教学（immersion-oriented intervention）、结构式教学（argument structure intervention）、社会科学式教学（socio-scientific intervention）。

1. 浸入式教学

这种教学方式将论证活动整合到学生科学实践中促进学生学习和理解科学论证。这种论证教育常借助提示、小组合作、学生的错误概念等来促进学生对论证的学习。例如，科学写作启发式教育中常利用下面的问题来指导学生构建论证：我的问题是什么？我怎样才能回答我的问题？我的主张是什么？我的理由是什么么？我的主张和别人的相比如何？这些问题将帮助学生对现象做出解释并决定怎样进行研究。

2. 结构式教学

这种教学方式主要讲授论证的结构，并要求学生将论证应用到各种解释性的实践活动中。教师讲授图尔明论证模型的结构，并要求学生在一些论证话题中运用。学生常常要对同一现象不同理论进行解释，这种教育主要是强调论证的结构和应用。

3. 社会科学式教学

这种教学方式主要通过让学生理解社会和科学的相互作用进而学习科学论证，强调了社会（包括道德、伦理、政治等）在科学背景中的影响，关注科学和社会之间的相互作用。例如，关于转基因食物、基因治疗等社会科学话题的论证教学。这些教育更强调让学生关注现实，将道德、伦理和政治上的思考和科学知识联系起来。

上述 3 种方式中，浸入式教学将论证活动整合到学生科学实践活动中来促进学生学习和理解科学论证，被认为是目前最有效和最有前景的一种教学方法。桑普森（V. Sampson）提出的论证探究式教学模型（argument-driven inquiry，ADI）就属于浸入式论证教学中的一种。

（三）ADI 教学模型

ADI 教学模型将科学论证与探究过程结合，并且重点强调了论证在科学知识构建中的重要作用。该教学模型在促进学生学习科学知识、发展学生复杂的推理能力和批判性思维、培养学生论证能力，以及增强学生科学写作能力方面有显著的作用。ADI 教学模型主要包括 8 个步骤：①提出任务阶段；②收集数据和资料阶段；③构建论证阶段；④论证阶段；⑤撰写研究报告阶段；⑥学生相互评论阶段；⑦改进阶段；⑧讨论反思阶段。

三、论证教学在中学生物学教学中的应用

关于论证教学在生物学教学中的应用，下面以 ADI 教学模型为例。设计 ADI 教学的关键在于寻找一个恰当的探究题目或者创设一个情境。这个探究题目或情境必须创造一个知识迁移的环境，让学生运用已有知识，解决新情境中的问题，而且还能激发学生的好奇心和探究欲望。如何选择一个合适的探究题目或情境？

首先应从生物学定律中选取一个教师希望学生掌握和深入理解的基本理论（如教学案例 5-3 中的孟德尔遗传定律），并与当前学习的内容相联系，最好还可包含学生的某些错误概念。比如，教学案例 5-3 中让学生通过对复等位基因遗传的分析，深入理解孟德尔遗传定律。之后根据选择的题目或情境，利用 ADI 教学模型设计具体的教学内容，可设计一个资料单分发给学生。这个资料单需包括研究背景、研究的问题、研究设计的提示（比如，如何利用某种实验仪器）、供选择的实验材料和仪器等。

教学案例 5-3

"复等位基因遗传" ADI 教学模型设计

一、背景资料

目前为止，我们学习了孟德尔遗传定律，知道 1 对等位基因是怎么遗传的。但是，很多基因具有 2 个以上的等位基因。换句话说，对于一个特定的种群，尽管个体一般只能具有 2 个等位基因，但是群体中一般存在 2 个以上的等位基因。我们把同源染色体上相应基因座位上存在 2 种以上不同形式的等位基因，称为复等位基因。ABO 血型就是一个复等位基因的例子。红细胞表面有 2 种抗原—A 抗原和 B 抗原，这 2 种抗原分别由等位基因 A 和 B 控制。A、B 基因还具有一个等位基因为 i，i 不编码任何的抗原。A、B、O、AB 血型就是这 3 种等位基因相互结合的结果。

二、问题

琼斯夫妇已经结婚 10 年了。在他们结婚期间，琼斯太太顺利生下了 3 个孩子。但是，在一次外出旅游中琼斯夫妇不小心和 2 个孩子走散了。幸运的是，现在警方找到了 2 个疑似的儿童。现在警方已经取得琼斯先生、琼斯太太、他们未走失的孩子和找到的 2 个孩子的血液样品，你能否通过简单的方法初步判断这 2 个孩子究竟可不可能是琼斯夫妇走失的呢？

三、供选择的实验药品和仪器

实验材料：模拟的血液样品、抗血清、生理盐水、品红溶液、盐酸、双缩脲试剂等。

实验器材：载玻片、盖玻片、显微镜、烧杯、酒精灯等。

四、教学流程

（1）学生根据所给的实验材料和仪器等，设计探究性实验并完成实验和收集所需的数据。

（2）利用所获取的数据和资料等在白板上进行论证，包括对问题的解释、证据和推理部分。

（3）学生以全班的形式进行相互论证，对自己的结论、解释和推理进行辩护、批判和修改。

（4）小组合作完成研究报告。

（5）学生完成研究报告以后，提交纸质版论文（3份）。教师将每个组的3份研究报告随机分发给其他小组。每组利用教师提供的报告评价单进行互评。

（6）教师将互评的研究报告进一步评分并将报告返回给学生，需要修改的报告则不进行评分，要求学生进行修改后再交由教师评分。

（7）教师引导学生进行反思和总结。

五、ADI 教学模型各步骤说明

1. 提出任务阶段

该环节是整个教学设计成功实施的基础。在本案例中，教师先联系之前学习的一个基因座位上 2 个等位基因的情况，同时引出新的学习内容，并且创设了利用血型初步推断亲子关系的情境。这既能引导学生联系之前学习的孟德尔遗传定律，同时又利用创新的情境吸引学生的兴趣，创造学习迁移的条件。另外，教师在设计的过程中应注意，若情境中出现了学生未接触过的新概念，应确保学生能够完全理解这些新概念。若学生没有理解或者错误理解，学生在进行探究和论证时就可能停滞不前或出现错误，导致后面的教学环节无法进行，且学生还容易因此产生挫败感。例如，在本教学案例中，学生能否理解 ABO 血型中 A 型抗原、B 型抗原及血型鉴定原理，是学生能否顺利进行探究和推理论证的基础。教师在此阶段可以分发给学生相关材料，材料中应包括简短的背景介绍、待解决的问题和实验材料等。

2. 收集数据和资料阶段

教师在设计该环节时，可以给学生提供一些实验中不需要的药品或仪器，这样可避免药品或仪器本身给予学生的提示作用。在进行该环节时，教师还可让学生写一个研究假设、方案等。同时，教师要在小组之间巡视，还可提一些针对性的问题或给予一定的提示，如"你怎么知道你的数据是可靠的？""你的证据充分吗？"等。如在该案例中，教师提供给学生一系列材料：模拟的血液样品、抗血清等，其中双缩脲、盐酸等材料其实是本实验不需要的，这要求学生要非常清楚自己的实验设计，并从中选取材料和仪器完成相关的血型鉴定。这个过程对于某些学生来说非常具有挑战性，但经过不断训练，学生会越来越熟练。

3. 构建论证阶段

在进行该环节时，教师可让学生将自己的论证写在白板或者纸板上，从而让学生的解释、证据和推理都呈现在大家面前，有利于后续论证和评价，以及筛除那些不恰当的观点。在本案例中，每个小组需要对研究问题"这2个孩子是不是夫妇走失的孩子"做出回应。首先需要有一个针对研究问题的解释（即主张），如"有一个孩子是他的亲生孩子，其他的不是"。其次，回应中还应包含证据。这些证据是支持上述解释的测量数据或观测结果，比如本案例中学生利用的证据是血型鉴定结果。最后回应中还需包含推理部分，推理部分就是阐述所用的证据正确且充分，以及证据是如何支持主张的。本案例中的推理部分则是利用血型鉴定结果推测出父母的血型，再根据孟德尔遗传定律推理出可能的后代基因型。

4. 论证阶段

此阶段给学生提供一个修正和改进自己解释和推理的机会，让他们更好地理解科学家构建理论和假设的过程。本案例采用的是"循环赛"形式，即每小组留下一位成员作为代表解释和分享本组的论证，其余成员到其他小组参与讨论。几轮以后，小组成员回到自己的小组进行讨论和修改。为了使学生能够充分利用证据、科学有效地进行论证，教师在此过程中要注意培养学生的论证表述能力。科学研究是充满理性的活动，证据的阐述、组织和呈现都需要具有严密性和逻辑性。

5. 撰写研究报告阶段

科学家必须要将自己的研究结果与同行分享，因此撰写报告、阅读和理解他人研究报告的能力也非常重要。此阶段主要是让小组合作撰写研究报告，目的是培养学生科学的写作能力，帮助学生理解主题，清晰简洁地说明想法，同时也是进行自我反思。在此阶段中，教师应告诉学生，不要拘泥于传统的实验报告形式，而是试图清楚地告诉别人：要做什么，为什么？做了什么，为什么？结论是什么，为什么？教师还应该鼓励学生将得到的数据资料进行整理和分析，制作成表格或图表。

6. 学生相互评论阶段

学生完成研究报告以后，提交3份打印的论文。教师随机将论文和一张评价单分给每个小组。评价单上具有详细的评价标准并提供反馈信息的空间。整个小组共同评价研究报告并提供反馈信息。此阶段主要让学生学会利用合适的评价标准，增强科学写作能力，在课堂上营造出重视证据和批判性思维的氛围。

7. 改进阶段

学生互评之后的报告交由教师进行评分。若该报告需要修改则直接返还给学生鼓励学生根据反馈信息进行修改。修改完成后，学生将报告交与教师进行二次评价。若修改报告达到标准，教师则给予满分。若报告还不合格，则需要进行第二轮修改。这也是提高学生写作能力和理解科学内容的一种方法。

8. 讨论反思阶段

当评价完成后，教师组织学生进行反思性讨论。学生讨论学到了什么及还存在什么问题。教师可总结整个教学单元，针对学生实验设计和实验操作提出意见和建议。教师还可鼓励学生思考如何对探究的方案进行改进。在本案例中，学生可在此环节中阐述 ABO 血型系统，教师总结复等位基因的遗传情况，补充血型鉴定的方法及其他的血型分类系统等拓展知识。

▶▶▶ **视频讲解 5-6** 如何运用论证教学策略开展教学？

第七节　合作学习的教学策略

英国人类学家蒙塔古（A. Montagu）曾说过："没有社会成员的合作，社会将不能生存。"人类社会得以存在正是由于人类社会成员的相互合作。然而，在现实的教学活动中，我们多数情况下更多地关注学生和教学材料之间的互动，或学生和教师之间的互动，忽略了学生之间的互动。如何构建学生和学生之间的互动模式，是现代生物教育中必须重视的问题。合作学习不失为一种良好的学生和学生之间的互动模式。

一、合作学习的含义

合作（cooperation）是指一起工作共同完成工作目标。在合作的活动中，每个人都在寻求一个既有利于自己，也有利于团队其他成员的结果。合作学习（cooperative learning）则是教学中通过小组的形式使学生一起学习达到学习效果的最优化。简单地说，合作学习是将学生分成小组，按小组接受任务，然后小组成员一起分工合作共同完成任务的过程。

根据约翰逊（R. T. Johnson 和 D. W. Johnson）等人的研究，学生在学习中的互动有 3 种基本模式：一是竞争学习，看谁做得最好；二是独自学习，不注意不关心其他同学；三是合作学习，对自己的学习和与同学的相互学习满怀兴趣。在竞争学习的情境中，没有相互依赖，只有对立。在独自学习的情境中，同学之间相互独立，学生的成败和别的同学没有关系，别的同学的成败对自己也没有影响。在合作学习的情境中，一个显著特征是学生有义务、有责任主动地相互依赖。这种相互依赖需要认同一个团队，而这个团队的成员是"生死与共"的。每个人的成绩会影响团队的成绩，而团队的成绩也会影响个人的成绩。所以，在合作学习的团队运作中，要建立一套团队的激励机制，使学生既关注自己的工作，也关注他人的工作。

合作学习的基本含义包括：①学生以小组的形式一起学习。②教师的角色由传播者转变为服务者或帮助者。③学习的责任由教师转移到学生。④学生不仅要自己学会，还有责任帮助小组中的其他成员学会。

二、合作学习的原则和方法

教师在开展合作学习的实践中，要注意以下原则和方法。

1. 积极主动相互依赖

"一人为大家，大家为一人"，当学生为了共同的目标一起努力时，团队的合作和同伴的成功关系到每个成员的利益。要让学生之间主动地相互依赖，就要让学生认识到：①他和他的同伴是一个利益共同体，需要互助互利。②要使小组中全部成员学习最优化，就要共享资源，为同伴提供支持和鼓励。为此，可采取以下方法。

（1）设置的目标具有相互依赖性。学生能从这个目标中感觉到，只有小组中每个成员都完成了任务，才能算实现了目标。教师在布置任务时，要提出明确的小组目标。

（2）奖励具有相互依赖性。每个小组成员认识到，当小组实现了目标，他们能得到同等的奖励。为了使奖励体现相互依赖性，教师的做法可有很多种。比如增加一种关联奖（joint reward），小组成绩90%正确，每个成员加5分。有的教师则把学生成绩分成3部分：①小组分，即对该生所在小组的评分；②个人分，即对该生个人的评分；③附加奖励分，这是在该生所在小组每个成员都达标的前提下给该生的奖励。总之，制定一个鼓励团队合作的机制能提高合作的质量。

（3）资源共享。小组的每个成员都只有完成小组目标所需的部分资源、信息和材料，因此小组必须进行资源整合，达到资源共享。教师在分发材料时，只需给每个学生部分资料，让学生互相交流资料，达成合作。

（4）分担角色。每个成员都要担任小组完成目标所需要的补充性和连接性角色。教师要创造一些角色让学生们去扮演，如朗读者、记录员、督促检查员、参与鼓励者和资料详细说明人等。不要小看这些角色扮演，它对高质量的学习是至关重要的。比如督促检查员的角色，他的任务是定期检查小组每个成员的学习进度和情况，听取他们的报告，相当于小组内的"小教师"。许多研究证明这种"教师行为"对促进学生学习有明显成效。

2. 面对面的促进性互动

教师进行学生分组时应注意学生学习兴趣和方法的差异性，将学习兴趣和方法不同的学生分在一个小组，每小组 2~6 人。小组成员的座位可经过策略性的安排鼓励他们进行面对面交流。主动的相互依赖促进学生之间的促进性互动（promotive interaction）。促进性互动是小组成员之间相互鼓励和促进各个成员为完成任务而做出的努力，以最终实现小组共同的目标。成员之间的促进性互动的产生需要积极的人际关系、心理调节和社交能力，促进性互动体现在小组成员之间能够提供富有成效的帮助和协助。例如：互相交换对方需要的资源、信息和材料；帮助同伴更加有效地处理信息；为同伴提供信息反馈以促进后续工作；对同伴的结论和推理过程提出质疑，以帮助同伴做出质量更高的结论，或者以更宽的视野考虑问题；提倡为达到共同的目标而尽力，互相促进，努力实现小组目标；使自己的行为值得同伴信赖；以低水平的焦虑和心理压力维持较好的心理状态等。

3. 成员责任感

虽然学生在一个合作的小组中工作，但学生个体的学习还是存在的。在合作学习中，对学生个体的学习表现和学习成果也是要进行评价的，学生自己和他的同伴都要报告其学习状况。这一点很重要，合作离不开成员个体的责任心。维果斯基（L. S. Vygotsky）曾经说过："孩子们今天合作能做到的，明天他单独也能做到"，培养学生的合作能力等于发展了他的个人能力。增强成员个体的责任，就要对个体的表现做出评价，并将评价结果反馈给本人和小组，然后根据学生个体对小组的贡献来分享小组的成果。为了做到这一点，小组应该清楚哪个成员完成任务有困难，需要更多的协助、支持和鼓励，小组成员也应该明白不能"滥竽充数"。合作学习小组的目的是让每个成员的个人能力得到增强，成员责任感是确保小组所有成员切实通过合作学习增长才干的关键。参加合作学习后，个人单独处理类似问题的能力应当增强。为了保证每个学生公正地享受合作的成果，教师要对每个成员为小组做出的贡献进行评价，为学生本人和小组提供反馈，帮助小组避免重复性工作，让成员对最终的结果负责。为了做到这些，下面一些措施值得考虑：①合作小组人数不宜过多。小组人数越少，成员的责任感可能越强。②对每个学生做一次个人能力测试。③随时随机口头检查学生，要求他向教师或向小组或向全班报告小组的工作。④观察并记录每个成员对小组做出的贡献。⑤每个小组指派一名学生扮演检查督促者的角色，由他去询问或要求其他成员解释自己的工作。⑥要求学生把自己学会的东西教给其他同学。

4. 人际间的社会协作技能

合作学习离不开适当地运用人际间的社会协作技能（interpersonal collaborative social skill），合作和矛盾总是同时存在的，为了搞好协作，学生必须学会并运用下列技能：①相互理解、相互信任。②正确而且明晰地进行沟通，表达不能含糊不清。③互相接受且互相支持。④建设性地解决矛盾。社会协作能力并不是天生的，也不会在你需要时凭空出现。要使合作学习小组富有成果，要使合作富有成效，小组成员就要学会并且主动运用社会协作技能。社会协作技能熟练的学生越多，教师越注重传授和奖励社会协作技能的运用，合作学习的成果就会越丰富。

5. **反思和过程监控**

合作学习中要鼓励学生对学习进行反思，给他们时间反思：学会了什么，如何学会的，在接近和达到目标的过程中所要应用的技能有哪些，等等。学习小组的过程监控就是对小组工作的反思，包括：①描述哪些成员的行为是有效的，哪些行为是无效的。②做出决定，哪些行为可以坚持，哪些行为必须改变。反思与评价过程可以是以一种小组会议的形式进行，目的是改进小组成员的工作效率，以更有效地实现小组目标。它能使学习小组成员间保持良好的工作关系，促进合作技能，保证学生获得反馈信息，提高学生元认知和认知水平，它也是鼓励强化有效行为的手段。要做好过程监控，就要为小组监控会议留有足够的时间，会前对需要反思的问题做好准备，强调积极的反馈，对具体的问题进行反思，保证每个成员都参与，提醒学生在反思与监控过程中进行合作。除了注意对小组合作学习过程进行过程监控外，教师还应注意对全班的合作学习过程定期监控。教师运用了合作学习以后，要观察小组活动，分析小组活动中存在的问题和有效的做法，在及时向本小组反馈的同时把意见反馈给各个小组。教师有计划、有系统地对各个小组的工作进行观察，收集每个小组的具体的资料，在全班合作学习课的最后，拿出资料对全班工作进行总结。教师要善于鼓励和表扬，让学生感受到成功、欣赏和尊重，这样学生才能体会到合作的成果。

三、合作学习策略在中学生物学教学中的应用

合作学习在遵循上述原则和方法的前提下，在中学生物学教学中的具体操作过程是多种多样的。下面以植物组织结构和功能的合作学习为例，重点说明合作的过程（教学案例 5–4）。

教学案例 5–4

"绿色开花植物的结构和功能"合作学习教学设计

一、教学目标

1. 知识方面

学生能够命名、勾画和描述绿色开花植物的结构和功能。例如：学生能够写出 3 个描述开花植物结构和功能的句子，并判断句子的内容是否正确；又如：学生阅读描述植物雄性和雌性器官的句子，能说出句子的信息正确

与否。

2. 能力方面

能搜集整理有关植物结构和功能的资料，并能以自己的语言描述表达出来和同学进行交流。对得到的资料信息能够做出分析判断。

3. 情感态度价值观方面

主动参与、合作学习、尊重他人意见、辩论和修正。

二、教学活动

1. 学生分组

学生每4~6人为一组，学生座位两两相对。

2. 小组活动

（1）明确学习目标（学习目标见上文）；

（2）每个学生写3句话（2句正确的，1句错误的），描述开花植物生殖器官的结构和（或）功能；

（3）对小组内的学生编号，4个学生分别为1、2、3和4号。1号学生把自己写的3句话展示给同组的同学（自己读出来或拿给大家看）。2、3、4号同学进行讨论（即小组讨论），确定哪句是正确的哪句是不正确的，达成一致意见；

（4）将小组讨论结果给1号学生，看是否符合他的原意，由1号学生确认并作出解释；

（5）小组之间互派代表进行交流，或者是小组内进行进一步的讨论研究；

（6）2号学生出示他的和讨论过的句子不同的描述，然后重复上面的步骤；

（7）照此活动下去，直到每个学生都向小组提交了自己的描述。

3. 活动监控

（1）当发现学生为一个问题争论不休时，应当立刻要求学生换一个话题；

（2）当发现小组对一个句子的判断得出错误的结论时，应当建议学生重新讨论，甚至让多个小组讨论；

（3）如果某个小组提前完成，则要求这个小组的每个成员再写3句话，开始第二轮的合作学习。

三、评价依据

（1）教师通过对各组活动情况的观察，为每组和每个学生打分；

（2）教师对每个学生写的句子进行评价，给出一个分数；

（3）把小组分数、学生活动表现分数和学生写的句子的分数按一定的加权系数进行加权平均得出学生的总评成绩。

第八节　跨学科学习的 STEM 教学策略

当今世界各国为提高综合国力水平，提升自身竞争力，纷纷开展教育课程改革。而传统意义上最常见和最广泛的教学模式是单科目，即每个科目单独教授，较少关注到各学科之间的联系，STEM 教育由此应运而生。STEM 是科学（science）、技术（technology）、工程（engineering）和数学（mathematics）4 门学科的简称，即在教育中把科学、技术、工程及数学结合在一起进行深度融合，旨在综合提升学生的科学素养和工程技术应用水平，从而进一步提高国家的竞争力。

STEM 教育作为跨学科综合教育的有效形态，其重要性已被世界各国广泛认知。美国最先意识到 STEM 教育将对经济社会产生巨大的推动作用，认为实施 STEM 教育能够从一定程度上解决其所面临的国家安全和经济安全问题，保持领先的国际地位。因此，为增强其在全球的竞争力，美国投入了巨大的人力和物力来推动 STEM 教育的实施，颁布了一系列 STEM 教育相关政策。美国在 STEM 教育中取得的成就，让世界各国意识到 STEM 教育对于未来国家竞争力的影响，英国、德国、芬兰等国家在近几年内也开始关注 STEM 教育。对我国而言，近几年来也十分关注 STEM 教育。教育部于 2015 年在《关于"十三五"期间全面深入推进教育信息化工作的指导意见（征求意见稿）》中就首次提出要探索 STEM 教育等新教育模式。目前 STEM 教育已进入我国国家课程标准范围内，例如，2017年教育部印发的《义务教育小学科学课程标准》中表明，小学科学课程内容主要包括物质科学、生命科学、地球与宇宙科学、技术与工程 4 个领域，并且明确指出这是一门实践性、综合性课程，强调将科学、技术、工程、数学有机地融为一体，着眼于学生创新能力的培养。除了小学科学课程，STEM 教育也同样在高中生物课程标准中有所体现。我国教育部制定的《普通高中生物学课程标准（2017年版）》中指出"教学过程重实践"的理念，高度关注学生学习过程中的实践经历，强调学生积极参与动手和动脑的活动，也与 STEM 教育的特质相吻合。

综上，STEM 教育表现出"能力为本"的特征，即在跨学科的基础上，培养学生的问题解决能力、自主创新能力、深度学习能力和适应未来能力。

一、STEM 教育的特征

由于 STEM 强调多学科的交叉融合，STEM 教学设计应使用"整合的"设计模式，即将科学、技术、工程和数学等整合在一起，强调对知识的应用和对学科之间关系的关注。这种整合不是生硬地为整合而整合，而是各学科和谐融合的、以创新为目的的整合，可以是课堂内渗透式的整合，也可以是课堂专题模块整合。要将 STEM 策略合理有效地运用在教学中，需要了解 STEM 教育的特征。

STEM 教育具有跨学科、趣味性、体验性、情境性、协作性、设计性、实证性、技术增强性、艺术性这 9 个核心特征。

（1）跨学科。在科学、技术和工程高度发达的今天，分科教学的弊端已开始显现，STEM 教育关注多学科融合，跨学科性是其最重要的核心特征。

（2）趣味性。STEM 教育在实施的过程中要把多学科知识融合在与学生生活相关、具有挑战性的有趣问题中。问题和活动的设计要能激发学生内在的学习动机，问题的解决要能让学生有成就感，因此需要具备一定趣味性。

（3）体验性。STEM 教育不仅主张通过自学或教师讲授习得抽象知识，更强调学生动手、动脑参与学习过程。学生在参与、体验获得知识的过程中，不仅获得结果性知识，还能习得蕴含在项目问题解决过程中的过程性知识。

（4）情境性。STEM 教育不是教给学生孤立、抽象的学科知识，而是强调把知识还原于丰富的生活，通过与学生密切相关的情境问题解决完成教学。

（5）协作性。STEM 教育强调在群体协同中相互帮助、相互启发、进行群体性知识建构。

（6）设计性。STEM 教育要求学习产出环节包含设计作品，通过设计来促进知识的融合与迁移运用，通过设计作品来外化学习的结果、外显习得的知识和能力。

（7）实证性。STEM 教育要促进学生按照科学的原则设计作品，基于证据验证假设、发现并得出解决问题的方案；要促进学生在设计作品时，遵循科学和数学的严谨规律，而非思辨或想象，让严谨的工程设计实践帮助他们认识和理解客观的科学规律。

（8）技术增强性。STEM 教育强调学生要具备一定技术素养，强调学生要了解技术应用、技术发展过程、具备分析新技术如何影响自己乃至周边环境的能力。

（9）艺术性。STEM 教育的艺术性强调在自然科学教学中增加学生对人文科学和社会科学的关注与重视。

二、STEM 教学策略在中学生物学教学中的应用

（一）STEM 应用于教学的基本原则

在中学生物学课堂教学中，教师实施 STEM 教学策略时要注意把握以下原则。

1. 学科关联性原则

STEM 教育理念更加注重科学、技术、工程和数学 4 门学科之间的紧密联系，该理念应用到中学生物学教学过程时，我们需要认真分析并充分挖掘生物学教学内容与 4 门学科，以及 4 门学科之间的内在关联性，使学生能够从整体上把握生物知识与其他科学知识的联系，培养综合能力，提升核心素养。

2. 情境创设性原则

STEM 教学注重情境问题的创设，将学生放置于特定的问题情境中，激发学生学习兴趣与探索欲望。在情境创设的过程中需要提出探索问题，让学生就问题开展实践探究活动。这些问题要基于情境，与教学内容相关，并且符合学生心理认知发展规律和特点。

3. 探究开放性原则

首先，注意教学场所的开放性。STEM 教学从学生的生活实际出发，教学过程的实施应使学校与社会、教学与生活密切联系起来。第二，重视教学形式的开放性。教学的形式要从单一的课堂教学转变为开放的实践活动，学生的学习应从被动接受转变为主动探索。第三，保证探究问题过程中的开放性。在分析问题、探究问题的过程中，教师应鼓励学生大胆假设和想象，不轻易否定学生的想法与问题解决方案，鼓励学生勇于发表自己的看法与观点，尊重个体思维的差异性，为学生的学习活动营造一个开放自由的空间。

4. 思维创新性原则

学生在基于情境问题，综合运用多学科知识解决问题的过程中，需要思维的灵活、创新与碰撞。教师在 STEM 教学的过程中应积极发现学生的优势和亮点，鼓励学生将自己的想法通过工程设计，以创新成果的形式展示出来。

（二）STEM 教学策略的设计与应用

将 STEM 教育理念融入中学生物学教学时，形式多样，既可以基于某一主题通过单元模块教学的形式开发设计全新的 STEM 活动，也可以在原有探究活动的基础上融入 STEM 要素。因此，如何基于 STEM 教育理念，恰当运用 STEM 教学策略设计教学活动，就是需要思考探索的问题。首先，教师在使用 STEM 教学策略时需要思考哪些知识点或专题具备了可融合 STEM 的特点，也就是教师要基于 STEM 教育理念和特征进行教材分析。第二，教师要了解为了完成 STEM 活动，学生已具备科学、技术、工程与数学的哪些知识与能力，以及还欠缺哪些知识和能力，也就是要基于 STEM 教育理念和特征进行学情分析。第三，教师要明确学生通过 STEM 活动可以提升哪些方面的知识能力，也就是教师要从科学、技术、工程和数学 4 个维度制定教学目标。第四，由于 STEM 教育理念强调以工程为核心来开展教学活动，教师在教学过程设计时要凸显工程设计。第五，教师运用 STEM 教学策略后，可根据 STEM 教育理念和特征反思，以使教学不断改进。

下面展示在原有探究活动基础上融入 STEM 要素的 1 例教学设计，谨供参考（见教学案例 5-5）。该教学案例由于自变量包括光照强度、温度、二氧化碳浓度等，因变量（光合作用强度）又可以通过氧气释放量、二氧化碳消耗量、有机物积累量等来反映，适合在教学中融入 STEM 理念，教师可引导学生自选实验材料、自行设计实验装置和实验方法来开展学习。

教学案例 5-5

"探究环境因素对光合作用强度的影响" STEM 教学设计与分析

STEM 教育强调结合生活中真实、有趣的问题情境设计学习任务，通过学生的问题解决完成教学。因此开展教学时，教师首先要创设源于生活的真实问题情境。

本案例创设如下问题情境作为教学导入：黑藻是广大养蟹户的首选水草，将黑藻种植在蟹池里是一项生态养蟹的新技术。"蟹大小，蟹多少，看水草。"养蟹户们想把蟹养好，必须先提高藻的产量。那么，如何提高黑藻的产量呢？学生之前已经学习了光合作用的原理和过程，知道要提高黑藻的产量，最主要的是提高黑藻光合作用的强度。要解决这个问题，就必须先弄清楚有哪些环境因素会影响黑藻的光合作用强度，具体是如何影响的？由此，引导学生进入研究情境。

由于 STEM 教育倡导跨学科的综合性学习，即使是以生物学为主创设的教学活动，也需要考虑其他相关学科在教学活动中的作用。因此第二点需注意的是，在教学时要明确科学、技术、工程和数学在本案例中要达成的教学目标（如下表所示）。

学科	教学目标
科学	综合运用科学知识及科学探究能力解决问题，具体包括： ① 生物：从光合作用的过程和原理出发，分析影响光合作用强度的因素 ② 物理：结合物理学知识，提出测量光合作用释放的氧气量的方法 ③ 化学：结合化学知识，提出设置不同二氧化碳浓度的方法
技术	设计一套用于"探究环境因素对光合作用强度的影响"的实验装置； 使用计算机软件进行数据分析； （有条件的学校）在实验装置中使用传感器
工程	根据研究问题设计实验装置制作方案及探究实验方案，实施方案，评估和改进方案
数学	设计表格记录实验结果，用图表等数学形式展示研究结果和结论

由于 STEM 教育强调发挥学生的创新能力和探索精神，关注多元的问题解决方案，因此第三点需注意的是，教师应鼓励学生通过查阅资料、头脑风暴等过程，提出解决问题的设计思路和方案。本案例中，学生需自行设计实验装置来探究环境因素对光合作用强度的影响，教师可提前在网络平台上发布学习资源，为学生介绍几种常用的实验装置，提示各种方法的优缺点。学

生通过学习这些资源，可在课前学习实验装置的组装和使用方法，为改进实验装置、开发新的实验装置做好准备。教师根据学生列出的材料清单准备多种实验材料。有条件的学校，还可为学生提供传感器设备用于测量氧气释放量，让学生感受到技术发展对科学研究的促进作用。

基于上述注意事项，具体教学过程设计如下：

教学过程	工程设计流程	实验教学内容
准备阶段（网络学习及第1课时）	明确任务	设计一套实验装置，探究环境因素对光合作用强度的影响
	任务分析	① 选用何种生物材料进行探究？重点探究哪一个环境因素？ ② 如何控制自变量？有哪些无关变量要考虑？如何检测因变量？ ③ 原有实验装置有何缺点？应如何进行改进？是否有其他设计方案？
	设计方案	通过"头脑风暴"，提出多种设计实验装置的方案和探究方案，选择其中最佳的方案
实践阶段（第2课时）	实施方案	按照选定方案制作装置，开展探究实验
	测试方案	检测探究实验结果，检验实验装置的可靠性
	改进方案	对实验装置进行必要的改进，进行第二轮实验和检测
展示阶段（第3课时或网络展示）	展示交流	小组派代表展示实验过程和结果。以照片形式展示实验装置及实验过程，以图表的形式展示实验结果和结论

（赵萍萍　张海和）

🔍 思考与练习

1. 选择初中或高中生物课本的适当内容，设计一个基于实验室活动的教学方案。

2. 以小组为单位，选择一个知识单元，以合作学习的方式，绘制一张概念图。

3. 以小组为单位，选择初中或高中生物课本的一个单元内容，制定一个合作学习方案。

4. 选择初中或高中生物课本的适当内容，设计一个探究式教学方案。

5. 选择初中或高中生物课本的一节内容，设计一个建模教学方案。

6. 选择初中或高中生物课本的适当内容，设计一个论证教学方案。

7. 应用 STEM 教学策略设计一个教学活动。

更多数字课程学习资源

本章小结　　　参考文献

第六章

基本教学技能

📍 **本章学习目标**

1. 概述导入、教学语言、提问、讲解、变化、强化、演示、板书、结束、课堂组织等基本教学技能在课堂教学中的作用。
2. 解释导入技能、教学语言技能、提问技能、讲解技能、变化技能、强化技能、演示技能、板书技能、结束技能、课堂组织技能的应用原则。
3. 能够在教学中运用 10 种基本教学技能。

　　教学技能是教学活动中，教师运用教与学相关的知识和经验，为促进学生的学习、实现教学目标而采取的、经过刻意训练的教学行为方式。它是教师最基本的专业素养，是教师进行有效教学的基础。具备良好的教学技能，能够帮助教师自如地掌控课堂教学的进展，创造积极自主的学习氛围，提高教学效率，增强学生的学习效果。为了读者更好地认知教学技能，习得多样化的教学技能，本章提出了十大基本教学技能，即导入技能、教学语言技能、提问技能、讲解技能、变化技能、强化技能、演示技能、板书技能、结束技能、课堂组织技能，并且详细介绍了它们的概念、作用、类型，以及应用过程中应该遵循的原则和注意的要点。

第一节　导　入　技　能

　　导入是在教学伊始引起学生注意、激发学习兴趣、引起学习动机、明确学习目的和建立知识间联系的教学活动方式。它能将学生的注意力吸引到特定的教学任务和程序之中，所以又称为定向导入。导入通常应用于开设新课程、进入新单元或新段落的教学过程的开始阶段。导入主要有直接导入、经验导入、复习旧知识导入、实验导入、直观导入等 9 个类型。不同类型的导入，都有相似的结构，并且在应用时均需要遵循针对性、关联性、趣味性等原则。

一、导入的作用

教学活动不宜直奔主题、重点和难点，需要铺垫、温故、介绍背景，这个过程就是导入。教学的导入，犹如乐曲中的"引子"，戏剧的"序幕"，起着渲染气氛、酝酿情绪、集中学生的注意、渗透教学主题和将学生引入情境的作用。精心设计的导入，能抓住学生的心弦，立疑激趣，促使学生情绪高涨，步入心情振奋的状态，有助于学生获得良好的学习成果。导入的主要作用有以下几点。

（1）激发学习兴趣，引起学习动机。兴趣是学习和研究的催化剂。在导入环节激发学生的学习兴趣，能够增强学生的学习动力。

（2）引起学生对所学课程的关注，引导进入学习情境。通过有趣的导入，引起学生的注意，促使学生关注主题、进入情境、深度学习、提高学习效率。

（3）为学习新概念、新原理和新技能做鼓动、引子和铺垫。新知识的学习、新技能的掌握，必须要基于已有的认知结构和技能。

（4）明确学习目标，使每个学生都了解他们要做什么，他们应达到何种掌握程度。通过有目的的导入，使学生目标明确、有的放矢，有助于克服重点、难点，从而有效达成教学目标。

二、导入的类型

开门见山、直入主题也是一种导入的类型。作为具有专业素养的教师，为了有效地使学生兴趣盎然、目标明确、关注学习，需要掌握和运用多种类型的导入。

1. 直接导入

直接导入指的是直接阐明学习目标、学习要求和各个重要部分的内容及教学程序的导入方法。教师简洁、明快地讲述或设问，以此引起学生的有意注意，诱发探求新知的兴趣。

2. 经验导入

以教师或学生已有的生活经历和经验、已知的生物学素材为出发点，通过生动而富有感染力的讲解、谈话或提问，使学生置身一定的情境中，引发思考，激发学习兴趣，引起求知欲望。

3. 复习旧知识导入

复习旧知识导入特别注意引导学生温故而知新。以提问、做习题等教学活动开始，提供新、旧知识联系的支点。使用这种导入方法，教师一定要注意学生原有的知识水平，要精选复习提问时新旧知识联系的"支点"。

4. 实验导入

根据学生学习之始的心理活动特征，在学习某些章节的开始，可由教师演示一个实验来导入。设计演示实验可从已知的实验入手，向本节课内涉及的未知实验过渡，尽量采用富有启发性、趣味性的实验。通过大量的声音、色彩、形态、气味等变化使学生在学习之始便在感官上接受大量刺激，获得大量的感性信息，在一系列的"是什么""为什么"的启发下，促使学生有条理地思索问题。通过巧布疑、设置悬念，使学生明确目的、增强动机，起到"激其情、促其思、导其行"的作用。

5. 直观导入

直观导入是在讲授新课题之前，先引导学生观察生物体（包括活的离体器官、组织）标本、模型、图表、幻灯片、视频素材等，引起学生的兴趣。再从观察中提出问题，创设研究问题的必需情境，学生为解决直观感知中带来的疑问，产生了学习新知识的强烈要求。采用这种方法需注意以下两点。

（1）实物、模型、幻灯片、视频素材等必须与新课内容有着密切的联系；

（2）在观察的过程中，教师要及时和恰如其分地提出问题，以指明学生观察中的思考方向，为学习新内容做好准备。

6. 设疑导入

设疑导入，即设置疑问导入新课。精心设计的问题要能够引发学生的兴趣；有兴趣的问题能够使学生具有解决问题的冲动和愿望；以问题来激发学生刨根问底、探寻秘密的本性。在章节教学之始，编拟符合学生认知水平、形式多样、富有启发性的问题，引导学生回忆、联想，或渗透本课学习目标、研究的主题。

7. 事例导入

运用社会生活、经济活动和生产实践中的事例来导入新课，能使学生产生一种亲切感，起到触类旁通的效果。事例可以用语言描述，也可通过视频片段呈现，还可以是具体的物品，这些事例能为学生创设引人入胜、新奇不解的学习情境。

8. 悬念导入

提出带有悬念的问题来导入新课或问题，能够激起学生的兴趣和求知欲。在悬念中既巧妙地提出了学习任务，又创造出探求知识的良好情境。悬念的设置要适度，不悬则会使学生一眼望穿、无念可思，太悬学生则无从下手、无趣可激，只有在悬中寓实，才能引起学生开动脑筋、琢磨思考，而后兴趣盎然地去探索未知。

9. 故事导入

青少年尤其爱听故事，在生物学科的发现史和科学史中，充满了动人的故事。中外史实中，妙趣横生的典故非常多。根据教材内容的特点和需要，选讲联系紧密的故事片段，可避免平铺直叙之弊，以增强趣味性，提高教学效率。

三、导入的结构

归纳上述不同类型的导入，都有相似的结构：引起注意 → 激起动机 → 组织指引 → 建立联系。

1. 引起注意

导入的构思与实施，要千方百计地把学生的心理活动保持在教学行为上；与教学活动无关的、甚至有害的活动能迅速得到抑制。当学生"专心"于导入活动时，才能从教学之始，就得到鲜明而清晰的反应，注意学习，获得良好的学习效果。

如果已经引起学生注意，则其特点是：举目凝视、或侧耳细听、或思考、或顿时寂静、或紧张屏息，等等。

有意注意是有目的的注意，需要学生付出一定的努力，需要集中注意力。无意注意是学生没有目的、不由自主地对一定事物所产生的注意。有意注意往往是在无意注意的基础上发展起来的，是人所特有的一种心理现象。善导的教师，能够采用多种方法引起学生的无意注意，并引向有意注意。

导入活动若具有较大的强度，或者具有强烈的差异，或者具有鲜明的变化，或者具有新颖的刺激，都会立刻引起学生的无意注意。而刻板平淡、千篇一律的内容和方式，就很难引起学生的无意注意。

2. 激起动机

学习中最现实、最活跃的成分是求知欲。青少年对周围世界有一些了解，但知之不多。因此创设引人入胜的情境，能滋长他们产生学习的兴趣，激发其求知欲望。在此基础上，教师一方面可以乘胜追击，提出严格的要求；另一方面要说明学习这部分知识和技能的意义，进一步强化学生的重视心态。只有学生清晰地意识到学习的实际意义，才能产生学习的自觉性，表现出学习的坚毅精神，从而积极主动地投入到课程学习中

3. 组织指引

导入要给学生指明任务，安排学习进度。这样可以引导学生定向思维，使学生有目的、有意义地开展学习。导入中，教师要准确阐述学生学习某一节课程的过程，使学生对学习程序做到心中有数。例如，首先明确说明本节课的学习，使问题具体化；接着，组织学生做实验；然后，开展小组讨论，归纳、概括科学原理或实验规律；最后，结合新问题进行练习、运用。在教学过程中，教师要始终围绕教学重点开展教学活动，并将各项教学活动环环相扣，引导学生层层递进，不断深入学习，以达到课程标准要求的学习目标。

4. 建立联系

导入的设计，要充分了解并利用学生原有的知识和能力，要以其所知喻其不

知。从学生实际出发，通过教师的主导作用和学生的主体作用的结合，以较少的精力和时间，有效地达到教学目标。温故而知新的方法很多，教师可以设计一系列的问题，学生逐步解答，随着问题的深入，旧知识与新知识建立了联系，从而引出新课。教师也可以通过对学生已有知识进行概括、描述和启发之后，进入新课的教学。

导入所采用的资料和内容要与课堂教学的中心问题或者核心概念紧密联系，否则导入即使能引起学生的注意和惊奇也是无意义的，相反会把学生的注意引向细枝末节的问题，与预期目标背道而驰。

四、导入的应用原则

教师使用不同类型的导入，在教学实施过程中均应遵循下列原则。

（1）导入的目的性和针对性要强。导入的目的就是激发学生围绕核心问题进行自主学习，所以导入要能够推动学生明确将学什么、怎么学、为什么要学，从而在头脑中构建学习的路径，明确学习的程序。导入要有针对性，教师要针对教材内容和实际学情，采用适当的导入方法。适当的导入才会引起学生的无意注意，并朝着有意注意发展，从而有助于学生认知结构的不断完善。

（2）导入要具有关联性和聚焦性。概念的理解、技能的形成均具有学习进阶的特性，即循序渐进、步步为营。教师应该善于以旧拓新、温故知新，从学生的已有的知识体系出发，明确新旧知识联系的支点，通过环环相扣的设计，引导学生层层递进。另外，导入的内容，应该密切联系新课的核心概念和重点原理，聚焦于核心问题，始终引导学生围绕核心问题展开学习，不可偏离教学目标。

（3）导入要有趣味性和一定的艺术魅力。即能引人注目、颇有风趣、造成悬念、引人入胜。这个魅力很大程度上依赖于教师生动的语言、熟练的专业基础和炽热的感情。

第二节　教学语言技能

教师在课堂上讲解教材、传授知识、组织练习、不断激发学生积极的学习情绪，在这一过程中所运用的语言，就是教学语言。教学语言是由基本语言和适应教学要求的特殊语言两方面的因素构成的。具备良好的教学语言，是教师完成教学任务的最主要的保证。教师必须按照学生的认识规律对教材内容加以组织、加工，并用准确、生动、富于启发性的语言表达出来，以便学生更好地接受和理解。因此，教师的教学语言水平不仅是影响学生的学习水平和学习能力的重要因素，也是实现教学目标的关键。强调教师的授课技能，从根本上说，就是强调教师的语言表达技能。教学语言在应用时需要遵循学科性和科学性、教育性和针对性、简明性和启发性等原则。

一、教学语言的作用

教师在课堂中使用的教学语言至少要发挥以下几个方面的作用。

（1）教学语言是教学过程开展的主要载体，教师的讲解、提问、提示、点评与学生的疑问、回答、总结，形成了课堂中的主要语言体系。教学语言能够准确、清晰地传递教学信息，以完成教学育人任务。

（2）教学语言不仅传递了教学信息，而且承载了教师对学生的殷切希望。教学语言不仅局限于课程知识，还包括了教师对学生思维的启发，对学生情感的渲染，具有启发性、引导性。可以看出，教学语言不仅能够使学生的智力得以发展，能力得到培养，而且可以促进学生情感、态度与价值观的形成。这就要求教师的教学语言要形象生动、具有启发性、具有引领性。

（3）教学语言是教师对课程理解和加工的体现，是教师教学理念、方式方法的呈现，是对学生认知发展、性格特点运筹帷幄的表现。教学语言是一门艺术，是个人魅力展现的重要载体，教学语言水平的提升，也就是教师个人思维发展和能力提高的外显化。

二、教学语言的结构

教学语言是由基本语言和适应教学要求的特殊语言两方面的因素构成的。

1. 基本语言

基本语言是在社会交际中，正常人都必须具备的交流方式。它包括以下要素。

（1）语音和吐字。语音是语言的物质材料。在教学中，语音的基本要求是要规范，即要用普通话语音来交流，让大家都能够听明白。与语音相关的还有吐字问题，要求吐字清楚、字正腔圆、不能连音。

（2）音量和语速。音量是指声音的大小，教学过程中，教师的音量要适中，不可太小，导致学生听不到；也不可过大，影响学生的听觉效果。语速是指讲话的速度，新教师往往语速较快，或备课不熟练，或精神紧张；成熟的教师一般语速适中，既能使学生跟得上课程讲解进度，又能完成教学进度安排。

（3）语调和节奏。语调是指讲话时，声音的高低升降、抑扬顿挫的变化，从所表达的内容出发，运用高低变化、自然适度的语调，可以大大加强口语表达的生动性。节奏是指讲话时的快、慢变化。这与前面所说的语速有联系，但不是一回事。声音的长短和停顿的长短所构成的快慢变化，就是节奏。善于调节音程的变化，形成和谐的节奏，同样可以加强口语表达的生动性。

（4）词汇。一个人只有具备一定的词汇量，并能正确、熟练地运用于口头表达，才能说具有好的口语技能。在课堂口语中，对词汇的要求是：①规范：要运用普通话的语汇次序。②准确：表述一个观点或描述客观事物，能使用恰当的词语和生物学术语。③生动：注意用词的形象性，注意词的感情色彩，要能启发想象、联想，并激发人的感情。

（5）语法和逻辑。语法是用词造句的规则。按照这一规则表达，大家都懂；违反这些规则，则无法交流。与语法相关的还有逻辑性，即在组织一段语言时，思路要顺畅、要合乎逻辑规律。合乎语法、合乎逻辑，语言才能连贯，学生才能容易听懂，教学活动才能更顺畅地开展。

以上是基本语言的构成要素，教师熟练掌握了基本语言的这些要素，就为好的课堂口语表达打下了坚实的基础。

2. 特殊语言

特殊语言是在特定环境下、特定的交流中形成的语言。教师的课堂口语则是在课堂教学这一特定环境，与学生互动这一特定交流情境中形成的。在课堂上，教师要从特定的教学目标、教学内容和教学对象出发来组织自己的语言。这就形成了课堂教学口语的特殊结构。

教师在课堂上无论讲解还是提问，从一个完整的段落来看，其教学语言结构基本是由 3 个要素（阶段）构成的，即引入、介入、评核。

（1）引入。教师用不同的方式，使学生对所学内容做好心理准备。在"引入"这个要素中，又有若干细节。①界线标志：指明一个新话题或者新要求的开始，引导学生集中注意力，开始新内容的学习。②点题、集中：明确新话题或者新要求的目的，使学生明确学习新知识应达到的水平要求。③指名：指定学生作答，督促学生围绕核心问题进行积极思考。

（2）介入。教师用不同方式，鼓励、诱发、提示学生做出正确答案，或正确执行教师的要求。在"介入"这个要素中，又有若干细节。①提示：为使学生做出正确回答，教师剖析提出的问题、提供所需的知识素材、提示行为产生的依据。②重复：重复学生的回答，引起全体学生的重视，推动全体学生共同思考，并对学生的回答做出评判。③追问：根据学生的答案（不完全正确或完全错误），教师进一步提出具有延伸性的问题，引发全体学生的深入思考，从而逐步得出正确的回答。

（3）评核。教师以不同方式，处理学生的回答。在"评核"这个要素中，又有若干细节。①评价：对学生的回答加以客观分析，加以评论。无论学生的回答正确与否，要肯定学生的积极思考。②更正：若学生的答案依然不正确，教师要予以分析，指出错误在何处，是因为哪些方面的思考疏忽导致的错误，并对学生的回答进行更正，进而给出正确答案。③扩展、延伸：在已经得到正确回答的基础上，联系其他有关资料进行分析，使学生对问题的认识更深入、更广泛。

三、教学语言的应用原则

一方面，教师要明确教学语言的结构，并通过不断培训和练习，熟练掌握教学语言技能；另一方面，从教师工作的职责和特点出发，在运用教学语言上，还应当遵循下列一些基本原则。

1. 学科性和科学性原则

（1）学科性。教学语言是学科的教学语言，因此必须运用本门学科的专门用语——术语。这是因为每门学科都有自己的概念、理论系列，并通过它们所构成的理论体系提示其客观规律。这些概念理论系列，是用专业术语来表达的。如生物学教学中有细胞、组织、器官、个体、种群等。这些专业术语，是学科范围内的共同语，准确地运用它们进行教学，一说就懂，而且极为简明；不用这些术语，不仅不利于交流，而且往往会不严谨，可能导致表述错误。在生物学课堂教学中，教师尽可能让学生先理解概念，后使用术语。教学语言的学科性要求教师要运用本学科的教学术语来进行教学。

（2）科学性。教学语言的科学性指的是：第一，用词必须明确、具体，要使学生知道表达的是什么意思，指向的是怎样的行为动作；不可引起歧义；第二，讲一段话，必须合乎逻辑，思路要顺畅，要使学生容易理解。

2. 教育性和针对性原则

（1）教育性。教师的教学语言对学生的思想、情感、行为始终有着潜移默化的影响，有时甚至是决定性的影响。一般说来，学生的年级越低，这种影响则越大。教师必须十分清醒地意识到这一点，注意教学语言的教育性。

教师对学生的尊重、鼓励、爱护，流露在师生交往中的言谈里，这对于拉近师生关系，调动学生学习的积极性，培养学生自尊、自爱的意识，以及进行文明礼貌的教育，都会起到积极的作用。

教学语言的教育作用的发挥，在很大程度上取决于教师的言行一致。教师不仅要在业务上精益求精，而且要在思想、道德、情操等各方面提高自己的修养。只有如此，教师才能成为学生心目中的榜样，其教学语言的教育作用才能得以充分发挥。

（2）针对性。教师课堂口语的针对性应从内容和表达方面来研究。就内容来说，它必须是在学生已有知识和经验的范围内能够理解的，与学生的思想感情必须是相通的，不能超越学生的认识能力，也不能与学生的兴趣和需要相悖。就表达来说，教师的课堂口语应当是深入浅出、通俗易懂的，应当是简单明了、生动活泼的；那种"你不说，我倒还明白，你越说，我越糊涂"的故弄玄虚式语言，那种重复啰唆、平板紊乱的语言，在课堂教学的语言中是不允许出现的。

要加强课堂口语的针对性，教师首先要提高的业务修养和语言修养。其次，还要认真地研究学生。要研究不同阶段、不同年级、不同环境（城乡差别）下，学生在知识、经验方面的差别；研究不同年龄阶段学生的思想情况和感情倾向，从学生的当前实际出发来选择和组织自己的课堂语言。

3. 简明性和启发性原则

（1）简明性。简明性原则，即话不多，一听就能明白。这样的语言，就表达的内容来说，一定是经过提炼的、经过认真组织的；选词用语，一定是经过认真推敲的，甚至句式也是经过严格选择的。

简明的语言，也是留有余地的意思。留有余地，才能引起学生的思考。这样的课堂语言，本身就具有启发性。

（2）启发性。启发性含有三重意思，即：启发学生对学习目的、意义的认识，激发他们的学习兴趣、热情和求知欲，使学生有明确的学习目的和学习的主动性；启发学生联想、想象、分析、对比、归纳、演绎，激发学生积极思考，引导学生分析问题、解决问题；激发学生情绪、审美情趣，丰富学生的思想感情。

怎样才能使教学语言具有启发性呢？

首先，教学语言要体现出对学生尊重的态度，要饱含丰富的感情，以情激情，渲染学生形成积极健康的情感、态度与价值观。

其次，教学语言要体现新、旧知识的联系，要尽可能把抽象的概念具体化，使深奥的道理形象化。这样的语言，能激发学生丰富的想象和联想，或者联想到其直接经验，或者联想到其间接经验，从而发展学生的思考能力。

再有，教学语言要能引起学生合乎逻辑地思考问题，这就要求教师的语言必须逻辑性极强。教师要善于运用分析、综合、抽象、概括等思维形式来组织自己的教学语言，从而使学生的理性思维得到训练。

为使教学语言具有启发性，教师常常把教学内容做问题化的处理。问题的选择、问题的难易、提问的顺序和时机，都直接关系到教学语言的启发性。因此在设计问题时，上述几方面都应周密地考虑。

以上对教师课堂口语应用原则的分析，是从 3 个角度提出来的：学科性和科学性，是从教学内容方面提出的；教育性和针对性，是从受教育的对象——学生的角度提出的；简明性和启发性，是从教师运用语言的角度提出的。

第三节 提问技能

提问是通过师生的相互作用检查学习、促进思维、巩固知识、运用知识、实现教学目标的一种主要方式。提问是教师在课堂教学中进行师生互动的重要教学技能，有助于集中学生注意力、剖析问题本质、获取学生反馈等，主要有回忆提问、理解提问、运用提问、分析提问、综合提问、评价提问 6 个类型，并且在应用过程中需要遵循一些原则。

一、提问的作用

（1）促进学生主动学习。在课堂上教师针对学生的思维特点有计划地提出问题，由学生被动接受知识转化为主动学习，激发学习动机，积极思维、主动求知，把他们引入强烈的好学状态。

（2）剖析问题本质。如若教师只考查记忆性知识，则可应用求同答案（唯一正确）的问题，若要发展学生的质疑性思维，采用求异答案的问题为佳。在提问过程中揭示矛盾，通过矛盾的解决，使学生逐步认识事物，抓住问题的本质。

（3）建立知识结构。问题的设计一般是以旧知识为基础的，适时的提问可督促学生及时复习巩固旧知识，并把新旧知识联系起来，系统地掌握知识。

（4）集中学生注意。通过提问可集中学生的注意，帮助学生调整学习状态，激发学习的兴趣，活跃课堂气氛，并从中培养他们语言表达的能力。

（5）获得反馈信息。对教师来说，能及时获取学生对知识的理解情况，检查学生对所教的重点、难点内容的掌握情况，获得改进教学的反馈信息，自省在教学中的漏洞和不足。而对学生来说，能及时自查"知识链条"中的疏漏之处，强化学习。

二、提问的类型

1. 回忆提问

（1）要求回答"是"与"否"的提问，或称为二择一提问。回答这类问题时不需进行深刻的思考，只需对教师提出的问题回答"是"或"不是""对"或"不对"即可。这类问题对生物学课堂教学的积极意义不大，教师要把这类问题控制到最小的数量和比例。

（2）要求单词、词组或系列句子的回忆提问。这类问题要求学生回忆学过的事实、概念等，所回答的句子一般要求是和教材上的表述一字不差的。这种由一个单词到包含句子的具有一定思想的回忆提问，在学习的认知层次上很低，在课堂上也不要过多出现。

2. 理解提问

（1）一般理解。要求学生用自己的言语描述和解释事实、概念、原理和程序，是学生将教学内容进行内化和重新呈现的过程。

（2）深入理解。让学生用自己的话讲述概念的内涵、原理和机制，以及事物的中心思想，以便了解是否抓住了问题的实质并具有较为清晰的理解。

（3）对比理解。对事实、概念、结构、事件进行对比，区别其本质的不同，达到更深入的理解。

一般说来，理解提问多用于对新学知识与技能的检查，了解学生是否理解了教学内容。常用于某个概念或原理的讲解之后，或课程结束时。学生要回答这些问题，必须对已学过的知识进行回忆、解释、重新组合后再组织语言进行回答。

3. 运用提问

运用提问是基于学生所学的概念、原理、规律等，建立一个简单的问题情境，组织学生浸入问题情境中，运用新获得的知识和回忆过去所学过的知识来解决新的问题，在生物学教学中教师常把这类提问放在一节课偏后的时间，即巩固和应用的阶段。

4. 分析提问

分析是要求学生识别条件与原因，或者找出条件之间、原因与结果之间的关系。对分析提问如何回答，教师要不断地给予指导、提示和帮助。这类问题通常没有现成的答案，学生要根据所学内容，分析资料，理解知识结构。

5. 综合提问

"综合"是指将各个要素或各个部分结合成一个整体，对各个片段、部分或要素进行思考，然后将他们融合，使其成为一个之前没有的整体，强调知识的特性与首创性。这类问题的作用是激发学生的想象力和创造力。通过对综合提问的回答，学生需要在脑海里迅速地检索与问题有关的知识，对这些知识进行分析综合，得出新的结论。这种提问有利于学生科学论证能力的培养和对知识的深入理解。

6. 评价提问

要求学生运用准则和标准对事实、方法做出价值判断、比较和选择。在进行这种提问前，应先让学生建立起正确的价值、思想观念和学术观点，或给出判断评价的原则，以作为其评价的依据。

（1）评价他人的观点。在讨论时，要求学生对有争论的问题给出自己的看法，并能够基于生物学的大概念或重要概念来论证自己观点的合理性

（2）判断方法的优劣。要求学生判断解决问题的方法有哪些长处或劣势。

对于评价提问，学生刚开始的回答可能质量不会太高，必须通过教师追问"为什么""还有其他原因吗""其他人有什么想法"等进行不断深入的探询。

评价提问的表达形式通常如下：

你同意……吗？为什么？

你认为……对吗？为什么？

你相信……吗？为什么？

你喜欢……吗？为什么？等等。

在以上 6 类提问中，回忆提问、理解提问和运用提问主要用于检查学生对知识的记忆和理解，一般只有一项正确的答案。其中会议提问要求学生用记忆中的

知识照原样回答即可，不需要更深入的思考。教师判断学生的回答也较容易，只需简单地判定正确或错误即可。而分析提问、综合提问与评价提问，是需要学生基于已有的认知结构，并结合分析、对比、推断等能力才能够解决的问题。通常不是只有一个唯一正确的答案，学生需在原有知识的基础上，对所学内容进行组织加工。教师在对学术相关的答案进行判断和回应时，主要考虑提问的意图，判断答案是否有道理，有无独创，是否符合生物学的概念，是否遵循了科学研究或思维的基本范式，以及在几个答案中比较哪一个更好。

三、提问的应用原则

教师在使用提问技能时，要考虑到以下的原则和要点。

1. 提问的原则

（1）要设计适应学生年龄和个人能力特征的多种水平问题，提高问题的针对性，使多数学生能参与回答，避免出现"问而无答""启而不发"或"自问自答"的现象。

（2）围绕教材的重点、难点、关键点、易错点提出问题，提问的内容要相对集中。

（3）问题的陈述要简明易懂，富有趣味性、启发性，最好用学生的语言提问。

（4）结合教学内容的实际情况，创设情境，利用学生已有知识，合理设计问题，并预想学生可能的回答。

（5）依照教学进展和学生的思维特点提出问题，把握提问的时机，相机诱发，使提问收到应有的教学效果。若没有抓住时机，或者错失良机，提问就可能导致学生思维不够连贯、启而不发。

（6）教师要以与学生一起思考、一起参与的心情提问，和颜悦色，耐心细致，避免用强制学生回答的态度提问。

（7）提问后，如果发现学生回答困难、思考不充分或抓不住重点，对问题不能正确理解时，教师切忌急躁，不要轻易代替学生回答。这时教师可以对问题进行解释和重复，必要时用事先准备好的、降低难度的问题重新发问，或应从不同的侧面给予启发和引导，让学生可以参与讨论。

（8）教学过程中提出的问题应在课前精心设计；授课过程中，新教师一般不建议使用头脑中浮现的问题；教师要十分明确所有课堂提问在教学中的作用和意义。

（9）学生回答后，教师要给予分析和确认，使问题有明确的结论，强化他们的学习。对于错误的答案，教师要给予明确的回应，不要似是而非，让学生把错误概念保留下来。

2. 提问的要点

为了提高课堂提问的效果，教师需要注意以下的一些要点。

（1）清晰与连贯。要使问题的表述清晰、意义连贯，教师事先必须精心设计。在设计时对所提问题要仔细推敲，不但要考虑问题与教学内容的关系，还要考虑学生是否能理解和接受。问题的表达措辞是否恰当，所用术语是否准确，逻辑是否清晰。

（2）停顿与语速。在进行提问时，除了掌握好适当的时机外，还应有必要的停顿，使学生做好接受问题和回答问题的思想准备。提问的语速，是由提问的类型所决定的。回忆提问、理解提问与运用提问相对来说可以用较快的语速叙述。分析提问、综合提问与评价提问，除了提问后应有一定时间的等待外，还应仔细而缓慢地叙述，以使学生对问题有清晰的印象。

（3）指派与分配。我国的生物学课程标准要求提高所有学生的科学素养，这是生物学教育的根本目的。这种教育目的的实现，要求教师在生物学课堂提问时必须要面向全体学生，要特别注意坐在教室不同位置的学生，特别是坐在后面和两侧的学生，要让这些区域的学生感到他们同样被教师重视。

（4）提示。提示是教师为帮助学生回答而给出的一系列暗示性的神态、语言、动作。当学生回答不完全或有错误时，教师要提示后续回答的学生如何更加完整地回答。教师的提示可根据问题的类型而有所不同。①回忆：使其回忆已学的相关知识或生活经验。②理解：鼓励学生用自己的语言来表达个人对相关概念或知识的理解。③分析思考：使其明确回答问题的根据和理由，用证据支持自己的想法。④应用：建议学生应用已学过的特定生物学概念和方法解决问题。⑤综合：引导思考重要的概念和方法，活跃思维，鼓励学生产生新的想法。根据学生已回答的事实或条件，提示其进一步思考并进行推理和判断，推理事物的可能结果。⑥评价：让学生进行判断和评价。根据已有的事实和结论，提示已学过的原则、概念或定律、规则等，进行有根据的判断，并评价其价值或优劣。

提示的方向可以涵盖以下几个方面：①对于由于逻辑不够清晰，方法不够恰当，概念有错误或欠妥的应答，通过讨论使学生明确哪里错了及怎样错了，从而完善回答。②使学生从特定的视角考虑问题，把学生回答与已学的生物学概念关联起来，使问题更明确。③使学生陈述重要观点和证据，通过再思考使答案更加明确。④使学生根据别人的回答谈自己的想法，说明他的思考与前面同学的想法一致或不一致，用证据和逻辑对别人的回答进行修正和补充。

第四节 讲解技能

讲解又称讲授，是用语言传授知识的一种教学方式，是人们用语言交流思想、情感和知识的一种表达方式。讲解主要有 4 种类型，即解释式、描述式、原理中心式、问题中心式。

讲解的实质是通过语言对知识进行剖析和提示，剖析其组成要素和过程程序，提示其内在联系，从而使学生把握其内在规律。语言技能是讲解的一个条件，但不是讲解，讲解技能在于组织结构和表达程序。讲解有 2 个特点：其一，在主客体信息传输（知识传授）中，语言是唯一的媒体；其二，信息传输由主体传向客体，具有单向性。

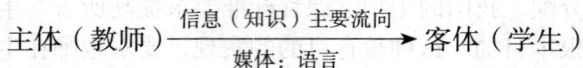

$$\text{主体（教师）}\xrightarrow[\text{媒体：语言}]{\text{信息（知识）主要流向}}\text{客体（学生）}$$

讲解的优点是"省时""省力"。经过教师的精心组织，信息传输的密度比较高，就某些知识而言，由于减少了学生的盲目性，便有了较高传输速率。

讲解的缺点主要有三：其一是置学生于被动地位，不能解决师生交流和反馈问题，会影响学生创造力的发展；其二是只听不做，无直接的感性材料，学生无亲身体验；其三是只靠听信息，保持率（记忆）不高。

将讲解技能用于事实性知识比用于认知性知识的效果更好。教学中，综合、概括和总结知识阶段，讲解是必要和有效的。应用知识时，通过讲解引导、定向也是有利的。因此，讲解要与其他教学技能相配合。例如，实验观察前的提示和说明，之后的分析总结；观看视频、录像、幻灯片的解说和提示；组织实践活动和意义分析，问题说明和总结解题的提示；讨论和自学的分析总结；讲解与板书的配合等，配合得当都会取得很好的效果。

一、讲解的作用

教师在生物学课堂上的讲解可以产生以下的教学功效。

（1）讲解的首要作用是传授知识，引导学生感知、理解和内化所学的知识，并能够迁移应用。

（2）教师通过生动、活泼和有效的讲解，能够使学生产生学习的兴趣，进而形成志趣；另外，教师讲解内容的思想性能够影响学生的情感和价值观。

（3）讲解能够传授思维的方法，以及表达和处理问题的方法，为学生创造力的发展提供创造条件，能够有效地启发学生思维。

二、讲解的类型

根据不同的分类方法，可以将讲解分成不同的类别。以下是对讲解较为经典的分类方式。

1. 解释式

解释式又称翻译式，即通过讲解将未知与已知联系起来，将学生的已有认知和新知识联系起来。因其讲解内容不同又可分为：

（1）意义解释。将概念、原理、规律的内涵解释给学生。

（2）结构、程序说明。对事物的结构进行剖析，将实验、活动的流程安排解释给学生。

（3）翻译性解释。对外文进行翻译，解释给学生。

（4）附加说明。为使学生更好地理解，将与事物相关的材料补充给学生。

2. 描述式

描述式又称叙述式、记述式。在生物学教学中，描述的对象是生物体、生命过程或实验条件。描述的内容是生命世界中的发生、发展、变化过程和形象、结构、要素。教师描述的任务在于使学生对描述的生命现象或生命过程有一个完整的印象，有一定程度的认识和了解。根据描述方式的不同，描述又可分为：

（1）结构要素性描述。这类描述要注意提示生物体结构的层次关系和要素间的关系，突出重点、抓住关键。可采用生动、形象的比喻和类比方法。

（2）顺序性描述。按生物事件发生、发展变化的先后顺序进行描述。此类描述要注意事物发展的阶段性，注意抓事物发展的关键环节；而不是无重点、无要点，流水账式地叙述。

3. 原理中心式

原理中心式指以生物学概念、规律、原理、理论为中心内容的讲解。如果从讲解内容上再细分，又可分为概念中心式和规律中心式。如果从讲解的逻辑方法分，又可分为演绎中心式和归纳中心式。

原理中心式讲解从一般性概括（即概念、规律、法则、原理、理论）的引入开始，然后对一般性概括进行论述、推证，最后得出结论，又回到一般性概括的复述。论证和推证，即运用分析、比较、演绎、归纳、类比、抽象、概括等逻辑方法去说明一个过程或事实。在论证过程中，还要提供有力的证据，利用例证和统计进行讲解。

4. 问题中心式

问题中心式指以解答问题为中心的讲解。问题中心式讲解的一般程序为：首先由生物学的事实或事件引出问题，也可直接提出问题，进一步明确解决问题的标准；然后选择解决问题的方法，提出各种方法进行分析、比较，用特定的标准去衡量，然后确定某种比较理想的方法，进而解决问题；解决问题的过程中要提供证据，进行论证，提出例证，并运用逻辑推理；最后得出结果并进行总结。

三、讲解的应用原则

教师在使用讲解技能时要考虑以下的应用原则和应用要点。

1. 讲解的原则

（1）目标要具体、明确。所有讲解技能的实施都要为教学目标的实现而服务，都要能够促进学生更好地理解生物学知识。

（2）准备要充分，认真分析讲解的内容，明确重点和关键，明确问题的结构要素及要素间的内在联系。

（3）证据和例证要充分、具体、贴切，要能够有效支撑观点，使学生在听讲中受到科学思维的影响，且能够主动地去构建新的知识。

（4）讲解的过程、结构要组织合理、条理清楚、逻辑严密、结构完整、层次分明、深入浅出。

（5）具有较强的针对性。如针对学生的年龄、性别、兴趣、能力、背景、学习的知识水平、认知能力、前科学概念掌握状况等对讲解内容进行设计。

2. 讲解的要点

（1）注意语言技能的运用，如语速适当，语音清晰，语义准确、精练、有趣，语调亲切、抑扬动听，音量适中并富于变化等。

（2）注意讲解的阶段性，一次讲解时间不要太长，要根据学生的年龄特征划分每一段的讲授时间。每段内容最长也不要超过15分钟，10分钟以内为宜，长的讲解可分几段进行，每段之间穿插其他教学活动。

（3）注意突出主题（重点），在讲解中要对难点和关键内容加以提示和停顿。

（4）注意教学节奏的变化，增强学生的注意力，提高讲解的效果。

（5）注意学生给出的反馈信息，根据学生的反馈进行必要的控制和调节。

（6）注意讲解与其他教学技能的合理配合。

第五节　变化技能

变化技能是教学过程中信息传递、师生相互作用，以及各种教学媒体、资料的转换方式。所谓变化是变化地对学生进行刺激，引起学生兴趣，是把无意注意过渡到有意注意的有效方式。它能使教学充满生气，是形成教师教学个性与风格的主要因素。变化技能主要有教态的变化、信息传输通道和教学活动的变化两大类，又可以细分为声音的变化、停顿、目光接触、身体的移动等8个类型。变化技能在应用时，需要遵循针对性、连接性、适切性等原则。

一、变化的作用

教师在课堂上可以综合地考虑变化技能的不同意图和效果。

（1）创造节奏变化的教学环境，引起学生的注意，促进学生产生浓厚的学习兴趣，是较为重要的增强学生外部学习驱动力的因素。

（2）提高学生对某一课题的兴趣，将学生的无意注意过渡到有意注意，以激发学生学习的主动性。

（3）利用多种感官信息传输通道传递信息，刺激学生的多种感官，从而面向全体学生，促进性格迥异的学生均能够获取信息。

（4）在不同的认知水平层次上为学生提供参与教学的机会。针对不同层次的学生，开设形式多变的教学活动，引导这些学生达到各自的"最近发展区"。

（5）教师课堂教学中的变化，能够刺激学生的多种感官，能够激活学习环境，形成充满学习热情的教学氛围。

二、变化的类型

教学中的变化大致上可以分为两大类：教态的变化，以及信息传输通道和教学活动的变化。

（一）教态的变化

教态的变化是指教师讲话的声音、教学中使用的手势和身体的运动等变化。这些变化是教师教学热情及感染力的具体体现。

1. 声音的变化

声音的变化是指教师讲话的语调、音量、节奏和讲话的速度。声音的变化还可用来暗示不听讲或影响其他学生听讲的学生，使他们安静下来。

讲话速度的变化也是引起学生注意的一个因素。当教师从一种讲话速度变到另一种速度时，学生已分散的注意会重新集中起来。在讲解或叙述中适当使用加大音量、放慢速度，可以起到突出重点的作用，如果再加上手势的变化，效果会更好。

2. 停顿

停顿在特定的条件和环境下传递着一定的信息，也是引起学生注意的一种有效方式。在讲述一个事实或概念之前作一个短暂的停顿，能够有效地引起学生的注意。在讲解中间插入停顿，也可起到同样的作用。停顿的时间一般为 3 秒左右，这样的停顿足以引起学生的注意，时间过长则会让学生感觉太长的空白。恰如其分地使用停顿和沉默，并与声音变化结合起来，会使人感到讲解的节奏感而不枯燥。

3. 目光接触

眼是心灵之窗，是人与人之间感情交流的重要途径。教师讲话时要注意目光的变化，从注视全班到注视部分学生，尽量与每个学生都有目光接触，这会使学生增加对教师的信任感。从与学生的目光接触中教师还可以获得信息反馈，了解学生对讲解的内容是否感兴趣，是否在注意听讲。在教学中，特别是在教学内容的讲解和提问中，教师切忌目光游离不定，也不可注视天花板或窗户。这对师生之间的信息交流是十分不利的。

教师与个别学生的目光接触可以表达教师对学生的期待、鼓励、探询、疑惑等情感，也可以表达对学生的暗示、警告和提示。

4. 面部表情

在师生情感的交流中，教师的表情对激发学生的情感具有重要作用。许多教师都懂得微笑的意义，他们即使在十分疲倦或身体不适的情况下，只要一走进教室也总是面带微笑。学生会从教师的微笑中感受到教师对他们的关心、爱护和理解。在师生之间情感的交流中，学生会从爱教师、爱上教师的课，到欣然接受教师对他们的要求和教育。

5. 头部动作和手势

在与学生交流过程中，学生可以从教师的点头等动作获得回答问题的鼓励。教师不满意学生的回答或行为时，可以运用摇头、耸肩和皱眉等方法来委婉地表达自己的感情，这比用语言直接表达更易于接受，更富于表现力。

教师运用手势可以帮助学生理解与方位、数量、事物层次等有关的概念和要点。恰当地运用手势配合口头语言表达可以加重语气、突出重点，使学生加深印象。

6. 身体的移动

身体的移动是指教师在教室内身体位置的变化。身体的移动有助于师生情感的交流和信息传递，能使课堂变得有生气、有活力。

教师在课堂上的移动大致可分为两种：一种是在讲课进程中并不总停在一个位置上，而是在讲台周围适当地走动，使学生能看到黑板的各个部分。另一种是在学生回答问题、做练习、讨论、做实验时，教师在学生中间的走动。从讲台上走到学生中间缩短了教师与学生之间的空间距离，使学生感到在心理上与教师的接近，有利于师生的感情交流。在走动中教师还可以进行对学生的个别辅导，解答疑难，检查和督促学生完成学习任务。

（二）信息传输通道和教学活动的变化

在教学中，教师只有适当地变换信息传输通道，尽可能地刺激学生的不同感官，才能有效地、全面地向学生传递教学信息。

1. 视觉通道和媒体

视觉教学媒体指视频、幻灯片、图表、照片、实物等。视觉通道是各感官中效率最高的，能有效地刺激学生的大脑，引起学生的学习兴趣。但是，学生容易对同一视觉教学媒体产生疲倦，所以教师使用时要注意变换。

2. 学生活动安排的变化

在课堂教学中，教师应根据需要，安排一定的时间用于学生的个别学习、小组讨论和学生实验等，变化教学活动。多样化的教学活动，能够提高学生参与教学的兴趣，能够引导他们练习如何听取别人的意见，培养独立思考能力。

三、变化的应用原则

教师在使用变化技能时，要灵活地掌握和应用以下原则。

（1）在设计课堂教学活动时，要针对特定的教学目标，设计相应的变化技能，要具有针对性，要考虑课堂教学效果，切实帮助学生获取学习上的进步。

（2）变化技能的选择，要符合学生的知识水平、认知发展规律、学习特点、能力、兴趣，以及教学内容和学习任务的特点。

（3）变化技能之间，变化技能与其他技能之间的连接要流畅，要有连续性，不可出现教学"悬崖式"转变，影响学生思维的延续发展。

（4）变化技能是引起学生注意的方式。引起学生的无意注意和有意注意之后，就进入教学过程。此时变化技能，如身体的移动等要慎重使用，否则会分散学生的注意力。

（5）变化技能的应用要有分寸，教师在课堂上的表现不同于戏剧表演。如果变化技能使用过多、幅度过大就会喧宾夺主、流于形式，影响学生的深度学习。

第六节　强化技能

教学过程中，教师采取一系列语言、行为动作或教学活动来增强学生的学习动力和促进学生持续保持学习力量，这种行为方式或过程即为强化。在行为主义心理学家看来，强化是塑造行为和保持行为强度的不可缺少的关键因素。强化的类型有 5 种，分别是语言强化、标志强化、动作强化、活动强化、变化方式进行强化。教师可以采取各种强化技能来刺激学生形成良好的行为习惯，在应用过程中应该遵循目标明确、注意多样化、注重实用性、教学情感要真诚等原则。

一、强化的作用

课堂上，教师恰当地使用强化技能可以达到不同的教学效果。

（1）引起学生的注意。强化本身就是增强某种刺激与学生某种反应的联系，教师可以通过提问、展示、评价等形式引起学生的注意力，引导其进入特定内容的学习中。

（2）激发学生学习动机和学习兴趣。外部学习动机对学生学习兴趣的激发，对学生积极行为的养成具有不可缺少的作用。教师通过表扬、鼓励等强化行为可以增强学生的外部学习动机，使其对学习产生一定的兴趣。

（3）促进学生积极参与活动。强化行为展示了教师对学生正确的学习行为的认可，会给学生带来极大的学习积极性，促进其良性发展，更加积极主动地参与教学活动。

（4）形成和改善学生的正确行为，如遵守纪律、正确观察等。正如上文所示，强化是塑造行为和保持行为强度的不可缺少的关键因素。教师可通过各种强化方式引导学生形成健康良好的行为习惯。

二、强化的类型

中学生物学课堂上教师常用的强化类型包括以下 5 种。

1. 语言强化

教师运用语言，即通过表扬、鼓励、批评、处罚等方式来强化教学的行为。例如，对学生的正确行为表示赞许，教师在全班学生面前口头表扬该学生，以此鼓励。

2. 标志强化

教师运用一些醒目的符号、色彩对比等各种标志来强化教学的行为。例如，为了帮助学生明晰动植物细胞结构的异同，教师会在结构的不同之处做一些显著标记。

3. 动作强化

教师运用师生之间的互动，来强化教学的行为。如用非语言方式（身体语言）肯定或否定学生课堂的表现，如：

（1）微笑，对学生的表现表示赞许。

（2）点头、摇头，对学生的表现表示肯定或否定。

（3）拍手鼓掌，对学生的表现给予强烈的鼓励或同意。

（4）接近，教师走到学生身边、站住、倾听，观看其活动等，或坐到正在进行讲座的小组边，起到促进学习的作用。

4. 活动强化

教师指导学生的行为，能够使学生相互影响。学生自我参与、自我活动的行为得到强化，会强有力地促进学习的效果。

（1）有针对性地让学生参与课堂练习，给他们提供表现的机会。或通过设置问题"陷阱",让同学解答,"先错后纠",达到强化学习的作用。

（2）请同学协助教师进行实验,甚至替代教师实施实验,以提升学生的主体意识,增强其积极性。

（3）给个别学生布置新的、高一级的观察练习和习作练习等难度适当的任务,以逐步引导他们达到最近发展区,促进他们持续保持学习动力。

（4）采用竞赛性活动,设置奖品或者荣誉称号,提高学生的竞争意识,强化学习效果。

5. 变化方式进行强化

教师运用变换信息的传递途径,或变换教学活动等行为方式使学生增强对某个问题的反应。例如,对同一教学内容,概念、规律、词汇等,教师采用不同的强化刺激（信息）,反复多次,达到促进学习的效果。

三、强化的应用原则

教师在使用强化技能时要把握以下原则。

（1）目标明确。强化行为的实施一定要将学生的注意力引到学习任务上来,提高学生参与学习活动的意识,促进学生学习方式的改变,形成正确的学习行为。

（2）注意多样化。强化的应用要注意针对性,要符合所教班级的特点、学生的年龄和学生的能力。同时,强化的方式要具有灵活性,尽可能地采取多种强化方式,以能够面向全体学生,让特点迥异的学生都能不断进步。

（3）要努力做到恰当、可靠。使用强化技能要恰到好处,恰当、可靠。如果使用不当,反而会分散学生注意。例如,采用标志强化时,使用的彩色标记过多或五颜六色,弄得眼花缭乱,没有突出关键,达不到强化的目的。

（4）应用强化技能时,教师的教学情感要真诚。情感是内心的要求、行动的出发点和最终的落脚点,只有向学生袒露心声,让学生意识到你想和他做朋友,学生才会真正向你打开内心世界。师生的情感是培养学生学习兴趣的关键。

第七节 演示技能

演示是教师进行实际表现和示范操作,为学生提供实物、样品、标本、模型、图画、图表、幻灯片、视频等直观材料,指导学生进行观察、分析和归纳。其类型有分析法、归纳法、质疑法、展示法、声像法。应用于教学时,应注意针对性和目的性、适用性和鲜明性、示范性和可靠性、演示与讲授统一性。

一、演示的作用

在生物学课堂上，演示几乎是每一节课都要使用的教学活动和教学技能。教师使用演示的方法，可以达到以下的教学效果。

（1）学生理性认知的发展，往往起步于感性事物。教师通过演示为学生提供丰富的感性材料，有助于提高学生的学习兴趣，从而引导学生逐步深入学习，在头脑中形成生物学概念、生物学原理、物质及其运动形式，最终完善学生的认知结构。

（2）引导学生从实际出发，实事求是地分析具体问题，学会由表及里、由现象到本质、全面辩证地认识问题，并运用归纳、演绎、逻辑推理等方法讨论问题。

（3）演示过程中，教师需要规范地操作。这样不仅能够提升教师操作的熟练程度，而且可以引导学生学到正确的操作技术和方法，是培养学生实验技能的基本环节之一。由此可见，演示环节也是教学相长的一个过程。

（4）一个单元或一次课的开始，运用演示导入新课，能引发学生感官系统上的刺激，引起学生认知上的冲击，能够激发学生强烈的好奇心，凝聚注意力。

（5）通过控制实验条件，使学生有序地观察变化过程，了解生命现象的来龙去脉，掌握实验的关节点，获得明显的实验教学效果。

（6）在学生解答习题时，根据需要，教师可做演示实验来启发学生的思路和方法，还可以验证习题涉及的实验设计的科学性，让学生意识到实证的重要性。通过演示实验向学生提出问题，可以考查学生的概念、记忆、推理和判断能力。

（7）将抽象的事物具象化，将无法直接触及的生物学过程虚拟演示出来，能够有效地拉近生物学知识与学生经验之间的距离。教材内容中，有些科学事实受条件限制是用肉眼看不到的，教师就可以运用适宜的直观教具，帮助学生领悟新知识和新概念。

（8）课堂中的幻灯片、视频和动画等可以使演示的实物和实验化小为大、化慢为快，能够吸引学生的注意力，引导学生强化对重要概念或者形态结构的认识和理解。这样还可以改变教学的局限性，开阔学生的视野，展现真实情景。

二、演示的类型

教师常用的演示方法有以下类型。

1. 分析法

教师从分析演示实验现象入手，启发学生结合感知到的材料和所学的生物学知识，对演示实验的现象进行分析，引导学生获得新概念、新结论。

2. 归纳法

提出问题，集中学生的注意力，并进一步组织学生观察若干个演示内容，引导其归纳总结出概念或规律。这不仅可以提升学生的学习自主性，还有助于学生归纳思维的养成。

3. 质疑法

结合实验操作和变化，提出一系列思考问题，组织学生讨论回答，激发学生的思维，逐渐引导学生透过可见的现象认识实验和微观本质。

4. 展示法

（1）可展示多种多样的生物学图片和生物学家肖像图、能说明抽象原理的图解、能解释某一过程现象的示意图、描述操作方法的说明图、用于分析综合习题的图解，趣味性的幽默图或能激发学生兴趣的卡通示意图，以及帮助记忆的连环图等。

（2）可展示许多实物教具。使学生感性认知展示的生物真实存在及其外观特征，从而帮助学生形成理性认知。教师还可按教学需要，展示能拆卸、装配的活动模型，以揭示生物体的外观或内部构造。

5. 声像法

放映各种有声有色、能动能静、变化多样、新奇生动、科学性与趣味性完美结合的教学影片，有效刺激学生的感官系统，激发学生的认知冲突，能起到引人入胜的效果。

三、演示的应用原则

教师在使用演示方法和技能时要注意以下的应用原则。

1. 针对性和目的性

演示要紧密围绕核心概念进行设计，要有利于突出教学内容的重点和难点；要能够将抽象的事物具象化，促进学生观察、分析和综合等能力的养成；选择的活动、视频、实验要能促进学生理解新概念、新理论。

2. 适用性和鲜明性

选用演示仪器设备的大小要恰当，实验装置和操作简便易行；装置要高低适宜、美观，能够让全体学生观看到；演示实验所用的时间要短，能够给学生留有充足的思考和讨论的时间。

演示的实验应现象鲜明、富有直观性，便于观察。教师要及时指导学生客观、全面、准确和有序地观察现象，并结合所学知识对实验现象进行科学的解释。

3. 示范性和可靠性

教师要给学生作规范的、正确的实验操作，教导学生明晰正确的实验程序、习得规范的操作技能，以增加实验的成功率和安全性。

4. 演示与讲授统一性

教师的演示与讲授（讲述、讲解、谈话或设问）应密切结合，善于引导学生把各种感知转化为积极的思维活动；通过讲授使学生明确实验目的，明确观察方法，抓住实验的关键现象，特别是"稍纵即逝"的现象。教师要善于诱导学生分析研究潜伏和隐藏在现象后的本质。

为了做好演示实验，教师需要铭记下列 10 项要点：①安全第一；②准备迅速；③装置简易；④简单明快；⑤容易理解；⑥现象明显；⑦便于观察；⑧示范准确；⑨整洁有序；⑩用料经济。其中关键要点可概括为：准确安全、简易明显、便于观察和理解本质 4 项。

第八节 板 书 技 能

板书，即教师为辅助课堂口语的表达而写在黑板上的文字或其他符号。

板书有两种，一种是教师在对教学内容进行高度概括的基础上，提纲挈领地反映教学内容的书面语言，往往写在黑板正中，称之为正板书。另一种是在教学过程中，因为学生听不清或听不懂，或者作为正板书的补充或注脚而随时写在黑板上的文字，往往写在黑板的一侧或两侧，称之为副板书。板书在激发兴趣、启发思考、强化记忆等方面具有作用，也有助于学习效果的提高。根据板书的展现形式，可以将其划分为 5 种类型，即提纲式、表格式、图示式、综合式、计算式和方程式。板书在课前的设计时，要依据课程内容标准的要求，注意启发性、条理性、简洁性，还要注意文字、语言的示范性。

一、板书的作用

教师设计和使用得当的教学板书可以发挥以下的教学作用。

1. 提示内容，体现内容结构和教学程序

人类的思维是在对整体的认识中形成和展开的。板书以"内容框架"形式将一节课的概念体系呈现出来，有助于学生在整体上清晰地了解核心概念的知识体系。

2. 激发兴趣，启发思考

板书还能从认识过程、论证过程、操作过程（如实验）等方面来设计，将思维发展的路径外显化，引导学生积极思考，紧跟教师讲解的进度。

3. 强化记忆，减轻负担

好的板书，对学生无疑还是一种美的享受，教师漂亮的字体、巧妙的构思，不仅会使学生感受到板书的形式之美，而且会从教师对板书的创造性设计中体会到教学要点，帮助记忆。

二、板书的类型

在生物学课堂上，教师使用的板书类型有以下几种。

1. 提纲式

提纲式的板书，是对一节课的内容，经过分析和综合，按顺序归纳出几个要点，提纲挈领地反映在板书里。

2. 表格式

适用于对有关生物学概念、实验方法、生物的结构特点进行归类、对比，从而认识其异同和联系。

表格式的板书有化繁为简、对照鲜明的特点；这样的板书，可以加深学生对事物特点及属性的认识，培养其分析、概括的能力。

3. 图示式

图示式的板书用文字、数字、线条、关系框图等来表达。这种板书适用于将分散的相关知识系统化，将某一专题内容进行分析、归纳和推理，或提示某一专门知识中的若干要素及其联系。

4. 综合式

综合式的板书，或将教学中所涉及的几方面的知识内容综合地反映在板书里，或将零散孤立的知识"串联"和"并联"起来，形成系统化、简约化的知识网络。

5. 计算式和方程式

板书以数字运算或者方程式来表述，文字少、符号多，较为简洁；整体上概括性强、逻辑性强。这类板书只适合中学生物学教学中的少部分内容，并不常用。

三、板书的应用原则

板书是教师在授课时必不可少的一部分内容，实施中要注意遵循以下原则。

（1）依据课程标准的要求，与教学目标和教学内容联系起来设计板书。课程标准是教材编写、教学设计、学业评价的依据，明确了学生应达到的素养水平。所以，教师应以课程标准为准绳，充分解读生物学大概念，将其与教材的知识载体进行结合，通过板书的形式构建，学生将形成生命观念的概念进阶路径。

（2）设计板书要注意启发性、条理性、简洁性。具有条理的、简洁的板书才会给学生带来清晰准确的思维示范，而较乱的、不合乎逻辑的板书往往使学生厌恶，影响学生科学思维的顺利发展。板书的严谨性、概括性、系统性，有助于学生在此基础上发散思维，联系相关的概念和原理。

（3）设计板书还要注意文字、语言的示范性。以字为例，首先字形要正确，不能写错字。第二，字体要端正。第三，写字的笔顺要正确。除文字之外，板书的语言也要规范，书写的形式要工整，不能潦草、马虎。

（4）教师在备课时要设计板书，并把设计好的板书作为一项重要的内容写到教学设计上。板书要能够起到导向的作用，教师可运用板书来检验教学语言的运用、教学活动的开设是否具有合理性，是否指向了核心问题。

第九节 结 束 技 能

结束技能是教师结束课堂教学的方式，是教师通过归纳总结、实践活动、转化升华等教学活动，对所学的知识和技能进行及时的系统化、巩固和运用，使新知识有效地纳入学生原有的知识结构中。结束技能不仅广泛应用于一节新课收尾、一章内容学习的结束，也经常应用于讲授新概念、新知识的总结。结束技能具体有系统归纳、比较异同、集中小结、领悟主题、巩固练习5种类型，并且在应用过程中需要遵循一定的原则。

一、结束的作用

精要的、完善的"结束"，可以达到以下作用。

（1）重申所学知识的要点，强调所学知识的重要性，有助于学生深入理解所学知识，并能够强化学生对所学知识的重视。

（2）概括本单元或本节的知识结构，强调重要的生物学概念、规律和关键内容，有助于学生在整体上清晰地了解核心概念的知识体系。

（3）检查或自我检测学习效果，经常通过完成各种类型的练习、实验操作、回答问题、进行小结、改错、评价等，有利于将所学内容和学生原有的认知结构联系起来。

（4）总结单元知识的框架体系，运用概念图梳理概念之间的关系，能够引导学生分析自己的思维过程和方法是否合理、流畅。

（5）使学生领悟所学内容主题的情感基调，做到情与理的统一，并使这些认识、经验转化为指导他们思想行为的准则。

（6）以训练行为技能为目标的教学（如显微镜的操作技能），结束部分一般为自主练习阶段，单个的下属技能逐步结合成总括技能，学生能独立做出整套动作，并通过活动，使技能更加熟练。学习者之间亦可互相交流、观摩。

（7）布置思考题和练习题，组织学生对所学的知识及时复习、巩固和运用。

二、结束的类型

中学生物学教师常用的结束技能包括以下几个类型。

1. 系统归纳

在教师指导下，让学生动脑动手，总结知识的规律、结构和主线，及时强化重点、明确关键。例如，在一个单元的小结时，可以采用"纲要信号"、概念图或列表对比等方式。

2. 比较异同

将新学概念与原有概念，或者将并列概念，近似的、容易混淆的概念，进行分析、比较，即找出它们各自的本质特征或不同点，又找出它们之间的内在联系或相同点。这样学生就能对概念理解得更加准确、深刻；记忆得更加牢固、清晰。

3. 集中小结

在不同章节中，循序渐进地学习同一事物的特性和变化，集中归纳小结，从而掌握某一事物的全貌，概括出零散知识的规律，将生物学的核心概念、原理、规律系统地呈现给学生

4. 领悟主题

通过精要论述或提示本质的提问，指导学生顿悟所学内容的主题，做到情与理的融合；并激励学生将这些认识转化为指导行为举止的思想准则。这样就能够实现对学生进行个性陶冶和品德培养的目的。

5. 巩固练习

在结束部分，恰当地安排学生进行实践活动或练习，既可使学生的学习成果得到强化和运用，又使课堂教学效果及时得到反馈，是教师得到学生学习成就的必要信息。

三、结束的应用原则

教师在使用结束技能时，要充分注意以下原则。

（1）在讲授新知识近尾声时，要及时小结和复习巩固，尤其是讲授那些逻辑性很强的知识时，更应该及时通过概念体系或者知识进阶路径进行小结，帮助学生更好地建构认知结构。

（2）课堂小结要结合教学目标、核心概念、重点难点和知识结构，针对学生的知识掌握情况及课堂教学情境等，采用恰当方式，把所学新知识，及时归纳到学生已有的认知结构中。小结要精要，要有利于学生回忆、检索和运用。

（3）授课结束时，应概括本单元或本节中知识结构及知识之间的关系，深化重要概念、事实、原理和规律。

（4）要安排适当的学生实践活动，如练习、口答和实验等。通过思维和实践活动，促进学生的思维发展（如集合思想和创造性思维等），培养抽象、概括能力、口头与书面表达能力。

（5）课堂教学的结束，包括封闭型和开放型。封闭型的结束，结论明确；开

放型的结束，鼓励学生继续探索，运用发散思维，培养丰富想象力。

（6）布置作业，应要求明确、数量恰当，使每位同学都能记录下来；并且，要难度适中，帮助学生达到"最近发展区"。

（7）结束的时间要尽可能紧凑、高效。

第十节　课堂组织技能

在课堂教学过程中，教师不断地组织学生注意听讲、管理纪律、引导学习，建立适宜的教学环境，帮助学生达到预定课堂目标的行为方式，称为教师的课堂组织技能。课堂组织技能能够营造良好的学习氛围，有助于激发学生的学习兴趣和主动性，有利于保持学生的学习恒心和自信心。课堂组成可以分为管理性组织、指导性组织、诱导性组织3种类型。

一、课堂组织的作用

课堂组织是教师授课工作中的一部分，教师要根据课堂上学生的情况组织教学，努力发挥出积极的作用。

（1）组织和维持学生的注意力，使学生集中精力学习概念或解决问题。

（2）引起学习兴趣和动机，组织具有趣味性的教学活动，提高学生的积极性。

（3）加强学生的自信心和进取心，强化学生的自我效能感。

（4）帮助学生建立良好的行为标准，塑造优良的行为意识和生活习惯。

（5）创造良好的课堂气氛，激发学生的积极性，并保持课堂教学开展的正常秩序。

二、课堂组织的类型

课堂组织可以分为以下几个类型。

1. 管理性组织

管理性组织是指课堂纪律的管理，其作用是使教学能在有秩序的环境中进行。教师在课堂管理组织的时候，既要不断地启发诱导，又要不断地纠正某些学生的不恰当行为，保证课堂教学的顺利进行。

（1）课堂秩序的管理。处理一般课堂秩序问题，教师可用暗示的方法。在这种暗示不能起作用的时候，教师也可以边讲边走向不专心的学生，停留在他的身旁，或拍拍他的肩膀，以非语言行为暗示或提示，减少对其他学生的影响。

（2）个别学生问题的管理。无论课堂规则制定得多么切合实际，教师多么苦口婆心地诱导、教育，个别学生总会出现一些问题。教师可使用以下3种方法：

①做出安排，使他们不能得到奖赏，从而自行停止不良行为。②奖励与行为替换。教师为不良行为的学生提供合乎要求的替换行为。为了达到效果，对替换行为的奖赏必须是有力的，足以抵消不正当行为，而选择替换行为。③教育与惩罚相结合。惩罚不是目的，而是帮助学生改正不良习惯；与教育相结合，旨在从学生的思想上纠正，而不是仅仅停留在行为层面。

2. 指导性组织

（1）阅读、观察、实验等指导组织。组织学生开展阅读、观察、实验等教学活动，将学生的意识集中起来，将学生的行为统一起来，引导学生投身于学习中，远离不良的学习行为。

（2）课堂讨论的指导组织。讨论的特点是使班上的每个人都有机会参与学习活动，促使他们积极地思考问题，真正成为学习的主体。讨论的方式主要有全班讨论、小组讨论、专题讨论、辩论式讨论等。

对于讨论指导的要求是：首先，讨论题应该有两个以上的答案，即没有现成的答案。要达到这一点，教师必须对论题进行深入的揣摩。第二，讨论题要能够引起学生的兴趣，是来源于他们所熟悉的背景，但又不十分明了的问题。第三，为了使讨论能够顺利进行，要给学生适当的事前准备。在讨论中要善于点拨和诱导，使所有人参与讨论。最后，要制定应该遵守的规则，以防争吵，或把争论变成个人冲突。

3. 诱导性组织

诱导性组织是在教学过程中，教师用充满感情、亲切、热情的语言引导、鼓励学生参与教学过程，用生动有趣、富有启发性的语言引导学生积极思维，从而使学生顺利完成学习任务。

（李高峰　刘恩山）

🔍 **思考与练习** ●

1. 根据自己中学阶段的学习体验，谈谈教师的教学技能在实际教学中如何应用才能达到最佳教学效果？

2. 尝试使用不同的教学技能进行教学设计或试讲活动。

ℓ更多数字课程学习资源

📝 本章小结　　📖 参考文献

第七章

在课堂中使用多种教育技术

本章学习目标

本章学习目标

1. 认识教育技术对课堂教学的支持效果；关注并尝试在课堂上应用教育技术。
2. 简述直观教学的特点；举例说明直观教具在生物学课堂上的应用。
3. 简述演示文稿及图像对课堂教学的支持效果；熟练掌握演示文稿和图像的制作、编辑，并应用于课堂教学。
4. 简述教学视频对课堂教学的支持效果；尝试获取和编辑教学视频资源，并应用于课堂教学。
5. 尝试制作直观教具并将其应用于生物学课堂教学。

广义上的技术指代所有类型的人造系统或过程，泛指所有人们根据自身需求和构想去改造自然世界的方式。当工程师们将他们对自然世界与人类行为的理解用于设计多种产品以满足人们的需求和构想时，技术就诞生了。从这个意义来说，当技术用于满足课堂教学中的具体需求时，教育技术就自然产生了。教育技术是关于学习过程与学习资源的设计、开发、利用、管理和评价的理论与实践。

教育技术为生物学课堂上开展直观教学提供了多种手段。所谓直观，即感性认识，是具体的、直接的、生动的事物作用于人的感官所产生的感觉、知觉和表象。直观教学即利用教具作为感觉传递物，通过一定的方式、方法向学生展示，达到提高学习的效率或效果的一种教学方式。感性认识和理性认识在学习生物学的过程中都十分重要，感性认识是在理性认识的参与下进行的，理性认识是在感性认识的支持下完成的。教学中需要向学生提供大量的感性材料，使学生经历从形象到抽象的思维过程，直观教学是实现这一点的基本保证。

教育技术本身在不断发展变化。时至今日，以计算机为代表的现代教育技术和装备正迅速进入学校，成为整个教学中的常规设备和工具。新技术与新设备的普及，不仅为教师的日常工作提供了高效的工具和丰富的资源，而且为课堂教学改革和学生学习方式的改变提供了必要的物质条件。随着多媒体教学系统广泛地走进生物学课堂，演示文稿成为越来越多的生物学教师开展教学的得力助手，图像和教学视频的使用也大大丰富了课堂教学的内容与形式。

本章首先简要回顾教育技术应用于科学课堂的发展过程，并对当前处在探索阶段的新技术应用进行介绍。随后围绕与教育技术紧密联系的直观教学进行阐述。最后分别对现代教育技术与传统教育技术应用的典型方式进行介绍，前者围绕演示文稿、图像和教学视频展开，后者则围绕直观教具展开，教师可根据自身教学条件灵活选择和使用。

第一节　教育技术在科学课堂中的应用

教育技术的发展，为更多的教学活动形式提供操作性支持，为更大量与更多样的信息呈现提供可能，在使科学课堂更加灵动多彩的同时，也获得了更理想的教学效果。本节将首先简要回顾不同年代背景下教育技术在科学课堂中的应用变化，然后介绍一些前沿教育技术在科学课堂中的尝试应用情况。

一、教育技术在科学课堂中的应用形式与目的

每一代教育技术的更迭使其在科学课堂中的应用形式不断发生替代和派生。古代造纸术和印刷术的出现，使得通过书本记载和传播内容变得更加便利，书籍因此成为文化知识的主要载体，也成了教师的得力助手。此后的课堂教学中逐渐采用黑板、粉笔、实物、挂图、模型等教具，被称为传统教育技术。20 世纪 30 年代以后，投影、电影、无线电广播和电视等媒体开始应用于课堂教学，被称之为"电化教育技术"。进入 20 世纪 90 年代，以计算机和通信技术为基础的教育技术迅速在教育领域普及，使科学课堂中的技术应用再上了一个新台阶，进入现代化阶段。

无论技术如何发展，在课堂上的应用形式如何变化，教育技术为课堂教学服务的原则不会动摇。近年来，课堂教学逐渐向以学习者为中心发生转变，学生成为课堂上主动学习和构建意义的主体，教师则完成组织、引导学生学习并进行监督和评价的职责。教育技术在课堂上的应用同样顺应这一变化，从学习主体的实际信息需求角度出发，结合学习者信息处理的方式，将其与学习资源以合适的形式联系起来，促成学习过程的发生。教师则将技术整合到课堂教学设计中使教学顺利进行，同时应用教育技术完成课堂管理和评价等工作。

二、前沿教育技术在科学课堂中的尝试

新教育技术在科学课堂中的有效使用不是一朝一夕即可完成的，它往往需要研究者与教师从理论与实践的层面上反复尝试与调整，最终以相对成熟的形式有

效融入课堂教学。此处将介绍几项正在逐步走入科学课堂的教育技术。建议教师持续关注这些技术，更鼓励教师以探索者的身份在实践中尝试这些技术。

1. 利用二维码展开教学活动

二维码又称二维条码，常见的二维码为 QR（quick response）码，是近几年来移动设备上流行的一种编码方式，它能存储更多的信息，也能表示更多的数据类型。利用手机和网络环境即可通过扫描二维码获得对应信息，包括图片、文字、视频等资料。二维码的出现改变了一些传统科学实践活动开展的方式。例如在制作与陈列植物标本，或为野生植物制作铭牌时，以往的方式是将文字直接附在铭牌上，其信息量受限，有时也不便阅读。而在铭牌上直接打印二维码既能够提供更丰富的内容，也更便于阅读。

2. 利用移动设备与网络环境打造"智慧教室"

通过为教师和学生配发平板电脑等移动设备，借助校园内的无线网络通信，就能够实现"师生同屏"的效果，教师和学生进行的所有操作都同步可见。教师也可以打开预装在移动设备中的学习材料，伴随讲解随时做出标记；或在教学中穿插布置习题，组织学生直接在设备上完成，并实时获得学生的完成率与正确率统计结果；还可以展开绘制概念图等活动，直接请学生展示分享自己的作品。近年来，这种利用移动设备和通信网络打造的"智慧课堂"在我国各地的多所学校展开了试点，并取得了一定成效。

3. 利用虚拟现实技术创设新体验

虚拟现实（virtual reality，VR）技术，是 20 世纪发展起来的一项全新的实用技术。虚拟现实技术囊括计算机、电子信息、仿真技术于一体，其基本实现方式是计算机模拟虚拟环境从而给人以环境沉浸感。通过安装了相关软件的头戴 VR设备，即可随着头部和身体的转动获得 360 度全方位的视觉信息，从而产生自己融入了该环境的体验。利用搭载摄像头的无人机，还可以拍摄制作出适用于 VR设备的视频。目前我国已有部分中小学尝试利用这种方式自行制作视频，满足学生与学校的个性化需求。在此基础上，也有研究者在不断积极尝试建立"虚拟实验室"，并将其投入部分专业技能性课堂训练当中。

4. 利用无人机进行观测和记录

无人驾驶飞机简称"无人机"（unmanned aerial vehicle，UAV），是利用无线电遥控设备和自备的程序控制装置操纵的不载人飞机，或者由车载计算机完全或间歇地自主地操作。世界海关组织协调制度委员会将无人机归类为"会飞的照相机"。小型的无人机具有移动灵活，飞行方便的特点，配合其自身搭载的摄像头能够实现在高空多角度拍摄图像的功能。也正因如此，无人机在我国部分中小学野外观测活动中大显身手，在无法到达的高度或角度拍摄下许多珍贵的图像与视频。

5. 利用计算机模拟进行科学教学

计算机模拟是对真实情境、假想情境或自然现象构造出的计算机模型，计算机用户可以通过操纵或改变其内部参数去探索相应的影响。计算机模拟将原本内隐的过程展现给用户，并使之可以观察和互动。正是这些特点使得计算机模拟有助于理解和预测大量自然现象，例如人口增长、粮食生产，这也是其价值所在。国外对于利用计算机模拟进行科学教学展开了一系列尝试，例如学生在模拟电流环境中去控制电子和原子，从而学习电流和电阻的相关知识；又如构建动态系统模型，包括生态系统中的捕食者－猎物模型、森林生态系统中的植物演替模型、二氧化碳在大气中的吸收与排放模型等。与计算机模拟类似，电子游戏也正被逐步运用于科学教学，只是相对而言更多发生于课外学习环境，有兴趣的读者不妨参阅相关资料。

第二节　生物学课堂的直观教学

在生物学教学中，存在着教学用具的直观、教学语言的直观和教学场景的直观，而教育技术的使用与教学用具的直观更为相关，因此本节将主要围绕这一点展开介绍。

一、直观教学的优势

1. 直观教学有助于对生物学知识的理解

生物学知识的学习一般从感知开始，学生感知越丰富，越有利于形成理性认识。经过简约化、形象化、模式化的直观教具可以生动、形象、逼真地显示生命科学事实、生命现象、生命活动过程，揭示生物体内部结构、功能和各种联系，形象地表示抽象概念的各种要素及其关联，化虚为实、化繁为简、化深为浅，并使学生的多种感官协调活动，产生正确的感知和表象，在获得感性认识的基础上建立理性认识，形成概念和原理。

2. 直观教学有助于提高学生的学习效率

学习效率首先与学生的感觉和知觉的速度有关，也与学生有无积极、自觉、主动的学习动机和探求知识的愿望有关。提高学生的学习效率在一定程度上依赖于直观教具的表现力。所谓表现力指直观教具呈现信息的逼真度、客观性、精确性、动态性、事物关系呈现力、重点特征指示力、形状互变力，以及时空位移能力等。直观教学由于表现力强，也就能明显地提高学生感知的速度，进而提高学习效率。

3. 直观教学有助于引发学生探索的欲望

直观教学手段通常不受时间和空间的限制，直接迅速地表现生物界的各种生物和生命现象，化远为近，化古为今，化长为短，化静止为动态，化抽象为具体，在集中学生学习注意力、提高学习兴趣的同时，迅速引起学生情绪、态度和认知上的反应，使其探索未知的欲望大大加强。

4. 直观教学有助于培养学生的多种能力

直观教学首先要求学生学会观察，有些还需要动手操作。根据直观教具去看、去听、去说、去动、去独立思考，也是发展学生观察能力、操作能力、思维能力、自学能力、表达能力的过程。

利用生物教学中的直观手段可以作用于学生的多种感官，丰富他们的感性认识，从而加深对知识的理解、提高学习的效率。但是如果直观手段运用不当，例如呈现教具后直接就把结论告诉学生，那么就无法发挥其本应具有的优势。

二、直观教具的种类及特点

表 7–1 整理归纳了生物学课堂上常用的直观教具，并分别概括了其性质、特点和不足。教师在进行教学设计时可结合实际需求、教学条件和个人风格等方面做出选择。

表 7–1 常用直观教具的特点

名称	性质	特点	不足
实物	是生物活体	①真实、具体、有生命性 ②能反映生物的形态、习性、运动情况、活动过程、生活状态和一些可见功能 ③能显示生物与环境的关系 ④是进行实验的首选材料	①不便演示构造和生理 ②不易控制 ③受时空、个体大小、生态保护的限制
标本	是生物体或其器官组织经过加工处理而保存下来的完整的或部分的物体形态	①真实反映生物体形态结构特征和部分过程性特征 ②可用缩时的方式表现复杂长过程的概貌 ③可表现同类生物体的比较解剖学内容 ④不受时间和空间的限制	①容易失去真实色泽和生活动态特征 ②小体积的标本其信息传递面受限制
模型	是模拟生物体的结构特点人工制成的实物仿制品、实物放大或缩小制品和简约表达生命过程的示意制品	①能立体地显示结构特征和各组成部分相互间的联系 ②能显示生命活动过程的关键环节及特征 ③能显示生物界发展变化过程 ④能反映生态学关系 ⑤容易说明物体的三维空间结构 ⑥可以拆卸、重组	①不能作为全真替代物 ②常带有非真实性的特征 ③细微之处演示效果不好

名称	性质	特点	不足
替代物	是无须加工的现成物体	①有一定的相似性 ②模仿性强 ③替代性强 ④极易获取	①无真实感 ②作用有限
多媒体系统	是基于计算机、投影或电子屏等硬件设备及配套软件构成的信息呈现系统	①不受时间和空间的限制 ②生动逼真地表现生物的动态形象和行为 ③可做快、慢速播放的技术处理 ④便于形象地创设教学情景 ⑤声像结合，易于重播	①部分手段使用过程中难于及时反馈 ②需要一定的设备和环境条件

三、直观教具的使用方法

对直观教具不同的使用方法会为课堂教学带来不同效果。教师在使用直观教具时应同时把握好这两个方面。

（一）直观教具的教学效果

1. 导入新课内容

例如，一上课，教师就从讲台下出人意料地取出一盘又红又大的山楂，立刻吸引了全班学生的目光，教师绘声绘色地描述它酸的程度，并问学生："大家有什么感觉？"学生笑着说："口水正在增多！""为什么你并没有吃到山楂却流口水呢？好，这节课我们就来探讨一下你的这种感觉——高级神经系统的活动机能。"山楂在此时起到了迅速集中学生的注意力、产生体验、引出困惑的问题、激发求知欲的作用。

2. 引导学生提出问题

例如，课上分发给学生浸软的菜豆种子，并鼓励学生在观察中提出问题。可能就会有"种皮有什么作用？""种皮里面的这些结构都叫什么？""种子中哪一部分将来发育成一个植物体？"等问题被学生提出来。

3. 突出教学重点

例如，植物对土壤溶液中矿质元素离子的吸收是个复杂的生理过程，其中交换吸附和主动运输两个过程比较抽象。而设计合理的视频或动态图像则能直观地展示其过程，帮助学生理解重点知识。

4. 突破教学难点

例如，生物体的细胞分裂是瞬间即逝的生理活动，其中染色体的变化是教学难点。教师演示自制的模具能使这一知识难点迎刃而解。

5. 揭示机理

例如，植物的光合作用是一个复杂的、连续的生理过程，仅凭语言很难解释清楚。用演示文稿可将光反应和暗反应的场所、步骤、变化特点等按照不同色彩、不同层次的画面来呈现，直观效果特别明显，配以教师对反应机理的简要阐述和示意板书，学生能从视、听多方面认知，即能较好地理解光合作用的机理。

6. 设置悬念

例如，在"根对水分的吸收"的教学中，教师出示两个装有水溶液的烧杯，里面分别浸泡着一棵带根的菠菜，其中一棵硬挺，另一棵略萎蔫。教师说："这两个烧杯里分别装有清水溶液和食盐水溶液，可我忘记是哪一个装有食盐水溶液了，请大家学完这节课的内容后帮我分析一下。"将悬念留给学生，会大大提高他们的探索欲望。

7. 巩固知识

用图片呈现的"人类遗传病系谱"、可拆卸的"心脏结构"模型等，都在进行知识的梳理、复习、总结方面具有较大的优势。

当然，直观教具对教学所起的作用远不止这些，有待教师在实践中进一步发现。

（二）教具的组合使用

由于生物学教学的需要，教师在课堂上往往不只使用一种直观教具，所以，教具的组合问题值得探讨。教具的组合方式有横向组合和纵向组合两种。

1. 横向组合

即用几种教具从不同角度揭示同一知识点的内涵。有的生物学知识点内涵极其丰富，需要用多种教具来阐释。例如，进行"植物细胞吸水和失水的道理"的教学，可先用萝卜、马铃薯等实物做演示小实验，让学生获得真切的感知；再出示放大的细胞图像，解释吸水和失水的道理；还可用视频或动画等展示植物细胞吸水和失水的动态过程。这样的形式服务于内容的组合会使学生对所学内容有透彻的理解。

2. 纵向组合

即让几种教具分配在不同的教学过程环节里。例如，进行"单细胞生物的形态结构和生命活动特点"的教学，学生可先用显微镜观察制成的草履虫临时玻片标本，认识自然状态下草履虫的形态；教师再用图像描述草履虫的结构，用模型展示各结构的功能；最后让学生设计一个小实验，提出用哪些器材和用具来说明单细胞生物对外界刺激的反应。

需要注意的是，在对教具进行组合使用时，并不是教具越多越好，也不是使用越频繁越好。

（三）教具使用时应注意的问题

（1）检查演示的环境条件。各种教具是否有合适的摆放位置，电器的电源位置是否合适，演示台的高度、光线是否合适，一些较小的、颜色与周围环境相似的教具是否需要反差大的背景衬托等。

（2）出示教具的程序。生物教学中选择了最佳的教具组合方式并不意味着能取得最佳的教具使用效果，出示教具的程序设计虽是一个小环节，但也不可忽视。在出示教具的时候，要注意说明教具的种类、演示的解剖学位置和剖面、替代物的含义、需要做哪些思考等。另外，使用完毕应及时收起教具，避免多个教具同时出现在学生的视野中，分散学习注意力，干扰思维的顺序性。

（3）出示教具的时机。根据生物学科特点和学生的学习心理，把握有利时机出示教具，可以获得事半功倍的教学效果。①离散时机：刚上课时，学生尚处在观望、等待的离散状态，此时利用教具提出问题、设置悬念，可以集中学生的注意力，顺利引入新课。②疑难时机：使用教具解决教学中的难点，是难点突破方法之一。③疲沓时机：每当完成某个教学环节时，常常会出现学生精力分散、松懈疲沓的情形，此时出示新颖、生动的教具，会使学生眼前一亮，再次兴奋起来。

随着技术的发展，直观教具的使用形式也在逐渐发生变化。例如，利用实物展开直观教学时，教师常常需要将其拿在手上，尽量举到高处，有时还需要在教室中走动，以便让更多学生看到实物。而借助实体投影仪，教师则可以利用其获得更好的课堂展示效果。实体投影仪能够实时获得实物影像，并通过连接多媒体系统将其展示在电子屏幕或投影幕布上。图7-1展示了一款实体投影仪。将实物置于其摄像头下方的区域后即可将其影像展示出来，还可以通过操作实现放大、聚焦等功能以增强展示效果。利用实体投影仪，教师就可以直接将实

图7-1 一款实物投影仪示例

物的影像给全班学生展示，方便所有学生观察，获得更好的效果。

实物投影仪也可以用于课堂教学的其他环节。例如，教师在组织完成探究活动的过程中，常常要求学生将主要报告内容复写于黑板上进行结果分享，或者仅口头报告。而借助该设备，学生可将探究报告平铺于置物台上，借助投影进行口头汇报。再如，教师在进行花的解剖等细致操作时，同样可以利用实体投影仪的放大与聚焦功能来获得更好的展示效果。

四、直观教具的选择

每种直观教具都有其优缺点，不存在一种普遍优于其他教具的教具。它的实

际应用除去自身的因素外，还与表现效果、教师的使用环境条件等多方面因素有关。如何选择合适的教具、如何进行最优化的教具组合去呈现教学信息，是每位教师都要面临的重要问题之一。仅以经验为依据，或仅凭主观想象来选用教具，会有一定的盲目性，难以确保直观教具发挥最大效果。

教学目标、内容和方法确定后，选择直观教具应考虑以下因素。

1. 学习任务

选择直观教具首先要考虑它们的组合是否有助于学生完成学习任务，对于一个预定的学习结果要考虑"是否需要使用直观教具""使用哪种或哪几种直观教具""是否有这种教具""怎样安排它们的使用顺序""怎样使用教具"等一系列问题。学习任务是教学目标的具体化，首先根据学生对目标状态的期待确定终点目标，然后将终点目标分解成为达成目标而设立的学习任务，再选择有助于完成学习任务的直观教具，最后经过试用和修正后投入正式使用。

2. 学生特点

学生的年龄、认知的潜力、学习态度、获取信息的习惯、已有能力等都是选择教具需要考虑的变量。应满足学生视、听、做结合，并用多种感官参与学习的需求。例如，自制纸板核苷酸模型，课上让学生用其拼成 DNA 双链结构，其教学效果比购置的 DNA 双链结构模型要好。

3. 教具的特点

不同的教具展现生物学信息的直观程度不同，教具自身的特点决定了它的适用范围和优势，教师应善于在了解各种教具的特性和作用的前提下，决定哪种或哪几种应用于教学的教具相对合适，并注意教具的优势互补。不要因为某种教具容易得到而随意使用，也不要过于频繁地演示教具，使学生眼花缭乱而干扰感知和思考，也不能用现代化教学媒体完全取代传统教具。如演示生物的某一结构时，一般先出示实物，给学生具体、真实的印象；然后用放大的立体模型演示其结构布局，让学生知道肉眼看不到的细微构造；最后展示图像引导学生认识其结构的一般特点及结构与功能的关系。还要特别注意将潜在有效的教具数目尽量减少。

4. 教学环境

在选择教具时，要注意班级规模、教室大小、光线明暗、视听范围、安静程度等环境因素，还要注意将教具的演示与教学的其他形式融为一体，尤其是与教学语言的配合。

5. 经济因素

一些中学的教学投入仍然有限，所以选择直观教具还要提倡因地制宜、因陋就简、自采自制、降低成本的原则。

第三节　演示文稿及图像的使用

演示文稿是一种综合呈现信息的方式，也常被称为幻灯片、教学课件或PPT。演示文稿通常需要在计算机系统环境下以相应的办公软件运行，并通过计算机显示器、投影仪等设备播放。演示文稿的制作和编辑也通过这些办公软件完成，常见软件包括微软公司的 Office 办公软件、金山公司的 WPS Office 办公软件等。演示文稿本身功能强大、易于制作，且多媒体设备在我国中小学课堂的配备越发普遍，内外因素使得演示文稿在中学生物学课堂上被使用的频率越来越高，为课堂教学提供了强大的辅助效果。

一、演示文稿在生物学教学中的使用

（一）演示文稿的使用优势

相比于传统课堂教学中的信息呈现方式，演示文稿具有多方面的优势。这些优势使多媒体教学逐步成为教师开展教学的主要手段，成为进一步提高教学质量和效果的重要及有效途径。

（1）内容呈现的直观性。它能够把教师平时在教学中的一些抽象、仅凭口述难以理解的问题和内容，通过一系列的音视频等形式生动地呈现出来。

（2）信息呈现的多样性。演示文稿能够呈现文字、图像、视频等多种信息，能够编排信息呈现顺序并配以音效和动画效果，还能够通过插入链接的方式将文档、视频、网页等其他文件整合到文稿之中。

（3）内容演示的即时性。演示文稿都是事先设计好的。在课堂教学中，教师可以直接演示，极大减少了板书所花费的时间，而教师也能够有足够的时间针对课堂的内容进行讲解，使教学时间得到极大延长。

（4）内容表现的层次性。演示文稿把所要教学的内容事先都设置出来，利用不同标题版式使教学内容很直观地展示给学生，充分做到了主次分明，使学生迅速抓住学习重点。

（二）演示文稿的制作和使用

借助相关软件，教师能够轻松完成演示文稿的制作。演示文稿的制作软件在不断更新，不同版本的软件在功能方面存在一定的区别。一般而言，越新的版本功能越丰富。而当新版本的软件制作的演示文稿在其他计算机以旧版本软件运行时，可能会出现无法打开或者版式出现变化的情况，诸如字体字号的变化及某些视觉效果无法有效呈现等。教师在制作和使用演示文稿时应该注意这一点。

此外，也建议教师关注演示文稿制作软件的新变化，善用新功能。例如在较新版本的微软 Office 办公软件中，新增了"演示者视图"模式。运用该模式可以使学生观看的投影仅显示当前幻灯片，而教师使用的电脑屏幕则同时呈现当前幻灯片、下一页幻灯片以及制作演示文稿时准备的提示语等。这一功能有助于教师更好地把握教学节奏、明确教学思路。

考虑到我国信息技术课程日渐普及，且相关课程中已经涉及演示文稿的基本制作方法，相关参考书目或网络教程资源也比较丰富，本书仅从辅助教学的角度，围绕演示文稿的内容筛选和版式调整提出部分建议，供读者参考。

1. 针对教学设计思路选择演示文稿内容

演示文稿的使用目的在于服务教学，因此应根据教学设计的具体需求去筛选展示内容，并以适当的方式加以呈现。教师在筛选和处理展示内容时不妨从以下几个方面展开思考。

（1）明确所选内容与教学目的的逻辑指向性。教师应想清楚每一页幻灯片上的内容如何服务于课堂教学。例如，一则新闻的截图、现象的图片可能是为了课堂导入部分的情境创设；一段文字描述可能明确了该节课要学习的核心概念；一组问题可能引导学生逐步展开思考；一张表格图片可能为了说明学生在进行同伴互评时可以采用的评分方法。它们都为教学的开展提供了有效支持，因此可以出现在演示文稿中。反之，与教学目的联系不够紧密的内容则可以不纳入考虑。

（2）展示内容应该精炼，避免出现重复。围绕同一主题的多种素材之间往往大同小异，教师可能会纠结于如何做出取舍。一股脑地将多个素材全部采用、逐一呈现的方式未必就意味着获得更好的教学效果，处理不当时反而会不利于教学的顺利开展。例如，关于某个生理变化过程，对应的图像和视频都可能满足教学需求并取得理想效果，那么教师酌情从中选择一种即可。

（3）把握演示文稿内容与其他教学资源之间的关系。课堂教学中往往综合使用多种教学资源，例如演示文稿、教科书、实物模型、活动材料等。教师应整体把握各项资源在教学中的整合，避免不必要的重复。例如，教科书中描述过的重要概念可以再次出现在演示文稿中，以起到强调效果；但不应该将教科书中的全部内容不加区分都照搬到演示文稿中，将演示文稿做成了"电子版"的教科书。

2. 针对课堂具体需求调整演示文稿版式

在课堂教学中，学生是演示文稿的观众，即信息展示的对象。因此教师在制作演示文稿的过程中应时刻考虑学生的具体情况，以追求更为理想的效果。以下几条演示文稿制作建议供教师参考。

（1）选择合适的字体字号，使全体学生都能看清楚所有文字（包括图片、表格中的文字）。

（2）选择合适的文字间距、段间距，方便学生阅读。

（3）使用不同的标题、字体字号或提示符来区分内容的层次，避免文字的直接堆叠，使得学生在阅读时更容易判断信息之间的逻辑、提高阅读效率。

（4）注意文字与背景的颜色对比度，使文字足够明显便于阅读。

（5）避免使用刺眼的颜色作为文字颜色或背景色，以免造成学生阅读时产生不适感。

（6）适当使用特殊颜色、高亮、加粗等方式突出重点，但避免过多的突出内容反而模糊了焦点。

（7）如果演示文稿主题或背景图片易分散学生的注意力，则应尽量避免使用。

（8）合理使用音效及动画效果，过多的动画效果一方面可能会分散学生注意力，另一方面可能拖延信息呈现速度并影响课堂教学整体进度。

（9）确保演示文稿信息的准确性，避免出现错别字、病句或者是存在科学性和逻辑性错误的内容。

建议教师预先在教室中试播演示文稿，并在教室后排检查实际播放效果，同时观察教室光线等条件，最终综合上述情况对演示文稿版式再做修改调整。

二、图像在生物学教学中的使用

图像在生物学课堂中具有重要作用，也是直观教学的重要形式之一。图像在以往的生物学课堂上常以挂图、幻灯片投影等具体形式出现，随着多媒体设备的广泛应用，越来越多的图像以电子文件的形式通过计算机进行展示。建议教师熟悉生物学课堂上所使用的图像类型，掌握图像编辑和使用的技术，从而得心应手地在课堂上使用图像。

（一）图像类型和使用意义

对于生物学课堂上所使用的图像进行分类的具体方式有多种，本书仅就一种方式简要介绍图像类型和意义。

（1）实物照片图。顾名思义即展示实际物体或现象的图片，其内容可能是生物个体的结构或者是野外生态环境的实际情况，如不同生态群落的图片。其意义即在于客观、真实地反映这些现实情况。

（2）示意图。展示一些现象成因、生物之间关系或者动态变化的图片，其内容可能是一连串依次发生的相关事件，如中心法则示意图、科学探究过程的示意图。其意义在于直观而系统化地呈现复杂关系。

（3）模式图。展示生物形态和结构特征的图片，往往将具体的实物信息进行抽象化并凸显其主要结构特征及各部分的相互关系，如细胞结构模式图。其意义在于使复杂的生物结构和形象更加简明易懂，突出主要特征。

（4）统计图。展示数据分析结果的一类图片，包括柱状图、折线图、饼状图等形式，内容往往体现一个或多个变量的实际分布情况或变化趋势等，如植物株高伴随生长素浓度变化而变化的折线图。其意义在于定量化地描述若干事物或现象的发生情况、变化趋势或者相互作用关系。

（5）表格图。展示一系列的数据以进行比较，具体的数据形式包括数值、文字乃至图形等。例如，利用表格图展示亲代及其杂交子代的毛色表现型及数量，引导学生对其基因型进行推测。其意义在于结合问题引导学生展开分析、比较和判断。

（二）图像的获取、编辑与使用

图像素材的获取方式很多，可以利用摄影器材直接拍摄，也可以在互联网上直接搜索和下载。在寻找图像素材时，教师一方面应该注意图像内容是否符合教学需求及是否正确，还应该关注图像的分辨率属性，尽量保存高分辨率的图像文件。

图像素材在课堂教学中使用时常常需要经过编辑，常用的图片编辑软件包括 Windows 操作系统附件中自带的画图板及第三方软件，如 Adobe Photoshop 等。编辑的具体操作视教学的实际需要而定。例如，对图像内容进行裁剪，留下最重要的局部信息以凸显重点；在图像合适的位置补充文字说明，从而增强图像的展示效果；对图像素材上的一些水印等无关要素进行处理等。

在课堂上使用图像时，可以直接使用单幅图像，也可以将多幅图像组合使用，视教学需求与图像信息内容而定。教师有时需要在多幅同类图像中做出选择。例如，同样是针对生态系统中物质转化与能量流动这一主题，不同的流程图、模式图往往各有侧重性地呈现内容。教师不妨根据教学重点和难点去判断哪种素材更符合教学需求，也可以利用文档或图片编辑软件对原有素材进行修改使用。

在实际课堂教学中，除了单独使用图像之外，也常常将文字与图像结合使用，这种情况多出现于演示文稿之中。相关研究解释了人的阅读和思考习惯，提供了如下建议。

（1）使用图左文右或图上文下的图文布局设计。前者令学习者对学习材料具有更高的加工能力和熟练程度，有利于学习者理解学习内容；后者占用学习者更少的认知负荷资源，有利于学习者对学习内容的理解。

（2）善用图像以吸引注意。学习者在学习文本和图像材料时，加工文本和图像信息的能力无显著性差异，但图像更能够吸引学习者的注意力。

（3）图像与文本内容应高度相关。图文相关度高时，学生对文本的理解速度更快。

第四节　有效利用视频技术

在当今的生物学课堂教学中，教师常常会用到各类教学视频辅助教学。在生物课堂教学中使用视频资源可以形象地表征抽象概念，使内容变得具体、易于理解，提高课堂教学的效率。

教学视频资源通常容易获取。借助视频拍摄设备和编辑技术，教师本身就可以成为教学视频资源的创作者。一些视频网站、社交媒体平台和科技专业网站也都提供各种各样的生物教学视频资源。

在使用教学视频时，应关注其教学目的指向性和实际操作可行性。教师应在课前做好充分的准备与调试，以顺利获得预期教学效果。也鼓励教师多多尝试在课堂教学中使用教学视频，并在教学结束后反思实际效果，从而不断提升自己的水平、改善自己的课堂。

本节将逐步针对使用教学视频的优势、教学视频资源的创作与获取及其在课堂教学中的使用几个方面进行介绍。

一、使用教学视频具有多种优势

教学视频在课堂教学开展的过程中可以灵活使用。在不同的使用情况下，教学视频所承担的功能及发挥的特点也不尽相同。下面简要归纳了教学视频能够为课堂教学带来的积极利用。

1. 创设情境

教学视频能够根据教学目标的需要设立真实的教学情境，让学生有身在其中的感觉。学生在感同身受的情况下就可能萌生探索的欲望，从而强化了自身的学习动机。在生物学课堂上，利用到真实情境的环节有很多，教学视频均可以在这些环节发挥效用。

2. 化抽象为直观

生物学学习常常建立在一定的基本事实基础上，当学生的个人经历体验有限时，常常就需要教师以转述的方式介绍这些事实，而这种情况下学生对于这些事实的认识通常是抽象的。教学视频的使用在此时则会给学生带来更直观具体的认识。此外，生物学中也包含若干微观层面概念或动态变化过程内容，利用教学视频同样有助于更加形象化地对其进行诠释。

3. 化长时为短时

生物学学习中的很多演示实验周期较长，若实际操作，则与有限的教学时长产生冲突。利用教学视频则可以将实际的长时操作进行片段化处理，在快速展示整体过程的同时兼顾对重点细节的突出呈现。在一些动手实践教学活动开展之前，一段浓缩的演示视频也有助于学生为接下来的实际操作做好准备。

4. 以多渠道提供信息

学生在学习时，需要基于获得的信息构建相应的内容。教学视频能够调动学生的视觉和听觉，以图像、声音和文字等多种途径向学生传递信息。这有助于学生积极投身主动构建的过程之中，并获得充分的信息。

二、多渠道获取教学视频资源

随着视频制作技术和互联网通信技术的发展，视频资源日渐丰富多样，教师获取视频资源的渠道也多了起来。从视频创作者的角度来划分，可以将视频资源分为原创资源和他人共享资源。

1. 原创视频资源的制作与编辑

顾名思义，原创视频资源即教师自身利用设备和视频编辑技术来创造的视频资源。原创资源的一大优势在于，视频创作者本身就是课堂教学的设计者和实施者，因此其内容可以完全对应教学实际需求。从实际操作层面上看，当前的手持摄像机及三脚架的功能越发强大、对使用者的操作要求日渐简化、价格也相对容易接受，因此使得拍摄视频的硬件设备条件容易满足；视频剪辑软件及相应的教程信息也容易获得，使得视频编辑的技术操作门槛有所降低。所以建议有条件的教师积极尝试教学视频的拍摄与编辑。

📖 **拓展阅读 7-1** 视频制作的参考流程

2. 视频资源的搜寻和获取

互联网上的各类视频资源日益丰富，教师不妨结合自身的教学需求去检索和获取视频资源来使用。需要注意的是，某些视频资源仅限于在线播放，不提供下载；有些视频资源的下载需要借助网站配套的下载器或播放器才能完成。

📖 **拓展阅读 7-2** 常见的视频资源获取途径

三、合理有效地使用教学视频

教师在课堂教学中使用视频时，一方面应该注意视频使用的目的与教学设计之间的逻辑关系，另一方面应该注意课堂上具备使用视频的技术条件。前者使得视频的使用真正融入教学过程从而实现使用的意义，后者则使视频的使用具有实操性。

从服务于课堂教学的角度出发，建议教师在选择和使用视频时关注以下几个方面。

1. 明确视频使用的目的

适当地使用不同类型的视频可以服务于课堂教学的不同环节。例如，一段呈现不同生物之间各种互动过程的视频可以生动呈现真实生活中具体情境，它既可以在新课的开场播放，起到课程内容导入的作用；也可以在学习完生物之间各类关系之后播放，起到新情境下内容迁移应用的作用；还可以在教学末尾结合教师的问题或任务要求出现，从而起到评价的作用。上述例子中的视频实际上提供了一个真实情境，教师只需把握好这一点，就可以从"如何在课堂教学的各环节有效使用情境"的角度将视频融入教学。同理，对于一段呈现动态变化过程的视频或者展现抽象概念或模型的动画，其主要功能常常为解释与表征，教师不妨将其安排在学生已经初步构建概念或展开讨论后呈现，以进一步帮助学生明确内容。

2. 把握好视频的呈现形式与时长

教师在课堂上可以用多种方式展示视频：可以将视频文件储存在计算机硬盘中直接读取播放，可以在计算机连接网络的条件下打开视频网页播放（如当视频所在网站不允许下载文件时），也可以将上述二者与演示文稿结合，通过插入播放链接的形式播放。无论哪种形式，教师都需要事先确认好视频本身的时长。在不需要播放视频全部内容时，还应确认好播放的起始位置。

3. 在使用视频时结合教学设计意图做好引导

在课堂教学中，学生是学习的主体，教师则是学生学习的引导者和组织者。在课堂上展示视频时，教师应引导学生有目的、有指向性地去进行观察和思考。视频本身是一种同时呈现多种信息的形式，且信息量往往比较丰富。在观看视频时若无明确的指向，不同的学生所关注的信息就可能各有侧重，且未必符合教学的期待。因此教师提供与视频对应的指导就很有必要性。根据教学的实际需求，教师可以通过不同的方式展开引导。

（1）直接提示。教师在播放视频之前直接指明在观看视频时需要重点关注的信息。

（2）设置问题。教师在播放视频之前首先提出问题，要求学生带着对问题的思考观看视频，并在视频结束后紧扣问题展开课堂问答或讨论。

（3）逐步分析。教师反复使用"播放—暂停—分析—播放"的方式，组织学生分段处理视频中的信息。

（4）切换视角。当一段视频中的信息呈现的内容包括多个方面时，教师不妨反复播放视频，引导学生在每次播放时关注不同方面的信息。

4. 确认视频内容的正确性

教师应在课前确认好所展示的视频内容没有错误。视频中的各类信息都应一一确认，包括画面、使用的文字、配音及整体上对于现象呈现或概念诠释等方面都应做到严谨、规范、无科学性错误。在此基础上，声音、字幕与画面的同步匹配等细节也应仔细核对。某些科普视频为了获得更好的传播效果，可能会加入一些诙谐风趣的元素，或使用适度夸大渲染的表现手法。教师应从课堂教学的视角审视这些部分，确保学生不会因此产生误解。

视频的顺利播放需要相应设备及软件的支持，所以教师在将教学视频应用于课堂教学之前，应该对相关的技术内容也有所了解。从技术操作性保障的角度出发，建议教师在选择和使用教学视频时注意确认视频文件的格式及对应播放条件，以及确认视频文件的分辨率。

📖 **拓展阅读 7-3** 教学视频的操作条件

第五节 简易教具的制作

简易生物学教具是指教师或学生根据教学需要，自己动手制作的构造简单、经济实用的教具。好的简易教具不失为美的工艺品。制作简易生物教具既提倡利旧利废，又提倡其科技含量，当教具的简洁程度正好符合学生心理的简化水平时，促进学习的作用便会显现出来。作为中学生物教师，融进一份对制作简易生物学教具的偏爱，是难能可贵的。

一、简易生物学教具应具备的特点

简易生物学教具种类多样，下文对其共性特征进行了概括。教师在制作教具时不妨以此作为参照不断改进。

1. 构思巧妙

制作教具的出发点在于"构思"。构思不仅体现出制作者的智慧和创造能力，还需要平时做到"五留心"：①留心学习任务，根据任务的需要来构思教具的形体；②留心学生需要，思考什么样的教具能满足学生解决教学问题的需要；③留心已有教具，从现有的教具构造和性能中获得灵感，或从弥补现有教具的不足和缺陷方面构思；④留心材料，日常生活中各种廉价材料都是制作教具的材料源；⑤留心制作技巧，可在对各种教具的仔细观察和使用中构思自制教具。

2. 设计新颖

在取材和材料的剪裁、搭配、组合、装配和动感上都存在着教具设计的新颖程度问题，这也是审视自制教具美学价值的一个方面。

3. 材料易取

之所以称之为"简易教具"，其中就包含着制作它所用的材料容易获取并造价低廉，是平日常见、常用的物品：纸浆、泡沫塑料、木版、吹塑纸、塑料瓶、铁片、石膏、泥土等都属材料源，只要将它们做设计处理，就能用来解释生物学某种抽象的知识，不必讲求材料的高质量和专用性。这对我国边远贫困地区的学校来说具有特殊的意义。

4. 种类多样

由于取材的广泛性和制作工艺的不同，简易生物教具有多种多样的表现形式，表现同一个内容的教具可用不同的材料或不同的工艺制成，并呈现出千姿百态的成品形式。

5. 制作容易

简易生物教具易学、易做，有了巧妙的构思后，师生都能做。

6. 性能可靠

简易生物教具应该简而不陋，使用时安全可靠，不易损坏，可反复使用。

7. 操作便利

教具制成后组合、拆卸很容易，操作起来很方便，控制时很自如。

8. 推广快捷

以上的种种特点使简易生物教具显示出了强大的生命力，即使面对现代教学媒体，它也毫不逊色，在普及推广方面十分快捷。

二、简易教具制作的原则

1. 科学性原则

要能够客观、真实地反映生物体的形态构造和生命特征，根据实际物体的形状、颜色、和大小的比例来制作，体现出实物的自然顺序和自然位置，不能给学生造成错觉或误导学生。重点特征指示力要强，不能用无关特征冲淡重点特征。色彩要协调，颜色搭配要符合科学惯例，如动脉用红色、静脉用蓝色、神经用黄色。

2. 启发性原则

无启发性、无思考余地的教具会消磨学生对知识的渴求，教具的操作演示应能启发学生去联想教具展示的内容所反映出来的事物的本质特征，启发学生对某种现象进行探究性思考，达到释疑解疑的目的。

3. 实用性原则

教具所展示的内容要有针对性，操作要方便，组装和拆卸要容易，并能反复使用。

4. 简易化原则

因地制宜，因陋就简，变废为宝，材料易找、易做、易用、易保存、省钱。

5. 艺术性原则

简易生物教具虽然结构简单，但其美观和形象性会对学生产生感染力。教师应学习和利用新技术、新方法、新材料，使简易生物学教具发挥更好的效果。

📖 **拓展阅读 7-4**　简易教具制作的方法与技巧

（赵　博　夏晓烨）

思考与练习 ···

1. 查阅教育技术相关资讯，围绕某一种现代教育技术进行深入了解和调研。

2. 应用直观教学完成一节生物课教学设计，与其他教师展开互评与讨论。

3. 从互联网搜索一份用于生物学课堂教学的演示文稿，对其展开分析并指出其优缺点。

4. 登录生物学科研或教学相关网站，尝试寻找教学视频资源。

5. 录制一段生物学教学视频。

6. 制作一件用于生物学教学的直观教具。

更多数字课程学习资源

本章小结   **参考文献**

第八章

生物学教师的备课

本章学习目标

1. 解释备课的含义和特点。
2. 理解备课的重要性。
3. 说出备课需要完成的工作及要求。
4. 制订一份中学生物学学期教学计划。
5. 设计一份中学生物学课时教学计划。
6. 尝试查找或自制中学生物学课程教学资源。

备课是任课教师最主要、最基本的工作之一，也是上好一门课的前提。要想高质量完成备课这项工作，生物学教师需要理解什么是备课，为什么要备课，以及怎么样备课，并将这些理解用于指导实际备课过程。此外，备课不是教师个人的头脑风暴，而是科学成果和科学教育成果的综合应用，生物学教师应当不断提升专业素养，不断丰富和更新学科专业知识及教学相关知识，从而帮助学生经历更加有效的学习过程。

第一节 什么是备课

简单来说，备课就是教师为上课做准备的过程。具体而言，备课是为了实现课程标准规定的教学目标，根据课程内容的学科特点，结合学生具体情况，在研读课程标准和教材的基础上，灵活选用多样化的教学资源，拟定教学活动实施计划的过程。其中，课程标准是教育部制定的关于国家课程的纲领性文件，规定了学生在完成相应学段学习后应当取得的学习成果。学科特点涉及课程性质和课程价值，本书第一章中学生物学课程详细阐述了中学生物学课程的性质和价值，不论课程目标、课程内容、课程设置方式如何变化，生物学课程的性质和价值，即生物学科的本质特点，会保持相对稳定；生物学教师应当对课程性质有清晰的理解，对"为什么要在中学阶段开设生物学课程？"有明确的答案，并将这一理解和答案应用于指导教学活动的设计和实施中。此外，如何了解学生具体情况、研读课程标准和教材、灵活选用多样化教学资源、拟定教学活动实施计划将在本章第三节具体阐述。

作为教育活动的必要环节及教师工作的基本组成部分，备课具有一些突出特点，对这些特点的理解，将有助于教师设计出更有效的教学活动。

1. 目的性

备课是一项目标驱动的任务，具有突出的目的性。事实上，教育本身就是一项目的性极强的事业，有着明确地为培养学生服务的目标，教育体系的各个环节都需要以实现这一目标为根本追求。备课作为学校教育的基本环节，天然地具备教育事业的目标驱动属性。

实际上，早在学校教育出现以前，人类就已经有教育活动了。最早的教育活动主要是以传递生活经验和生存技能为主；随着社会发展，生存技能变得越来越丰富和复杂，出现了学徒制；同时，随着人类文明的进步，学校逐渐出现在世界各地，成为专门从事教育活动的场所。早期的学校教育以识文断字和教化人的思想为目标；直到 200 多年前，科学技术的发展推动科学学科被纳入学校课程中，学校教育承担起培养具备科学素养的专业人才和社会公民的责任；发展到现在，学校教育的课程设置越来越丰富，教育模式越来越多样化，受教育群体也越来越多元化。我们可以看到，随着时代的发展和变迁，教育活动的目标也在发生着变化，但是其"目的性"是自古以来从未改变的。从古至今，一切教育活动都是为了帮助学习者达成学习目标而开展的。作为专门从事教育活动的场所，现在的学校主要通过课堂面对面教学来履行教育职能；而备课作为教师走进课堂开展教学前的必做工作，必然应当以帮助学生达成学习目标为核心追求，这就是备课工作的目标驱动属性。生物学教师在备课时，应当清晰、准确地理解生物学课程的目标，围绕课程目标开展教学设计，以更有效地帮助学生达成课程目标的要求。

2. 多方面性

备课作为教学工作的必备环节，自然涉及"教谁""教什么""怎么教"等问题。

"教谁"涉及授课对象，"目的性"告诉我们备课是为了"教学生"。而学生由于社会背景、所处地区环境、学校氛围、个人经历等因素的差异，具有千差万别的特质，进而导致所适用的教学方式也各不相同；教师只有对授课对象（即所教学生）的具体情况形成全面、充分的了解，才有可能在备课过程中设计出更有效的教学活动。

"教什么"涉及教学目标和教学内容。通过本书第一章的学习，我们知道，在我国，教育部制定的课程标准规定了各学科的课程目标，具体每一节课的教学都应当为实现课程目标服务；换句话说，每一节课的教学目标都应以课程标准为指导，日积月累，到学段结束时，使学生最终达成了课程标准规定的课程目标。

关于教学内容，实际上，课程标准已为教学内容提供了纲领性指导；此外，各出版社组建的教材编写团队依据课程标准的规定进一步细化、具体化课程内容所形成的教材，也是教师理清教学内容的重要参考资料。因此，教师需要深入研读课程标准和教材，才能解决"教什么"的问题。

至于"怎么教"，本书第四章谈到，照本宣科、死记硬背并不符合孩子的学习规律，也不能适应当代学校教育对学生培养的需求；本书第五章则介绍了一些符合青少年学习规律且能适应学生培养需求的教学方式。与"照本宣科"相较，这些策略的一个共同特点是，不再单纯依赖"课本"（即教材）这一项资源，而是需要利用多样化的资源（包括多媒体设备、实验室资源、各种教学素材，等等）来组织学生学习。在这种情况下，教师需要注重对教学资源的了解和积累，并在设计教学活动时灵活调用这些资源。

综上所述，教师在备课过程中需要了解学生、研读课程标准和教材、灵活选用多样化的资源，因此，备课涉及多方面的工作，具有多方面性。

3. 创造性

谈到教师工作，人们常有"稳定""没有太多变数"等印象。这些印象具体到备课工作上，则演变为"带过一轮以后，基本上就没什么挑战，照着原来的讲就差不多了"，或者"看看别人怎么讲，照搬过来就行"；甚至，不少新手教师在备课时，会翻看自己上中学时的笔记，把过去自己的老师讲课的方式复制到自己授课的课堂上。但是，备课其实是一个设计创作的过程，具有创造性。备课时最主要的任务就是进行教学设计，涉及活动设计、逻辑顺序、情境创设等。不同教师由于受教育背景、生活经历、知识储备、个性特点、思维逻辑等方面的不同，会形成自己独有的教学风格；面对同一教学主题时，不同教师所适用的教学设计和教学方式也不相同；即使是同一位教师教授同一主题的内容，当面对不同的学生时，也会使用不同的方式。因此，照搬他人或自己过往的教学设计是不合适的。

备课工作的创造性还体现在教学资源的创新和教师自身知识的更新上。中学生物学教学资源的创新不是一味追求高精尖科技设备，而是创造性地利用简单易得的材料达成更好的教学效果。例如，在光合色素提取实验中，丙酮有毒，可能会危害学生健康，不少教师尝试利用其他有机溶剂替换丙酮；在探究生长素的生理作用活动中，由于生长素类似物种类、批次及植物材料的不同，能够观察到的现象也不相同，一些教师带着学生查阅文献探索可行的方案。此外，教师自身知识也需要不断更新。随着科学技术的加速发展，知识的更新速度越来越快，知识的获取渠道越来越便捷；当代教师不再是学生唯一的知识来源，教师的专业学习也不能止步于毕业那一刻，从某种程度上讲，教师应当准备着与学生一起学习、一起成长。除了学科专业知识，教师还需要不断吸纳并更新自身的教学相关知识。随着时代的发展变化，学生的特质也在发生着变化，关于学生学习规律和学习方式的教学研究成果也在不断积累和发展。因此，教师需要保持学习状态，不断丰富和夯实自身学科专业知识和教学相关知识，并将这些知识应用于备课过程中，改进、革新教学设计。

第二节　为什么要备课

可以想象这样一个场景：上课铃响起，你走进教室站上讲台，学生都已就位，但是，你忽然发现今天要上的这节课还没有备课。这时候，你的内心会是什么感受？如果真的发生这种事情，惊慌、恐惧、焦虑等让人极度煎熬的感受会扑面而来将你吞噬。备课对于教师来讲很重要，备课没做好将是一件可怕的事情。实际上，不论是从教师的角度，还是从学生的角度，备课都是一项重要的工作。

（一）教师的角度

对于教师而言，备课是教师职业的基本工作之一。备课这项工作有助于增强教师自信，是一个再学习的过程，也是保障课堂教学顺利推进的前提。

1. 备课是增强教师自信的必要过程

很多人都体验过当众发言的紧张感和忐忑感，在某些场合下，要发表个人观点甚至需要鼓起很大的勇气。比如，在公共课上回答教师的问题，在学术会议的大会报告环节向报告人提问。教师上课实际上就是特定场合下的当众发言，尤其是对于新手教师而言，要站上讲台，不仅需要强大的心理素质，还需要充分的准备，才能有足够的底气。因此，备课实际上是增强教师自信的必要过程。

新手教师或实习教师在授课时更容易感到紧张，担心自己忘记要说什么，说上一句时得使劲思考下一句要说什么。要解决上课紧张的问题，有且只有一个办法，那就是充分备课。所谓充分备课，不仅包含将教学过程设计出来，还包含反复演练和试讲。反复演练和试讲不是背课文似的记忆要讲的内容，而是要对教学过程达到高度熟悉的状态，把所有内容内化成自身的东西，就像自己的姓名一样，不用过脑子都能张嘴就来。有过几次顺利授课的成功体验后，紧张感就会慢慢消退，当然前提仍然是充分备课。

2. 备课是再学习的过程

如"复读机"似的在课堂上把书本知识复述一遍，已经不能适应时代发展对学校教育的需求，也不能适应学生学习的需求。教师能够获得的资料，学生也能够很方便地获取，那么，学生完全可以自行阅读，何必走进教室听教师口头复述一遍呢？在教学过程中，当代教师的角色价值不再是单方面输出的知识库或者知识源，而是引导学生基于证据和逻辑构建理解的课堂组织者。因此，要想备好一节课，教师对知识的理解状态仅仅停留在能够复述的水平是远远不够的，还需要思考从什么角度、用什么方式、基于什么证据能够帮助学习者理解这些知识。教师只有对知识及其内在逻辑关系的理解达到相当的广度和深度，才有可能有效地帮助学生达成对知识的理解。许多优秀教师都有过这样的体验：备一次课就像是把这节课的内容重新学习了一遍，而且比原来学得更明白了；即使是讲过很多次的课，每次再准备讲这个内容，也都会有一定程度的更新。事实上，传授知识是一个比学习知识更具挑战的过程，不仅需要理解知识，还需要清楚如何理解知识。因此，备课是一个再学习的过程，只有再经历一次学习的过程，体会如何形成通透的理解，才有可能用学生能够接受的方式引导学生构建起相应的理解。

3. 备课是保障课堂教学顺利推进的前提

课堂教学的顺利推进，依赖于合理安排教学内容和进度、充分且有效地利用教学时间、自如应对学生的各种课堂反应和突发状况。而所有这些都需要以课前的充分准备为前提，想要等站上讲台后再临场发挥肯定是无法保证教学质量的。正如本章第一节所述，备课是一个设计创作的过程，在这个过程中不仅需要设计教学活动、合理安排教学内容和时间分配，还需要预设学生在课堂上可能会有什么反应及如何应对这些反应。事实上，备课只能提前为一些能预料到的情况做准备，实际教学中也有可能出现一些没有预料到的状况；只有事先对能预料到的做足了准备，才有可能在课堂上有余力应对没有预料到的状况，从而保障课堂教学的有序推进。举一个例子，一名教师准备在课上演示"淀粉遇碘变蓝"这个实验，课前也做了预实验，现象很明显，这本应该是一个毫无悬念的实验。但是，课堂演示时却没有变蓝，而是看起来发黑。如果你是这名教师，你会怎么解释呢？是按照既定的"脚本"硬把黑色说成蓝色，强行推进教学进程呢，还是承认正如学生所见本次实验结果没有出现预期的蓝色呢？如果选择了后者，接下来又该怎么办呢，是告诉学生本次实验出现了意外结果，原本应该是蓝色的，然后继续按原计划推进教学呢，还是顺势引导学生分析淀粉遇碘没有变蓝的原因呢？如果继续选择后者，学生提出的各种猜测又当如何应对呢，本节课关于该话题的讨论延续到什么时候结束呢，讨论之后又如何回到本节课的核心内容上呢？在上述两次选择中，选择前者都会让课堂氛围变得或多或少有些尴尬，但是，选择后者却会给教师带来更多的挑战。如果备课不够充分，只停留在"背稿"或按"脚本"授课的程度，那么，出现意外状况，教师只能选择尴尬；要想有余力自如应对可能出现的各种挑战，教师需要进行更加充分的备课，达到能够跳脱"背稿"或"脚本"束缚的程度。

（二）学生的角度

对于学生而言，备课是教师的责任。学生进入教室渴望在教师的引导下学习科学知识，教师既然选择了这份职业，就必须承担这份责任。一名学生可能会因为教师备课充分而被这门课所吸引，进而对这个学科产生浓厚的兴趣，在大学阶段的学习中选择继续学习这个专业方向，最终作为自己的职业；同样的，一名学生也可能会因为教师备课不充分，对这门课产生厌倦感，导致这门课的学习表现不理想，进而更加排斥这门课。教师备课是否充分，会体现在课堂教学效果上；而学生则是教学效果最灵敏的指针，他们在课堂上的反应和参与度就是教学效果最直接、最真实的反映；长此以往，教师在备课上下的功夫最终都会反映在学生的学习表现及离开学校以后这门课还能留给他们的收获上。

第三节 如何备课

备课是为上课做准备的过程，而上课是教师和学生共同参与的活动，因此，教师在备课时首先应当对自己在教学活动中的角色定位有清晰的认识。此外，要想上好课，教师还需要对什么是好课，即什么样的课是优质的课，有清晰的认识。另外，备课具有多方面性，我们在备课时需要完成了解学生、研读课程标准和教材、灵活选用多样化的教学资源、拟定教学活动实施计划等工作。最后，把这些工作落到纸面上，就形成了书面教学计划，也就完成了备课工作。本节将在探讨如何理解教师角色、如何理解优质课堂的基础上，详细说明备课各个方面的工作都应当怎么做，并结合具体案例介绍书面教学计划如何撰写。

一、理解教师角色

课堂教学是教师和学生共同完成的活动，要想准确定位教师的角色，其实还需要对学生的角色有清晰的认识。备课的目的性告诉我们，驱动备课这项任务的根本动力是为了帮助学生达成学习目标，因此，学生是课堂教学的主体角色，教学活动应当以学生为中心。在这个过程中，教师则应当扮演好主导角色，以清晰合理的逻辑顺序安排教学内容，组织学生投入教学活动的主体角色当中，引导学生思考，协助学生在亲身参与、主动思考的过程中理解所学知识。这里所说的学生投入主体角色当中，强调的是思维的投入，而不一定是肢体的投入。教师在设计教学活动时，应当避免为了活动而活动，不是每一节课都要让学生动手或者离开座位活动才叫作学生发挥了主体作用。即使是一节实验课，需要训练学生动手操作的技能，也不能仅仅局限于培养技术工人或者训练学生手艺，教师备课时也需要思考通过这样一堂动手活动的实验课可以帮助学生构建起什么样的科学知识，如何配合实验课教学来引导学生构建起对这些知识的理解，以及这节课需要传递给学生什么样的科学思想。

教师备课时应当认清课堂教学中学生的主体地位及教师的主导地位，重视学生思维上的投入，围绕教学目标设计能够充分调动学生思考的教学活动。

二、理解优质课堂

就像大多数学生希望有好成绩一样，大多数教师都希望能够上好课。那么，这个"好"如何来定义呢？要想上好课，首先需要理解什么样的课是好课，然后在备课时以好课为目标进行教学设计。

备课的目的性告诉我们，备课是目标驱动的任务，因此，能够达成目标的课，即有效实现课程标准规定的教学目标的课，才能称为好课。那么，什么样的课能够有效实现教学目标呢？课堂教学是教师和学生共同完成的活动，在这个活动中有 3 个关键要素：①教师开展的教的过程，②学生经历的学的过程，③教学过程传递的内容。这 3 个要素实际上就是评价一节课能否有效实现教学目标的重要指标。其中，教师开展的教的过程，应当体现教师的主导作用，在教学内容的组织上应当符合知识建构的逻辑顺序，在学生活动的引导上应当重视数据和证据等素材的使用，启发学生通过自己的思考得出结论，进而获得需要学习的知识。与此同时，作为学习的主体，学生经历的学的过程应当是在教师引导下高度参与其中的过程，尤其强调思维的参与，以动脑活动为主，经历基于证据和逻辑的深入思考而获取知识。在教师教和学生学的过程中，有效完成了教学目标预期的知识传递也是好课的一个重要表征。因此，教学活动设计需要围绕重要概念来展开，教师为学生提供的引导应当以构建重要概念为方向，学生在教师引导下基于自己的思考所获取的知识应当是对重要概念的理解。

三、备课需要完成的工作

要想把课备好，教师需要完成一些基本工作，包括了解学生、研读课程标准和教材、灵活选用多样化的教学资源、拟定教学活动实施计划。

（一）了解学生

学生是学习的主体，以学生为中心的教学理念强调学生基于自己的思考，在积极参与问题分析和问题解决的过程中，达成对重要概念的理解和意义建构。要真正实现帮助学生学习的目标，教师需要对学生有充分的了解。

1. 了解学生的社会背景

不同社会背景下成长起来的孩子拥有的生活经历、思维方式、习惯传统等各不相同，所适用的教学方式也不相同。因此，教师需要充分了解所教学生的社会背景，包括地区特点、家长情况和学校文化等。不同地区具有不同的环境风貌，学生的日常体验也不相同，生物学教师在课堂教学中可利用的生活经验也不相同。例如，东北地区和西南地区的学生，城市、郊区和乡村的学生，在认知的潜在能力上可能毫无差别，但不同的生活环境和成长经历会带给他们不同的生活体验，生物学教师只有充分了解地区特点，才能在备课时结合学生的生活体验，设计出真正能够发挥学生主体作用的教学活动。除了地区特点，教师还需要了解学生家长的情况，包括家长对子女学习的态度、期望及能够给予子女学习提供的支持等。例如，有些家长可能具备生物学相关专业背景或工作经历，且愿意参与到生物学课程的相关活动中；有些家长可能不习惯子女需要在家打印作业，也不认为有必要为了打印作业而特意在家配置一台打印机；因此，教师在设计活动或布置任务时，既要考虑到学生家长能够提供的支持，也要考虑到活动或任务的必要性，避免给学生家庭带来不必要的负担。此外，教师也需要了解所在学校的文化，包括学校的特点、优势及具备的软硬件条件等。例如，有的学校可能以人文社会科学见长，那么，生物学教师需要善于发现和创造性地发掘各项资源，当生物学科做出成效了，更多的资源自然就会向本学科聚拢；有的学校可能本来就有科学技术是优势学科的传统，那么，生物学教师需要充分了解学校已有的生物学相关资源和条件，包括实验室、实验地等，并用于自己的教学过程当中。

对以上信息的了解，将有助于生物学教师设计并开展更加有效的教学活动。那么，从什么渠道可以了解以上信息呢？关于地区特点，教师除了在进入当地生活之后细心体会和观察总结之外，还可以有意识地查阅相关文献资料，比如，科学教育领域就有不少关于地区经济、文化特点对学生科学学习影响的研究，这些文献资料能够为生物学教师提供在相关地区开展教学活动的有效参考。关于学生家长的情况，生物学教师可以通过与学生的交流、与班主任的交流、在家长会上的交流等渠道逐步积累了解。关于学校文化，教师可以通过学校官网了解，或在校园中留心感受和学习，逐步形成更加全面的了解。

2. 了解学生的班级情况

不论是固定班级的学校，还是走班制学校，生物学教师的授课都是在班级中开展的，因此，需要了解学生的班级情况，包括课堂氛围、学生的课堂反应、学习风气等。关于课堂氛围，按照学段来看，通常初中学段的班级比高中学段的班级要活跃，但初中班级的活跃很多时候比较发散，焦点不一定都能保持在与本节课相关的内容上；按照活跃程度来看，不论是初中还是高中，都存在上课比较活跃的班级和比较沉闷的班级。面对不同课堂氛围的班级，教师应当在备课时有意识地准备好不同的策略。例如，对于课堂氛围活跃的班级，教师要时刻坚守课堂教学的主导角色，清醒地把握住本节课的内容主线，可以给学生一定的思维发散空间，但要注意不要被学生的发散思维带偏了主线；对于课堂氛围沉闷的班级，教师要有意识地加强启发式引导，鼓励学生输出观点，确保学生不只是人坐在教室里，而是思维也真正参与到教学活动中。不论是课堂氛围活跃的班级，还是课堂氛围沉闷的班级，都会有课堂反应相对积极的学生和课堂反应相对消极的学生。通常来讲，课堂反应积极的学生往往能够获得更多的关注，而课堂反应相对消极的学生则容易被忽视。但是，作为教师，我们有责任关注到每一名学生，我们要培养的不仅是未来可能会从事生物学相关职业的专业人才，更多的则是具备生物学素养的未来公民。因此，面对课堂反应不同的学生，教师应当给予所有学生均等的关注度和参与学习的机会，促进所有学生投入教学活动中。例如，可以要求所有学生轮流发表观点。不同的班级除了在课堂氛围和课堂反应上存在差异，在学习风气上也会存在差异，进而在学习自觉性上也会各不相同。教师可以采取一些措施来约束学生在本门课程上的学习状态，例如，在起始课上说明本门课程的纪律和规则，以及学习方法建议等。

教师可以通过多种途径积累对学生班级情况的了解，例如，可以通过个人授课体验了解班级课堂氛围和学生课堂反应，也可以通过听课观察、与其他任课教师或班主任交流来了解班级情况，还可以通过与学生本人交谈、与课代表交流等方式了解班级情况；此外，学生信息卡和以往成绩单也能在一定程度上反映学生学习状态。基于对以上信息的了解，教师应在备课时做出相应调整，以便更有效地帮助所有学生学习。

3. 了解学生的认知水平

建构主义理论告诉我们，学习是意义建构的过程，这个过程需要以学习者原有的知识经验为基础。因此，教师备课时需要关注学生已有的认知水平，包括学生可能持有的前科学概念、本学科及相关学科知识基础、学生的生活经验，并将这些信息应用于教学活动的设计当中，从而更有效地帮助学生构建起对本门课程重要概念的理解。

即使是学龄前儿童，他们在进入幼儿园之前，头脑中对于周围世界的理解也并非一片空白，他们自有知觉起就开始基于各种感官和体验形成对周围世界的解释，这些解释被称为前科学概念。它们有可能是科学的、也有可能是不科学的，但大多数是不完整的、甚至是错误的。例如，"鲸"这个字的偏旁是"鱼"，"鲸"这种动物生活在海洋里，再加上日常生活中有时候会口语化地把"鲸"称为"鲸鱼"，学生可能会在潜意识里认为"鲸是鱼"，但是，实际上"鲸"属于哺乳类动物，并不属于鱼类动物。学生在学习过程中接收到新的信息时，会与已有理解发生相互作用，进而形成新的理解。因此，课堂教学并不是在一片空地上构建全新的理解，而是在已有概念的基础上转变错误概念或者完善和补充新的理解。生物学教师应当了解学生的前科学概念，并在备课时设计有效的教学活动来转变或完善这些前科学概念，从而帮助学生形成科学的理解。例如，学生头脑中存在前科学概念"鲸是鱼"，当学习生物分类的相关知识时，如果教师直接告诉学生"鲸和人一样，都属于哺乳类动物，不属于鱼类动物"，这一信息与学生已有"知识"存在冲突，学生可能会在认知上拒绝教师的灌输；在这种情况下，生物学教师应基于对本书第四章介绍的概念转变理论的理解，选择有效的方式，引导学生主动调整和改造已有"知识"，最终接受并形成科学的理解。了解学生前科学概念的途径有很多，其中，查阅文献是一种能够快速获得了解的渠道。虽然已有文献可能不是针对你所教的学生开展的研究，但是世界范围内的学生存在的前科学概念具有一定的共性。例如，"进化是为了适应环境"就是一个普遍存在的前科学概念。当然，也有一些前科学概念存在地域差异和文化差异，这就需要教师平时留心积累，例如，从课下与学生聊天、课上学生的发言、课后学生的作业等素材中发现并总结学生可能存在的前科学概念。

除了了解学生的前科学概念，教师还需要了解学生已有的本学科及相关学科知识基础。换言之，教师需要了解学生在本学科已经学了什么，以及其他相关学科学了什么或者还没学什么。例如，高一生物课学习必修1"分子与细胞"部分会学到生物大分子，但是，此时学生在化学课上还没学有机化学，还不知道什么是官能团，教师在讲到脱水缩合反应时就需要考虑避开化学术语，用学生可以理解的方式来讲授相关反应。生物学教师可以通过课程标准或教材、与相关学科教师交流等方式了解学生已有的本学科及相关学科知识基础。

此外，教师还需要了解学生的生活经验。我们期待学生通过生物学课程的学习获得基本的生物学素养，在未来生活中面对生物学相关问题时能够做出更加理性的判断和决策，因此，我们在生物学课程的教学中就要有意识地把生物学知识和学生的生活经验联系起来。生物学教师在日常生活中需要善于观察、及时记录可能可以用于课堂教学的素材，同时需要关注学生的生活环境，例如，学生每天上学的校园内有哪些现象可以用于课堂教学或者可以用哪些生物学课堂上学习的知识来解释。教师亲身经历的故事、亲自拍摄的照片或视频、亲手准备的实物材料，以及发生在学生身边的现象或事件，对于学生而言会更有吸引力。

（二）研读课程标准和教材

就教师授课而言，"教什么"是备课时需要解决的一个基本问题。那么，谁决定在特定学段应该"教什么"呢？在我国，教育部制定的课程标准是国家基础教育课程的基本规范和要求，是教材编写、教学、命题和评价的依据。因此，课程标准决定了教师授课应该"教什么"，教师备课时需要认真研读课程标准。此外还有依据课程标准编写的教材，教材实际上是教材编写团队对课程标准规定的学习目标的进一步解读和具体化，对于教师备课而言，也是重要的参考资料。但是，需要注意的是，一个版本的教材仅仅是对课程标准规定的学习目标的一个角度的解读和具体化，并不一定适用于所有课堂；学生手里可能只有一个版本的教材，但教师备课需要参考多个版本教材；任何一个版本教材都只能反映特定团队对相应内容的理解，它并不是不可撼动的权威或者金科玉律，教师备课时需要对教材内容有判断地参考。综上所述，要解决"教什么"这一问题，课程标准是纲领，教材应当有选择、有判断地参考。

　　研读课程标准和教材要完成的关键任务能够梳理教学内容。教育部组织编写的《普通高中生物学课程标准（2017 年版）解读》指出，生命观念是生物学学科核心素养之首，其本质是生物学核心概念，对它的学习和掌握需要以概念性知识的学习为基础。因此，概念性知识是我们期待学生学习的内容，教师备课时需要在研读课程标准和教材的基础上梳理概念性知识。2017 年版高中生物学课程标准采用了"大概念""重要概念"和"次位概念"的方式来呈现概念性知识的层级关系，表 8-1 摘录了课程标准中必修课程"概念 3"的相关知识层级关系。

表 8-1　《普通高中生物学课程标准（2017 年版）》中必修课程"概念 3"的知识层级关系

知识层级	概念内容
大概念	概念 3　遗传信息控制生物性状，并代代相传
重要概念	3.1　亲代传递给子代的遗传信息主要编码在 DNA 分子上
次位概念	3.1.1　概述多数生物的基因是 DNA 分子的功能片段，有些病毒的基因在 RNA 分子上
	3.1.2　……
	3.1.3　……
	3.1.4　……
	3.1.5　……
重要概念	3.2　有性生殖中基因的分离和重组导致双亲后代的基因组合有多种可能
次位概念	3.2.1　阐明减数分裂产生染色体数量减半的精细胞或卵细胞
	3.2.2　……
	3.2.3　……
	3.2.4　……
重要概念	3.3　由基因突变、染色体变异和基因重组引起的变异是可遗传的
次位概念	3.3.1　概述碱基的替换、插入或缺失会引发基因中碱基序列的改变
	3.3.2　……
	3.3.3　……
	3.3.4　……
	3.3.5　……
	3.3.6　……

　　教师备课时可以采用与课程标准同样的方式（如表 8-1）来梳理教学内容。但是，需要注意的是，课程标准中的一个大概念可能是半学期甚至一学期的内容量，一个重要概念可能是一章甚至几章的内容量，一个次位概念至少是一节或几

节的内容量。换言之，课程标准陈述的概念与实际教学的课时数不是一一对应的关系，要构建起对课程标准所陈述的概念性知识的理解，需要以更下位的概念性知识的学习（即每一课时的概念性知识的学习）为基础，教师在准备具体每一课时的教学时，还需要进一步梳理具体课时教学内容的概念层级关系。例如，表8-2梳理了表8-1中"3.2.1 阐明减数分裂产生染色体数量减半的精细胞或卵细胞"这则概念对应的课时教学内容的概念性知识层级关系。

表 8-2　减数分裂相关的概念性知识层级关系

概念编号	概念内容
1	在有性生殖过程中，一种被称为"减数分裂"的特殊的细胞分裂方式产生生殖细胞，例如动物的配子（精细胞和卵细胞），每个生殖细胞只含有亲代细胞每个染色体对中的一条染色体
1.1	减数分裂过程中，染色体复制一次，细胞分裂两次，即减数第一次分裂和减数第二次分裂
1.2	在减数第一次分裂中，同源染色体配对，有时候会交换片段，之后被纺锤丝牵引进入不同的子细胞
1.3	在减数第二次分裂中，姐妹染色单体分开进入不同的子细胞
2	减数分裂形成 4 个单倍体子细胞，每个子细胞染色体数目是亲代细胞的一半；这个过程使得子代能够保持与亲代同样的染色体数目

　　关于概念性知识的梳理，不存在唯一正确的答案，不同教师梳理的概念性知识层级关系一定会存在差异。高质量的教学内容梳理不追求所谓的"标准答案"，但必须符合课程标准的内容要求及知识本身的逻辑。

（三）灵活选用多样化的教学资源

　　建构主义理论强调，学习是一个意义建构的过程。学习者对新信息的理解会以原有知识或经验为基础，当新信息与原有知识或经验存在冲突时，学习者可能会拒绝新信息的输入。因此，教师备课时需要灵活选用多样化的资源，为学生理解新的知识提供充分的证据，并引导学生基于对这些证据的逻辑思考，主动调整或改造已有理解，最终建构起对新知识的理解。生物学课堂可用的资源有很多，例如，电教设备、图片、学生的前科学概念、时事新闻、实验室等。对于教学资源，生物学教师平时应当善于观察、勤于积累，也可以科学、严谨地开发或者创造性地改造一些资源，并在课堂教学中灵活利用这些资源，为帮助学生真正理解所学知识服务。

　　与研读课程标准和教材梳理教学内容类似，教师既需要对一个学期的教学内容要用到的教学资源有整体规划，也需要在具体课时的备课中有针对性地考虑具体使用什么教学资源。例如，表 8–3 对应表 8–1 摘录的必修课程"概念 3"的内容列出了这学期课程可能会用到的教学资源，表 8–4 则对应表 8–2 列出了减数分裂概念可能会用到的教学资源。

表 8–3 《普通高中生物学课程标准（2017 年版）》中必修课程
"概念 3"可能会用到的教学资源

概念编号			教学资源	使用意图
3	3.1	3.1.1	科学史	帮助学生理解 DNA 是主要遗传物质，有些病毒的遗传物质是 RNA
			科学信息	利用模式生物（如大肠杆菌）一个 DNA 分子的碱基对数量、基因数量、每个基因平均碱基对数量的数据比较，帮助学生理解基因是 DNA 分子的功能片段
		3.1.2	……	……
		3.1.3	……	……
		3.1.4	……	……
		3.1.5	……	……
	3.2	3.2.1	模式图	利用哺乳动物精细胞或卵细胞形成过程的模式图，可视化地呈现减数分裂过程，帮助学生形成形象的理解
			实验室	用光学显微镜观察某动物精母细胞减数分裂永久装片，为学生理解减数分裂过程提供真实证据
		3.2.2	……	……
		3.2.3	……	……
		3.2.4	……	……
	3.3	3.3.1	示意图	结合图解帮助学生理解基因中碱基序列改变具体是发生了什么变化
			事例	帮助学生理解基因中碱基序列改变给生物带来的变化
		3.3.2	……	……
		3.3.3	……	……
		3.3.4	……	……
		3.3.5	……	……
		3.3.6	……	……

表 8–4 减数分裂相关概念性知识可能会用到的教学资源

概念编号		教学资源	使用意图
1	1.1	科学史：①贝内登（Beneden）发现马蛔虫配子染色体数目只有体细胞的一半，但受精卵具有和体细胞同样数目的染色体；②魏斯曼（Weismann）提出配子的形成要经历一个染色体数目减半的过程	帮助学生理解生殖细胞的染色体数目是体细胞的一半
		白纸、铅笔	让学生类比有丝分裂过程，绘制一个染色体数目减半的细胞分裂过程模型
	1.2	模式图：哺乳动物精母细胞减数分裂过程	重点关注染色体行为，帮助学生形象地理解减数第一次分裂
		实验室：显微镜、某动物精母细胞减数分裂永久装片	让学生根据染色体行为推测细胞所处的分裂时期，深化对减数第一次分裂的理解
	1.3	模式图：哺乳动物精母细胞减数分裂过程	重点关注染色体行为，帮助学生形象地理解减数第二次分裂
		实验室：显微镜、某动物精母细胞减数分裂永久装片	让学生根据染色体行为推测细胞所处的分裂时期，深化对减数第二次分裂的理解
		白纸、铅笔	让学生基于上述理解修订先前绘制的染色体数目减半的细胞分裂过程模型，并用自己的语言解释减数分裂
2		科学史：①赫特维希（O.Hertwig）在观察海胆受精作用时，发现精细胞和卵细胞存在核融合的现象；②斯特拉斯伯格（E.Strasburger）观察被子植物的受精作用过程时，发现了类似的现象	帮助学生理解有丝分裂不是唯一的细胞分裂方式，有性生殖的生物需要有另外一种细胞分裂方式来形成染色体数目减半的配子，从而维持亲代与子代染色体数目的一致

　　在教学资源的选择和使用上，同样不存在唯一正确的方式，不同教师由于受教育背景、知识储备、教学对象等方面的差异，所选用的教学资源一定会存在差异，只要所选用的教学资源科学可靠、切实可行，且能够为学生理解知识提供充分的证据即可。

（四）拟定教学活动实施计划

我们在研读课程标准和梳理教材教学内容时，实际上是依据课程标准的内容要求，按照知识的逻辑来梳理概念性知识的层级关系；之后选用教学资源也是与上一步梳理的概念性知识相对应的。但是，知识的逻辑并不等同于学生认知构建的逻辑，而且在很多时候，这两种逻辑是完全不同的。因此，为了真正帮助学生经历学习的过程，我们还需要根据学生的认知构建逻辑来安排教学活动实施顺序。此外，在具体教学过程中，可能还会涉及实验室协调和实验材料准备、节假日休息、运动会占用课时等事项。教师既需要对整个学期的教学活动有预先规划，也需要对具体课时的教学活动进行有序安排。

例如，表 8-3 的概念编码是按照高中生物学课程标准中必修课程"概念 3"的内容要求陈列的，它符合知识的逻辑。概念 3 "遗传信息控制生物性状，并代代相传"，其中，遗传信息主要编码在 DNA 分子上，通过指导蛋白质合成来控制生物性状（即概念 3.1 涵盖的内容）；有性生殖的生物在细胞减数分裂过程中，伴随着同源染色体的分离和重组，产生配子的基因组合有多种可能性，并通过配子把遗传信息传递给后代（即概念 3.2 涵盖的内容）；基因突变、染色体变异和基因重组引起的变异是可遗传的，也是可能会致病的（即概念 3.3 涵盖的内容）。从知识的逻辑上讲，课程标准中必修课程概念 3 的逻辑是很清晰的。但是，从学生认知构建的逻辑来讲，教师还有别的选择。依据科学发展史，孟德尔通过豌豆杂交实验发现了遗传定律，之后科学家才在显微镜下观察到减数分裂，再往后才有萨顿的染色体学说把孟德尔的遗传因子和染色体关联起来（即概念 3.2 涵盖的内容）；再后来，科学家才从分子水平解释了基因、DNA 与遗传的关系（即概念 3.1 涵盖的内容）。在教学内容的顺序安排上，同样没有唯一正确的逻辑，只要是适合学生学习的逻辑顺序就是好安排，但是，教师一定要用统筹规划的视角来整体安排一个学期的教学活动。此外，表 8-3 所选用的教学资源涉及实验室，教师应当在学期初或开学前就计划好实验室活动安排在哪一周哪个课时，提前协调实验室并做好预实验。

对于具体课时的教学活动，同样需要按照学生的认知构建逻辑和可操作性来组织。以表 8-4 为例，表中概念 2 指向的是减数分裂的意义，这部分内容实际上可以放到该节课的最前面，以这两段科学史引入，帮助学生发现问题"如果细胞只有有丝分裂这一种分裂方式，那么，有性生殖的生物子代染色体数目将成倍增长"，引导学生意识到原有知识的不足并提出自己的猜想。这样既与学生已有知识发生关联，又引发探索新知识的愿望。另外，表 8-4 所选用的教学资源也涉及实验室，如果实验室活动和其他教学活动放在一起，一个课时就完不成。而且绝大多数学校的实验室和日常上课教室是不同的教室，实验室活动无法和日常上课穿插在一个课时内开展。因此，在实际教学中，表 8-4 列出的内容应当安排两个课时，一个课时安排在日常上课的教室，一个课时安排在实验室。

四、撰写书面教学计划

教师完成上述工作后，把上述工作落到纸面上就形成了书面教学计划。按照教学计划的内容容量，可以把教学计划分为学期教学计划和课时教学计划，其中，课时教学计划又被称作"教案"或"教学设计"。学期教学计划和课时教学计划都没有统一的标准格式，如果任教的学校有格式要求，按照该格式填写即可。不论什么格式，学期教学计划和课时教学计划通常包括如下基本要素：授课对象、主讲教师、教学目标、教学进度、教学活动等。

1. 制订学期教学计划

教师需要对整个学期的课程教学进行统筹规划，一方面，研读课程标准和教材梳理教学内容，并依据有助于学生学习的逻辑安排整个学期教学内容的顺序；另一方面，根据具体情况，如实验室协调、节假日休息等，整体规划一个学期的教学进度。最终，形成以周和课时为单位的学期教学计划。下面以表 8-1 陈列的高中生物学必修课程"概念 3"所在内容模块为例，展示一份学期教学计划案例（教学案例 8-1）。

📖 教学案例 8-1

20××—20×× 学年第 × 学期教学计划

授课年级：高中 × 年级　　　学生教材：×× 版《遗传与进化》
授课教师：×××

一、教学目标

（1）生命观念：①从细胞水平和分子水平解释遗传信息控制生物性状并代代相传；②基于进化的过程和原因阐明生物的多样性和适应性是进化的结果。

（2）科学思维：①探讨孟德尔豌豆杂交实验中的假说－演绎法；②构建减数分裂模型、DNA 双螺旋结构模型；③基于科学史和相关证据归纳、概括、推理得出科学结论。

（3）科学探究：①提出现实世界中遗传和进化的相关问题；②制定可靠的方案收集回答问题的证据；③基于证据得出结论并进行交流讨论。

（4）社会责任：①理性看待遗传和进化相关生物学社会议题；②认同遗传和进化相关原理在促进经济与社会发展、增进人类健康等方面的价值。

二、教学进程

课程标准概念编号		周次	课时	教学活动	教学资源	预期效果
3.2	3.2.3	1	1	讲解 讨论	科学史 图片	帮助学生理解孟德尔分离定律中的基本术语:性状、相对性状、显性性状、隐性性状和性状分离
			1	讨论 图解分析 自主学习	图片 实例	帮助学生绘制图解来解释性状分离的原因;帮助学生理解显性的相对性
		2	1	图解分析 讨论	科学史 图片	帮助学生绘制图解来解释两对相对性状杂交实验出现新性状组合
	3.2.1		1	讨论 模型建构	科学史 模式图	帮助学生建构模型解释减数分裂产生染色体数目减半的生殖细胞
		3	1	观察 分析	实验室	根据显微镜下观察到的染色体行为推测细胞所处的细胞分裂时期
			1	讨论 分析	实例 坐标图	帮助学生理解减数分裂能够为孟德尔定律提供解释;用坐标图分析减数分裂过程中染色体数目和DNA分子数目的变化
	3.2.2	4	1	问题串 推理	图片 实例	帮助学生基于已有知识推论配子的多样性以及受精作用的意义
	3.2.4		1	分析 推理	科学史 图片	帮助学生理解染色体学说的内容及其能够为孟德尔定律提供圆满解释
		5	1	讨论 做出解释	图片 实例	帮助学生理解染色体组型和性别决定
			1	分析 计算	科学史 实例	帮助学生理解伴性遗传并分析遗传谱系图
3.1	……	…	…	……	……	……
	……	7	1	运动会停课		
			1	……	……	……
	……	…	…	……	……	……
3.3	……	9	1	……	……	……
			1	五一节放假		
	……	…	…	……	……	……
4.1	……	…	…	……	……	……
4.2	……	…	…	……	……	……

2. 制订课时教学计划

制订课时教学计划（即教案或教学设计）与教师的关系更为密切，是每一名授课教师最主要的工作之一。课时教学计划和学期教学计划的基本要素一致，但教学进度是以分钟为单位的。另外，学生经过一个学期的学习，应当在生物学学科核心素养的 4 个方面都有所发展，但一个课时的学习可能只能对学科核心素养的其中 2～3 个方面有贡献，全面发展学科核心素养不是对每个课时的要求，而是对基于课时积累的一个学习阶段的要求。因此，一份课时教学计划中的教学目标可能不一定包含学科核心素养的所有方面。此外，课时教学计划直接决定了一节课教什么、怎么教，所以，还需要有具体的学情分析和教学内容分析。下面将以上述学期教学计划案例中 3.2.1 减数分裂概念的第 1 课时为例，展示一份课时教学计划案例（教学案例 8-2）。

教学案例 8-2

减数分裂第 1 课时教学计划

授课年级：高中 × 年级　　　　　学生教材：×× 版《遗传与进化》
授课教师：×××
一、课程标准内容要求
概念3　遗传信息控制生物性状，并代代相传
3.2　有性生殖中基因的分离和重组导致双亲后代的基因组合有多种可能
3.2.1　阐明减数分裂产生染色体数量减半的精细胞或卵细胞
二、学情分析
学习本节课的学生已经完成了必修 1《分子与细胞》的学习，具备一定的从细胞水平和分子水平解释生命现象的基础。在本节课之前，学生已经学过细胞核中存在染色质；此外，学生也已经学过有丝分裂，知道有丝分裂过程中染色质高度螺旋形成染色体，理解有丝分裂各个时期染色体行为和细胞的变化。学生已有的分子与细胞基础，以及对有丝分裂的理解有助于本节课学习减数分裂的过程和结果。另外，学生在学习有丝分裂时构建过有丝分裂模型，在本节课的学习中，可以类比迁移构建减数分裂模型。

但是，学生头脑中已经存在对有丝分裂的理解，本节课试图再增加一种细胞分裂方式，应当有可靠的证据让学生理解确实需要一种新的细胞分裂方式，从而促进学生与已有知识发生关联且主动调整已有认知接纳新的知识，最终真正建构起对减数分裂的理解。
三、教学内容分析
课程标准要求"阐明减数分裂产生染色体数量减半的精细胞或卵细胞"，

指向的是减数分裂的过程和结果，这也是本节课的核心内容。此外，要说服学生主动建构一种新的细胞分裂方式，还需要说明减数分裂的必要性，即减数分裂的意义。参考多个版本教材，梳理减数分裂概念性知识的层级关系如下：

1　在有性生殖过程中，一种被称为"减数分裂"的特殊的细胞分裂方式产生生殖细胞，例如动物的配子（精细胞和卵细胞），每个生殖细胞只含有亲代细胞每个染色体对中的一条染色体

1.1　减数分裂过程中，染色体复制一次，细胞分裂两次，即减数第一次分裂和减数第二次分裂

1.2　在减数第一次分裂中，同源染色体配对，有时候会交换片段，之后被纺锤丝牵引进入不同的子细胞

1.3　在减数第二次分裂中，姐妹染色单体分开进入不同的子细胞

2　减数分裂形成4个单倍体子细胞，每个子细胞染色体数目是亲代细胞的一半；这个过程使得子代能够保持与亲代同样的染色体数目

四、教学目标

（1）生命观念：①阐述减数分裂过程中的染色体行为；②解释减数分裂产生染色体数目减半的配子；③理解减数分裂的意义。

（2）科学思维：①基于科学史推测减数分裂过程；②构建减数分裂模型。

五、教学进程（40分钟/1课时）

教学内容概念编号	时长/min	教学资源	教学活动	预期效果
2	2	科学史：①赫特维希；②斯特拉斯伯格	思考：有丝分裂产生配子会存在什么问题	发现已有知识的不足，提出猜想
1.1	1	科学史：①贝内登；②魏斯曼	归纳总结	理解配子染色体数目是体细胞的一半
	10	白纸、铅笔	类比推理，绘制图解，表达交流	初步构建模型
1.2	10	模式图：哺乳动物精母细胞减数分裂过程	教师讲解	准确描述减数第一次分裂过程
1.3	5	模式图：哺乳动物精母细胞减数分裂过程	学生类比有丝分裂，读图讲解	准确描述减数第二次分裂过程
1	8	白纸、铅笔	基于模式图的学习修正模型	深化、调整已有理解
	4		表达交流，教师总结	学生用自己的语言解释减数分裂

第四节　教师备课的资源

为了帮助学生真正理解所学知识，生物学教师不能在课堂教学中"念课文"，而是应当灵活选用多样化的资源，为学生提供充分的证据和引导，促进学生主动构建理解。本节将为生物学教师拓展获取教学资源的渠道，包括电教设备、教具、图片、动画、数据表格、生活经验等，而时事新闻等常规教学资源则不再赘述。另外，本书第四章第二节介绍了概念转变理论，第五章第二节介绍了基于实验室活动的教学策略，第十章介绍了生物学校外活动。因此，学生前科学概念、实验室和校外活动等教学资源也不在此重复介绍。本章节主要介绍专业书籍、科学史、前沿文献、网络平台、自制资源 5 项教学资源。

1. 专业书籍

中学生物学教材是教师备课的参考资料。但是，要真正上好一堂课，中学教材能够提供的参考其实是有限的。中学教材能够帮助教师确定中学课堂教学内容深度和广度的边界，这个边界的依据是课程标准规定的中学生经过学习以后应当达到的水平。受限于这个边界，中学生物学教材有时候不可避免地要损失一些科学性和严谨性。因此，教师要想帮助学生构建起科学的理解，自身必须对所教内容具备专业理解，然后备课时将这些专业理解转换为中学生能够接受的水平，并融入教学活动的设计中。换言之，生物学教师的学科知识水平如果仅仅局限于中学教材的水平，是无法胜任中学生物学课堂教学实际要求的。教师在日常工作、生活中应有意识地阅读学科专业书籍（如大学教材），不断丰富、深化自身学科专业知识；备课遇上特定主题时，还需要查阅特定主题的专业书籍，以获取更为专业的理解。

2. 科学史

我们期待学生学习的所有科学知识实际上都是科学家通过探索得到的结论。因此，学生如果能够经历科学家的探索过程，那么他们将更有可能构建起对知识的深入理解。在实际教学过程中，由于时间和实验条件等方面的限制，我们无法带着学生把所有科学家的实验都重复一遍；再加上许多科学问题经历了很长时间的探索才得到现在的结论，并不是所有科学家的实验都有必要带着学生重复做一遍；另外，真正高质量的课堂是学生充分动脑、思维高度参与的课堂，而不只是在形式上动手参与的课堂；所以，我们可以把科学家探索世界的过程，即科学史，用作课堂教学素材，引导学生在思维上经历一遍；通过自己的思考，提出问题、做出假设、设计实验，并基于科学家曾经的实验数据得出结论，所得到的结论则恰好是我们期待学生学习的科学知识。通常，中学教材在某些主题上会介绍一点科学史，但受限于篇幅，教材能够提供的科学史是有限的，有些时候甚至和真实的科学史之间存在一定的出入。因此，生物学教师在参考中学教材中的科学史时，应当清楚这实际上属于二次引用；在科学家的研究工作中，二次引用是不符合学术规范的。中学生物学是一门科学课程，我们期待学生通过这门课程的学习构建起对科学知识的理解，那么，我们教授的方式也必须是符合科学规范的。所以，生物学教师在使用科学史这项教学资源时，应当具备查阅一手文献的能力，不仅仅参考中学教材上有限的科学史信息，还需要阅读和积累中学教材上没有提供的原始文献和科学史相关书籍，并将这些积累灵活运用于课堂教学当中。

▶▶▶ **视频讲解 8-1**　如何基于科学史开展生物学教学？

3. 前沿文献

本书第二章中谈到，科学是在不断发展变化的。我们期待中学生学习的科学知识大部分是过去的科学家通过探索得到的结论。但是，相关领域的科学探索并没有停止，从最初的科学家得出结论到现在，这些领域一直在积累研究成果。因此，生物学教师在查阅原始文献、关注科学史的同时，也需要关注相关领域的前沿进展，尤其是与学生日常生活关系密切的前沿研究，像转化科学史原始文献的内容一样，把前沿文献的研究问题、研究假设、实验设计、实验数据转化为中学生能够理解的水平，运用于中学生物学课堂教学中，为中学生理解所学知识在生活中的应用提供依据，同时，也要引导学生在体验科学家探索世界的思维过程中发展分析问题和解决问题的能力。此外，随着科学研究成果的积累，中学生物学课程也在逐渐吸纳和更新课程内容。例如，2017 年版高中生物学课程标准中必修课程"概念 3"纳入了 2016 年科学界基于过去几十年相关研究成果提出的表观遗传概念；关于表观遗传，中学教材能够提供的信息和证据同样是有限的且经过加工的，而且这个领域还在不断新增研究成果和证据，所以生物学教师在参考中学教材的同时，也需要尝试阅读并理解前沿文献，将科学的证据用于生物学课堂，帮助学生基于科学证据得出结论，理解表观遗传概念。

4. 网络平台

互联网带给学校教育的一个很大的益处就是缩小了时间和空间造成的距离限制。当代生物学教师应当具备通过互联网查找教学资源的能力，并把这些资源或直接使用，或离线化，或本土化，灵活运用于生物学课堂。当然，生物学教师也需要警惕，互联网使得我们能够便捷地获取大量信息，但是这些信息鱼龙混杂，并不是所有能够找到的信息都是准确可靠的，也不是所有可靠的信息都适合用于中学生物学教学。所以，生物学教师在使用互联网信息时，应当秉持理性的态度进行判断。关于所找到的信息是否可靠，生物学教师可以从信息来源判断。如，该信息是否具名，如果具名，提供该信息的人员是否可信，这些人员是否是可查询的科研机构的研究人员；如果不具名，该信息就无法考证来源，缺乏可靠性；

如果是转载的，则需要追溯信息的原始来源。如果确认信息是可靠的，那么，教师则需要依据对所教学生的了解和教学内容的特点来判断该信息是否适用于课堂教学。

5. 自制资源

前文谈到，备课是一项创造性工作，不同教师面对相同学生讲相同内容的课一定会表现出不同的风格和教学方式，同一教师面对不同学生讲相同内容的课也不会出现完全相同的表现。由于教师自身及所教学生的差异，现成的、通过各种渠道找到的教学资源可能不一定适用于我们课堂教学的逻辑和需求。所以，除了查找现成的资源，生物学教师还应当尝试改造甚至是创造教学资源。例如，我们期待学生像科学家一样经历探索的过程获得科学知识，但科学家的很多实验我们无法带着学生在课堂上重复，原始文献也不一定能查到。这时候，生物学教师可以在上课前把科学家的实验重复做一遍或者重新设计一个替代性实验，记录实验数据并留下实验过程的照片或视频，把这些素材用到课堂教学当中。再比如，中学生物学涉及生命世界各种各样的结构，生物学课堂教学中通常需要把这些结构拆解为组成要素并演示这些要素如何组成整体，而我们能够找到的现成的图片往往是关于整体结构的模式图，无法拆解，这时候生物学教师就需要自主绘图或者制作结构模型，以便在课堂教学中能够拆解演示，从而有效地帮助学生建构起更加清晰的理解。

（杨文源）

🔍 **思考与练习** ···

1. 阅读中学生物学课程标准及其解读文件。
2. 尝试分析一个课时教学内容的概念层级关系。
3. 制订一份学期教学计划。
4. 设计一份课时教学计划。

🅔 **更多数字课程学习资源**

✏️ 本章小结　　📖 参考文献

生物学教育评价

◉ **本章学习目标**

• 1. 简述教学评价的含义，以及相应的评价类型。

2. 区分效标参照评价和常模参照评价的主要不同点。

3. 依据教师自编成就测验的主要步骤和试题的命题原则，尝试编拟单元测验试卷。

4. 根据阅卷的一般原则对实习单位或任教单位的实际阅卷工作提出建议。

5. 运用相应的统计软件进行试题分析和测验分析。

6. 了解实作评价的类型、步骤和方法。

影响生物学学年教育成效的因素很多，课程教材、教法与教育评价是其中很重要的 3 个因素。课程设计和教材编制受教育政策和制度的影响较大，一般而言，教师个人很难在这方面开展具体的工作。在教学方法和教育评价的改进方面，教师个人和教学集体是设计和执行的主体，有很大的自主权和决策权。尤其是在课程教材发生重大改革的情况下，教学方法和教育评价的改进则成为当务之急。教学方法的改进一定程度上受到教育评价的引导。因此，建立和完善教育评价制度是生物学教育改革的重要工作内容，了解掌握生物学教育评价技术，并且能够结合实际进行应用和改进是对合格生物学教师的基本要求之一。

教育评价（educational assessment）是指一系列系统的、科学的和专业的评价过程，包括收集、记录、解释和运用关于学生在完成某项特定教育任务时表现的信息，可供教育或教学决策之用。学生表现的信息资料包括学生成绩或名次，在课堂上回答问题的情况、作品（如制作的模型、设计的装置等）、实验操作表现、实验报告、汇报展示中的表现等。教学决策是指在教学中所做的各种决定，如教学活动的设计、教学策略的选择等。教学决策常常因为教育环境和状况、教师个人素质，以及教育对象的不同而不同，在实际操作中需要综合各方面的因素，根据需要随时进行调整。因此，教育评价是教育方案实施过程中相当重要且不可或缺的一环。

教育评价就是利用证据进行推理的过程，这一过程可以用认知、观察和解读

3个要素构成的评价三角来表示。认知是一种理论或观念，用以展示学生在特定学科领域内的所知和所能。观察是一种描述或评价任务细目，主要指构成评价本身的多种类型的任务，这些任务要与认知相匹配。解读是指用以对观察结果进行分析和推理的所有方法和工具，评价工作者可以据此选择与评价任务相匹配的分析方法，这一工作同样也要在认知框架的指导下完成。在评价三角中，3个构成要素相互一致，认知是评价设计的前提基础，观察和解读都要与之相匹配，而评价结果的解读会再次印证关于学生学习特定内容的相关理论（认知），三位一体，有效地评价学生的学业质量水平。在当前的基础教育课程改革背景下，强调发展学生的核心素养，教育评价工作也应以核心素养为中心，系统性地进行各个环节的设计，教育评价设计框架如图9-1所示。

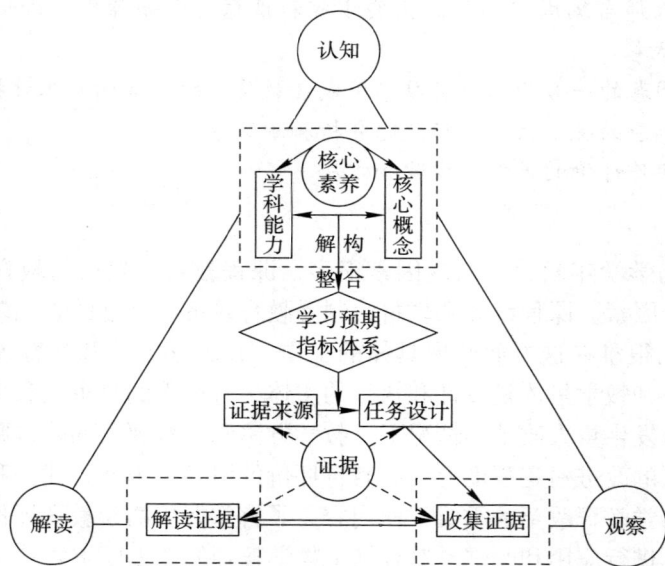

图 9-1　基于评价三角理论的教育评价设计框架（王健 等，2019）

在学科教育中，由于教育和教学是融为一体的过程，因此，学科的教育评价也就是教学评价。生物学教学评价包括对学生学习过程中学习状况的评价及教师教学过程中教学状况的评价。本章将主要就学生学习过程的评价进行讨论。

第一节　生物学教学评价概述

教学是教师和学生共同参与的一种教育活动。教师按照预定的目标，运用各种方法，循序渐进，希望学生的身心行为能够随着教学的进展而有所改变，达到既定的目标。而要知道教学结果是否达到预期的目标，就必须针对教学效果实施客观而又准确的评价。因此，教学评价是教学过程中重要的一环。简易的教学过程如图 9-2 所示。

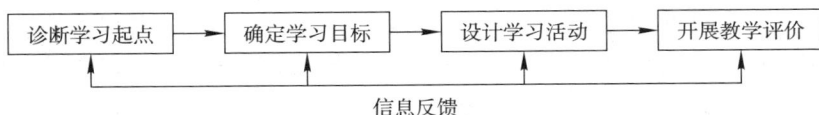

图 9-2　教学过程示意图

从上图来看，教学过程主要包括 4 个部分：学习起点、学习目标、学习活动和教学评价，每个部分均与教学评价有密切关系。第一个部分是"学习起点"，也就是学生在未进入单元内容学习之前，已经具有学习本单元所需的知识、能力或素养等方面的基础；第二个部分是"学习目标"也就是预期教学结束时学生必须达到的终点状态；第三个部分是"学习活动"，也就是教师为了进行教学所采用的各种方法，以及学生为了学习所参与的各项学习活动等；第四个部分是"教学评价"，也就是针对学习结果是否达到预期状态所实施的评价活动。只有通过教学评价活动，教师才能获得关于学生学习起点、学习活动适切性和有效性、预期目标达成度等方面的信息，从而对预设目标、教学策略或学习活动进行适当的调整。

一、教学评价的目的

一般而言，教学评价的目的主要有下列几项。

1. 确定学生的学习起点，为学生配置恰当的学习支持

教学评价要以学生的素养发展和学习目标为导向，教学前的评价将有助于教师了解学生的学习起点，规划教学活动。在教学前，教师可以根据评价结果来分析学生的学习起点，例如已具备的背景知识，在学科思维方面的发展水平等，以决定教学该从什么地方开始。教学之后，教师可以根据评价结果，了解学生是否具备学习下一个新单元的基础，以便配置学生在适当程度的班级里学习。

2. 规划教学活动，调整教学进度

根据学习目标规划课程进度与步骤，选择适当的教学策略，设计有针对性的学习活动。在执行一段时间后，教师可以通过教学评价获得的反馈信息，判断预期目标的达成度和教学策略的有效性，从而进一步检视教学过程中的每项活动，包括学习目标、教学策略、学习活动、教学组织等。教师也可以利用教学评价的反馈信息，随时调整教学进度，以决定是否必须实施复习、补充或更换教学材料、调整教学策略和作业设计、修改学习目标等措施，以使教学活动切合实际。

3. 诊断学习困难，激发学习动机

教学评价所提供的反馈信息，可以帮助教师明了学生的学习类型及学习困难，进而采取适当的补救措施。当教师与学生一起讨论评价结果时，教师可以获得诊断学习困难的线索，以便决定采取何种补救措施；学生可以借此进行自我评价，帮助了解自己的学习优势和不足。如果获知自己进步了，其努力的学习行为便获得增强；如果获知自己退步了，也可以趁此机会反省检讨，以调整学习方法或状态，从而使其学习动机得以激发。

4. 评定学习成就，报告学业成绩

教师除了利用教学评价结果来了解学生的学习起点、诊断学习困难、并适时调整教学策略或学习活动外，还可以将学生的学习表现予以等级评定，并将评定结果纳入学业成绩报告单，报告给学生、学校或家长，可作为学校奖励或惩处的依据。除此之外，所评定的学习成就或学业成绩，也可以提供给教育学者作为研究资料。

二、教学评价的种类

一般而言，常用的教学评价工具和形式包括：传统的考试、教师自编成就测验、标准化成就测验、平时观察、评定量表、个人自我陈述表和检核表等。从不同的角度可以将教学评价划分为不同的类型。

1. 按评价工具和形式分类

（1）纸笔评价（paper-and-pencil assessment）是指书面测验形式的评价工具，主要侧重于评定学生在学科知识方面的掌握情况或在认知能力方面的发展水平。这类评价方式包括：传统的考试、教师自编成就测验、标准化成就测验或其他作为教学评价辅助工具的各种心理测验等。顾名思义，这类评价方式主要使用纸张印刷品即测验卷来呈现要学生回答的问题，并要求学生以各种书写工具在该测验卷上或答题纸上填写答案，因此被称为纸笔评价。目前教育测验的施测方式已有所发展，计算机和互联网技术在施测中得到广泛应用，现在部分考试机构或施测主体已经开始常使用计算机辅助的形式开展纸笔评价，便于收集和统计学生表现的信息，虽然施测方式脱离了纸笔的限制，但其实质上依然是纸笔评价。由于组织实施方式较为便捷，对人员、设备和环境的要求相对较低，因此，目前纸笔评价仍然是最为常用的评价方式，占据主流地位。

（2）实作评价（performance assessment）又称表现性评价，是指使用多种工具或形式，评定学生在实际情境下应用学科核心知识、科学探究能力，以及在情感态度和动作技能领域学习成就完成特定教育任务的一种评价方式，即评价学生的所知和所能。这里所说的评价工具或形式主要包括观察与轶事记录、表演、作品、评定量表、检核表、档案袋、社交测量等。在实作评价中，需要观察和记

录学生在真实或仿真实作任务中的表现，或根据学生实际行为表现或最后的成果作品来进行评定，因此被称为实作评价。当今，国际科学教育已逐渐开始重视通过实作评价对学生在科学学习中的真实、综合表现进行评定，以弥补纸笔测验的不足，例如国际学生学业成就评价项目（programme for international student assessment，PISA）在测验中就增加了实作评价的题目。我国近年来的教育改革，亦逐渐强调多元能力及多元评价的重要性，例如，我国教育部于 2019 年 11 月发布了《教育部关于加强和改进中小学实验教学的意见》，其中指出"要把实验教学情况纳入教育质量评价监测体系，把学生实验操作能力表现纳入综合素质评价。2023 年前要将实验操作纳入初中学业水平考试，考试成绩作为高中招生录取依据。"由此可以看出，实作评价的重要性日益受到重视，在我国的基础教育评价中逐渐发挥其独特的功能和价值。

2. 按评价结果的用途分类

（1）配置性评价（placement assessment）。这类评价的目的旨在了解学生的背景、学习兴趣和学业水平基础，以便根据学生的个别差异，安排适当的学习过程，施予适当的教学和辅导，做到因材施教。例如入学前的综合测验等，用于根据学生的特点和差异进行分班，施行分层教学。

（2）诊断性评价（diagnostic assessment）。这类评价是指在一门课程、一个单元或一节课之前对学生的知识基础、能力等方面的评价过程，用于发掘、鉴定学生的学习困难或教学缺失，供调整教学方案参考。例如课前小测（前测）、前科学概念诊断等。

（3）形成性评价（formative assessment）。这类评价是指在一门课程或一个单元的教学过程中对学生学习情况所进行的持续性的正式或非正式的监控评价，并对教学或学习提供及时、有效的反馈信息，从而了解学生的学习进展状况及教学中可能的缺失，作为调整课程、改进教学和学习的依据，进而提高学生的学业成就。例如课堂提问、课时作业、单元小测、期中考试等。

（4）终结性评价（summative assessment）。这类评价是指在课程结束或学期结束后对学生学业成就水平进行的评价，评价结果大都作为成绩报告或教育决策的参考，而不需给教师或学生详细的反馈。例如中考和高考、各级学校在学期末举行的期末考试等。

3. 按评价的标准分类

（1）效标参照评价（criterion-referenced assessment）又称绝对评价，它是以预先设定的、期待的教育目标为评价基准，来衡量评价对象达到程度的一种评价。效标参照评价的重心在于学生的所做与所能，是否达到了教育目标。因此，学校内的教学评价多属效标参照评价，例如会考或合格考重点考查学生是否达到了课标的基本要求，从而判定其是否能够达到毕业要求。

（2）常模参照评价（norm-referenced assessment），又称相对评价，它是指在某一团体中（如班级、学校、地区或国家），以其平均学业水平为基准来评价被评对象在这个团体中所处的相对位置的评价。常模参照评价的重心在于学生之间的比较，与教育目标没有直接关系。因此，这种评价适用于竞争性的选拔考试，例如中考、高考、生物学奥林匹克竞赛等。

三、教学评价的基本原则

为了保证教学评价的公平性和客观性，在实际工作中需遵循以下基本原则。

1. 依据学习目标

教学评价的实施，可以针对不同的学科特点和评价目的，采取各种不同的技术和方法，但无论是使用什么技术和方法，都必须根据学习目标来进行。为了使学习目标更加具体化，需要根据每节课的教学内容，将较为抽象的单元目标细化，用更加具体的行为目标加以表述。教师根据行为目标来选择适当的评价工具和方式。例如，对于知识目标"能说出植物细胞的几个主要结构名称"，可使用选择题的方式进行评价；对于情感态度与价值观目标"能关注自己目前所生活的地区的环境状况，并将自己的感受表达出来"，可采用简答题或论述题的方式来评价；对于能力目标"能够正确操作显微镜"，可通过观察法或检核表法进行评价，而非纸笔评价的方式。

2. 兼顾多重学习目标

学习目标可以分为知识、能力、情感态度与价值观三维度，这3个维度的综合表现就是学生的学科核心素养。因此，教学评价应当兼顾三维度的目标，不能只看重知识目标而忽略对情感态度与价值观目标和能力目标的评价。此外，学习目标不但有不同的种类，也有不同的层次，每一层次的目标均应有机会被抽样出来加以评价。例如，能力中的认知目标可以分为识记、理解、应用、分析、评价和创造6个层次，所以在评价认知学习结果时，不能只偏重识记层次的评价，而应当兼顾其他层次目标的评价。

3. 采用多元方法

教学评价需要依据并兼顾多重学习目标来进行。因此，在教学前、中、后的不同过程中，使用不同的评价方法，才能达到多重评价目的。任何一种评价方法都无法用来评价学生所有的重要学习结果，各有其特殊功能和限制。理想上，虽然纸笔评价比较方便可行，但教学评价不应只限于纸笔式评价，而应依据评价目的，采用多种有效的评价方法。除了纸笔评价方法外，还可采用实作评价，如口头报告、作业实习、操作测验、撰写实验报告、调查、参观访问记录、访谈、观察、检核表法或评定量表法等。教师应视实际评价需要，合理选择使用恰当的评价方法或同时采用多种方法进行评价。在实际情况下，部分教师过分重视教学后的终结性评价，甚至仅以一次考试完全代替教学评价，而忽略教学过程中的形成性评价。这样将导致很难及时发现教学中的不足和学生的学习困难，等到发现教和学过程中存在问题时，往往已经难以补救。在教学过程中，教师应灵活运用各种教学评价方法，尤其是将教学评价的重心放在改进教学品质和帮助学生提高学习兴趣及学习成就的形成性评价上。通过形成性评价，教师可在必要时采取相应的补救性教学，从而发挥形成性评价在实时矫正偏差和控制教学品质方面的功能。

4. 进行持续的评价

教学评价的最终目的是确保达成学习目标及改善教学和学习效果。因此，获得准确的评价结果或提供正确的评价反馈信息，对达到最终目的而言，具有决定性作用。要确保所获得的评价结果是准确的，需对同一评价对象的学习表现进行多次持续的评价，这样才能估计出比较接近真实表现的评价结果。根据经典测验理论的基本假设，单独一次的评价结果必定含有一定的误差。某一次的评价结果与真正想要评价到的潜在特质间所具有的差值（即测量误差），可能会有正负值出现。但是，在进行多次评价后，这些测量误差值终将正负抵消，使得多次评价结果的平均数（或期望值）更接近真正的潜在特质，最终获得一个接近真实的评价结果。因此，针对同一评价对象的学习表现进行多次持续的评价，在确保评价结果的准确性方面，具有必要性。另一方面，需要针对学生的同一潜在特质（如设计研究方案的能力、科学推理能力）进行持续性的评价，以了解学生在这一潜在特质方面的变化情况，从而判断学生的进步情况，这对学生学科核心素养的达成具有重要的作用。

5. 重视反应过程

教师常用成就测验当作评价的工具，学生在该测验上的反应组型（response pattern）即代表他个人的思考结果。若用总分来表示评价结果，则总分相同的两位学生，其反应组型未必完全一样。如果评价时，能重视学生获得答案的反应过程，不但可以了解学生的思维品质，也可以诊断其学习困难所在，并有利于教师针对被诊断出的困难和错误之处采取补救措施。此外，在生物学实验教学中，评价更应注重实验程序和方法，而非只注重实验的结果。

6. 善用评价结果

教学评价并不等于考试，考试只是教学评价的方式之一。教学评价的最终目的应该是促进学习目标的达成，改善教学和学习效果。事实上，教学评价应被视为一个过程，它不但是在评定学生的学习成果，也在评定教师的教学成效，其结果可作为改进教学和学习的重要依据。如果把教学评价就看作是考试，很容易因为教学评价一结束，教学和学习活动也就跟着结束。因为，存在这种认识的教师在潜意识中就认为考试结束后，自己的教学任务就完成了，他们不懂得利用教学评价结果来改进自己的教学缺失和诊断学生的学习困难。为了能够有效地运用教学评价结果，教师应在教学评价之后，根据学习目标或学习内容，详细分析学生的能力组型，确定学生学习的优缺点，以便决定学习辅导的策略。同时，在教学过程中，教师必须注重形成性评价与终结性评价的综合使用，并且配合新的教学评价技术，分析评价结果背后所具有的意义，以确保学生的学习朝向预期的目标迈进。

第二节　教师自编成就测验：命题

教师每隔一段时间就要编制一份试卷，作为定期考查学生学习成就的工具，这项工作烦琐而又富挑战性，是教师日常工作中的一个重要组成部分。常见的教师自编测验（teacher-made test）有随堂测验、定期测验（如月考、期中考试）、终结测验（如期末考试、升学模拟考试）等。这些测验大都属于成就测验的范畴，都是作为评价学生学习成就（尤其是认知目标方面）与评价教师教学成效的工具。这些测验虽然涵盖特定的课程内容，甚至类似的测验题型，但是出自不同教师之手，却会产生不同的评价功效。为了确保教师自编成就测验能够发挥应有的功能，达到教学评价的目的，每位教师都必须熟悉测验编制（test construction）的基本原理和原则，并掌握关键的技术方法。

一、制订测验编制计划

一份周详的成就测验编制计划可以涵盖整个教学过程，它不仅可以作为教师进行教学的指南，也可以作为设计测验试题的蓝图。它一般包括下列三大项目：确定测验目的、设计双向细目表和选定题型。

1. 确定测验目的

确定测验目的主要是要解决测验结果的用途问题，是为了诊断教学缺失和学习困难，还有评定学生等级。根据测验目的，选择测验的试题类型、测验时间、测验范围和内容。教师在制订测验编制计划时，一旦确定了测验目的，测验的内涵必须能够充分且完整地反映学习目标。因此，详细列出具体的学习目标对于教师自编成就测验具有目标导向的参考价值。

一般而言，教学目标可以分成三大领域：认知领域（cognitive domain）、情感态度领域（affective domain）和动作技能领域（psychomotor domain）。在当前"以学生为主体"的教育思想下，更加强调以学生为中心，那么教学目标的制订也必然要与这一思想相一致。因此，在教学设计或评价规划中，需特别强调学生的学习目标。根据布鲁姆的教育目标分类体系，同样可以将学习目标划分为认知、情感态度和动作技能3个领域。教师编制的纸笔测验大都是对认知目标的评价，对

于情感态度与动作技能目标的评价，则
多采用实作评价的方式。

认知领域的目标是指有关知识或认
知过程方面的学习表现。依据认知过程
发展的程序和学习的复杂程度，可将认
知目标划分成识记、理解、应用、分
析、评价和创造 6 个水平，从识记到创
造，认知水平依次升高，它们呈现一个
阶梯状的排列次序（图 9-3），并且，高
水平目标是建立在（并且包含）低阶目标
之上的。

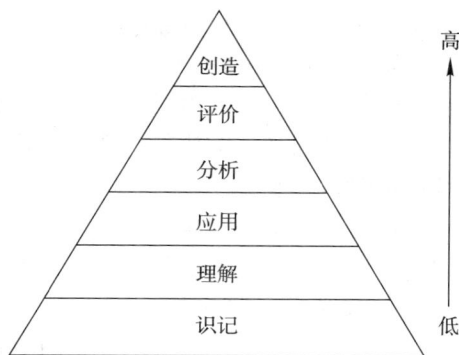

图 9-3　布鲁姆认知领域目标层级关系图

① 识记（remembering），是水平最低的认知目标，它是指从长时记忆中提
取相关的知识，如对具体事物、原理、方法、过程、模式、结构或框架等的回
忆。例如对生物学专业术语、重大科学史事件、生物学重要概念或理论等的
记忆。

② 理解（understanding），是指相对较低层次的理解，要从包括口头、书面
和图像等交流形式的教学信息中构建意义，以一种语言或一种交流形式被译述或
转化成另一种语言或另一种交流形式时的严谨性和准确性为依据，对材料进行初
步的重新整理与排列，指出材料所包含的意义和趋势。因此理解包括 3 个心理过
程：转译（translation）、解释（interpretation）和推断（extrapolation）。

③ 应用（applying），指在某些特定和具体情境中执行或使用某一程序，或
使用抽象概念，这里所说的应用只是对所学知识的初步运用，而非综合的、创造
性的运用。这些抽象概念可以是一般的观念、程序的规则或概括化的方法，也可
以是那些必须记住和能够运用的特定的原理、观念和理论。

④ 分析（analyzing），指将材料分解成各种组成要素或组成成分，理清各个
要素之间及要素与整体之间的相互关系，或者明确所表达的各种观念之间的关
系，阐明材料各要素的组织原理，即对材料内容组合起来的组织、系统和结构的
分析。

⑤ 评价（evaluation），是指为了特定目的，基于一定的准则或标准对观点和
方案的价值，及其符合准则的程度做出定量或定性的判断。准则既可以是内在证
据，如逻辑上的准确性、一致性等，也可以是外部准则，如相应领域的最高标准
等。评价是较高水平的认知目标，是认知行为和情感行为的主要结合点和过渡桥
梁。评价通常包括两种类型，一种是基于内部准则判断观点或方案等的内部一致
性，例如给定研究目的和方案，根据研究目的与研究设计相呼应的原则判断研究
方案的科学性。另一种是基于外部准则的评论性判断，例如给定有关生物进化的

事实，然后根据某种特定的进化观点判断这些事实中哪些可以作为支撑证据。

⑥ 创造（creating），是认知目标中的最高水平，是将要素组成新颖的、内在一致的整体，或者生成原创性的产品。创造的过程可以分为 3 个阶段：问题表征、方案计划和方案执行。学习者首先要理解任务要求，通过发散性思维思考各种可能的问题解决方案，然后确定问题解决方案，并将其转变成详细的行动计划，最后再根据计划执行方案。在纸笔评价中，通常主要考查问题表征和方案计划这一环节，而方案执行环节通常需要通过实作评价的方式来考查。

2. 设计双向细目表

教师可以根据测验目的及学习目标的需求，以认知目标为横轴、教学内容为纵轴，画出一个二维度的表格，在单元格中填写试题比重或题数，并尽量使试题涵盖所要评价的学习目标和教学内容，作为编拟学习成就测验试题的设计蓝图，这种表格叫作双向细目表（two-way specification table）。典型的双向细目表，如表 9-1 所示。

表 9-1　高一生物期末考试卷双向细目表

认知水平 教学内容	识记	理解	应用	分析	评价	创造	总计	百分比
细胞的分子组成	6	8					14	14%
细胞的结构	5	10	4	3	1	2	25	25%
细胞的代谢	4	14	8	5	4	3	38	38%
细胞的生命历程	3	10	5	3	2		23	23%
总计	18	42	17	11	7	5	100	100%
百分比	18%	42%	17%	11%	7%	5%		

在双向细目表小格中填写的数字含义视情况而定，有时表示某一教学内容所考查的不同认知目标的试题分值，有些情况下则表示题目的数量。还有些双向细目表会将教学内容进一步细化，同时还标出该内容主题下不同认知水平对应不同题型的试题分支。从双向细目表中可以看出不同教学内容在测验试卷中所占的分值比例，以及该试卷所考查的不同认知水平题目的分值比例，从而可以看出测验的目的是合格性考试还是选拔性考试。较低认知水平试题的分值比例越高，考试的目的更偏向于合格性考试，相反，较高认知水平试题的分值比例越高，则说明考试的选拔功能越强。例如，根据上表中的数据可以看出识记和理解水平的题目所占的比例为 60%，因此，该考试属于合格性考试。

教师应该根据教学预期要达到的目标、实际教学中的重要概念、教学内容的难易程度及测验的目的等因素，来决定双向细目表中的试题数量和分值比重。但也可以视实际教学情况，适当增减双向细目表中的认知目标和教学内容，以及试题数目和分值。在设计双向细目表时须注意：第一，试题所考查的学科概念应在教学内容范围之内，不能有超出教学内容的超标题，否则难以准确地反映教学和学习的成效，以这些试题作为评价学生学习成就水平的依据也是不公平和不客观的。第二，双向细目表中"总计"对应单元格中的数字不能为零，也就是说双向细目表中列出的教学内容或认知目标都属于考查的范围，需要有相应的试题分布。教师可以分析教学内容及其所能承载的学生素养发展价值，来增减总计单元格中的数字，但是一旦确定后，就必须有适当的试题来测查这些认知目标或教学内容，这才有可能使所编制的成就测验成为一个科学和客观的评价工具。第三，教师可以针对自己的命题及评分习惯，选定双向细目表中所陈述的测验题型，变化或增减预拟的试题数量或分值。

3. 选定测验的题型

试题是构成测验的核心要素，试题质量的优劣直接影响整个测验的品质。不同的试题类型各有其独特的编制原则和技巧，教师须事先决定所要编制成就测验的试题类型，才能使所编制的试题发挥其应有的功能。

试题的类型有很多种，根据答案的客观性，一般可以分成客观题和主观题。客观题主要包括选择题、判断题、匹配题和填空题等。主观题主要包括简答题和论述题等。

由于这两类测验题型所发挥的测量功能各有不同，教师应在编拟试题之前确定何种类型的试题能更好地测量教学所要达到的目标。在分析这两种不同题型的测验功能后，选定题型，再根据双向细目表，依据相应题型试题的命题原则与技巧，逐一设计、撰写和编辑所需的试题。在实际工作中，命题者经常依据一个或多个材料命制同时包含客观题和主观题的综合题。

不同的题型有不同的评价功能，也有其各自的适用范围。

第一，在下列情况下，以使用主观型试题来评价为宜。

（1）拟评价学生的分析、评价和创造等高阶思维能力的学习成就；

（2）拟评测学生对某些科学话题的观点或态度；

（3）受试人数不多，且试题拟只使用一次或有充足时间阅卷而无足够时间命题；

（4）教师在评阅答案时，能明确制订统一的评分标准。

第二，在下列情况下，以使用客观型试题来评价为宜。

（1）试题拟重复使用，且受试者人数众多；

（2）要求测验结果具有较高信度；

（3）评价结果必须尽可能公平、公正；

（4）有充足时间命题，而缺乏足够时间阅卷；

（5）教师个人在评阅答案时，无法把握明确而统一的标准。

第三，在下列情况下，假如命题和阅卷适当，则两类试题均可达到预期目标。

（1）综合评价学生的学习成就；

（2）考查学生是否了解并能运用科学原理、学说、概念；

（3）考查学生应用科学知识解决问题的能力；

（4）考查学生的批判性思维能力；

（5）考查学生记忆和运用科学知识的能力；

（6）考查学生分析和综合科学知识的能力。

第四，客观型试题和主观型试题的比较。

（1）在测查的认知能力水平方面，客观题适于测查识记、理解、应用、分析等能力，但相对不适合于测查评价和创造能力；主观题适于测查理解、应用、分析等能力，尤其是评价与创造能力，相对不适于测查知识的识记。

（2）在测查的内容容量方面，一次测验中客观题数目相对较多，涵盖的内容范围较大；而一次测验中的主观题数量相对较少，所测查的内容涵盖范围较小，内容的取样代表性也就相对较弱。

（3）从编制过程看，客观题的编写相对容易，评分便捷、客观，但是一次测验中编制大量的客观题则比较难；主观题的编写难度比较大，评分也耗时，且具有一定的主观性。

（4）从对学习的影响看，客观题能促进学生记忆、解释和分析他人的观念，可以明确地辨别学习错误之处；主观题能促进学生认识、综合和表达自己的观念，有利于鼓励学生创造力的发展。

二、编拟测验试题

编拟高品质的试题并不是一件很容易的事。教师必须参考测验编制计划的蓝图——双向细目表，充分了解各类型试题的优缺点和命题原则，以及学生认知发展特点和程度，并具有良好的文字表达技能。在编拟试题时，既要遵守各种试题通用的一般原则，也要遵守不同题型的命题原则。以下分别对命题的一般原则和各种题型的命题原则进行讨论。

1. 编拟试题的一般原则

一般而言，无论编拟何种类型的试题，均需考虑下列几项共同的命题原则。

（1）试题取材均匀，在教学内容范围内具有一定的代表性。

（2）试题的叙述应力求简明扼要、题意明确。

（3）各个试题应彼此独立、互不关联，并避免含有暗示答案的线索。

（4）试题的正确答案或评分参考要明确。

（5）试题中避免出现任何形式的错误，即使某些错误不影响作答，也是不能接受的。

（6）当试题使用有争议性的话题时，应该注明命题参考资料的来源。

（7）若要测量学生的高阶思维能力，试题不能设定唯一的正确答案。

（8）试题的叙述应避免直接摘抄教科书中的原文。

（9）试题应着重考查重要概念或原理的理解与应用，避免出现"繁难偏旧"的情况。

（10）试题中避免出现与测验无关的信息，避免增加作答困难。

（11）命题不要超过单元教学的评价目标。

（12）提前命题，预留时间进行试题审查或修正。

（13）命题数量尽量多一些，作为备用试题。

2. 主观题的命题原则

第一，试题的预期答案在内容和形式上可明确界定，避免使用缺乏明确内容要求的试题。

第二，在问题中应明确指出学生应作答的范围。请比较下列两个例题。

【例题1】植物细胞是如何吸水的？

【例题2】试列举3种植物细胞吸收水分的方式。

【评析】第一个例题太笼统，答案范围也未明确界定，学生有可能会误解，将来阅卷会很难把握统一的标准。第二个例题则明确指出命题者的意图，学生的回答有一定的方向可循。

第三，预期答案不要太长。如果预期答案太长，往往会造成题意模糊，学生作答时无从下笔或不知在何处结束，阅卷也难于坚持统一标准，因而造成不公平，以致试卷信度降低。

第四，在每一试题之后，应注明该题的分数，可供受试者参考题分来确定答案的繁简和内容深度。例如：说明影响光合作用速率的4种环境因素。（8分）

第五，命题结束后，命题者应自己先试做一遍，以审查试题中题意不清或答案过繁的情况。

第六，不提倡选题作答。有的试卷有选题作答的设计，例如：五题中选答三题。这种做法从评价的角度来讲存在一定的风险，不同的受试者选择的题目不同，如何在这些题目之间确保等值性是一个非常关键的技术问题，处理不当就可能造成评价结果的不公平性。

3. 选择题的命题原则

选择题是最常用的客观题，假如命题技术很高，试题制作良好的话，它几乎可以评价任何科学知识和学习成就。选择题的最大特性是阅卷快速且客观，因此在学习成就的评价过程中，选择题是最具效率的题型之一。

大体说来，选择题因其答案性质的不同可分两类，即正确答案型和最佳答案型。所谓最佳答案是在两个或两个以上都看似合理的选项中，选出一个最好的答案。选择题主要由题干与选项两部分构成，题干可用直接问题式或未完成叙述式，而选项则包括标准答案和干扰选项。选择题的命题原则如下。

第一，题干本身是一个具有完整意义的句子。请比较下列两个例题。

【例题3】以下说法中，正确的是（　　　）

A. 能胞吞进入细胞的只有蛋白质

B. 胞吐过程涉及囊泡与质膜的融合

C. 小分子物质都是通过自由扩散进入细胞的

D. 通过载体蛋白进行的物质转运一定属于主动运输

【例题4】以下关于物质进出细胞方式的说法，正确的是（　　　）

A. 能胞吞进入细胞的只有蛋白质

B. 胞吐过程涉及囊泡与质膜的融合

C. 小分子物质都是通过自由扩散进入细胞的

D. 通过载体蛋白进行的物质转运一定属于主动运输

【评析】例题3的题干没有向考生提供任何有意义的信息，即没有生物学科内涵的关键词，在作答过程中，读完题干无法获取任何思考问题的方向，这种题目相当于4个判断题。例题4的题干则点明了本题所要考查的概念"物质进出细胞的方式"，在读完题干后，受试者可以获取这一重要信息，并开始调取认知结构中的相关概念，为判断4个选项做好了一定的准备，而不是单纯地做4个判断题。

第二，题干要简洁，题意表达清楚，避免包含冗余信息，造成费解。

【例题5】北方果树由根系吸收的水分大部分用于（　　　）

A. 光合作用　　　B. 蒸腾作用　　　C. 根部的呼吸　　　D. 开花和结果

【例题6】2009年度诺贝尔化学奖授予V. Ramakrishnan等科学家，以表彰他们在核糖体结构和功能研究中的贡献。以下对核糖体的叙述正确的是（　　　）

A. 核糖体具有双层膜结构

B. 核糖体可与光面内质网结合

C. 核糖体与蛋白质的合成有密切关系

D. 核糖体是细胞内合成ATP的主要场所

【评析】例题5的题干中"北方"这一信息可能会干扰考生的思维过程，容易使学生思考"南方果树"和"北方果树"吸收水分的不同点，因此"北方"一词属于干扰性的冗余信息，需删掉。例题6题干中关于诺贝尔奖的叙述部分对4个选项的判断没有任何价值，表面上看属于冗余信息，但是该题目还有另外一个重要的功能就是帮助学生理解科学本质，认识到科学研究是在不断发展和进步的，这也是教学评价的另一重要功能，因此题干中看似冗余的信息实则有其独特的教育功能。

第三，一般情况下，题干的描述应尽量避免使用否定式陈述。如果必须使用，应在否定词下划线或加着重号，以提醒学生注意。否则学生易因疏忽否定式陈述而作答错误，未能真正考查学生的相关智力水平，造成评价结果的误差，无法达成评价目的。

第四，每一个试题的选项以 3~5 个为宜，研究显示这种情况下试题的区分度较高。此外，最好只有一个正确的或最佳的选项。

第五，每一选项在语法结构和句子长度等方面，应尽可能保持一致。在命题过程中，有时为了保证正确选项的描述足够严密、无懈可击，往往会造成句子较长，而其他错误选项通常句子较短，于是"有技巧"的考生，就可以根据命题者的这一习惯，通过猜测而答对部分题目。

第六，所有选项都应合理、符合逻辑，否则学生容易将不符合逻辑的选项排除，使其失去诱答效果。

【例题7】研究人员利用单细胞真核生物 a、b 开展了实验，实验过程和结果如下图所示。这个实验最能说明的问题是（　　　　）

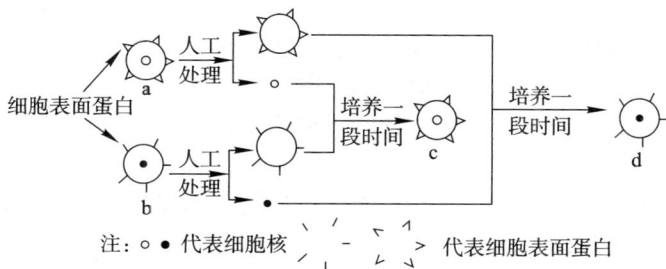

注：○●代表细胞核　　＼⌇／ 代表细胞表面蛋白

A. 控制 c 性状的遗传信息来自 a 的细胞核
B. 控制 d 性状的遗传信息来自 b 的细胞质
C. 细胞的表面蛋白都是在高尔基体上合成的
D. 性状发生是由细胞核和细胞质共同决定的

【评析】在例题7中选项 A、B、D 都是关于性状的决定因素，而选项 C 是关于蛋白质合成的，首先从这一点上来看4个选项同质性不够好。另外，对于基本概念掌握情况较好的学生来讲，如果没有题干信息，也可以判断选项 C 描述的错误的，因此这个选项的诱答力大大下降。

第七，一套测试卷中，选择题的正确选项应是随机的，不能出现规律性。

第八，尽量不使用"以上都对"或"以上都错"作为选项。

4. 判断题的命题原则

判断题旨在评价学生鉴别正确叙述、事实、概念或术语内涵等的能力。命题时，相关描述要意思明确，不能含糊不清，否则将会造成是非不明。在命制判断题时，应注意以下事项。

第一，避免使用一般性叙述来命题，而应尽量详细说明题意，以免题意不明，学生无法明确判别。

【例题 8】在无氧呼吸过程中，二氧化碳是一种重要的产物。（　　）

【评析】对于不同类型的无氧呼吸，其产物不同，酒精发酵的产物是酒精和二氧化碳，乳酸发酵的产物是乳酸，初步判断例题 8 的描述是错误的。但是仔细分析会发现这句话在某些情况下又是正确的，因此很难判断这句话的正误。从以上分析可以看出，在判断题中应避免出现具有争议性的话题或陈述。

第二，避免考查细枝末节或非重要概念的命题。

【例题 9】一氧化氮和肾上腺素可以作为神经递质。（　　）

【评析】在这个例题中，主要考查了学生是否知道哪些物质能够作为神经递质，在学生的学习中，以乙酰胆碱作为典型案例分析了神经递质在突触前膜和后膜之间传递神经信号过程中的作用。一氧化氮和肾上腺素能够作为神经递质并不是重点内容，仅出现在某些版本教科书中的小字部分，因此例题 9 的这种考查方式并不恰当。

第三，避免使用否定，尤其是双重否定的命题。

第四，避免以冗长而复杂的叙述来命题。

第五，除非有因果关系存在，在同一命题中，应避免包括两个或两个以上的科学概念。

第六，对于一组判断题，其答案应随机出现，不能呈现出规律性，否则有考试技巧的学生便可借助猜测作答，使试题的信度偏低。

5. 匹配题的命题原则

匹配题通常由前提和选项两个部分构成。前提和相应的选项关联在一起能够展示出相关的科学概念内涵，具有一定的科学含义。一般来说，前提和选项的数量均多于 3 个，而且选项的数量要多于前提。匹配题能够涵盖某个科学概念的多个要素，也可以涵盖多个科学概念，因此能够评估学生鉴别科学概念之间相互关系的能力。编制匹配题时，应注意以下事项。

第一，在一题中，前提与选项的内容均应是同质的，不可将不相关的内容拼凑在一起。

第二，前提与选项的数目应不同，同时应说明清楚选项可以使用的次数，如每一个选项只能使用一次或两次及以上，甚至有些选项是多余的，可以一次都不选。

第三，选项应依合理或合乎逻辑的方式排列，避免与前提之间有任何顺序上的关联。

第四，在排版方面，前提常纵列排在左侧，选项则纵列置于右侧。同一题的所有前提和选项应置于同一版面内，不要分开在两页上，以免增加学生答题时翻页的麻烦，甚至因疏忽而造成错误。

【例题10】下图中甲、乙、丙分别表示同一区域内两个种群数量随时间推移的变化。

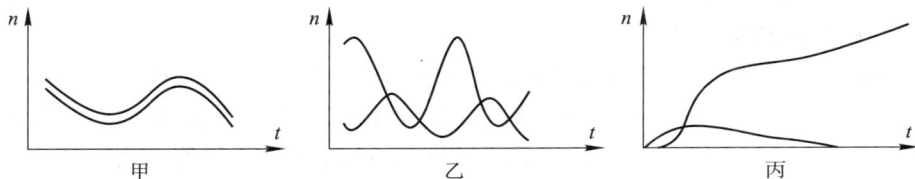

请将3个图与其所能体现的物种间关系进行匹配。

Ⅰ. 甲图表示的关系是：＿＿＿＿　　A. 竞争

Ⅱ. 乙图表示的关系是：＿＿＿＿　　B. 共生

Ⅲ. 丙图表示的关系是：＿＿＿＿　　C. 捕食

　　　　　　　　　　　　　　　　　D. 寄生

【评析】这个例题中，Ⅰ、Ⅱ、Ⅲ是前提，A、B、C和D是选项。从题目本身来看，前提和选项都分别是同质的，在格式、规范、排版等方面都符合匹配题的命题原则。

6. 填空题的命题原则

填空题是指在一个不完整的陈述式命题中，要求受试者填写一个或几个专业术语将命题补充完整的题型。这类命题主要用来评估学生对学科中重要概念、原理或学说的掌握情况。在命题时，应注意以下事项。

第一，命题题意要明确，限定要严密。

【例题11】一个细胞通过有丝分裂产生两个子细胞，子细胞中的遗传物质＿＿＿＿＿。

【评析】本例题主要考查学生对细胞有丝分裂这一重要内容的理解，参考答案为"完全相同"。但是所填的空限定不够严密，指向不明确，造成了答案较为发散，而不够集中，例如可以填写"来自亲代细胞""与亲代细胞完全相同"等。为了增强设问的限定性，可以将这个例题修改为"一个细胞通过有丝分裂产生两个子细胞，两个子细胞中的染色体数量与亲代细胞的关系是＿＿＿＿＿。"有了明确的条件限定，所填写的答案也就相对单一。

第二，不能从教科书上直接摘抄原文来命题。

第三，一般来说，空格尽量出现在句中或句末，不能出现在句首。

第四，题目中的空缺不宜过多，应保留作答所需的关键信息，否则易造成命题陈述碎片化，命题的内涵模糊，影响学生的作答。

【例题 12】维生素_____与_____的代谢有关，缺乏的话，会产生_____病。

【评析】在这个例题中，一个命题中共设置了 3 个空，第一空可能有多种答案，而第二和第三空又受第一空的直接限制，维生素的类型不同，直接关联的代谢及其产生的缺乏症也就不同。学生阅读完这个题目后，留给其作答的重要信息只有"维生素"这个关键词，由于缺乏足够的限定信息，所以作答起来非常困难。

7. 简答题的命题原则

简答题是根据对某一现象的描述，由受试者概述其发生过程或解释其内在本质和机理的评价题型。通常考查学生的应用、分析、评价或创造能力。需要注意的是名词解释类的题目，学生仅靠记忆教科书中的定义即可作答，并不属于简答题。简答题需要学生通过分析相关现象，选择特定的概念陈述个人的观点。例如"简述哺乳动物比爬行动物高等的原因。"又如给学生提供某一实验研究的结果，对产生特定结果的原因进行设问等。

简答题的设计还需要同时提供评分标准，其评标主要包括两种类型，一种是按照要点的数量进行积点记分，另一种是按照答案的思维水平进行等级记分。

【例题 13】加拉帕戈斯群岛由许多岛屿构成，距离南美洲大陆约 1 000 km，是由海底抬升的熔岩堆积物形成的一组海洋岛。岛上生活着许多生物，如地雀、龟、蜥蜴等，保留了许多进化的痕迹，被称为"活的生物进化博物馆"。早在人类到达这里之前就有许多生物在此生存，你认为动物和植物哪种生物首先在岛上定居生存，简要说明原因。

【评析】在这个题目中，主要考虑学生对生态系统这一概念的理解，要求学生能够从系统的视角分析问题，阐明个人的判断和观点。其评分标准属于等级记分法，主要分为 4 个等级，从等级一到等级四思维水平越来越复杂，记分等级越来越高。

等级一：仅从植物和动物到达岛屿上的方式进行分析；

等级二：从植物和动物的营养方式（异养或自养）的角度进行分析；

等级三：从群落演替的角度进行分析；

等级四：从生态系统的角度进行分析。

8. 综合题的命题原则

综合题旨在评价学生应用科学概念、综合资料，以及解释实验数据等方面的能力。主要由题干和题目两个部分构成。在题干部分，主要呈现一段科学事实、实验研究的数据或现象，或者节选一项科学研究中的部分环节，为具体题目设计提供背景资料或前提条件。同时也能为学生的作答提供具有"带入感"的情境和情节，便于学生的理解和作答。在具体的题目设计方面，通常由多个具有内在逻辑的一组题目构成，题型包括客观题和主观题两种，排在前面的题目相对简单，考查的认知水平较低，通常是选择题或填空题的形式，而排在后面的题目难度相对较大，主要考查高阶思维，通常是简答题的形式。

在设计综合题时，需要创设一定的问题情境，提供科学研究素材，这类题不仅能够考查受试者的核心知识理解和应用情况，以及相应的认知水平，同时还具有重要的素养发展价值，使学生感悟到科学研究的本质。

【例题 14】（北京市海淀区 2017 年高三生物一模）独脚金内酯是近年新发现的一类植物激素。为了研究独脚金内酯类似物 GR24 对侧枝生长发育的影响，科研人员进行了实验。

（1）独脚金内酯是植物体内产生的，对生命活动起调节作用的＿＿＿＿＿＿＿有机物。

（2）科研人员用 GR24 处理拟南芥的野生型和突变体植株，结果如图 1。据实验结果推测，GR24 的作用是＿＿＿＿＿＿＿侧枝产生，突变体植株可能出现了独脚金内酯＿＿＿＿＿＿＿（填"合成"或"信息传递"）缺陷。

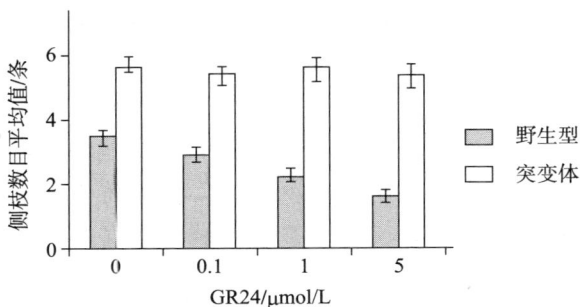

图 1

（3）为了进一步研究 GR24 的作用机理，科研人员用野生型植株进行了图 2 所示实验，结果如图 3。

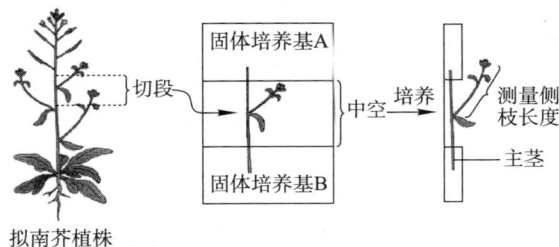

图 2

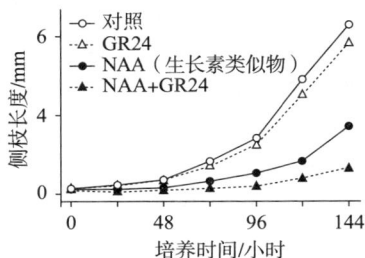

图 3

① 进行实验处理时，NAA 应加入固体培养基_____（填"A"或"B"）中。

② 据图分析，GR24 对侧枝生长_____，推测 GR24 的作用机理是_____。

（4）据图 3 的结果，科研人员提出了一个假设：在顶芽产生的生长素沿主茎极性运输时，GR24 会抑制侧芽的生长素向外运输。为验证该假设，采用与图 2 相同的切段进行实验。

① 请在下表中的空白处填写相应处理内容，完成实验方案。

组别	处理			检测
实验组	在主茎上端施加 NAA	在侧芽处施加	在固体培养基中	主茎下端的放射性标记含量
对照组		同上	在固体培养基中	

② 请你再提出一个合理的新假设：_____。

【评析】本例题以最新的科研成果最为命题素材，探讨独脚金内酯的生理作用及其作用机理。具体的题目中，第（1）题为基础性的题目，主要考查学生对"激素"定义的掌握情况，第（2）和（3）题主要考查学生从已有研究结果中提取、解读信息并进行科学推理的能力，第（4）题考查学生进行实验设计，并基于已有研究结果和相关知识提出新假设的能力。这道题在考查学生生命观念、科学思维和科学探究素养的同时，还有助于学生感悟科学探究的本质。

三、试题与测验的审查

一般而言，一份自编成就测验通常需要 1～2 周完成，并且所编拟的试题数目往往要多于双向细目表中所需要的题数。因此，教师必须针对自编试题进行审查，以便精选题目，按照双向细目表的要求汇编成正式测验卷。

试题与测验的审查工作可以分成两方面来进行：逻辑审查和实证审查。逻辑的审查旨在评阅试题与教学内涵（或教学目标）间的关联性，又可称作形式审查；实证的审查旨在评阅学生的反应组型是否是所期望的，又可称作客观审查。现分别说明如下。

（一）逻辑的审查

以逻辑的方法审查试题，主要是审查测验试题是否具有一致性和适当性，以确保试题都能达到评价目标的要求。

1. 测验的一致性

简单地说，测验一致性的检查重点在于查验试题与教学内容之间是否有一致性。其关心的重点在于：试题是否能代表所要测量的行为目标？试题是否与学习目标一致？试题是否与教学的呈现方式一致？

在实际操作时，教师可以邀请任教相同科目的同事或同行审查成就测验初稿，以学科专家的眼光审视各试题是否与上述 3 项审查重点相符合。最后，保留与目标间一致性较高的试题，删除或修改与目标一致性偏低的试题。

2. 测验的适当性

测验适当性的检查重点在于查验试题的格式、问题陈述的方式及其他可能的影响因素，是否能够适当地反映出试题所要测量的行为目标。通常，检查的重点在于：试题内容、题数、范围是否遵照双向细目表的计划？试题类型是否符合相应的命题原则？题意表达是否清楚？试题呈现方式与作答说明是否明确？问题的叙述有无前后矛盾、提供暗示答案的线索或重叠出题等。

逻辑审查可以初步保证试题可以测量到相应的学习目标或学习成果，若欲获得进一步的信息，则需依靠实证审查。一般而言，学校用的教师自编成就测验只经过逻辑审查即可初步确保测验试题具有一致性和适当性，供教学评价使用。

（二）实证的审查

以实证的方法审查测验试题，主要是试题功能的分析和教学敏感度（instructional sensitivity）的分析。通过这些分析，可以获得一些客观的量化数据，作为判定试题品质良莠、挑选试题并编辑成测验试卷的参考依据。一般来说，在标准化成就测验的编制过程中，经学科与测验专家编拟好测验试题后，通常会通过预试进行实证的试题审查，以确保测验试题都具有良好的品质特征。

1. 试题分析

试题分析的目的在于审查试题品质是否符合所要测量的学习领域和测量理论的要求，以一些量化的指标作为挑选试题的依据。经典测验理论关于试题分析的内涵，主要是考虑试题的两项基本指标，即难度（difficulty index）和区分度（discrimination index）。

难度是指试题答对人数占总人数的百分比，亦即试题正确作答的概率。难度值越大，表示答对的人数越多，表明试题越简单；反之，难度值越小，表示答对的人数越少，表示试题越困难。

区分度则是指试题能够区别高低不同能力组群的功能。区分度越大，表示试题区别会作答（即答对者）和不会作答（即答错者）两种能力组群的功能越好（或者说是该试题发挥筛选不同能力受试者的功能越好）；反之，区分度值越小，表示试题区别会作答和不会作答两种能力组群的功能越差（或者说是该试题发挥筛选不同能力受试者的功能越差）。

试题经过分析后，教师便可以根据测验目的和解释测验结果的方式，挑选具有适当指标（如难度和区分度）的试题，根据双向细目表编辑正式测验卷，以评价教学与学习的成果。试题分析的具体方法，将在本章第三节进一步讨论。

2. 教学敏感度分析

教师自编成就测验在多数情况下属于效标参照测验（criterion-referenced test）。在效标参照测验中，关注的重点是学生是否达到学习目标，用教学敏感度（instructional sensitivity index）作为评判试题鉴别功能好坏的参考指标。

在一个系统的正常教学中，教师无不希望测验的结果能够反映出教学的成果；也就是说，在教学后，教师期望学生在测验上的表现能够比他们在教学前的表现要好。因此，教学后和教学前的表现差异，便可以当成是教学成效的一项指标，这项指标便是教学敏感度。因此，教学敏感度是指不同难度的试题具有代表教学成效的倾向，它可以用来判定教学是否有不当、缺失或试题本身是否有瑕疵及不适当之处。

常用的教学敏感度是前后差异指数（pre-to-post difference index，PPDI），其计算公式为：

$$PPDI = （后测的难度）-（前测的难度）$$

该指数的值域介于 –1.0 到 +1.0 之间。在正常情况下，PPDI 指数值介于 0.10 到 0.60 之间。PPDI 指标被用来检查每个试题的品质，以便判断试题的保留、删除或修改。

总之，通过逻辑审查和实证审查的结果，教师可以判断哪些试题可以保留在待编辑的测验里，哪些需要修改，哪些则必须要删除。待到每个试题都接受过严格的审查，并且决定每个试题的去留后，教师便可以进行成就测验编制的下一步工作。

四、试题与测验的分析

试题与测验的分析是实证审查的工作内容，但也可以作为一个独立的步骤来进行。一般来说，教师自编成就测验不必经过严格的试题分析和测验分析后就可以使用，但是大规模的或正式的标准化成就测验就必须经过严谨的试题分析和测验分析后才能使用。试题分析是针对每一个试题的分析，其内容主要包括难度、区分度和诱答力（distraction）等。测验分析是针对整个测验试卷的分析，其内容主要包括信度（reliability index）分析、效度（validity index）分析和差异度（disparity index）分析等基本描述性统计分析。这些指标的分析和计算，目前已有相关的计算机软件程序可供利用。以上分析指标的计算方法，将在本章第三节详细讨论。

五、试卷的编辑

教师在编拟好测验试题后，经过初步的试题形式审查和客观审查，便可进入到试卷编辑阶段。试卷编辑是根据双向细目表选择适当的优良试题编辑成一整份测验试卷的过程。在这个阶段应该考虑下列 4 个方面。

1. 试卷的长度

试卷长度是针对测验题数的多少而言。一份试卷应该包含多少试题，并没有绝对的标准。教师根据双向细目表编拟的试题数，通常都比实际需要的数目要多，在经过审查和分析后，教师可以根据下列 6 个因素调整试卷长度。

（1）测验目的。单元或章节学习结果的测验题数应比整个学期或整个年度学习结果的测验题数少；形成性评价的测验题数应比终结性评价的测验题数多；效标参照测验的题数应比常模参照测验的题数多。

（2）试题类型。在一定的作答时间限制内，客观测验的题数应比主观测验的题数多；选择题的数目应比简答题或综合题的数目多。

（3）信度高低。在其他条件相近的情况下，为使测验分数的可靠性提高，宜增加复本试题的数目。

（4）学生年龄。年龄越小的学生所适用的测验题数应越少。

（5）学生能力。适用于能力较弱学生的测验题数应比适用于能力较强学生的测验题数少。

（6）作答时限。速度测验的题数应比选拔性测验的题数多。

2. 试题的难度

测验试题的难度选择，取决于测验的目的。常模参照测验，如教师自编成就测验通常用于终结性评价，或用于学生评比，为了发挥测验的选拔功能，往往倾向使用难易适中的试题，而淘汰太难或太易的试题。一般而言，作为选择和分类使用的测验，多数试题都以难易适中的试题为主，但也包含少许简单和困难的试题，以吸引不同能力程度的学生作答。效标参照测验，如教师自编成就测验通常用于形成性评价，决定试题的难度因素是学习材料与学习内容涵盖的范围。学习材料越简单，试题就越简单；学习材料越困难，试题难度就越大。学习内容所涵盖的范围越小，试题通常会较简单，因为教师通常期望多数学生能够达到精熟的程度；反之，学习内容涵盖范围越广，则试题通常会较困难，因为多数学生均难达到既定的标准或精熟程度。

3. 试题的排列

在确定了试卷长度和试题难度后，教师可以挑选下列 4 种排列方式之一或混合数种方式，来进行试题的编排。

（1）根据试题难度来排列。将简单的试题排列在前，困难的试题排列在后，以符合作答的心理原则：吸引受试者的注意力、增进作答信心和维系继续作答的动机；避免浪费时间在前面较困难的试题，而错失后面较容易的试题。

（2）根据试题类型来排列。将属于同类型的试题编排在一起，然后在同一类型中，再依试题的难易顺序排列，简单的在前，困难的在后。

（3）根据教学内容来排列。将属于同一学习单元或同一领域内容的试题排在一起。但这种排列方式的测验，容易造成学生序列回忆的呆板学习模式，因此，已逐渐少用。

（4）根据学习目标或测量能力来排列。按认知目标的 6 个水平顺序来排列试题，或者是依据所要测量的能力来排列试题。

4. 编制试卷指导语

测验卷的起始部分应写明施测指导或作答要求，主要包括下列信息：①测验目的；②作答时间；③记分方法；④答题要求；⑤试题分数的分配；⑥猜题是否扣分；⑦是否可以携带及使用教科书、讲义、笔记、尺、圆规或计算器等；⑧答案纸与试题册是否分开作答、分别交卷；⑨是否允许学生在答案纸或试题册上注记或补充说明事项；⑩考试中途是否可以举手发问等，以及其他需要特别说明的事项。

这些陈述是为了统一施测的程序和步调，让施测的过程达到标准化、一致化，避免因为施测程序不一，而影响学生的作答情绪和成绩。

第三节 教师自编成就测验： 阅卷和评价结果的统计分析

阅卷和评价结果的统计分析也是教学评价的重要工作。只有遵循一定的阅卷原则，才能保证评价公正和公平，从而达到预期的评价效果。掌握评价结果的统计分析方法，有利于教师客观地评价测验试卷的评价效果，进而改进评价工具、提高命题技能。

一、试卷的评阅

命题与阅卷是学习成就评价的两项主要工作。客观题的评阅较为简便、快捷，主观题的评阅则需要对评阅者进行专门的培训，且耗时相对较长。由于教师与学生个人的观点和倾向不同，同一份试卷，不同评阅者的评价结果不同，有时甚至同一个评阅者，对同一份试卷的两次评阅所给的分数也会出现差异。因此，试题的评阅，尤其是主观题的评阅，必须遵循一定的原则，以尽量减少人为误差减，确保评价结果尽量精准和客观。

1. 评阅主观题的基本原则

第一，明确该题所期望的答案中所包含的要点，以及答对每个要点的得分，然后逐项记分。

第二，应用适当的记分系统。常用的记分系统包括计点法和分级法两种。

（1）计点法（point method）。将试卷与期望答案比较，根据评分要点进行分项记分。例如某道题满分8分，评分要点有3项，答对第1、2项各给3分，答对第3项给2分。

（2）等级法（rating method）。对于考查学生单一思维水平的简答题，可以使用等级法进行评分。在评分时，首先需要确定判定学生作答的等级划分标准，然后按照思维水平的高低对学生的作答进行评阅。例如，在考查学生的系统性思维时，可以划分成3个等级，最高水平的表现是能够从系统的角度进行综合分析；中等水平的表现是能够表现出系统思维的意识，从局部的角度进行分析，但不够全面；最低水平为无系统思维的意识，仅从题目中研究对象本身进行分析。

（3）三步评阅法（three-stage process）。对于论述题或科学写作题，由于参考评分标准中的要点较多，需要做综合判定，这类题适合采用三步评阅法进行评分。首先将所有的试卷依据答案的品质分成3级，再将每一级分别细分为3级，此时所有试卷已被分成9级，然后比较第3、4、6、7级的试卷，确认第3级试卷的作答水平确实比第4级的试卷高，第6级比第7级高。在确认无误后，再按照级别高低依级计分。当然，在必要的时候，还可以将第1和9级试卷的作答再进行细分，并依次记分。从理论上来讲，划分的级数越多，记分越公平，但是这种记分方法要求评阅者能很好地把握并鉴别试卷的优劣。

第三，对于与期望答案无关的答案，需事先确定记分规则，给多少分、不给分或者扣分。

第四，一次评阅一题，待评阅完所有试卷中的该题后，再评阅下一题。

第五，阅卷时，需匿名评阅，以免记分受印象影响。

第六，若有两位以上评阅者，应分题评阅，不可分卷评阅，所有试卷的某一题，以由同一人评阅为原则。

第七，如果可能的话，每一份试卷均由两个人重复评阅，并计算两人所给分数之间的相关性，以求得记分的信度（即评分者一致性）。

第八，对于大规模的正式考试中的主观题，需随机抽样进行预评，收集可能出现的各种答案，并制定相应的计分规则。

2. 评阅客观题的基本原则

客观型试题的评阅较为简单，毋庸赘述，但有关倒扣，即校正猜测的问题，则值得深入探讨。

第一，考虑到在回答客观题时存在猜测的情况，有些时候在计分时可能采用倒扣分的方法。实施测验之前需在试题上清楚说明或向学生宣布是否采用倒扣的方法计分，让学生可以决定要不要猜答案。对于倒扣分，一般采用校正猜测公式记分：

$$S = R - [W/(N-1)]$$

S：实得分数；R：答对题数；W：答错题数；N：选项或可能答案数

例如：在 4 选 1 的选择题中，如果学生答对 85 个题，答错 15 个题，则该生实得分数应为 $S = 85 - [15/(4-1)] = 80$。其理由是选择题中每一题猜对的概率是 1/4，猜错的概率是 3/4。该生答错 15 个题即表示该生一共猜了 20 个题。每一个题猜对的概率是 1/4，在理论上可猜对 5 个题，因此该生的实得分数应为 80。

应用上述公式，判断题校正猜测公式为 $S = R - W$。

第二，关于倒扣有无必要的争论。在倒扣的问题上，有两种相反的观点。

赞成倒扣的人认为，①可提高测验的信度。如不采用校正猜测，则学生很有可能会盲目猜测，而影响测验的信度。反之如采取答错扣分的方式，则学生作答相对认真，相对不敢盲目猜测。②可以反映学生真正的学习成就或能力。在理论上经过校正猜测后的分数，才最接近学生的真实水平，使得测验结果反映学生真正的学习成就或能力。③培养学生诚实的美德。如果鼓励学生尽量答题，并准许猜测，而不予扣分，则会使学生心存侥幸；反之，如果采取校正猜测的记分方式，则可培养学生"知之为知之，不知为不知"的良好品德。④比较公平。即使事前鼓励学生答完全部试题，但事实上总有人无法完全答完全部试题，故采用校正猜测的方式来记分较为公平。

反对倒扣的人认为，①学生答错试题，并非纯粹乱猜。校正猜测的公式是基于"学生不知道正确答案时，则全凭猜测来作答"的假设。事实上学生答错时，可能是概念理解不准确、记忆错误或粗心大意。而且在大多数情况下，学生均会先排除 1~2 个"已知为错误的选项"，再从剩下的选项中猜测，而非纯粹盲目猜测。故上述基本假设无法成立。②只要学生能答完全部题目，则校正猜测就无实质的作用。依据心理测量学的原理，校正后的分数虽与未校正前不同，但其相关系数为 1。这两种分数对决定学生成绩的优劣，具有相同的作用。也就是说，倒扣之后，通常并不会改变学生个人在班上的排名。采用校正猜测的方法，只是增加记分的复杂性，不但浪费时间，而且容易出现错误。③未采用校正猜测对信度并无重大影响。根据学者的研究，鼓励学生猜测对信度的影响仅在 4% 左右，而通过增加试题数目来提高信度则可弥补这一不足。④日常生活中，有很多较繁杂的问题，经常缺乏充分的证据或资料，而必须依靠部分的知识或资料来猜测，考试时如不准许学生猜测，则与将来实际生活情况不符。⑤合理的猜测包括了推理、分析、综合和评价等思考过程，而这些心智运作在科学学习上是有其独特价值的。

根据以上分析，对于是否需要采用校正猜测的方式来记分，学术界尚未达成共识。一般来说，教师自编成就测验中客观题的记分不需采用校正猜测的方法，但在编制试题和施测时，应尽量注意下列事项：①尽量少用是非题，选择题的选项以 4～5 个为宜；②考试时间要充裕；③题数尽量多；④通过试题分析的方法来评估试题质量，并淘汰不良试题；⑤鼓励学生答完全部试题。但是，对于速度测验，由于学生无法在规定的时间内答完所有题目，则需要采用校正猜测的方法来计分。

二、试题分析

试题分析（item analysis）是对试卷中单个试题的测试结果进行分析，从而确定试题的品质。它是通过预试对试卷定稿之前一项基础性工作，作为实证审查的组成部分，也可以在正式测试后作为整个测试工作评价的一个方面。试题分析的主要内容包括：难度、区分度和针对选择题的诱答力分析等。

1. 试题分析的步骤

试题分析可以通过教育统计软件来完成。在没有统计软件帮助的情况下，通常通过如下步骤进行手工分析。

第一，将试卷按总分从高到低排列。

第二，由最高分向下取全部试卷数的 27% 或三分之一，称为高分组。

第三，再由最低分向上取与高分组相同份数的试卷，作为低分组。

第四，分别计算高、低分组选答各试题每一选项的人数，记录在试题卡（图 9-4）上。

第五，计算各试题的难度（P），以百分比表示，其计算公式如下：

$$P=(RU+RL)/2N$$

RU：高分组答对该题人数；RL：低分组答对该题人数；N：高分组或低分组人数

第六，计算各试题的区分度（D），其计算公式如下：

$$D=(RU-RL)/2N$$

第七，评价每一个选择题各选项的有效性或诱答力。有效性或诱答力没有具体的计算公式，但作为选择题中一个有效的选项，应满足以下条件：①至少有一位低分组学生选择该错误选项。②选择该错误选项的低分组学生人数应该比高分组学生人数要多。否则，该选项的存在是没有价值的。另外，通过分析高分组学生的答题情况，可以了解题目或者教学是否存在问题。比如：在高分组中，某一错误选项的选择人数多于正确选项的人数，说明教学中可能有缺失之处，或题目本身有错；如果各选项的选择人数差不多，说明答题时猜测成分较大；如果某个错误选项和正确选项的人数相当，说明教学中可能存在概念不清，或题目中叙述不清等问题。

第八，将所有试题依其难度与区分度制作成综合分析表（见表 9-2）。

2. 试题质量的评估和改进

阅卷之后，需将试题分析结果与试题一起记录下来，逐题加以评价，可以将 P 值、D 值都恰当的题目收集起来，供将来的命题参考。对于 P 值、D 值不太适合的试题，必须加以修改，以改进其 P 值、D 值，而无法改进或修订者，则予以废除。下面介绍两种试题评估的方法。

方法一：制作试题卡

将试题及其分析结果抄录在试题卡上。试题卡可以根据个人的喜好与使用习惯改变格式，下面的格式只是其中的一种形式，在使用过程中可以变通。试题卡至少应包含 3 个部分（图 9-4），分别是①知识内容、目标水平和编号；②题目（试题和选项）；③试题分析结果。

第一部分，知识内容是指学科核心知识，目标水平通常是指回答该试题所需的思维过程，主要对应三维目标中的认知目标。第二部分为题目，包括试题和参考答案，并在正确选项前以"*"进行标识。第三部分是试题分析结果，这个部分以另行印制为宜。试题每使用一次，便有一次分析，同一试题的分析结果，可以贴在一起，供评价试题时参考。

编号：B-G3006
科别：初中生物
内容：绿色植物参与生物圈的水循环
目标水平：认知（应用）
题目：深秋，落叶树的叶片大部分落下后，土壤中的水和矿物质向树干上部运输逐渐减少，其主要原因是（　）
A. 根的呼吸作用减弱　　　　　*B. 蒸腾作用减弱
C. 光合作用减弱　　　　　　　D. 大部分导管阻塞

※ 试题分析记录 ※

可能答案	A	B	C	D	空白
高分组（16 人）	0	16	0	0	0
低分组（16 人）	3	6	2	4	1
难度（P）	0.69				
区分度（D）	0.63				
备注：					

图 9-4　试题卡示例

对于试题卡，可以依编号或科别和内容进行分类，用来建立小型题库，供将来命题和组卷之用。假如能以图书编目的方式做进一步处理，或将这些资料存储在计算机的试题管理平台上，将更便于查询、参考和选用。在实际使用时，需特别注意的是，每次测验后均应将试题全部收回，否则学生反复演练，再好的试题，也会失去其难度和区分度，而使评价的信度降低。

方法二：评价试题的简便方式

如果觉得制作试题卡耗时太多，或者试题还在修改阶段，在试题卡上修改不太方便时，可以先以一种简便方式来评价试题。方法如下：

先将空白试题剪下浮贴于硬纸或卡片上，或者直接就拿一份空白试卷来处理。再分别将高分组、低分组选答每一选项的人数填在每一选项之前或之后，如图 9–5 所示，第一和第二个数字分别代表高分组和低分组选择相应选项的人数。最后，再分别计算该题的 P 值、D 值，将结果记录在试题编号前面。

12. 下列人体细胞中，含染色体数目最少的是（ ）		
$P = 0.43$ $D = 0.20$	（A）白细胞	（6–7）
	（B）神经细胞	（4–9）
	*（C）精子细胞	（16–10）
	（D）上皮细胞	（3–2）
	（空白）	（1–2）

图 9–5　评价试题的简便方式

除难度和区分度外，选择题的选项诱答力也是评价和改进试题的重要指标。假如选择某一选项的人数为零，表示所有学生，不论是否具备该试题评测的知识或技能，都能判断出该选项是不合理的，该选项就失去了应有的诱答功能。对这种情况，必须另行设计一个选项来取代这个不合理选项，否则原设计为 4 选 1 的选择题，由于有一选项没有人选，实际上对学生来说，就成为 3 选 1 的选择题。许多难度与区分度均不太理想的试题，都是由于某一或两个选项诱答力过低所致。如果能够将无效的选项另行设计取代，该试题的品质便可大幅度改进。

三、试卷分析

试卷分析是对整个测验的品质做出分析。通过试卷分析确定测验是否达到测验目的，是否真实、有效、可信。试卷品质的分析包括试题分析、基本的描述性统计分析，以及信度和效度分析。

（一）试卷的综合分析

计算出试卷中每个试题的难度（P）和区分度（D），然后分别以试题的 P 值

和 D 值两个维度作坐标，根据各试题的 P 值、D 值，将题号填入坐标内的空格，形成一个综合分析表，如表 9-2。通过综合分析表可以简单明了地了解在某一次测验中，不同试题的 P 值、D 值的分布情况，从而可以判断哪些试题质量较高，哪些试题需要改进。

表 9-2　试题的难度与区分度综合分析表

D 值 ＼ P 值	0 以下	0~0.19	0.2~0.29	0.3~0.39	0.4~0.59	0.6 以上
0.80~1.00				31	12，21	
0.60~0.79	50	18	37，79	1，14，25，29	27，35，44	3，7，16
0.40~0.59		8，40	22，43，47，48	6，9，20，24，46	13，15，19，28，36，45	10，23
0.20~0.39	32	2，26	11，33，42	4，5，38	17，30	34
0~0.19		49	41			

* P 值平均 = 0.52；D 值平均 = 0.37

1. 难度分析

一般而言，常模参照评价中，希望将受试者的得分尽量分散开，以便比较学习成就的优劣。据研究，试题的难度 P 值越集中于中等部分，则受试得分越分散。因此，难度以在 0.50 左右为宜，也就是希望高分组的学生都答对，而低分组的学生都答错，只有在这种情形下，试题的区分度 D 值才能趋于完美（即 $D=1$）。但实际上，对于任何一个选择题而言，均有被学生猜对的机会，其猜对的概率为 $1/n$（n 为选项数）。例如：4 选 1 的选择题，猜对的机会约为 1/4，因此，理想的 P 值便会低些。在实施学习成就评价时，通常都希望学生的平均得分落在满分（maximum possible score；国内常以 100 分为满分）与机遇得分（chance score；就 4 选 1 的选择题来说即为 100/4=25 分）的中间，若试卷的试题全部为 4 选 1 的选择题，则理想的平均分即为 25+(100−25)/2=62.5 分。因此，有人认为，理想的 P 值就以"期望平均得分"为准。

2. 区分度分析

理想的试题应该是所有高分组的学生都答对，而低分组的学生都答错，此时，D 值为 1；假如相反，高分组的学生都答错，而低分组的学生都答对，则 D 值为 −1，因此，D 值介于 −1 与 +1 之间。就常模参照评价而言，D 值越大，学生得分便越分散，相应地，试卷标准差（SD）也比较大，试题品质较高，信度也较大。那么到底 D 值要多大才算好呢？通常情况下 D 值极难达到最理想的数值（即 $D=1$），在学习成就评价中，通常参考表 9–3 的标准对试题进行评价。

表 9–3　试题区分度的评价标准

D 值	评价
0.40 及以上	极佳的试题
0.30 ~ 0.39	尚可的试题，可能需要稍加改进
0.20 ~ 0.29	不佳的试题，必须加以改进或废弃
0.19 及以下	极差的试题，应废弃

（二）试卷的基本描述性统计分析

基本描述统计资料是分析和描述测验结果的重要指标，如平均分、标准差、相关性分析等，掌握这些统计指标的含义有助于解释和理解评价结果。现将一些基本的统计指标分述如下。

1. 平均分

平均分（mean, $\overline{X}$）的大小表示试题的难易程度，理想的平均分数应在满分与机遇得分之间。平均分的计算公式如下：

$$\overline{X} = \frac{\sum_{i=1}^{N} X_i}{N}$$

X_i：第 i 份试卷的分数；N：试卷总数，即参试且交卷的学生人数

假如实际值比理想值低，表示试题太难，反之亦然。

2. 标准差

标准差（standard deviation）表示评价结果的分散度与变异度，通常以 SD 或 σ 表示，实际上，它是方差的平方根。标准差越大表示分数的变异度越大，当其他条件相同时，标准差越大，试卷的信度也越大。理想的标准差约为满分与机遇得分之差的 1/6，评价结果的标准差，以与理想值相似为宜。标准差的计算公式如下：

$$SD = \sqrt{\frac{\sum_{i=1}^{N} (X_i - \overline{X})^2}{N}}$$

3. 相关性分析

阅卷后，将得分登记在成绩记录表上，然后计算与同类评价结果的相关性，是分析评价结果的重要方式之一。相关性的大小通常用相关系数（correlation coefficient, r）表示，r 值介于 -1 和 1 之间。当 r 值为正数且达显著水平时，称为正相关，若 r 为负数时，则称为负相关。r 值未达到显著水平时，表示两个评价结果之间呈零相关，亦即不存在任何相关性。r 值越大，表示两组相关越密切。例如，同一组被试对象先后接受了两次测验，若两次测验分数的相关系数为 0.8，表示两者的每一分数间均存在高度的相关性，亦即第一次测验得分高者，第二次测验得分也高，第一次得分低者，第二次得分也低，说明这两次测验具有同质性。因此，相关系数的大小，也可以用来代表测验试卷的信度。

（三）试卷的信度分析

1. 信度的意义及其改进方法

良好的信度是优质学习成就评价工具的重要特征之一。评估信度的资料来自评价结果而非评价工具本身，因此，同一试卷的信度可能因被试对象的不同而有变化。信度（reliability）是指评价结果（分数）与学生真实学习成就之间的一致性，即评价结果的稳定程度。由于学生的真实学习成就不易测量，我们通常需要借助一些评价工具，经多次评测之后，赋予每位学生一个等级或得分，来代表学生的真实学习成就。因此，在评估某一评价工具的信度时，往往需要观察本次评价结果（分数）与其他类似目标的评价结果（即另一次评价的分数）一致性，若一致性颇高（即高分者仍得高分，低分者仍是低分），便可认为该评价结果（分数）就相对稳定。

信度的评估可以帮助命题人员发现评价工具的缺陷，并加以改进，因此，信度是改进命题和评价的一个重要指标。影响评价工具信度的因素有许多，如试题数量、评价结果的分散度、试题难度、区分度等。

（1）试题的数量。随着题数的增加，学生靠猜测而侥幸答对的概率逐渐降低，因此通常题数越多，信度就越高。但是，题数增加就意味着在命题、实施评价、阅卷和统计等工作上花费的时间也相对增加，因此每次评价，应有多少试题才算适当，颇值得斟酌。试题数量并无标准可言，教师应依个人的时间、能力、学科内容、进度及学生的学习状况来决定。

（2）分数的分散度。分数越分散，信度越高。因为分数分散，表示每一得分的差异较大，于是，测验误差对学生名次（或得分）的影响便较小。

（3）试题的难度。就常模参照评价来说，试题太难或太容易均将导致信度降低。

（4）试题的区分度。试题区分度越理想，信度越大。

（5）评价工具的客观性。当其他条件都相同时，利用客观性评价工具所测得的结果的稳定程度通常要比主观性评价工具的高。但这并不意味着主观性评价工具不好。主观型试题和客观型试题各有优势和不足，有时为了达到评价目标，牺牲一点信度是值得的。

2. 信度系数的估算方法

估算信度系数的方法很多，下列为几种常用的方法。

（1）重测法（test-retest method）。即利用同一份试卷对同一被试群体进行两次测试，两次评测之间相隔一段时间，于是每位被试者都有两个分数，然后计算两组分数之间的相关系数。因为这种方法所求出的信度实际上是在测定学生表现的稳定性，因此，又称为稳定信度，也叫重测信度。在实际操作中，采用重测法存在一定的风险，例如，学生对同样的测试题目不感兴趣、两次测试实际的选择较为困难、学生的训练效应等，这些因素都有可能会降低重测信度值。

（2）对等法（equivalent-from method）。又称平行法（parallel-form method），即根据相同的命题双向细目表，制作两份在内容、难度、题目结构和描述，以及题型等方面尽可能类似的试卷，然后分别用这两份试卷来测验同一被试群体（可连续或相隔一段时间施测），每位学生各得两个分数，两组分数之间的相关系数。这种信度旨在测定分数的对等性，这两份试卷互称为复本，得出的信度也叫复本信度。复本信度可以在某种程度上弥补重测法的不足，但是依然无法避免两次测试带来的工作负担。

（3）分半法（split-half method）。即在实施测验之后，将每一份试卷的奇数和偶数题号的题目分别计分，于是每一份试卷便可得到两个分数。然后求出所有学生的奇数题得分与偶数题得分之间的相关系数，以 R_{hh} 表示，再利用斯皮尔曼 – 布朗校对公式（Spearman-Brown formula）计算分半信度系数 R_{XX}。其计算公式为：

$$R_{XX} = \frac{2R_{hh}}{1+R_{hh}}$$

分半法在某种程度上可以克服重测法和对等法的不足，通过一次测试即可计算评价工具的信度，操作起来更为便捷。

（4）库李法（Kuder-Richardson method）。库 – 李二人于 1937 年提出一些评估信度的公式，其中比较常用的有两个公式，称为 KR_{20} 和 KR_{21}，计算公式如下：

$$KR_{20} = \frac{K}{K-1}\left[1 - \frac{\sum p_i q_i}{S_X^2}\right], \quad KR_{21} = \frac{K}{K-1}\left[1 - \frac{\overline{X}(K-\overline{X})}{KS_X^2}\right]$$

K：试题数；p：答对某一试题的学生所占的比例；q：答错某一试题的学生所占的比例（$q=1-p$）；S_X：标准差；$\overline{X}$：平均分

当评价工具的难度大体上均在 50% 左右时，用 KR_{21} 来计算信度比较简便。但在实际情况下，很难保证评价工具所有试题的难度保持一致，各试题的难度变化较大，使用 KR_{21} 往往会低估信度，通常会采用 KR_{20} 公式计算信度。库李法实际上是在估算评价工具的内部一致性（internal consistency）。由于库李法基本上假设所有试题都是均质的，因此不适合用来求取快速测验（speed test）的信度，因为在快速测验中，有些学生无法做完所有题目，将导致 KR_{20} 或 KR_{21} 信度系数的混乱。

以上所述 4 种计算信度的方法之中，由于分半法与库李法均只需进行一次测验，实施起来比较容易，因此教师进行学习成就评价时，常用这两种方法来评估信度。

（四）试卷的效度分析

效度（validity）是指测验结果的准确性。换言之，就是指一个测验能够测量到其欲测量的特质的程度。就学习成就评价的范围来说，所谓效度是指评价工具能够在多大程度上精确地测出学生的真实学习成就。如果同一测验使用的目的不同，则关注的效度类型也不相同，效度估计的方法也就不同。效度通常包括表面效度、内容效度、结构效度、效标效度等。表面效度是指评价工具中试题的文字描述是否准确、图片是否清晰等，通常可以请同事进行审阅修订。内容效度是指评价工具中的试题与评价目标的匹配程度，通常需要该领域的专家进行审查，并提出修改建议。结构效度是指可同时测查多个潜在特质的同一评价工具中多个潜在特质是否具有独立性，即一个评价工具所要测查的多个潜在特质相互独立存在，且共同为评价工具做出显著性的贡献。效标效度是指在评估新开发的评价工具的准确性时，需要以一个公认的测查同一潜在特质的评价工具作为参照系，利用两个工具对同一被试群体进行评价，然后分析两次评价结果的相关性，如果二者高度正相关，表明新开发的评价工具具有较高的效标效度。为了提高评价工具的效度，需要注意下列事项：

（1）答题说明应明确详尽，避免学生产生混淆或误会。

（2）试题的描述需简洁清晰，避免使用生涩的词汇和句子，减少学生因无法看懂而无从下笔答题的情况发生。

（3）语意要清楚明确，不可模糊。

（4）试题数量不可太少。

（5）编题时不可有意无意地在题目中提供任何与答题有关的线索，导致学生猜题。

（6）试题难度应适当。

（7）试题应尽可能评测重要的学科概念、思考过程、认知水平等，而不宜故意设置陷阱，评测一些琐碎、零星的记忆性知识。

（8）试题的排列次序应先易后难，以免学生花太多时间在较难的题目上，以致时间不足而放弃了一些容易的试题。

（9）信度是效度的必需条件，因此，要提高评价工具的效度，需要首先保证评价工具具有较高的信度。

第四节 实 作 评 价

学生的学习成就是多领域多方面的，有些学习成就无法用传统的纸笔形式来准确评价，如表达交流能力（如口语表达、汇报、演讲、写作等）、心因动作技能（如实验室内的仪器操作等）、应用概念和相关能力解决实际问题和情感态度特质（如团队合作、科学态度和精神、遵守规定）等。这些成就都强调实际的表现行为，需要教师根据学生实际表现的有效性或最后完成作品的品质，分别或合并地进行判断（或评分），以判定学生在这些方面学习成就的高低。这种依据学生实际行为表现进行的评价方式，称作实作评价（performance assessment）。

实作评价是介于评价认知能力所用的纸笔测验和将学习成果应用于真实情境中的表现二者之间，在仿真各种不同真实程度的评价情境之下，为教师提供一种评价学生实作表现的方法。因此，实作评价可定义为：具有相当评价专业素养的教师，编拟与学习成果应用情境相类似的仿真测验情境，或真实的测验情景，让学生表现所知和所能等学习成果的评价过程。

实作评价的重点是对实际表现的过程、作品，或这两者的组合的评价，评价的重点要视实际表现活动的性质而定。在教学之初，教师会比较重视正确的表现过程，而当学生逐渐熟悉正确的表现过程后，则会将注意力逐渐转移到作品的品质上。实作评价的含义与其他一些名词的含义相近似，如另类评价（alternative assessment）、真实评价（authentic assessment）、直接评价（direct assessment）等。除此之外，档案袋评价（portfolio assessment）、动态评价（dynamic assessment）的方法和技术也和实作评价有诸多共同之处。实作评价在国际科学教育中日益受到重视，多元化评价已成为科学教育评价的发展趋势。我国在近年来也逐渐开始重视采用实作评价的方式对学生进行综合素质评价，从而反映学生多方面的综合学习成就。

一、实作评价的类型

实施实作评价的情境越接近真实情境，越能反映出学生的真实技能。但是，有时真实情境难以在教学评价中得以复制，在实际操作中通常使用仿真情境来替代。仿真情境越接近真实情境，实作评价的结果就越具有教学期望结果的代表性，越能符合教师期望学生真实达成的重要学习目标。

因此，根据施测情境的真实性程度来分，在教学情境下常用的实作评价可以分成下列 5 种类型。这 5 种评价方法之间可能存在某种程度的交叉或重叠，教师在使用时应视所要评价的技能特质而决定。

1. 纸笔表现

纸笔表现（paper-and-pencil performance）有别于传统的纸笔测验，它是一种强调在仿真情境中应用知识和技能的评价方式。应用这种纸笔表现评价，可以获得教学所期望达到的学习成果，或作为在更真实情境中表现（如实际操作某种仪器设备）的初步评价。

在许多教学评价的案例中，纸笔表现也可以促进有意义的教学成果。例如，在生物学课程的教学中，教师通常都会要求学生提交学期报告或各种不同类型的作业（如一个实验设计、野外考察报告、实验报告等），将其作为学生学期成绩的评价依据之一。这些作业都要是通过纸笔表现的评价，来确认学生在课程上的学习成就，以及获知是否达到本课程所设定的学习目标。因此，纸笔表现本身就是一种有价值的评价活动。

2. 辨认测验

辨认测验（identification test）是指由各种不同真实程度的测验情境所组合的一种评价方式。例如，在某些情境下，要求学生辨认一套工具或一组器具，并且指明它们的功能；给学生一些植物标本，让其辨认其所属的植物类群，或制作分类检索表，将这些植物区分开来；要求学生辨认执行某种特殊实验所需的仪器设备和程序等。

3. 结构化表现测验

结构化表现测验（structured performance test）是指在标准且有控制的情境下进行的实作评价。测量表现的情境是非常结构化的，要求学生都能表现出相同的反应动作。例如：要求学生按照规范调试显微镜，观察到含有特定结构的物像。

编制一份结构化表现测验，需要遵守的编制原则和编制其他类型试题的成就测验一样。编制过程比一般成就测验要更复杂。由于测验情境很难被完全控制和标准化，因此需要教师花较多的时间做相应准备和进行施测。测验结果的评分也相对难一些。为了增强测验情境的真实性，测验情境就必须经过标准化，测验指导语也必须详细地描述整个测验情境所需要表现的是什么，以及在什么条件下该展示出何种表现等，以方便每位受试者都能明确遵守。在设定可以被接受的最低表现水准时，必须使用操作性定义（operational definition）的方式，以可被观察到的、可测量到的和可被量化的数字等形式来加以描述和界定最低表现水准，这样才能使评价结果具有客观性与公正性。这些操作性定义可能是有关测量的精确性（如测量气温，精确到小数点后第二位小数）、适当的步骤和顺序（如按照标准的操作步骤调试显微镜）、遵守操作规则（如实验完毕后将实验台上的器具摆放整齐，并合理地处置实验材料）或表现的速度（如在 7 分钟内完成实验操作，并记录实验现象）等。

4. 仿真表现

仿真表现（simulated performance）即为配合或替代真实情境中的表现，局部或全部仿照真实情境而设立的一种评价方式。例如，生物学教学中要求学生掌握杂交实验的人工去雄和授粉技术，提供塑料花和其他工具及试剂进行操作或评价就是一种仿真表现。在社会科学课程中，学生通过角色扮演去模拟法庭审判、市政会议的进行或应聘工作的面谈活动等，也是仿真表现。在某些情况下，可利用特殊设计的仿真仪器作为教学和评价的工具。例如，在飞机驾驶的技能训练中，学员多半是利用仿真仪器进行训练和接受测验的，这类仿真仪器不仅可以提供逼真的仿真情境，供教学训练和测验之用，还可以在技能学习与发展初期，避免发生伤害或昂贵仪器设备损毁等危险情况。一般说来，仿真仪器常在各种职业训练课程中使用，它是提供真实表现评价的一种最佳辅助工具。

5. 样品模板

在实作评价的各种类型中，样品模板（work sample）是真实性程度最高的一种评价方式，它需要学生在实际任务中表现出所要测量的全部真实技能。样品模板包括全部表现中最重要的元素，并且是在控制良好的情境下进行表现的。例如，要求学生制作一个 DNA 结构模型，模型的质量反映了学生对 DNA 结构的理解情况，如碱基互补配对、双螺旋结构、双链反向平行等，而制作模型所用的材料并不是评价的重点。样品模板的评价方法在职业技能表现和许多可以复制的教学情境上应用十分广泛。

二、实作评价的实施步骤

实作评价比较关心的是学生如何应用知识和技能于实际任务活动，以及在接近真实的施测情境中产生作品成果。虽然进行实作评价的情境很难完全控制，而且也难以标准化，施测前的准备工作比较费时，评分也很难客观和公正；但是实作评价所使用的工具或评价过程可跨人、跨班、跨校、跨年度或跨区域连续使用。因此，要顺利地实施实作评价，需要掌握实作评价的设计步骤。

1. 确立实作评价的目标

实作评价也像其他教学评价一样，需要教师在教学之前就明确对学生学习后的表现预期。清楚明确地陈述期望学生达到的表现成果将有助于教师选择恰当的评价方法，进行客观、公正的评价。

确立实作评价的目标，典型的方法是使用工作或作业分析来确认影响表现的最重要的因素是什么，或明确地列出更细节的表现行为是什么。列出这些细节的行为目标将有助于教师进行更精确的观察和判断。教师可以根据这些目标重点进行教学指导，对学生在这些项目中的行为表现进行精确的观察、记录、做出判断，根据观察结果给予学生即时性的指导与矫正，达到随时教学、随时反馈、随时校正及随时补救的目的；教师也可以直接给予学生一个公正、客观且合理的评分，并将其作为学生的学业成就。教师可以将学生多次实作评价的结果制作成统计图表，以观察学生学习的进步情形，作为成绩报告的重要依据。

2. 确认实作评价的标准

在确立好实作评价的目标后，要详细说明细节行为的项目，以及教师所期望学生达到的表现标准（performance criteria）。换句话说，教师必须确定实作评价的重点是放在过程上，还是放在作品上，或者两者都有。

一般而言，实作评价在下列情况下可以将其重点放在过程的评价上。

（1）没有作品成果可以产生，或作品成果评价不可行。例如：无法获得这类资料或评价的成本太高；

（2）过程能够排序，并且可以直接进行观察；

（3）正确的过程对评价任务的完成具有至关重要的作用；

（4）过程步骤的分析有助于提高成果品质。

实作评价将重点放在作品或成果的评价上适合下列情况。

（1）不同的过程都可以产生相同的作品或成果；

（2）难以获得关注任务过程表现的观察资料，如课外调查等；

（3）学生对表现过程和步骤已经驾轻就熟，在此次实作评价中不必再收集这方面的资料；

（4）作品或成果具有可被辨认和被评判的特质。

在某些情况下，过程和作品成果都是构成实作表现的重要部分，缺一不可，并且二者均具有可测性，此时，实作评价应该根据评价目标来确定。过程及作品的评价成效取决于表现标准是否能够被清楚地界定、观察和测量；一个明确界定和说明清楚的表现标准是教学和评价取得成效的关键因素。

为了实现明确界定表现标准，教师可参考下列建议。

（1）确认即将被评价的整体表现或作业之前，教师自己先亲自完成实作任务，记录所有可能的表现成果。即教师先做预试，并记录可能出现的表现。

（2）列出构成这些表现或成果的重要方面和因素，它们是指导观察和评价的表现标准。

（3）将表现标准的条目数量控制在 10~15 个，以方便进行观察和判断。

（4）如果可能的话，邀请多位教师共同决定一项实作任务所应该包含的重要表现标准。

（5）用可观察到的、可测量的及可量化的学生行为或成果特质等来界定表现标准。

（6）避免使用含糊不清的字眼（如正确地、适当地、良好的），要明确表现标准的具体内涵。

（7）按照学生在实作任务中的表现顺序呈现表现标准的条目，以便进行观察和判断。

（8）检查是否已有现成的实作评价工具，若没有的话，再自行编制。

3. 提供适当的表现情境

界定表现标准后，教师需要选择可供学生展示表现成果的施测情境，这些情境可以是教室内自然发生的情境，也可以是教师特别设计的仿真情境。至于选择何种施测情境，则要根据所要评价的表现或成果特质而定。一般而言，施测情境的选择需要考虑两个方面的因素：①教室中自然发生的表现频率；②评价结果所做决定的重要性。

在正常的班级活动中，如果某项表现发生的次数不是很频繁的话，教师则需要设计特定的情境，为学生在该情境中表现出所期望的行为提供机会。另一方面，如果某项表现在班级活动中频繁出现，就可以将其视作班级教学活动的一个组成部分，在自然情境中进行观察和记录即可，而不需要另行设计情境进行观察和评价。例如，在评价学生的学习态度时，将课堂主动发言次数作为评价指标之一，这种情况下就无须特别设计评价情境，只需在课堂上记录学生主动发言的日常表现即可。

其次，根据实作评价结果所做决定的重要程度来决定观察情境的取舍。一般而言，所做教学决策越重要，所需要的评价情境就应越结构化。而当教学决策的重要性不足时，施测情境的条件要求也就不必那么严格，只要每位学生都有机会展示出相应的表现即可。例如，同一个评价任务——操作显微镜，如果是用于检验学生是否能够正确使用显微镜，施测情境就不必那么严格；如果是用于选拔学生，则施测情境就应结构化，对施测时间、学生所要表现出的行为、结果和评定等级等均须进行详细的描述。

安排实作评价施测情境的另一个考虑重点，即是到底需要多少信息才能做出决定。例如：针对学生的表现成果，单独进行一次观察能做出决定吗？是否需要教师多次观察学生的表现，才能做出可靠的决定呢？不管评价的本质如何，单独一次的观察结果仅能代表学生表现的样本行为之一，若从测量的观点来看，学生单独一次的表现行为，通常都不具有真正成就的代表性。因此，为了证明某位学生是否已学会做某件事，收集多次的表现资料是必须的。至于用来做成决定所需的观察次数，则可以依据做成决定的重要性、完成单独一次观察所需的时间，以及教师是否已收集足够的学生表现行为样本而定。

4. 选择计分和评定方法

实作评价的评分方法包括整体评分法（holistic scoring）和分析评分法（analytic scoring）两种，采用何种方法视做出的决定本身的重要性而定。如果教师所做的评价决定只是一般性质，如分组或评定成绩等，则使用整体评分法最为适当，因为这类决定只需教师提供单一的整体分数即可。如果教师所做的评价决定是诊断学习困难及了解学生熟练表现水准，则以使用分析评分法最为恰当，因为这类决定通常需要教师针对各种表现标准提供多种的评分结果。

三、实作评价的方法

所谓实作评价的方法就是可以用来作为收集和记录学生表现行为的工具。较常用的实作评价方法主要有。

1. 系统的观察和轶事记录

系统的观察和轶事记录（systematic observation and anecdotal record）指在自然情境下观察学生的表现，是一种最常用的实作评价方法。但是，一般的教师却很少对学生的日常表现行为进行系统的观察，更没有留下任何观察记录，这实在是非常可惜。这项缺憾，对于简单的表现作业，也许很容易就能被补救过来。例如，正确的观察显微镜的姿势或正确的图名标示法等，只要使用非正式的观察，即可针对学生的缺失进行矫正，甚至完全补救过来。然而，对于较复杂的表现行为和情境，则必须进行系统的观察，并且有观察记录才能提高未来评价的客观性、意义性和有效性。

虽然通常观察都是依据检核表及评定量表来进行的，但是有时不具结构化的观察和记录也是有必要的。例如，观察并记录学生如何进行一项工作，在完成工作上的专注情况和细心情况等，对于评价学生在该作业表现上是否达到满意的程度，是一件很有意义的事。又如，观察到某位学生在每个步骤上都需要别人帮助、同时也有学生能够提早完成作业而主动去帮助其他同学等事实，这些在表现过程中所观察到的重点，常在结构化的观察中被忽略掉，但却可以在轶事记录中详细记载清楚。

轶事记录即为一种针对有意义的偶发重要事件，做扼要的事实说明和描述的记录。它的内容包括被观察到的行为、发生的情境及针对此事件的个别诠释。虽然保留完整的轶事记录是相当费时的，但是却可以将之局限在某种方便掌握的范围内。例如，只针对某种行为形态（如安全）或针对最需要帮助的个人（如缓慢、粗心的人）做记录即可。

另一种与轶事记录相似的工具，称作个人记录卡。个人记录卡纯粹是供教师记录学生个人资料信息而使用的，不是给学校、家长或其他教师看的，只是用来作为教师了解学生个别行为及辅导学生改进学习和偏差行为的辅助工具，通常在学期结束时即予以销毁，以防资料外流造成不良影响。

我们所需要的记录，是一种针对重要事件所做的简短、客观且自足的描述，以及对事件所隐含意义的个别诠释。当我们针对某个特定对象去累积有关他的观察记录资料，一段时间后便可以获知有关他的典型行为。

通常，使用系统的观察和轶事记录的适合情况和需要注意的问题有：

（1）事先已决定好要观察的表现行为；

（2）当有意义的特殊事件成为注意焦点时；

（3）在事件发生后可以立即做记录的情况；

（4）保留足够信息可供事后了解之用；

（5）每次观察或记录都只针对单一特殊事件来进行；

（6）积极和消极的偶发行为也都可予以记录；

（7）所观察的事件和所作的诠释（或评论）必须分开处理。

2. 检核表

检核表（checklist）是一组列出表现或成果的测量维度，并且提供简单记录是否判断的资料表。例如，如果要使用检核表来评价一组过程时，只要依序列出这些评核维度，然后观察者逐一核对每个被观察的表现是否发生或出现即可；若该表现行为已出现或发生时，则观察者只要在表前的适当空格中打个"√"号，做个评核记录即可；若该表现行为未曾出现或发生时，则观察者不需要留下任何记号，直接跳至下一个观察项目，继续评核即可。

一份用来评价行为表现或作品成果的检核表，一般都包括两个部分：①列出描述该行为表现的状态或作品成果的重要维度（如大小、颜色、形状等）；②根据评价特质的结果，提供打"√"号或做任何记号的空白处。因此，检核表将引导评价的注意力集中到所要观察的维度上，并且提供一种方便做出判断的记录工具。例如：表9-4是一个比较完整的"种子发芽是否需要土壤"的实验评价检核表。

表 9-4 "种子发芽是否需要土壤"实验评价检核表

学生姓名： 班级： 检核人：

检核表现	通过	不通过
1. 实验设计		
（1）取两个培养皿，分别写上甲、乙	□	□
（2）在甲培养皿内，盛满泥土，并用水浇湿	□	□
（3）在乙培养皿内，放一些湿棉花	□	□
（4）在这两个培养皿中各放 10 颗绿豆种子	□	□
（5）同时将两个培养皿放在日照条件相同的地方	□	□
2. 观察绿豆发芽的情形		
（1）每天保持甲培养皿中土壤的潮湿	□	□
（2）每天保持乙培养皿中棉花的潮湿	□	□
（3）3 天后纪录甲培养皿中绿豆发芽数	□	□
（4）3 天后纪录甲培养皿中绿豆发芽数	□	□

续表

检核表现	通过		不通过
3. 作品评价	优	良	加油
（1）甲培养皿水分的控制	☐	☐	☐
（2）乙培养皿水分的控制	☐	☐	☐
（3）甲培养皿中绿豆发芽数	☐	☐	☐
（4）乙培养皿中绿豆发芽数	☐	☐	☐
（5）甲培养皿中绿豆幼芽生长情形	☐	☐	☐
（6）乙培养皿中绿豆幼芽生长情形	☐	☐	☐

本检核表使用说明：

（1）评价单元：被子植物的一生——种子的萌发

（2）资料来源：（略）

（3）评价目标：①能控制变量、完成实验操作，验证种子发芽时，是否需要土壤。②能由实验结果说出种子发芽时，不需要土壤的养分。

（4）评价项目：评价项目分为 3 个部分，详见评价检核表。

（5）评价方法：①本评价在单元教学中实施，采用个别施测方式。②评价分成操作过程检核与作品评价两部分：操作过程检核又分成实验的设计和观察绿豆发芽的情形 2 项，由小组长检核；作品评价由教师评价。③操作过程检核是各组学生依次序操作检核表的各个步骤，由小组长检核。④小组长由教师挑选班级成绩优良者担任，在检核前须进行训练。

（6）实施步骤：①教师对小组长进行检核与评价。②对小组长进行检核训练，说明检核标准与注意事项。并由一名小组长操作其他小组长检核，核对检核结果，检讨可能的差异原因。③先实施操作过程检核，再请小组长将检核结果与甲、乙两培养皿送交教师，最后由教师实施作品评价、评定成绩。

（7）检核或评价标准：①操作过程检核：各组学生在实作过程出现（或完成）该检核项目的动作，则在评价检核表中"通过"下面的☐内打"√"；如果未出现（或完成）该检核项目的动作，则在评价检核表中"不通过"下面的☐内打"√"。②作品评价：教师根据下列标准进行评价，教师在学生表现的优、良或加油下的☐内打"√"。

评价项目与标准	优	良	加油
1. 甲培养皿水分的控制	湿度恰当	土壤表面积水	绿豆完全在水中或完全没水
2. 乙培养皿水分的控制	湿度恰当	棉花表面积水	绿豆完全在水中或完全没水
3. 甲培养皿中绿豆发芽数	7颗以上	4~6颗	3颗以下
4. 乙培养皿中绿豆发芽数	7颗以上	4~6颗	3颗以下
5. 甲培养皿中绿豆幼芽生长情形	健壮（5 cm以上）	中等（0~4 cm）	没发芽、腐烂、枯萎
6. 乙培养皿中绿豆幼芽生长情形	健壮（5 cm以上）	中等（0~4 cm）	没发芽、腐烂、枯萎

（8）计分方式：操作过程检核占36分，作品评价占36分，基本分28分；操作过程检核共9项，每项通过者得4分，未通过者得0分。作品评价共6项，每项评优者得6分，评良者得4分，评加油者得2分。

（9）结果运用：完成评价后，评价检核表随同作品分发给学生，使学生了解其学习成果；教师可进行补救教学或个别指导参考；评价标准、计分方式仅供参考，教师可根据情况进行调整；评价检核表得分与纸笔测验结果，可共同作为学生在该单元的学习成绩。

3. 评定量表

评定量表（rating scale）类似检核表，都是用来作为判断过程和成果的一种评价工具。两者的主要差别在于，检核表仅提供是或否等简单的二分法判断，而评定量表是评定某个表现出现的频度大小，它所评价的表现行为特质通常都属于连续性变量资料，但这种资料可被人为地分成少数几个等分。例如，李克特型五点评定量表（Likert-typed five-point rating scale），即是将评定量表所使用的评定等级分成5个固定的数字评定选项，然后要求评价者依据所属特质的程度，在适当的数字评定选项上勾选作答。当然，评定量表不一定只限制使用5个固定的评定选项，使用其他数目的评定选项也可以。通常，评定选项数目为3~7个。同检核表一样，评定量表也是引导将评价的注意力集中到所要观察的维度上，并且提供一种方便做出判断的记录工具。例如，表9–5即为"学生生物课态度调查量表"的部分内容。这种量表常用于学生自评，教师经过统计分析得出数据，可以看出群体的趋势，或某种教育措施实施前后的变化情况。

表 9–5 生物课态度调查量表之一：学习方法

题号	内容	1 极赞同	2 赞同	3 中立	4 不赞同	5 极不赞同
1	我喜欢实践性工作					
2	我愿一个人独自做而不是分小组做实验					
3	我应当就自己的实验提出建议					
4	我不喜欢操作仪器					
5	在小组中学习比自己独自学习效果好					
6	我在做实验中学到了很多东西					
7	熟记学习的东西可以使动手做做得更好					
8	如果我回答错了，老师通常会和我耐心地讨论					
9	老师通常很忙，我不喜欢在课后提问题					
10	如果老师不知道答案，老师应该如实说					
11	自己做实验有利于我理解书本知识					
12	如果为考试而学习，我只要学习书本就可以					

说明：本评价量表没有正确和错误答案之分，请根据自己的实际情况回答。每项内容只能选择其中一个选项。

4. 作品量表

作品量表（product scale）的格式与评定量表相类似，其内容包括一系列足以反映出各种不同品质程度的样本作品。例如，在学生制作作品的评价中，我们可以挑选 5 份作品品质在优秀—低劣的连续量尺上大约等距的作品样本，然后依序给予每份作品样本标上数字（如 5、4、3、2、1），数字越大代表作品的品质越高，数字越小即代表作品品质越差，这种量尺表示法即为作品量表。接着，将每位学生的作品依序与这 5 种样本做对照，看看每位学生的作品符合哪一种样本，即得该样本代号的分数，该分数即用来表示作品的品质值。例如，某学生的作品品质接近 3 号样本，他的得分即为 3 分。这种评价使用的是整体的判断法，因此往往用于整体判断可行的过程或作品评价之中。

5. 档案夹

通常，使用系统观察及轶事记录、检核表、评定量表及作品量表等方法，所搜集的实作评价资料，多半是一次仅针对一件表现行为事件来进行的。如果要收集到更多足以代表学生典型行为的表现样本的话，则档案夹的搜集工作也许可以组合起来当作实作评价使用。例如，有关学生写作的档案夹可以用来评价他们的写作技能，或者绘画方面的档案夹可以用来评价他们的美术技能。在某些情况下，所有教室内表现成果的档案夹，都可以被当成一个整体来加以组织和运用。因此，所谓的档案夹，即是指用以显示有关学生学习成就或持续进步信息的一连串表现、作品、评价结果和其他相关记录等资料的汇集，它不光只是收集学生作品的档案夹而已，而是更具意义地收集学生迈向重要课程目标的成长与发展方面的相关作品样本。近年来，由于档案夹评价（portfolios assessment）具有诸多使用优点，因此它在教室情境下的应用，已逐渐受到学校教师们的重视。

一般而言，放入档案夹里的内容，可以是有关学生表现的书面资料（如论文、研究或实验报告）、影像资料（如实验操作录像和课堂发言等）。例如，一个学生的实验报告档案夹可用来测量学生的有关实验过程技能中的交流、表达数据、分析数据、得出结论等技能，并用来评价学生的进步情况，供教师诊断其需要改善的地方。

档案夹成果的评价，多半是以整体评分法、分析评分法或这两者的综合为基础。整体评分法是以整体的印象为评分基础，而不考评构成整体的个别细节部分，在整体判断确立之后，才给予每件作品或成果评定一项数字分数。整体评分法通常假设一份良好的作品或成果绝非仅由部分元素的总和构成，因此，获得该作品或成果的整体印象后才予以评分，才不会有见树不见林的失真感。所以，整体评分法的过程，先是迅速地评阅一遍作品或成果，然后根据所获得的印象给予分数的评定。例如，就实验报告评价为例，评分者很快速地浏览每份实验报告样本，以获得一个整体的印象，然后分别给予4到1分不等的评分。一般说来，最常使用的评定点数为4~8，由于使用偶数点分数可以避免评分落于中间时的争议情况，因此比较受到欢迎。

相对的，分析评分法则需要针对构成每件作品或成果的每个重要细节部分进行判断。例如，在评价学生科学小论文写作技能时，诸如文章的组织结构、词汇表达、写作格式、立论观点和字迹的工整性等，都可能被列为评价的重点，并被分别进行评分。一般说来，检核表或评定量表即可用来评价每个细节部分，并且在量表上预留一空白处，以供记录判断结果或进行评论之用。

（王　健　张海和）

🔍 **思考与练习**

1. 结合自己的学习或教学实际，分析一次具体的教学评价活动的评价目的和意义，并做出相应的评论。

2. 针对当前生物学教育实际情况，阐述效标参照评价的意义。

3. 以初中或高中生物一个单元为内容，以小组为单位合作编制一份单元测验计划和测验试卷。

4. 以初中或高中生物某一实验为背景设计一份实作评价方案。

📧 **更多数字课程学习资源**

✏️ 本章小结　　📖 参考文献

第十章

生物学校外活动与教学中的安全

◇◇

📍 **本章学习目标**
- 1. 举例说明生物学校外活动的种类。
- 2. 概述生物学校外活动策划的方法。
- 3. 会设计生物学校外活动方案，并论证其可行性。
- 4. 提出完善生物学校外活动的管理与指导建议。
- 5. 举例说明教学安全的防范措施。

　　生物学是自然科学的基础学科，是研究生命现象和生命活动规律的科学。对生命现象和生命活动规律的研究不能局限在教室内，因此生物学校外活动也是生物学教学的重要组成部分。本章将重点介绍生物学校外活动的不同类型及教师开展和筹划生物学校外活动的相关策略。此外，本章还将给出生物学教学中涉及实验室及野外活动安全的相关教学建议。

第一节　生物学校外活动的种类

　　仅仅在教室和实验室中学习生物学是远远不够的。学校以外的环境中，如森林、河流边、博物馆、科技馆等很多校外的环境中都可以开展生物学学习。在校外的环境中开展生物学学习，简称生物学校外活动，这是生物学课程的组成部分。生物学校外活动，主要是在教师的引导下，学生以"身边的生物学"问题为核心，在充分开发和利用校外资源的基础上，开展各类探究和实践活动。

　　生物学校外活动，旨在通过丰富多彩的学习资源、自由开放的学习氛围、自主的学习方式，更全面地提升学生的生物学素养。通过开展生物学校外活动培养学生深层次的实践能力，已经成为生物学课程拓展的重要方式。按照指导方式等可以简单将生物学校外活动分为科技类博物馆中的生物学校外活动和小课题类生物学校外活动。

一、科技类博物馆中的生物学校外活动

在科技类博物馆中，核心的部分当然是展品，这是科技类博物馆中最大、最丰富、最有特色的资源。例如，自然博物馆中常常包含各种各样的鸟类标本、昆虫标本、植物标本；有些自然博物馆中还设计了不同类型的生态系统展览；多数科技馆都设计了生命科学展区，如中国科技馆生命科学展区中设置了细胞模型、植物的年轮模型、达尔文雀模型等。科技馆中还有一些互动性非常强的展品，可以很好地激发学生的学习兴趣和热情。利用科技类博物馆中的丰富生物学展品资源，教师可以开展丰富的生物学校外活动。

1. 科技类博物馆中生物学校外活动的目标

遵循"提高生物科学素养、面向全体学生、倡导探究性学习和注重与现实生活的联系"的课程理念，生物学校外活动的目标也要与之一致。在科技类博物馆这样的特殊环境中开展生物学校外活动，其目标主要体现在以下几个方面。

（1）拓展生物学不同主题的知识，发展生物学核心概念的深入理解。

（2）养成主动获取、利用信息的学习习惯和主动探究的态度，善于提出革新性、创造性见解，为终身学习奠定基础。

（3）善于与他人沟通、联系、合作、交流，并能与他人分享不同意见和信息，有效地利用工具和符号表达个人的主张、观点和思想感情。

（4）认识科学、技术、社会的相互关系，发展对自然界的关爱和对社会、对自我的责任感，从而形成社会发展和生活方式变革所需求的基本品质。

2. 科技类博物馆中生物学校外活动的特点

科技类博物馆中开展生物学校外活动，与学校的生物学实验室中上课的氛围有较大不同。科技类博物馆中拥有丰富的展品，比如标本或者实物、装置或模型，特别是一些博物馆中还有动态互动展项，比如一些沉浸式体验场景和可互动的操作性展品。此外，科技类博物馆中还常常设有一些科学秀表演、科学家的科普讲座、科学电影或者纪录片展映等活动，都可以成为生物学校外活动的组成部分。

在科技类博物馆中开展生物学校外活动，以研学性质的活动为主。研学活动应为课堂教学的延伸与拓展；充分利用科技类博物馆的展览资源；强调跨学科整合和大概念的理念。基于科技类博物馆的生物学选修课程一般有强调和深化科学探究、拓展主题学习等作用。

二、小课题类生物学校外活动

20 世纪 90 年代以来，世界各国都在不断地加强中小学生的实践活动。美国一些州中小学实施了设计学习（project or design leaning）或应用学习（applied

learning）；法国中小学实施了"动手做"（hands-on）；日本规定中小学必须实施"基于课题的探究学习活动"和"体验性学习活动"；我国新一轮基础教育课程改革指导纲要规定：综合实践活动是九年义务教育阶段和高中阶段学生的一门必修课程。同时，在我国第八次基础教育课程改革中，推行研究性学习课程。能够看出，让学生通过实践的方式学习和提升，已经成为世界各国教育的共同趋势。

1. 小课题类生物学校外活动的目标

小课题类的生物学校外活动，由于贴近学生生活，贴近学生兴趣，一直受到学生的欢迎。随着研究性学习课程的推进，小课题类的生物学校外活动得到更多的实践机会。这类探究活动，一般以生物学知识为依托，以学生的兴趣等为基础，由学生自主开展完成。

遵循生物学的课程理念，小课题类生物学校外活动特别强调以下学习目标。

（1）发展实践能力，学会在自己的生活中发现问题、用所学知识分析问题并解决问题的方法和技术，提高生物科学素养。

（2）深入发展科学探究能力，学会充分利用有形的展品资源和无形的人文资源，开展真实的、独立的研究。

（3）善于与他人沟通、合作，并能与他人分享不同意见或信息，有效地利用工具和符号表达个人的主张、观点和思想感情。

2. 小课题类生物学校外活动的流程

小课题类生物学校外活动需要学生自己设计课题、查寻资料、独立研究、动手操作、分析结果、写出论文的一系列活动。学生不一定经历整个流程中的所有环节。教师也可以给出课题，学生完成其他部分。不同环节的顺序可以前后调整，学生可以先搜寻资料，然后确定课题的具体思路和问题，也可以先设计好题目后再去查找资料。有时候，有一些环节是贯穿始终的，如查询资料，在很多环节都会用到。

学生通过完成上述流程，能够获得在生物课堂上难以获得的综合性知识和社会学信息，不仅优化了知识结构，还培养了崇尚真理的科学精神、锲而不舍的科学品质、严谨的科学态度、正确的科学方法、必备的科学能力和与人合作的团队作风。

第二节　教师开展校外活动的筹划和组织

生物学校外活动实施的关键在于教师。生物学校外活动的管理方法和指导策略及组织都不同于生物学课堂教学，在开展校外活动之前，生物学教师要做好充分的准备。

一、生物学校外活动准备阶段

在准备阶段，生物学教师需要重点做好学生情况分析和学习资源分析。基于这两个方面的分析，明确指导策略，组织学生开展活动。

1. 学生情况分析

学生是活动的主体，他们的活动热情、活动能力、自我管理能力将影响活动的结果。因此，教师只有多方面了解学生，才能当好学生的参谋，并根据不同学生的具体情况制定不同的指导策略。

（1）了解学生的兴趣所在。例如，对生物学哪些领域有偏爱，喜欢看生物学哪方面内容的书籍，对生活中的生物现象是否有好奇心，涉猎知识的范围是否广泛，对生物学校外活动的态度是否积极，参与的热情是否高涨等。

（2）了解学生的智力状况。例如，想象力是否丰富，发散思维、逆向思维、批判性思维的程度如何，是否善于自学，思维的独立性如何等。

（3）了解学生的活动能力。例如，是否愿意与同学、老师、家长进行交流，是否敢于向陌生人请教，是否愿意到一个不熟悉的部门去采访，是否愿意向别人表达自己的观点和思想，合作意识程度如何，平时遇到挫折会采取什么态度，希望从教师那里得到哪些帮助等。

2. 学习资源分析

首先，根据所在学校的地域（城市、城镇、乡村）以多种途径了解校外学习资源的分布。然后，根据学科特性确定哪些是生物学校外活动可利用的学习资源，特别注意人力资源的分析。最后，在学生自行开发学习资源时，胸有成竹的教师便可提出供学生参考的意见。

3. 指导策略

在生物学校外活动中，教师要当好导演的角色，必须形成带有教师个性色彩的指导策略，正确的指导策略是提升学生活动兴趣、保证活动顺利进行的一种有效形式。

（1）激励。学会欣赏学生是教师教育观念转变的标志之一。即使学生某次活动直接成效不大，也会有其他方面的收获。赞扬、认可、鼓励、支持是必要的，要让学生都有"我能行""我会成功"的信心。

（2）信任。给学生足够的信任，在活动中放手让学生去做一些陌生的事情，会使他们有强烈的责任感。

4. 优势劣势分析

校外活动开展前，生物学教师要对自身及各方面的情况做详细分析，包括自身具备的优势分析，同时也要对面临的困难和问题做好充分的准备。具体的分析，可以从以下几方面开展。

（1）优势分析。分析教师自身在专业知识、心理性格、兴趣爱好方面的优势；分析学生创造潜能方面的优势；分析家长专长、业余爱好、态度方面的优势；分析可利用的学习资源的优势。这有优势分析助于活动规划的制定。

（2）劣势分析。生物学校外活动自始至终都面临着困难，学习方式的变革会使一部分学生在开始时不适应，有的胆怯，不敢接触社会；有的心理承受力差，受挫折后心灰意冷；有的只关心学业成绩，缺乏活动热情；有的习惯竞争，不适应团队合作，等等。教师必须对可能出现的困难做出充分的预估，找出切实可行的解决办法。例如，在活动的某一环节学生不知如何入手怎么办，活动热情难以维持怎么办，家长反对怎么办，社会机构不给予配合怎么办，学生想半途而废时怎么办，等等。

5. 做出整体规划

包括怎样向学生布置生物学校外活动事宜、提出哪些要求、活动类型和方法的介绍、学习资源分析、技术辅导安排、活动过程总体步骤安排等。

（1）设计好将要开展哪种类型的生物学校外活动。后续的所有安排都依据活动的类型做好相关准备。

（2）设计好让学生知晓的所有内容。例如，外出的安全教育，进入博物馆后的行为，等等，这些都需要提前做好准备，不能临时即兴发挥。

（3）充分调动资源是开展好校外活动的基础。要依据活动的类型，做好学习资源的分析，以及活动开展的优势和劣势分析。

此外，还要提前设计好活动的流程和步骤，对于活动遇到的困难和解决的策略有一个大致的规划。

二、科技类博物馆中生物学校外活动的策划和组织

自 2016 年底教育部等 11 个部委联合发布《关于推进中小学生研学旅行的意见》后，各地都在大力开展研学活动课程的建设工作。生物学教师也应该利用好这一政策，做好研学活动的策划和组织工作。

研学活动可长可短，可以半天、一天，也可以三天、一周。教师可以依据学校和学生的需求设计安排。无论时间长短，内容是核心。高质量的研学活动方案需要教师做好精心的准备。下面以科技类博物馆校外活动为例，展示研学活动的策划与组织步骤。

1. 活动前的准备工作

活动开展前，教师要对开展活动的科技类博物馆开展充分的调研。调研过程中，首先要提前了解该博物馆中生物学有关的资源，结合生物学课程标准和生物学教学的目标收集相关资料，对各类资源等进行充分的分析，找到适合学生学习的切入点。

　　调研中，建议与科技类博物馆中的教育部门联系，一方面可以更加充分地了解场馆中的资源，另一方面可以借助科技类博物馆教育部门已经设计好的课程或者活动资源，节省时间和精力。建议教师与科技类博物馆中的教师开展课程研发或者活动设计方面的合作，有利于开发出高质量的活动。

　　在去科技类博物馆开展活动之前，教师可以在前期课程中进行一些相关生物学知识的普及和拓展工作，铺垫一些关于学习主题的拓展知识，以便学生当日能更好地学习和操作。

　　2. 主题的选择

　　科技类博物馆中的研学活动，确定适合学生的主题是关键的第一步。选择主题时，教师要依据对科技类博物馆的前期调研和对学生的学情分析的结果确定主题。

　　建议确定明确具体的主题，不要过于笼统。例如，主题为"消化系统"就显然比"动物学"更加具体，"哺乳动物的繁殖"也是非常具体明确的主题。

　　如果参与的学生较多，研学的场馆面积较大。可以确定范围比较大的主题，便于学生分组活动。例如，主题为"植物的一生"，每个小组可以选择大主题下面的小主题，有的小组选择"种子的萌发"，有的小组选择"雌蕊和雄蕊"等。

　　研学活动的主题设计中既要利用好场馆的资源，又要满足教育目标的达成。活动主题最好与学校的教授内容不同，同时又能深化学生对于课标内容的理解，能起到利用场馆资源且达成教育目标的作用。

　　3. 内容的设计

　　内容是活动的核心。教师在内容设计的过程中，要充分考虑课程标准的要求，从科学知识、科学探究、科学态度等多个方面完成设计。一般一个活动由多个环节组成：包括创设情境、问题导入、科学探究、教师解释、总结与反馈等。不同类型的活动，环节可以不同。科学探究环节依据活动内容不同可以调整为"实验演示""内容讲解"等。例如，厦门科技馆"了不起的生命密码"主题活动方案包括 3 个环节：体验展品，主要是学生体验科技馆内的展品；观察 DNA 双螺旋结构；收集数据结合展品进行实验论证。上海自然博物馆"飞鸟探秘"主题活动包括羽毛的颜色、羽色影响因素和换羽行为等多个阶段，每个阶段都包括创设情境、问题导入、学生活动和教师活动等环节。

　　📖 **拓展阅读 10-1**　上海自然博物馆"飞鸟探秘"教育活动方案

　　（1）创设情境是让学生进入学习主题的重要环节。此环节帮助学生将注意力转移到要学习的主题中，引发思考。创设情境时，一般以学生熟悉的内容开始，比如身边的人或事。同时，也要注意引起学生的兴趣，比如使用讲故事的方式等。"飞鸟探秘"活动就是以童话《皇帝的新装》开始，引发学生对于鸟的衣服的思考。

（2）问题导入是引发学生思考的利器和法宝。问题要有一定的启发性，不要特别难，让学生难以回答；问题要有一定的深度，过于简单的问题难以引发学生的深度思考。问题要能够引发下一步的活动开展，应与主题内容密切相关。例如"飞鸟探秘"活动在创设情境后，提出：①鸟类羽毛的颜色从何而来？②人眼看到的鸟类羽毛颜色是真实的颜色吗？③有什么办法看到羽毛本来的颜色呢？通过这样一组问题串，引发学生的思考，同时又为学生提供解决问题的方法，提供可以供观察和实验的羽毛标本等。

（3）学生活动是学生学习的最主要的环节。要让学生在活动中学习和锻炼一些科学探究的能力。例如观察、做实验、分析数据、描述、讨论和给出证据等。在"飞鸟探秘"活动中，"羽毛的颜色"阶段中，学生活动就是借助给定的羽毛标本描述羽毛的颜色、讨论羽色的成因，提出检验的方式方法后，再依据提供的显微镜和研钵等开展实验，最终得到羽毛的颜色和粉末的颜色。

（4）教师在全部活动中发挥穿针引线的作用。教师是活动的引导者，掌控着活动的节奏和发展方向。尽管我们鼓励学生自主开展探究活动，但是绝对不要忽视教师在其中的作用。教师一定要在活动中起到引导和解释的作用。在"飞鸟探秘"活动中，"羽毛的颜色"阶段中，教师主要负责创设情境、提出问题，引导学生描述羽毛颜色、提供标本，引导学生讨论，最后要做出解释，介绍羽毛的色素色和结构色。

4. 活动实施

在活动实施的过程中，要提前与科技类博物馆的教育部门联系好，安排好进馆的时间和方式，包括就餐和休息的位置等。同时也可以请馆方协助协调好馆内的资源。

提醒学生在科技类博物馆中参观与学习的准则：①文明观展，不在展区内大声喧哗；②注意保持展区环境卫生，不乱丢垃圾污物；③自觉爱护展会的所有设施，有秩序地观展。

入馆后，依据设计的方案依次实施活动，就学生的表现给予提示，并引导讨论、促进理解，激发他们的思考。

5. 评价与总结

活动完成后，可以当场开展评价，也可以回到学校后再开展评价与总结。

评价方式较多，可以让学生完成自我评价和小组内评价。也可以让学生反思当天的活动中表现好的地方和表现不好的地方，不足与收获等。

教师也可以设计一些测评工作和内容，评测学生的学习效果，进而反映出活动的质量，也可以自我反思和总结，哪些环节还有可以改进的地方。

三、小课题类生物学校外活动的策划与组织

培养学生的科学探究能力是生物学课程的目标之一。培养学生的科学探究能力，不仅要依靠生物学课程相关实验及教学来完成，还需要组织学生开展完整的科学探究活动。生物学与学生自身生活关系密切，为学生开展科学探究活动提供了丰富的背景。与科学家开展的研究课题相对应，可以将学生完成的完整的科学探究活动称为小课题研究。因此，在这部分内容将重点介绍小课题类生物学校外活动的策划与组织。

1. 选题的指导

小课题类的生物学校外活动的内容不是具体的生物学知识，而是通过实践方式来积累的知识和技能、直接获得的经验和方法、经过内化所积累的体验和能力的总和。这些不是课程标准和教材事先设定的，必须寻找适当的课题。课题的选择和确定会直接影响学生活动的开展。所以生物学校外活动的选题显得十分重要，应让学生开拓选题思路、明确选题原则、了解选题范围、学会选题方法。

从课题性质上看，选题可以是以生物学为主的综合性课题，也可以是单科性课题；从形式上看，可以是实践性课题，也可以是思辨性课题；从指向上看，可以是现实性课题，也可以是前瞻性课题；从研究意义上看，可以是有结论的课题，也可以是尚无定论的课题。当然，也可以是多角度交叉性课题。

在生物学领域里，选题应注意：可行性原则、创新性原则、与生物教学相结合的原则、因地制宜的原则、服务社会的原则。

选题的范围很广，内容多样，既可以由学生自行确立题目或研究方向，也可以由教师提出课题供学生选择；既可以由学校确立研究范围供学生参考，也可以由教师提出主课题，学生确定子课题。注意不要把教师的意志强加给学生，启发学生的选题思路很关键，可以让学生进行一些具体的思考，例如：我最关心的问题有哪些？对什么问题的研究是我最感兴趣的？有哪些可利用的教育资源能支持我的研究活动？我具体想研究什么？从一个课题的什么角度研究才适合我？下面提供一些选题范围。

（1）选择科技成分含量高的课题。例如："用植物细胞染色体畸变技术监测除草剂对农业环境的污染""转基因动物体内外源基因的整合与表达检测""从茎的光合特性探究薇甘菊入侵的新途径"等。

（2）选择当地特色课题。例如："芒市地区的蝶类——喙蝶的发现""莺湖软体动物资源及其开发""新疆戟叶鹅绒藤生长分布规律、资源量现状及应用策略研究"等。

（3）选择解释大自然中现象的课题。例如："一树结多果探秘"；"跟踪调查中华猕猴的虐待行为是否遗传""杂草稻越冬秘密：钻进土壤的种子诱发了休眠

性"等。

（4）选择与生活相关的课题。例如："维生素与我们——科学膳食建议的提出""阳台美化和绿化方案的设计""厨房抹布、餐具多种消毒方法的探索"等。

（5）选择边缘学科的综合性课题。例如："植物立体光电小工艺""太阳能海水淡化初探""利用藻类植物的能量发电以获取无污染能源的尝试"等。

（6）选择与当地经济发展有关的课题。例如："棉花优质高产需肥规律及高效施肥技术的研究""提高果树产量的方法——诱集野生蜂传粉的实验""猪、鸡、鱼、果综合养殖的生态模式设计和效益分析""生产无公害蔬菜应选用哪些农药"等。

（7）选择与社会重大问题相关的课题。例如："耕地流失的原因分析与耕地保护的相应措施""垃圾资源化分类收集处理的可行性调查""解决新型建筑光污染的建议与探讨"等。

（8）选择探索未知的课题。例如："家兔性别的人工控制试验""失重对草履虫生长和繁殖的影响""磁力线对植物生根的影响"等。

选题时不必刻意追求高、大、深，以避免半途而废。确定课题时要由学生论证、反复研究，也使课题的可行性得以提高。

2. 帮助学生明确具体任务

生物学校外活动的任务一般包括专业知识的获得、技术方法的学习、具体事项的分工操作等。教师要给予学生具体的指导。比如，教会学生查询文献与基础数据分析和处理的方法。此外，还要帮助学生组成合作小组，并且指导学生完成分工的安排。

3. 学生自主设计的活动方案

生物学校外活动方案的设计对活动的结果至关重要。活动方案应主要包括：问题的提出、活动目的、活动适用对象、活动原理、活动准备、活动内容、活动过程、活动预期结果、活动成果形式等。活动方案要以开题报告的形式在论证会上进行论证，而且需要在活动实施过程中不断修正、完善。

4. 实施阶段的指导

首先，教师要充分尊重学生的自主性，最大限度地挖掘学生的创造潜能，让学生参与活动的全过程，把学生自主设计、自我组织、自我体验、自我探究、自觉操作和自我管理真正落到实处。教师要"指导不指令，参谋不代谋，到位不越位"，帮助学生广开思路、拨正思路、深拓思路，做一个组织者、参谋者、指导者、服务者、促进者。

其次，要做一些技术指导。帮助学生学会利用工具书、使用视听媒体、使用互联网获取有价值的资料。介绍一些必须仪器设备和工具的使用方法。指导学生在调查法，观察法、实验法、探究法、检索法、统计法等方法中选择最合适的研究方法。

还有，教师要注意学习时空的开放。既有时间规定，又不刻意限时；对活动区域还要作相应的活动安全论证。督促课题小组的同学做到"小组的事，事事有人做；小组的人，人人有事做。"

最后，还要在心理素质方面提出一些建议，侧重于培养学生耐挫力、意志力、责任心、使命感、团队精神，以及积极体验、主动求知、乐于探索、勇于创新的心理品质。

5. 活动结束阶段的指导

首先，要督促学生处理资料、提炼观点。要求学生对繁杂的资料进行加工处理，注意资料的可靠性、有效性、充分性、典型性、时间性。提炼观点时注意避免主观偏见。

其次，指导学生写出结题文章。依据小课题类型的不同，结题文章包括不同的类型，如小论文、调查报告等。小论文一般包括标题、研究背景、研究方法、研究结果、讨论、参考文献；调查报告一般包括标题、调查背景、调查方法、调查结果、讨论与建议、结论、参考文献。

之后，协助学生进行成果展示交流。生物学校外活动的成果既有有形的（结题文章、产品、制作品等），也有无形的（科学态度、创新意识、探索勇气、交往能力、社会责任感等）。教师可为学生创造条件，以论文答辩会、产品展示会、制作品演示会、心得汇报会等形式进行交流。

论文答辩会的基本程序是：指定一名课题组成员为主讲人，向大家介绍课题及课题组成员，然后在指定时间内演示课题研究过程和研究结果，最好配以多媒体或投影片演示，并展示实物、照片等。最后全体课题组成员共同对专家、听众提出的有关问题进行现场答辩。

最后，鼓励学生参加科技竞赛，组织能力突出的学生参加科技竞赛。目前，以小课题形式开展的竞赛主要有各级各类的青少年科技创新大赛。比赛的主要形式为展示问辩，以口头表达的方式进行。教师可以帮助学生锻炼口头报告的能力和回答专家提问的能力。帮助学生完成总结和反思、梳理研究工作中每个部分的核心内容和内在逻辑。重点让学生明确研究的问题是什么，以什么样的研究方法进行，得到了哪些结果，是否解决了当初确定的研究问题等等。

6. 公正的评价

生物学校外活动的开展是基于提高学生"发展性学力"的理念，力图在保证学生"基础性学力"的基础上，发展学生"创造性学力"，因此，其评价是一种发展性评价。评价的目的是提高学生的能力和培养创新精神，而不是把学生分成三六九等。生物学校外活动的评价具有以下几个较为鲜明的特性。

（1）过程性。生物学校外活动强调学生的主体活动，强调学生个体体验的获得，强调学生在参与并操纵活动全过程中边学边做、边做边学。其评价内涵特别强调活动实施的过程，评价时并不刻意关注活动内容本身和得出的结论，而是关注活动中学生所展现的种种表现对活动或积极或消极的影响，关注在整个活动过程中学生的发展。因此在评价的总体思路上，应把握目标达成与过程评价相结合的原则。在具体评价时可增加实施过程的权重。

（2）全面性。生物学校外活动的评价应体现以人为本的理念，着眼于学生的认知、情感、能力、潜力全方位上，不以知识掌握量为唯一评价标准。学生的兴趣浓厚与淡薄、参与程度、付出的脑力与体力、意志强弱、能力的提高、合作意识与态度、潜力的发挥及综合知识的运用都将成为评价的关注点。

（3）动态性。生物学校外活动的评价不能"一锤定夺"，也并非只在活动终结时才开始评价，而是从活动一开始就采用带有"认可""赞赏"意义的手段强化活动行为，或采用带有"再试试""有希望"鼓励意义的手段推动活动进程。尽可能对学生的表现进行个人纵向式比较，看其发展和进步，引导学生关注自己及他人知、情、意、能的发展变化。如条件允许，可以为学生建立"活动档案袋"，内有开题报告、每次活动记录、调查表、访谈记录、实验记录、各种原始数据、活动体会等所有与活动有关的信息资料，可作为成绩评价的主要依据。

📖 **拓展阅读 10-2** "玻璃幕墙的光污染与预防"课外探究活动

第三节　生物学教学及校外活动中的安全

在生物学教学中，组织学生进行生物学实验、参加生物专题研究和野外活动是最常见的教学方式，而在这些基本的教学活动中，存在着发生意外并给学生造成伤害的可能和风险。作为生物学教师必须要了解和意识到生物学教学中的安全问题，并能够采取必要的措施，防止意外事件的发生。

本节内容将概述生物学教学中容易出现的安全问题，并对如何去防范那些可以避免的危害提出指导意见。

一、实验室中的安全问题与防范

生物学是一门以实验为基础的自然科学。很多内容的学习都需要在实验室中完成。学生在实验中不可避免地将会用到一些实验器材，如果操作不当，将遇到危险。下面将重点介绍实验中常见的各类伤害。

1. 常见物理性伤害

学生在实验过程中由于使用锋利的物品、或处理破碎的玻璃不当，会割破皮肤，造成伤害；在加热实验材料时，如操作不当会被烫伤；另外，由于实验室的电路安装不当、或学生使用电器设备不当有可能触电。这一类伤害可通过以下措施有效地预防。

（1）要求学生：①使用玻璃、金属器皿及锋利物品要轻拿轻放。破碎的玻璃应放入指定容器。②加热实验材料时不要离开实验台，被加热的试管管口不要朝向任何人，不要用手直接去拿被加热的器皿。③要知道电源的位置，知道总电闸在实验室什么地方。

（2）实验室要安装三孔的、有接地保护的电源插座。教师要确认插座的接线正确、地线已接地。

（3）实验室中应备有急救箱，并放置在明显的位置。急救箱中应随时备有常用的应急药品和器材。

2. 化学药品

在生物学实验中常用的化学药品中，有些药品或试剂具有某种程度的危害。这些有危害性的药品包括有毒、有腐蚀性、易燃等几大类，个别药品同时具有几种危害。

有毒化学药品一般可通过呼吸、口腔、注射、与皮肤或伤口接触进入人体，引起人体急性或慢性的中毒反应。急性的中毒反应可发生于中毒时或中毒后几小时之内，慢性中毒是多次中毒后在较长时间后才出现反应。腐蚀性药品有固体的、液体的和气体的，它们通过化学反应可以对人体组织造成不同程度的伤害。较轻的可以引起正常组织的过敏反应或发炎，较重的可造成组织永久性的破坏。易燃药品有引发火灾的潜在危险，要远离火源。化学药品引发的安全问题可通过以下措施加以预防。

（1）使用所有化学试剂和药品时都要小心，应避免直接接触化学药品。

（2）保持实验室中良好的通风。

（3）盛放药品的容器使用后要盖好。

（4）接触药品后要及时清洗，离开实验室前要用肥皂洗手。

（5）不得在实验室中饮食。

3. 实验动物

在生物学教学中，常常利用活的动物进行观察和实验，这是生物学实验的特点之一。活的动物进入实验室后，也会带来安全问题。使用活动物对学生可能造成的伤害包括抓伤、咬伤，以及由动物传播的疾病等。实验动物带来的安全问题可通过以下方式加以预防。

（1）实验动物最好去专门的供应部门采购，不要将野生动物（脊椎动物）带入实验室。

（2）学生不得将动物带回家中去做实验。

（3）实验室中如果有师生被动物咬伤、抓伤或其他伤害，应立即报告校医或去医院。

4. 实验植物

用于生物学实验的大多数植物一般不会对学生造成危害，但某些地区会有少数有毒的植物，如果不加防范，可能造成学生植物中毒，出现头痛、眩晕等中毒症状。另外，很多人对植物的花粉或孢子过敏，因此在实验室中使用产生花粉和孢子的植物也要小心。实验植物带来的安全问题预防措施如下。

（1）不要食用作为实验材料的植物的任何部分。

（2）不要让植物的汁液进入眼、口或伤口中。

（3）完成植物实验后，要用肥皂洗手再离开实验室。

（4）生物学教师要了解本地常见的有毒植物，并尽可能不用这些植物作为实验材料。

5. 微生物

虽然我国现行中学生物学课程大纲和教材中微生物实验很少，但将微生物作为中学生物课专题研究或课外小组活动的内容，会有许多适合的选题。在有条件的学校，教师带领学生进行微生物实验时，同样也要注意到安全问题，建议如下。

（1）切勿使用病原微生物作为中学实验材料。

（2）不要培养来自人体或动物的微生物。要把所有实验用的微生物都作为致病微生物来处理。

（3）教师要向学生示范，并使学生掌握正确的接种操作技能。

（4）在将任何微生物的培养物扔掉之前，都应先经过灭菌处理。

6. 人体生理实验的安全

中学生物实验中有些要从人体自身取材，如取口腔上皮、取血制作血涂片等。在这些实验中，教师必须要充分考虑学生的健康和安全，防止在实验中传播疾病。有些传染病可以通过人的体液及接触过体液的器具传播，因此实验中凡使用会与学生口腔或体液接触的器具都应该是一次性的产品，如果不具备一次性的器具，则应使用取自动物的实验材料。

二、实验室安全守则与安全协议书

生物教师除了对学生进行必要的安全教育和指导外，还应根据学校的特点和学生的情况制定实验室安全守则。安全守则应贴在实验室最明显的地方，并要使学生第一次到实验室上课时就了解到安全守则的内容。安全守则可以包括以下几个方面的内容：①对学生进入实验室、储藏室和标本室的规定。②对学生使用实验材料、设备的要求。③对学生在课外时间使用实验室和进行实验的要求。

④安全用电的要求。⑤化学药品管理和使用方面的要求。⑥实验操作的要求。⑦使用急救箱的要求。⑧禁止在实验室饮食，任何化学药品和生物实验材料都不得入口。

除了制定实验室安全守则之外，建议学校和学生之间订立安全协议书。订立安全协议书的目的是使学生能够更好地遵守安全制度。安全协议书的内容和格式可由生物教师自己设计，也可参考以下范例。

实验室安全协议书

　　我，＿＿＿＿＿＿，同意在生物学实验课上遵守以下要求：

①遵守实验室安全守则。

②按照实验室的要求着装。

③实验课前预习实验指导，有问题问老师。

④在实验室只进行允许的实验或活动。

⑤出现意外及时向老师报告。

⑥实验完成后，洗净、整理好仪器，清理实验台，关闭水、电、气。

学生签名：＿＿＿＿＿＿　　　　家长签名：＿＿＿＿＿＿

日期：＿＿＿＿＿＿

三、课外及野外活动中的安全

带领学生到自然环境或某些人工环境中去观察和探索，有助于学生深入、主动地学习，是一类值得提倡的、有效的教学方式。但同课堂教学相比，野外活动中出现意外的风险也会增加。这就要求生物教师在设计和组织此类活动时要更加关注安全问题，小心防范。野外活动中最突出的风险有以下几个方面。

1. 野生动物咬伤

进入自然环境后，师生可能会被蚊虫或其他动物叮咬。其中，对师生威胁最大的是毒蛇咬伤和蜂蜇，严重的还会危及生命。因此，教师必须对此高度重视，并采取必要的措施加以防范。

（1）活动之前对学生进行安全教育，使学生了解蛇、蜂等危险动物的习性、咬伤后的危害、急救的方法等知识。

（2）组织学生在可能有毒蛇的地域活动时，要事先准备并携带蛇药，生物教师要熟悉处理蛇咬后的急救方法，参加人数多的活动应有校医一同前往。

（3）学生不得靠近或触动蜂巢。在野外，学生不得用手触摸看不见或看不清的地方。

（4）若条件允许，可以让学生喷涂驱虫剂。

2. 摔伤、迷路及溺水

山地、森林公园、河流、湖泊及海滨等自然环境是生物课野外实习活动的理想选择。但这样的环境往往是师生们、特别是城市学校的师生们不熟悉的环境。因此，在山地要预防学生摔伤，以及个别学生离队后迷路走失；在水域地区要防范学生落水、溺水。预防措施包括以下几方面。

（1）生物教师要在活动前对该地域进行考察，对每个具体的活动地点进行安全评价，然后再制订活动方案。

（2）活动开始前给学生提出明确的要求，如不得离开小组单独行动、不得游泳、不得爬树等。

（3）在不熟悉、且地形复杂的地域开展活动时，应请当地居民作为向导。

3. 交通安全

教师带领学生开展校外活动时，交通安全也要特别注意。如果乘车前往，教师应选择熟悉当地交通情况的公交公司承担接送师生的工作；如步行或骑自行车前往，教师则应选择日期、时间和路线，尽量避开交通的高峰时间。行进前，教师要给学生提出明确的纪律要求。

（李秀菊　刘恩山）

🔍 **思考与练习** ··•

1. 为生物实验室设计一个急救箱，列出其中必备的药品和器材。

2. 收集并交流有关毒蛇咬伤预防和急救的资料。

3. 讨论并制定一个生物学实验室的安全守则。

4. 如果学校打算组织一次生物学夏令营，请为此次活动拟定一个学校和学生之间的安全协议书。

🅔 **更多数字课程学习资源**

✏️ 本章小结　　📖 参考文献

第十一章

生物学教师的专业素养发展与教育科学研究

◇◇

◉ 本章学习目标
1. 依据自身的特征与需求进行个人专业素养发展规划。
2. 知道各种专业发展活动的基本形式，能够通过专业发展活动及日常教学进行自我提升。
3. 了解教育科学研究的一般方法，能够参与简单的教育科学研究。

　　教师的职业生涯是一个为学生传道授业解惑的过程，同时也是一个自身不断发展的过程。教师是学生学习的导师，同时也是在专业素养提升道路上的学习者。知道如何进行个人专业素养的提升及参与教育科学研究的方法，是教师应当掌握的必备知识与技能。

　　本章将阐述生物学教师在进行个人专业素养发展规划的过程中应当注意的各方面问题，了解不同阶段的教师在专业发展规划上的区别，知道关注哪些重要内容可以提高专业发展有效性，进而设计适合于自己的未来发展路线。同时，教师应能够依照自身的需求合理选择不同类型的专业发展活动，以及明确如何在日常教学环境中进行有效的专业素养发展。本章最后将概述教师参与教育科学研究的一般方法与过程，希望大家能够依照这些过程来进行研究设计与实施，为生物学教育发展贡献自己的力量。

　　从接触到生物学教师专业发展知识的那一刻起，教师就已经置身于教育科学研究领域当中了。进行合理的个人规划，积极参与专业素养发展活动与教育科学研究活动，是帮助生物学教师快速成长的必然途径。

第一节　生物学教师的专业素养发展规划

　　走上中学生物学教学的岗位，是教师们职业生涯的开端，同时也是新的学习阶段的开始。建立不断发展、不断提高的反思意识，能够帮助教师在职业道路上走得更快更远。俗语有云，"磨刀不误砍柴工"，合理地规划个人发展计划、寻找到最适合自己的提升途径，是教师正式参与到教学活动之前应当考虑的重要问题。

一、专业发展应注重不同的方向

生物学教师在参与专业发展训练时所面临的内容与过程是复杂而多样的。参与者想要获得的收益不同，所期望达到的目的不同，专业发展的走向和选择也就各不相同。例如教师可以通过培训来提高自己对于生物学概念的理解、促进专业技能的掌握、更新教学内容范围，以及支撑教学实践与教育改革等（Dall'Ala，2006）。从内容上来看，生物学教师的专业发展可以大致分为 3 个方面。

（一）生物学与教学知识积累

从生物学教学的角度来看，教师专业发展中的知识性内容可以大致划分为学科内容知识（content knowledge，CK）、教学知识（pedagogical knowledge，PK）及学科教学知识（pedagogical content knowledge，PCK）3 部分，大多数教师对这种分类方式也并不陌生。

1. 学科内容知识

生物学的学科内容知识主要指向的是相对具体的生物学概念，教师通过相关的专业发展活动来强化已有的生物学及相关物理、化学等学科的概念理解，或者补充与课标重要概念相关的其他背景知识，如最新的实验仪器及生物学研究设备知识、关于进化等具体主题的科学史知识，以及前沿的生物学研究进展等。

2. 教学知识

教学知识主要是与教育学相关的知识，相比于学科内容知识而言，教学知识会脱离具体的学科限制，具有更高的通用性。这一类知识是任何学科的教师都应该具备的，其中包括了对各种教育学理论、不同教学策略和教学方法的理解，对教育心理学、教育测量评价，以及进行教育学研究的各种技能技巧的掌握等。

3. 学科教学知识

生物学学科教学知识介于生物学内容知识与教学知识之间，强调的是在生物学具体学科背景下，形成的针对生物学概念知识的教学策略与方法。它本质上也是教学法的知识，但不会脱离具体的生物学主题独立存在。这种知识一般来自前人智慧的总结，或者来自教师在教学过程中通过实践归纳得出的经验。

除上述的 3 个分类外，教师所具备的知识还包括一些通识类的知识，如生活常识类知识，以及思想政治类知识等，这些内容在教师教书育人过程中都具有重要的价值和意义。总而言之，无论是否强调生物学的概念，上述这些知识层面的内容都具有较高的理论意义。通过参与面向这类内容的专业发展培训，教师可以获取实践所必需的理论基础，这对于一名生物学教师的成长来说是极其重要的基石。

（二）教学技能与技巧提升

技能提升强调教师通过专业发展活动获得实际教学能力和行为上的变化。在获得了来自生物学科或教育学层面上的各类理论知识后，教师应当参与相应的活动来将理论知识转化为实践操作，切实应用于日常的生物学教学当中。

从广义上来看，凡是涉及提升教师在课堂中的实际表现情况的技巧和行为，大都可以被划归到这一分类之下。它可以指向一种教学方法或理论（如概念转变教学、探究式教学）如何与生物学课堂相结合，从而在教学当中得以实施，可以指向教师对课时安排的优化、课堂节奏的把控，以及教学设计、课堂架构等技巧，也可以是一些简单而具体的行为，如教师在课堂中的肢体语言、行为表现（如板书撰写）等。

教育学研究指出，任何教学活动的最终指向都无法脱离学生这个群体。因此教师专业发展的本质目标并非止步于教师个体，而是希望通过教师的专业能力提升切实改善自身的课堂教学，进而使他们的学生受益，最终指向学生对于概念的理解和素养水平的提升。因此，教学技能技巧部分是达成教师专业发展最终目标的必要途径。只有教师的课堂教学行为得到有效提升，才能达成理论性知识转化的最终意义。

（三）态度与性情转变

有学者指出，对于任何一名优秀的教师而言，性情的提升与知识和技能的发展具有同等重要的地位（McDiarmid，2008）。从字面意义上来看，态度与性情这一类内容指向了教师通过专业发展活动后在情感上所产生的变化。

教师在活动中所能产生的态度与性情上的转变可以是正向的，也可以是负向的。从正向角度来看，教师可以表现出对某些知识或策略的强烈认可与肯定，可以是对某种教学立场和理论的支持与维护，也可以是一种想要继续参与培训活动、想要改变自身教学行为的主观意愿和需求。从负向角度上看，则包括了如教师认为某种教学策略或方法并没有太高的价值、拒绝接受或不认可某些立场与假说，以及发现某些培训内容或方式并不适合于自身特征从而放弃在这一方向上的学习等。无论是正向还是负向的态度转变，对于教师整体发展而言都是具有重要价值的。

每位教师都是独立的个体，因此在发展道路上的规划都是各不相同的。情感和性情上的变化能够帮助教师更好地区分契合与不契合自身条件的专业发展内容，节约人力与时间成本。此外，教育研究认为，参与者的主观能动性会强烈地影响教学效果，因此态度上的变化能够激发教师的自我提升需求，进而产生行为上的切实反馈。

通过上述内容可以发现，无论是知识、技能还是性情态度，对于教师发展而言都具有同等重要的地位。教师应明确生物学教师专业发展的表现是多样化的，在相关活动参与和个人反思过程中，应对上述 3 个方面给予同样多的关注。

二、不同阶段的教师应有不同的发展规划

任何职业的成长都是一个渐变的过程，教师自然也不例外。一位优秀中学生物学教师的专业发展也是一个连续的、动态的、终身的过程（杨晓，2013）。在专业发展的不同阶段中，教师能够接触到不同的信息，经历不同的教学体验，具备不同的特征优势，发生不同的心智变化。接下来，本节将从尚未走入学校的入职前期开始，到职后稳定期为止，着重介绍教师职业发展阶段的前半程各阶段特征，以及各个阶段专业发展的路线规划建议。

1. 入职前期

入职前期阶段通常是指尚在高等院校中进行学习的大三或大四学生。这一阶段的学生大多经过或正在经历教育见习与教育实习，因此已经具备了一定的入职体验和实践能力，故也被称为"职前教师"（pre-service teacher）。处于这一阶段的教师（同时也是学生）特点十分鲜明。由于这一阶段"学生"与"教师"双重身份的共同作用，使得入职前的教师处于角色转变的波动期，职业自豪感与环境变化所产生的恐惧与不确定性交织是这一群体成长中面临的矛盾，同时也是成长的良好机遇。此外，理论知识的全面性与实践能力的相对欠缺是这一时期的显著特征。

入职前期教师所具备的优势非常明显。例如这一时期的教师刚刚接触完或正在接触教育学的相关课程，对教学相关的知识——特别是教学知识（PK）的掌握较好。怀着对未来职业生涯的憧憬和期待，教师们普遍会具有非常宏观的理想信念和职业热情，由此也会衍生出非常强烈的学习动机，而这种学习动机是教师们进行个人发展提高的有利条件。相对的，这一时期的教师也具有很多现实问题。例如在缺乏实践经验的条件下，学科教学知识通常较少，无法将教学策略与授课内容进行有效的整合，实际的教学能力有限，对于课堂表现和课时的把控能力还很薄弱。

针对这一情况，教师在规划专业发展路线时，应在保证理论学习的基础上，寻找一些能够接触真实教学环境和课堂的实践类活动。例如观看优秀教师的教学视频进行学习、参与公开课的听课活动——特别是与在职教师一起参与说课和讨论环节等。事实上，除去这些额外的机会，高校所提供的教育见习与教育实习本身就是职前教师进行自我提升的良好资源。除完成学校交予的任务外，教师们应当更多地进行自我反思和练习，多与所在学校的教师沟通交流，倾听在职教师的经验与建议。另外，能够进行实际课堂授课对于这一阶段教师提高来说具有极其重要的意义。如有机会，教师应当克服紧张和恐惧情绪，把握机会参与更多实践。

入职前期的职前教师是专业发展研究中一个独立的分支。在这一阶段开展的

培训活动，是为未来正式走上工作岗位所做的准备工作，通过培训活动所传递的基本知识与技能也是未来从业所需要的重要基础。

2. 入职初期

从教师正式走上工作岗位开始教学实践，到对教学工作完全熟悉、适应，走向稳定之间的这一段时间可被看作教师的入职初期阶段。入职初期也是一个波动非常大的阶段，教师会从身份转换初期的不适应到逐渐适应，从中找到适合自身发展的道路。而在这个过程中，专业发展活动的参与是必不可少的一部分。

入职初期的教师相比入职前，生物学学科知识和学科教学知识得到大量补充，开始出现了知识结构的融合。在承担教学任务后，教师的教学实践能力会进入一个快速提高的时期，开始能够熟练应对课堂当中的各类事物，并能够逐渐意识到自身的特点，规划自己的发展方向。然而与此同时，这一阶段的教师相比于具有多年教龄的教师来说仍有一定的差距，对于一些突发情况的处理还无法做到得心应手，教学效果的稳定性不高。

对于入职初期的教师来说，能够参与一些与有教学经验的教师交流的专业发展活动是非常有价值的。与这些教师之间的交流能够帮助教师更好地了解教学环境与学生的信息，获取更多有效的、非常具有实用性的实践技巧。另外，这些经验教师能够非常敏锐地发现入职初期教师所存在的问题，并为这些问题提供建设性的建议与帮助，有时也可以向教师提供一些源自个人经验总结的小技巧和小策略，帮助刚入职教师在专业发展道路上少走弯路。能够与有经验的教师开展交流的途径有很多，例如教师可以多参加一些教学研讨会、邀请教师来自己的课堂进行听课和评课，也可以采用师徒制的形式与这些教师进行结对等。

教育科学相关研究表明，同样参与教师专业发展活动时，入职初期的教师所能获得的培训效果最好，课堂实践改变最大。这一阶段的教师具备了实践经验，同时又具有很高的可塑性。教师应好好把握这一重要阶段，提升自身教学水平。

3. 职后稳定期

度过职初的波动期后，教师很快就会进入到平稳发展的职后稳定期。进入职后稳定期的教师已经累积了大量的生物学学科内容知识与学科教学知识，可以熟练地掌控课堂，无论是从课程安排还是突发情况处理上都能有较为出色的表现。此时教师开始在熟练的教学任务中总结自己的经验，因此这一时期也是教师个人教学风格养成的个性发展时期。教师可以在完成教学任务的基础上更多地关注学生的发展，做到全面育人。而一部分教师从这一阶段开始也会出现继续学习的动力和需求下降的情况，个人发展的速度会开始放慢，甚至遇到发展的瓶颈期。

对于这一阶段的教师来说，专业发展培训对于教师的角色开始从"基础性"活动转向"突破性"活动。参与一些能够促进教师进行自我反思的活动效果要优于基础理论知识讲授类的活动，例如一些有专家参与的研讨会、工作坊等专业发展活动就具有更好的效果。一方面，在这些活动中与专家进行交流，能让教师获取到一些更符合个人特征的发展建议，通过不断的自我思考逐渐形成属于自己的独特的教学风格；另一方面，在这些培训活动中能够有机会接触到更多的教育教学发展的新动态、新走向和新的研究理论成果，这对于教师开展创新尝试、课堂改革，甚至开展个人的教学研究成为研究型教师都是非常有益的。

事实上，上述 3 个阶段是教师从校园走向工作岗位的过程中最先遇见的几个基本时期。职后的稳定期可能会持续很久，甚至覆盖整个教师工作生涯，但还有可能继续发展成为专家型教师走入更高的平台，这一阶段的转变困难较大，要求也更多，在此不再展开叙述。但是教师应明确，职业生涯中的稳定期并不是个人发展前行的终止。在瓶颈期和高原期中克服自身的惰性，保持自我否定与自我革新的决心，教师们还能够在自己的发展道路上走得更远。

三、教师应关注专业发展效果有效达成的因素

对于同一个教室中的学生而言，不同学生的学习效果是各不相同的，教师在专业发展培训中的表现亦是如此。很多活动因素会影响专业发展效果的有效达成，对这些因素的关注可以帮助教师更好地进行自我提升。

1. 确保充足的培训时间

确保充足的培训时间，是所有能够影响培训效果达成的因素中最重要的一个，也是得到了众多文献支持的一个（Kennedy，1998）。在这里，充足的培训时长既指向单独一次培训内容的时间长度，也指向整个培训项目所持续的整体时间长度。

一般来说，一个完整的培训项目中有时会包含几次不同的活动。单次活动时长指其中每一次活动单独进行的时间长短，而总的项目时长则指向整个培训从第一次活动开始到最后一次活动结束中间所历经的整体时间长短。对于这两个时间来说，确保前者的意义在于保证活动内容的顺利传达和信息传递的有效性，帮助参与者更好地完成这一次活动的预定目标。而后者的意义则在于将各个活动的内容进行衔接与整合，不断地对培训效果进行强化与刺激，进而帮助教师巩固、加深培训对于教师的持续性影响。

基于这一内容，教师在确认想要参与某次教师专业发展培训时，应当保证尽量完整地参与其中全部的活动，并积极配合培训组织者们完成间期的各项任务。一般来说，培训的各种活动组织都经过了良好设计，这些活动会考虑到理论和实践的交织及前后知识之间的衔接关系。教师在完整参与这些活动的基础上，才能依照逻辑关系更好地理解培训内容，按照预定计划将理论知识逐步转化为实际教学行为。此外，人在进行学习时是遵循一定记忆曲线的。确保在培训当中投入一定的时长，能够强化教师对培训内容的记忆，在未来的教师职业生涯中产生更加

深远的影响。从另一个角度来看，这也给教师在选择专业发展培训时提供了一个建议，即在个人条件允许的情况下，更多地去考虑参加一些具有较长时间计划安排的培训。

2. 发挥自身的主动性与积极性

在教师专业发展活动中，教师的主动性与积极性是一个影响培训效果的相对内在的因素，也是其中很重要的一个因素（Garet，2001）。它通常指向的是教师个体主观想要参与到各类发展活动中的意愿与愿望。

教师的主动性与积极性是教师进行专业发展培训的动力。这种动力可能来自教师对于培训内容的求知欲，对个人自我提升的主观需求，对既有现状的不满与恐慌感，也有可能来自对完成预定目标的希望及责任感。事实上，无论是哪一种专业发展活动，都需要教师在主观上具有想要参与的意志，这是确保教师能够通过专业发展活动获取知识、提高教学效果的基本保障。与此同时，这种主动性与积极性也是导致不同教师个体在参与同一个专业发展培训后，培训效果产生差异性的主要原因。

作为一种心理因素，培训中的主动性和积极性大多属于教师的内心活动，因此在实际发生过程中存在着相当大的不确定性。但是站在培训的角度上来看，一些更加能够促进教师思考反思、交流讨论、并在情境中融入实践的活动能够在客观条件下更多地调动教师的参与积极性。这些活动可能包含了让教师成为课堂观摩的对象或者去观摩其他教师的课程、参与一些培训活动中的小组讨论并完成写作任务、针对如何设计新教案及如何将所学内容应用在课堂中等话题展开小组合作并实践操作等（Carey，1997）。在能够提前了解培训项目活动设计的情况下，教师可以选择多参与一些含有这类活动的项目。这些活动内容与教师内心所产生的参与培训的主观意愿相结合，能够较好地提升培训的有效性。

3. 多与专家及教师进行交流沟通

很多研究发现，在培训过程中及培训活动结束后，专家和教师之间所进行的深入交流和持续支持，是影响专业发展效果的另一个重要因素。很多只由一次活动构成的短期培训项目，由于缺乏了这种支持与沟通从而在效果上饱受争议（Guskey，2009）。

教师与专家或教师与教师之间的交流沟通包括后续的帮助支撑，其表现形式是多样化的。例如在培训中或培训后与生物学教师进行课堂教学话题的交流、向专家请教培训中遇到的问题及在实践中遇到的困难、通过参与一些培训后设置的回访活动或反馈活动与专家教师们就培训内容的持续效果进行分享，寻求更多的后续支持帮助，甚至可通过电话、邮件及网络等形式与研究者建立后期的联系等。教学是一个复杂并处于动态变化过程中的行为，因此单一某次培训活动对于教师应对多变的教学情况所能起到的效果是十分有限的。而通过与教师和专家进行持续不断的交流，可以帮助参与者们共同探索解决动态过程中随时出现的问题，并寻找到具有个体针对性的解决策略。

诚然，要完成上述工作需要耗费更多的业余时间与精力，但其存在的价值也是十分巨大的。与教师之间的交流能够帮助自身获取更多来自真实教学情境中的经验，提升教学实践效果，而与专家之间的交流则可以扩充培训知识的广度与深度，并为自身进行教育研究活动奠定基础。因此这种持续性的交流与跟进活动值得教师多加关注。

了解了生物学教师在进行专业素养发展规划时的一系列内容和考虑因素后，教师可以对自身的情况及培训的需求做出大致的判断。完成这些前期的准备工作，可以帮助教师在众多培训活动中更好地选择适合自己的内容，在有限的时间内，将个人专业发展的效率进行最大化的提升，实现更快速的成长。

第二节　生物学教师参与专业发展的形式

随着生物学教师对自身的发展要求不断提高，越来越多的教师想要通过参加各类专业发展培训活动来提升自己的知识素养与能力水平。而面对层出不穷的各类专业发展培训活动，知道哪些项目能够满足教师的特定需求，明确什么样的活动适合自己当前的情况，是教师们在参与培训前首先要明确的。

一、传统形式的教师专业发展

在教师专业发展出现的很长一段时间内，传统形式的发展模式一直占据着主导性的地位。尽管随着时代的发展，各类培训手段不断改良革新，这些传统的培训模式却依然还是当下的经典。

1. 传统形式教师专业发展的特征

传统形式的专业发展主张培训模式的固定化，从培训地点、培训时间到内容安排上都具有较高的确定性（Garet，2001），适用于对自身发展方向比较明确，时间和精力相对富裕的教师。

（1）培训地点：传统式的教师专业发展一般会在教师所在授课学校之外的指定培训地点开展，例如准备好的会议室、研究所或者大学公共教室。通常为面授式的方式，教师和培训者之间能够有面对面的交流机会。

（2）培训时间：一般选择在教师日常教学时间之外的富裕的时间段开展，例如工作日下班后的时间、周末和法定节假日，以及寒暑假时间段中。每次培训的时间通常为提前安排确定的，可供改动和缺席补课的机会较小。

（3）培训内容：此类专业发展的实施上一般都具有固定的课时安排，会在培训最开始时便告知教师培训的内容大纲，并提供相对准确的课程表供教师参考，准确度较高。无特殊情况下，培训内容后期发生变动的概率较小。

2. 传统形式教师专业发展的常见类型

依照传统形式教师专业发展的特征来看，目前存在的典型培训形式包括了工作坊、培训学院、主题授课及会议 4 种类型。

工作坊（workshop）常常针对一个大的话题或主题，进行持续数小时到一两天不等的活动。它结合了专家讲授与小组活动、动手探究等形式，让教师可以在学习理论的同时穿插进行实际操作。工作坊的形式在时间和内容安排上相对集中、有针对性，但周期相对较短，无法对理论和实践进行充分的兼顾和后续跟进。

培训学院（institute）主要面向一群教师群体，选择几个主要的主题，进行为期一周左右的持续学习活动。时间上的持续性给了培训者与教师，以及教师与教师之间充分交流和合作的机会，同时也使得理论与实践的兼顾成为可能。然而由于培训时间相对较长且集中，对于一些课程任务繁重的教师而言参与灵活性较低。

主题授课（course）通常针对某个主题，采用类似大学课程的方式进行培训，时长从几个课时到十几个课时不等，课程安排与每节课的时长非常固定。相比于实践而言，主题授课更加关注理论知识的传递与学习，能够进行追踪和反馈，在这一点上的培训效果通常比较显著。然而在完成度上要求教师有足够的意志力坚持下去。

会议（conference）一般会在某一个领域内展开，通常不会对主题加以过于严格的限制，不同的专家可以就自己的关注方向进行汇报交流。会议的持续时间与其他培训模式相比通常较短，一般为几个小时到一天左右。这种形式非常适合教师在短时间内对该领域下的大量信息进行了解和概览，从中发现自己的兴趣点与盲区，但是无法进行深入的学习和探究。

依据各种传统形式教师专业发展活动的优势与不足，教师可以结合自身的需求和客观条件进行灵活选择。

3. 传统形式教师专业发展的利弊

通过对上述不同类型的传统形式教师专业发展活动的分析，可以看出这一类活动基本都具有相似的活动特征，在自身的优势与不足上也相对一致。

从优势上来看，各类传统形式的教师专业发展活动的主题都相对鲜明，在活动开始前期教师能够依据自身的需求选择希望参与的主题。在活动中一般会有专家参与讲授，因此知识的理论性较强，教师能够有机会与专家进行面对面的交流，了解最新的研究成果与进展。而且由于时间相对固定集中，因此在培训过程中的观点输出集中，能够提供深入交流的可能性。

与此同时，这一类的活动弊端也比较明显。首先从整体上看，上述各种形式的培训活动对于时间的要求都较高，无论是从时长上还是时间安排上都不具备很大的灵活性。大多数活动的持续整体周期较短，因此内容没有办法进行详尽的展开，在广度上相对受限。最后，由于此类活动计划性强，在培训完成后较少有机会能够将专家及教师们再次聚集在一起，因此后续跟进非常困难，也少有活动能够兼顾跟进培训后期的实践落实情况。

综合上述利弊，可以看出传统形式的教师专业发展活动比较适合具备一定教学经验、对自己的未来发展走向和想要进一步学习的内容有较清晰认识的教师，而相对不适合尚未适应教学任务、对自身专业发展需求不明确、工作繁忙、时间精力有限的教师。

二、改良形式的教师专业发展

随着教师专业发展的不断推进，越来越多的研究者开始提出对教师实践的关注，并强调教学情境在教师专业发展中的重要价值。基于这一系列的理论，改良式的教师专业发展活动逐渐出现在公众视野中，并取得了较好的培训效果。

1. 改良形式教师专业发展的特征

改良形式的专业发展相比于传统形式的活动而言，其最大特征在于灵活性得到了大幅提高，充分考虑到了教师的教学实践情况。其后期较高的持续支持度也使其具有更高的培训有效性（Kennedy，1998）。

（1）培训地点：基于情境学习理论的观点，大多数改良形式的教师专业发展活动通常不会脱离教师已有的教学环境。因此这类活动开展的地点多为教师所在的学校内，有时甚至就发生在课堂教学的教室中。

（2）培训时间：相比于传统形式的教师专业发展，这类活动大多不会占用教学之外的时间，特别是节假日的时间开展。它常常发生于教师日常教学的课上或课间，以及下班前在学校办公的时间中。此外，改良形式的培训活动在时间安排上非常灵活，没有极其固定的课程时间表，通常可以随教师们的空闲时间随时展开。

（3）培训内容：与培训时间相似，改良形式的教师专业发展活动在培训内容上的安排也相对固定。虽然一般也会先选取主题，但涉及的主题会相对较多，教师可以在活动过程中依据自身需求对培训内容随时进行调整与替换，变化性较大。

2. 改良形式教师专业发展的常见类型

改良形式的教师专业发展有时会在教师的授课过程中随时发生，因此表现形式多种多样。通过一些被广泛采用、普及度较高的类型来看，可以关注例如合作式学习、学习小组，以及导师学徒制等常见的模式。

合作式学习（cooperative learning）通常为在某一区域（如同一教研小组）内

的教师针对某一个选定的学习内容开展合作以完成共同的目标。在合作式学习的过程中，每位教师有自己不同的分工，互相帮助达到共同发展的目的。从时间上看，合作学习的任务可以在分配完成后由教师个体自行选择时间完成，不需要随时聚集在一起。

学习小组（study group）与合作式学习有一定的相似性，它常常出现在一些有培训辅助者和引导者参与的活动之中。引导者或者教师自身可以选定某个主题，参与的小组成员选择共同时间集体参与，就选定的内容开展讨论和交流，从形式上来看，它类似教学中的集体说课或研习活动，每位教师都有发表自己看法并吸纳其他各方观点的机会。

导师学徒制（mentoring）是目前中学中常见的形式，有的地区也称之为"传帮带"。它常常采用一对一或一对少数的形式，由经验丰富的教师带领新任教师们进行。由于导师教师与学徒教师多在同一教研组内，因此它的活动内容覆盖面广、内容丰富，且时间非常灵活。如教师可以选择互相在对方的课堂中进行观摩、参与课后讨论及问题解决，甚至包括在日常工作间隙进行心得交流和教学反思等。

相比于传统式的教师专业发展培训，改良形的活动在教师日常教学中更为常见，参与性上也更加自由。通常教师都会对其中的一到几种模式有所接触。

3. 改良形式教师专业发展的利弊

从某种程度上来看，改良形式的教师专业发展培训活动与传统形式的活动相比，具有一些优劣互补的特征。

从优势上看，这些类型的活动克服了时间和空间上的局限性，灵活度非常高。它可以依照教师自己的时间情况进行合理安排，并且多发生在日常教学的场所中，无须额外前往培训地点。由于这类活动密切贴近教师日常教学，因此对于实践方面的关联度更高，能够聚焦于更为具体的教学细节，并能够随时对教学过程中发生的变化追踪反馈。而这种情境化的培训方式，也为教师更好地理解和实践培训内容奠定了基础。

从不足上看，改良形式的教师专业发展活动一个最大的限制因素就是对参与人数的限制。这类活动通常不是采用讲授式的授课方式，一次活动中参与的人员多为一个小组中的几人，有时甚至是一对一的模式，无法对培训内容进行短时间内大范围的推广。此外，这种类型的活动有时需要引导者或者导师的参与，对于人力资源成本的需求较高，并且活动的效果会严重依赖于这些参与者的主观态度。

改良形式的培训活动在受众上相对较广。无论是刚刚走入职业领域的新任教师，还是希望对教学有所突破的成熟型教师都可以有所选择。但是正如前所述，此类活动对于参与者主观能动性的依赖，也导致其相对不太适合于不愿意参与交流和互动的教师。

三、数字时代的教师专业发展

数字时代的到来，为教师专业发展领域带来了新的颠覆性变革。随着移动媒体设备与网络的不断普及，科技作为一种工具，大大扩展了专业发展培训活动的潜能，从内容和方式上都为教师们带来了全新的体验。

1. 数字时代教师专业发展的特征与表现

以多媒体为工具介导的教师专业发展培训活动具有一个显著的特征，即其跨时间、跨地域性的灵活度。教师可以在任何时间中进行相关活动，并能够实现对活动内容的随时回放与分析。从培训地点上看，培训活动不再依赖于实体的场所或教师，只要拥有移动设备和网络，教师便可以在家中，甚至在下班途中随时进行学习。除此之外，教师还可以利用网络与专家或其他教师建立线上的讨论与联系，对学习效果进行全方位的追踪和反馈。而在培训内容上，教师也具有了更多的选择自主权。教师可以有针对性地挑选自己想要学习的内容，无论是广度还是深度上都能够满足教师的不同需求。需要注意的是，这种数字化的媒介本身只是作为一种手段与工具来使用，不能够脱离具体的培训内容而独立存在。

依托于网络技术，数字化的教师专业发展培训资源和形式多种多样，主要可以被划分为两大类：授课类的培训及自主学习类的培训。前者需要由培训者进行讲解，教师通过网络听课或资源共享进行学习，如慕课（massive open online course，MOOC）、视频教学、网络在线授课等；后者指向借助由多媒体提供的技术和平台作为信息渠道，来支持教师自行开展反思与学习活动，这一类活动更为多样化，包括线上讨论、论坛、网络群组、资源共享平台等。

现代技术的产物为教师专业发展带来了更多机会与可能，同时提高了教师的学习效率与学习便捷性。教师在培训活动与内容的选择上具备了更高的自主权，也就能够为自己设计更加个性化的个人发展路径。

2. 数字时代教师专业发展的利弊

数字时代教师专业发展活动集合了多媒体与网络在日常生活中给人们带来的各种便利性，这一现代化的培训手段具有十分显著的特点。

从优势上来讲，它使得培训活动的灵活性提升到了极致，不再受到任何时间安排与空间场所上的限制，在有设备和网络保障的前提下教师随时可以展开线上学习。这种网络化的高普及度进一步扩展了受众人群，使得这类培训活动成为具有最大规模内容覆盖面的选择。教师可以对自己感兴趣的培训内容进行筛选和反复观看，对于不感兴趣或已经熟悉的内容可以直接跳过，大大增强了教师在培训当中的自主权。

与此同时，这一类的培训活动也会弱化一些非线上培训活动形式原有的优点。由于大多数在线的内容是提前录制的，因此内容相对固化，没有太多可以修正的空间，也无法做到在培训过程中随时收集反馈来对培训方案进行调整，也没有办法对参训人员进行观察监管，保证他们的学习效率。此外，培训参与的灵活性也导致在评价环节上相对弱化。其所覆盖的大量基本情况各不相同的参与者群体，也给后续跟进造成了困难。

数字时代的教师专业发展培训在各类模式当中具有最高的人群适应性，同时也给教师和专家研究者之间建立了联络的可能。但是这类培训活动对于多媒体设备和网络的依赖性是非常高的，因此若资源不足与缺失，就很难参与到这类培训活动中。

3. 参与数字化教师专业发展的注意事项

在当前网络信息以爆炸式规模不断增长的情况下，人们获取资源的便捷性大幅提升，同时在网络上分享资源的门槛也逐渐降低，而这直接导致了资源的质量参差不齐，也对使用资源的教师群体提出了更多的要求。

首先教师应当提升自己的媒体与信息素养。对于信息的甄别和价值判断，是比信息获取与收集更为复杂也更为重要的能力。教师应当明确如何判断信息的优劣，避免在无效信息上浪费时间，更主要的是避免被错误信息引导生成错误观念。在寻找资源时，应当尽量关注国内外官方的政府网站、教育相关部门，以及大型教育机构等正规团体提供的信息和网络课程。

另外，教师还应当充分注意网络安全。在参与数字化专业发展相关活动时，应对个人隐私问题提高警惕，不要随意透露个人的真实姓名、电话住址及身份信息等，另外需要特别注意财产安全，对于一些需要线上缴费参与的培训活动，一定要谨慎判断，确定其来源，了解培训机构的正规性，做出理性正确的判断。

不同的培训活动都有各自特有的优势和不足。无论教师采用何种培训方式，内容的选择都是一个需要认真考量的重要方面。如何根据自身的实际情况进行挑选，找寻符合自己需求的活动，还需要教师在培训实践中不断探索。

第三节　生物学教师自我提升与发展的常见方式

课堂是教师最熟悉的环境。尽管参与校外组织的各类专业发展活动是教师提升的有效手段，熟悉如何利用自身的工作环境来做到持续发展，也是教师需要了解的重要内容。科学地开展日常自我发展活动，可以帮助教师更好地提升课堂实践效果。

一、课堂观摩引导的学习与思考

课堂观摩是教师在日常教学中进行自我提升最为方便易行、对教师课堂教学帮助最直接的专业发展途径。在课堂观摩过程中，教师需要带着一定的目的观察课堂、进行记录，并在观摩结束后对所记录的数据进行评价与反思。

1. 课堂观摩的方向

由于在一次观察过程中人们能够关注的内容有限，因此依照教师想要学习和提升的不同方面，教师可以有取舍地合理安排观摩计划，选择对课堂中的某一个内容进行重点观察。例如当教师想要学习被观摩者的授课风格，就可以着重观察被观摩教师在课堂上的语言、动作行为表现；而如果教师想要了解某种授课策略下学生的课堂积极性，则可以着重观察学生在上课时的行为、活跃度及发言提问情况等。一般来说，课堂中的观摩可以分为 3 个方向，即教师、学生与其他。

（1）观摩教师。在课堂中重点观察教师的言行，如教师的课堂提问模式、对学生回答的回应与反馈、课堂行为动作、课堂活动组织、肢体语言、授课策略与技巧、课堂态度与情感等。

（2）观摩学生。在课堂中重点观察学生的表现，如学生提问、回答问题表达观点、进行动手实验探究活动，以及学生对于课堂的情感态度等。

（3）观摩其他方面。包括课堂环境和其他辅助信息，这一部分一般作为辅助课堂观摩的内容。如教室内环境陈设、授课课程的主题、教材和参考资料，以及课堂中可能遇到的突发情况等。

教师依照自己的需求，可以灵活选择在课堂观摩中观察 1~2 部分内容。如教师可以同时观察授课教师的提问和学生对问题的回应。同时关注过多的内容有可能会无法兼顾一些重要信息，教师可以选择通过录像回放的手段进行二次观摩。

2. 课堂观摩的优势特征

无论是观摩其他教师的课堂，还是教师通过录像回看自己的课堂，都是教师获取课堂实践信息、促进自身教学效果深化提高的有效途径。对于教师来说，通过课堂观摩来实现自我发展的优势主要体现在以下几个方面。

（1）情境性。情境学习理论指出，知识的获取与应用不应当是分离的。知识只有通过使用和实践后才能被完全理解（Brown，1989）。对于教师学习到的一些新知识与新理念，只有通过实践来获取支持才能更好地起效。而课堂观摩容纳的信息正是情境学习理论中真实课堂实践的构成。在真实课堂中教师可以解决问题应对变化，提高教学效果。

（2）反思性。在专业发展过程中，教师应当通过充足的实践进行教学反思，发现并处理实践当中遇到的问题（Kennedy，1998）。通过课堂观摩，教师会产生较强的代入感，通过观摩课堂能够引发教师回顾自己的教学，并将二者进行对比分析，从而开始自我反思。通过在课堂观摩中关注不同的方面，教师可以有针对性地获取自身所需要的信息，产生主动学习的兴趣。

（3）合作与交流性。课堂观摩不是教师一个人完成的。在观摩的过程中，教师能够获得与授课教师、同伴教师、教育研究者及专家相互交流合作的机会。课堂上的思考、课后的答疑环节、与其他教师进行讨论或者聆听专家点评，都是有效的交流合作过程。这一过程可以帮助教师跳脱出自身的固有思维逻辑，获取多视角的有效信息，提供更广阔的思考空间，为教师与他人开展合作学习与合作研究提供可能。

3. 课堂观摩的关注点

除观摩的方向外，从课程构成角度上看，观摩课中还有很多不同的关注点，这其中除了教师普遍关心的生物学内容知识（CK）外，还包括一些教学知识（PK）和生物学学科教学知识（PCK）。这些关注点可以划分为以下 4 个方面。

（1）课程架构。即课程整体的安排、课堂每个环节的设计、不同课堂活动的时间分配、讲授与探究在课堂中所占的比例等。

（2）授课技能。教师在课堂授课中的表现，例如板书的书写设计、教具的使用、课件的制作和使用、课堂提问的模式、对学生回答的反馈、对课堂突发情况的处理等。

（3）教学策略。教师在课堂中使用的教学方法与手段，例如探究式教学、概念转变教学、基于项目式学习、翻转课堂等，以及各种教学策略的达成度。

（4）学科教学知识。对生物学某个具体知识重点和难点的把握与处理，对待一些重要概念所采取的特定的教学方法，以及对具体教学内容的评价方式等。

将课堂观摩的方向与关注点相结合，教师能够规划出较为清晰的课堂观摩计划，有的放矢地在课堂观摩过程中达成自我发展的需求。

二、说课促进实践向理论的归纳

在备课或授课的基础上，教师可以通过语言来向听课教师、同行及专家说明自己的课程设计思路、实施效果、教学理念及经验反馈等信息，并与其他教师展开交流，这一过程便是说课的过程。说课能够提升教师的理论素养，促进课堂实践的内容提升到理论层面。

（一）说课的内容分类

从内容上看，说课的一般思路是从"教什么"到"怎么教"，最后再到"为什么这么教"（罗晓杰，2005）。在实际说课的过程中，应兼顾以上 3 个方面，但同时也需要详略得当，选取最值得说的内容进行重点介绍。

1. 教什么

包括授课的主题、授课的内容、授课定位及教材信息等基本内容。对于基本内容的阐明一般放置在说课过程的开始阶段，这些内容的提供能够帮助听说课的教师或专家明确本堂课程所处的位置，也能帮助教师自己熟练地使用、灵活地处理教材，它同时还包含了对课程资源的开发等信息。

2. 怎么教

包括教学方法、教学手段、教学步骤、课程设计等过程性信息。这一过程包含了具体的，例如课程目标、教学重难点、设计思路和活动安排等信息，占据着说课过程中的重要地位。对这一内容的描述可以给整堂课建立起清晰的逻辑框架，删繁就简。另外，一般实际授课的效果会与原本计划备课的内容之间有差异。在授课后开展说课活动，也应对这一部分内容进行解释说明。

3. 为什么教

包括教学理论、教学策略、学生情况、学校环境等内部信息。由于学生是教学的主体，因此说明针对怎样的学生所采取的怎样的教学方法是很有必要的。这其中包含学生的已有知识基础、学习兴趣和风格、认知与能力水平，以及针对这些情况为何采用了某些教学策略，落实效果如何等。

除上述内容外，教师还应依照自己的教学风格对说课内容进行安排，这其中可能包括课外延伸的阅读材料和文献，以及自我反思与感悟等。

（二）说课的一般形式

说课的过程可以分为两个大类，一类是由教师进行讲说，其他教师听说课，也即信息的向外部单向传递。另一类由说课教师与听说课教师之间进行交流，也即信息的双向传递。通过这一分类模式可以将说课形式划分为传统型说课和改良型说课。

传统型说课是目前进行说课中最常见的形式，主要包括了示范性说课、检查性说课及评价性说课，这其中又以典型示范性说课占据主要地位。在这一过程中，常常选择一位典型的骨干教师作为说课者，提前对所需说课内容做好准备，而听说课教师一般被动接受信息，大部分听说课的教师可以在听说课过程中进行学习。这一方式比较适合在一定学区范围内开展新教学理念或新教学方法的传播，具有较高的覆盖度和广度，但是无法顾及每一位参与听说课过程的教师，因此无法达成很好的深度。

改良型说课是近年来开始逐渐发展起来的新型说课形式，一般需要一位组织者主持整个过程，参与此过程的每一位教师都有阐明自己立场和观点的机会，包括研究型说课、小组互动型说课，以及专业发展培训型说课等。在研究型说课中，全体参与教师可以针对一个共同的主题进行研讨，因此准备压力相对分散，组织也比较容易。而专业发展培训型说课则是由专家和项目辅助者组织，结合说课过程进行循环的教案修改或撰写，达到将理论知识融入课堂设计的目的。

（三）说课效果的优化

满足了最基本的说课形式和内容要求后，教师就基本完成了一次说课活动，但如何优化说课的效果，是教师随后应考虑的更高要求。这种优化能够更好地吸引听说课教师的兴趣，促进说课教师的反思，从而提高说课效果。

1. 语言与感情

语言是说课过程中的主要工具，它对说课的内容表达起到关键作用。在这一方面上，教师在说课时应当考虑到听众的需求，注意自己在表达时的语言科学性，适当地控制语速，合理展现自己的情感和态度。

2. 手段及工具

在进行说课时，结合一定的表达工具和手段能够更好地提升说课效果。例如，适当地使用教具，结合多媒体资源如音频视频及课件，为教师提供课堂中没有展示的文献资料，在适当的内容上也可以采用动作表达和板书结合等方式。

3. 创新与个性

在上述内容的基础上，教师还可以形成自己说课的特色。这是在内容一定的情况下最能够突出教师个人特色的方面。这体现在教师首先要对说课的内容进行有逻辑的取舍，而不是平均分配、面面俱到。教师也可以依据个人特质形成自己的风格，例如使用比喻、隐喻，或表现风趣幽默的堂风。

说课是教师在教学实践中不可或缺的重要组成部分。教师应当更好地优化和利用说课的过程，将其变成促进自我专业发展提升的有效手段。

三、评课过程中的交流

评课是一个基于一定教学理念、依照一定标准，对教学情况的各个方面进行评价的过程。它的意义不仅限于对课程的目标达成情况和教学效果进行判断，更是为了帮助教师更好地改进课堂，促进教师教学水平的提高。

1. 评课的基本原则

教师的授课风格和个人特质是多种多样的，对教师课程的评价也应因人而异。然而，在评课的过程上也存在着一些需要普遍遵守的基本原则。

（1）公平性原则。评课的过程应当实事求是，不应夹杂个人的主观价值观及态度。例如，教师不应在评课过程中因为个人对授课教师的态度、个人对某种教学策略的认可程度而产生有偏向性的评价。另外，评课应本着促进教师提升的原则，兼顾课程的优势与不足，让教师能够明确继续努力的方向，同时也知晓应该着手解决的问题在哪里。

（2）差异性原则。评课过程应突出课程与课程间的差异性，不应采用同样的标准评价所有课程。这其中包括教师要注意课型的差异（如新授课/复习课，理论课/实验课）、授课内容的差异（是否为教学难点）、教师的差异（新任教师/专家型教师），以及学情差异（如生源情况）。

（3）正向性原则。评课的最终目标是为了帮助教师更好地提高，因此评课应当以正向引导为主，一方面给予必要的积极反馈，并鼓励其他教师多进行学习，另一方面在评课的过程中可以传递更多先进的教育理念与研究进展，促进教育研究成果向实践转化，帮助教师明确未来进一步提升的空间和方向。

在遵守上述基本原则的基础上，教师可以针对不同教师的不同特质进行有特点的评价。

2. 评课的方式

通常来说，评课的过程与说课有一定的对应性，通常教师会依据已有的教案、课堂授课、说课内容来进行后续的评课。从分类上看，评课按照是否有教师直接面对面的情况，可以分为直面评课与远程评课两大类。

直面评课是目前最常见的评课形式，需要将教师们召集在一起展开交流。这其中可以是一对一形式的单独评课，也可以是一对多、多对多的群体评课。对于前者而言，评课的氛围相对轻松，评课人和被评课人之间可以随时互动调整评课内容走向，教师可以得到更多的及时反馈；对于后者而言，交流的范围比较大、受益面更广，来自不同教师的观点汇集会更全面，能够起到较好的发散思维的作用。直面评课中教师与教师间的即时互动性，是其无可替代的特征。

远程评课是近年来开始出现的一种评课形式，其组织操作难度较低，时间和空间的分配上相对简单。远程评课可以通过书面的形式进行，如评课文档与建议问卷，也可以通过网络的形式进行，如电子文档、论坛与在线交流。相比于直面评课，远程评课放弃了即时面对面互动的特征，获得了更广的覆盖面和更便捷的操作性，并且给予了评课人进行更多思考和查阅资料后进行全面评价的可能性。

与说课相似，不同的评课过程也有其不同的优势和不足，教师和组织者们需要结合现实环境和不同需求酌情选择。

3. 评课的策略

一次好的评课过程能够引发教师们更多的思考。能够帮助教师提高评课效果的策略有很多，在此主要介绍两个方面，一是重点突出，二是注重师生兼顾。

教师首先应当注意评课过程重点突出。由于评课的过程时间有限，特别是在多人参与的评课过程中，教师应当做到对评价内容有所取舍。能够进行评价的点有很多，但是什么是最突出的、值得所有人学习推广的闪光点，什么是比较严重的、需要即时解决的问题，评课者要多加思考，进行更准确的把握，让被评价者和其他评课者们更好地接受建议、加以改进。

在评课过程中还应注意师生兼顾。评课者不仅要关注教师，还要思考如何促进学生的有效学习。例如，教师评课不仅可以评价教师的教学效果和授课策略，也可以对课堂其他方面提出建议，如通过换位思考站在学生的视角上审视课堂，究竟学生能够获得什么，以及学生是不是能够适应这种教学手段等。这种站在学生立场上进行评课的方式也是一种不同的评课思路。

具备良好的评价素养，是教师能够进行自我评价改进的前提。掌握良好的评价技巧，也是将教育评价融入教育实践的好机会。掌握好各类在课堂中进行自我发展的手段，不仅能够促进个人的专业素养提升，同时也能够帮助学生更好地进行生物学学习、促进生物学教育的改革与发展。

第四节　教师参与教育科学研究的一般方法

在教师专业发展的过程中，参与教育科学研究也是其中的一个重要部分。教师应当具备在教学中发现问题并解决问题的能力，对教学过程进行探索与修正。对于教师而言，了解进行教育科学研究的一般方法与过程，明确其中存在的重点和要素，能够帮助教师对研究、设计、实施进行清晰合理的规划，确保其朝着更加规范化的方向发展。

一、研究选题确认与研究问题提出

研究选题的确认与研究问题的提出是进行教育科学研究的第一步。它直接决定了教师进行研究的主要方向和目的，同时也引导了后续步骤的规划与实施。

1. 研究选题的确认

教学是教师的本职工作，这在一定程度上决定了教师开展教育科学研究会有别于一般的教育研究工作者。因此在开展研究的过程中，行动研究的特征更加符合教师的实际情况。由此，在确认研究选题时，建议教师应当考虑以下几个方面。

（1）关注自身实践过程。在选题时应当尽量着眼于一个在实际教学中会遇到的具体的、有实践性的话题，而不是过分追求在科研领域中生成概括性的新知识和新结论。教师应当力求研究的主题能够对自身的教学起到帮助作用。

（2）选择感兴趣的课题。实践表明，教师在同时处理教学工作与研究工作时往往会面临较大的压力，一旦研究的选题无法激发教师的研究兴趣，其在后期的完成度将大打折扣。选择自身感兴趣的研究课题，一则可以确保研究贴近教师的实践，二则能够确保教师在研究中的稳定投入。

（3）注重研究的价值。研究选题的确认应当综合考量其对教师发展的意义，它应该能够在一定程度上推动教师的自我发展和教学革新，而不是单纯"为做一个研究而研究"，更不是重复别人的已有研究成果。也即研究应当具备创新性和潜在价值。

（4）考虑选题的可行性。教师在开展教育科学研究时，要充分利用学校已有的教学资源，特别是关注研究所需的物质成本、精力成本、研究时间及自身已有基础等因素，避免出现研究中途遇到难以克服的外部阻力而导致研究终止。

2. 研究问题的提出

确认研究选题后，教师需要准确规范地提出自己的研究问题。研究问题是一种以疑问句的形式对想要研究内容进行清晰说明的简单语句。在紧靠研究方向的基础上，教师应将需要研究的事件逐步细化，并在问题提出时考虑以下 3 个方面。

（1）问题的可回答性。研究问题的提出应是"可研究的"，这体现在它不能过于简单具体（如仅通过一个数字就能回答），也不能是过于宏观笼统（如牵涉太多的研究领域和主题）。

（2）问题的针对性。一个研究问题的提出应针对一个具体的方面，不要试图通过一个问题来回答多个假设，得出多个结论。

（3）问题的研究价值。问题在表述时应尽可能地具备可供处理分析的价值，在有条件的情况下，尽量不要全部都选择单纯通过"是"或"不是"就能回答的问题，多选择一些需要通过研究开展来描述和解释的问题。

无论是研究选题的确认还是研究问题的提出，都需要教师在前期进行大量的文献梳理工作，对所研究的领域和话题进行充分的了解。选题方向的确认和问题的提出将奠定研究的整体基调，引领后续的研究工作。

二、文献资料搜集与研究方案设计

确定研究方向与研究问题后，教师可以着手制订自己的研究计划。在设计初期，教师应首先进行资料的收集整理与文献查阅，基于资料形成一定的研究框架。

1. 文献资料的检索与收集

文献资料的检索与收集是研究不可缺少的部分。它能够帮助教师了解该研究领域的成果，明确自身研究的价值与定位。在进行文献检索时，应注意以下几个事项。

（1）文献的检索渠道。教师在进行文献检索，特别是在网络上进行在线检索时，应确保使用正规的检索工具。例如，可以选择知网、维普等大型期刊库进行搜索，也可以使用谷歌学术等一些正规的学术网络检索工具。

（2）文献的来源。教师应确保所检索文献资源具有正规的出处和来源，如图书馆中已经出版的书籍、政府文件报告、各类参考价值较高的期刊等，尽量避免使用一些非正式出版的个人主观论点或心得感悟。

（3）使用一手资源。在有条件的情况下，应当尽量阅读一手资源，以确保能够准确全面地理解原作者的用意。当然，如果在语言条件或检索条件不允许的情况下，也可以使用一些二次引用的内容，但应注意标注转引，且二次引用的频率不应过高。

2. 研究方案的设计

在研究方案的设计过程中，教师应对整个研究的架构和实施过程进行详细的思考与抉择。对于研究方案设计的完成度越高，越能减少后期执行过程中可能遇到的问题。在设计过程中，教师应完成以下几个方面的考量。

（1）研究样本。包括样本的群体是教师还是学生、样本的数量、样本的信息（年龄，所处地区等），以及一些可能存在的需要说明的特殊情况。

（2）研究方法。考虑研究所采用的主要研究方法，如调查研究法、实验研究法、个案研究法、描述性研究法、文献研究法、混合研究法等。

（3）研究流程图。教师可以针对研究设计思路制作一个完整的流程图，以期对整个研究实施过程进行清晰、有条理的表述。

（4）数据收集与分析。在研究设计阶段，教师需要对数据进行一个简要的预期说明。如准备收集什么样的数据，如何收集，以及针对这些数据进行怎样的分析方法，借助什么分析工具等。

在完成了文献资料的梳理和研究方案设计两部分后，整个研究的前期准备工作就基本完成了。依照制定好的方案，教师可以展开后续的实际操作，着手进入实践操作环节。

三、不同数据收集方法的选择

在教育科学、教育研究中有很多种不同的数据收集方法。考虑到教师在开展研究时主要针对的是课堂教学环境，比较常用的数据收集方法有以下几类。

1. 问卷调查法

自 1990 年以后的很长一段时间中，对于教师专业发展的评价主要都是依托小规模的满意度问卷调查来开展（Day，2008）。它在社会学研究中有非常古老的应用历史。

问卷调查作为数据收集方法具有其不可替代的优势，例如它是最适用于针对大规模群体收集数据、匹配大样本的方式，可以被广泛应用于具有统计学意义的定量研究当中；当然，与此同时它也具有一些弊端，例如比较容易受到诸如访谈者自身想法、社会意向偏见性等一系列因素的干扰，导致回收到的数据当中"好的数据"要比实际情况明显偏多的情况。

在使用问卷调查法时，教师需要对问卷进行有效的设计。一份完整的调查问卷可能包含但不仅限于以下几个部分：标题、简介、样本信息、问卷问题及其他。问卷中的问题形式主要可以分为封闭式问题（closed-ended question）和开放式问题（open-ended question）。前者在数据分析时相对容易，但无法了解作答者选择背后的思考；后者在后期处理时难度较大，需要花费较多的时间与精力，但同时却是进行数据深入分析的有效方式。

此外，在进行问卷调查时，还应严格注意确保问卷的客观性，并尊重调查者的意愿。

2. 访谈法

如果说问卷是最适用于针对大样本群体展开的调查活动，那么访谈法则是面向一个或几个少数个体展开调查活动的有效手段。

访谈法的主要优势是能够有针对性地深入挖掘数据，还可以给研究者创造与被试对象深入交流的机会，建立信任，进而了解被访谈者的思路和潜藏在纸笔试题背后的、更加细致的真实信息。相对应的，它也同时存在着自身的一些不足，例如需要研究者投入更多的时间和精力，有时甚至需要更多的研究者共同投入到访谈工作当中，并且在相同时间成本下所能收集到的样本数量要远远小于问卷调查法。

依据不同的要素，访谈法可以有以下几种不同的分类：依照访谈地点和媒介的不同，可以分为面对面访谈、电话访谈和网络访谈等；依据一次访谈中被访谈的人数，可以分为一对一访谈和一对多访谈；依据访谈问题的设置和访谈前问题的完成度，可以分为结构化访谈、半结构化访谈及非结构化访谈。

在进行访谈时，教师应当遵守一些通用准则，例如问题要逐一提出，不要一次性抛出太多问题；问题表述应当中立，不要以措辞引导被访者回答某个答案；问题应当尽量精简明确；以及尽量能够在访谈中多进行追问，以便深入挖掘信息。这就要求作为访谈人员的教师应当对访谈的内容和问题非常熟悉，特别是明确自己的研究问题和研究目标，有的放矢。

3. 课堂观察法

在日常生活中，每个人都会通过观察来建立生活经验、组织日常生活。同这些日常观察一样，科学教育也可以用观察法来收集数据开展研究。对于教师来说，这种观察法主要指的是对课堂的观察。

相比于前两种数据收集方法而言，观察法是最为客观公正的方式。因为前两者主要依赖于被试人员的主观作答，而观察法获取的数据则直接来自被试者的真实课堂表现，因此其最大的优势就在于真实还原性，可以避免研究者主观偏见对数据产生的影响。但是考虑到使用成本和后期处理成本，课堂观察法也是全部方法中需要投入最多时间成本、金钱成本与人力成本的数据收集方法。

进行课堂观察记录的方法有很多。在现代科技融入课堂之前，研究者可以采用纸笔记录的方法，如填写课堂观察记录表、建立研究观察日志等。而随着现代技术的不断发展，录音笔、相机和数码摄像机等电子产品不断出现，教师也可以选择使用这些现代技术对课堂观察资料进行收集，并通过后期的编码和数据分析，将其转化为文字性的资料。可以预见，科技的不断发展会带来教育研究领域的不断革新，与之相应的数据收集与分析方式也会不断革新。

综合上述内容可以明确，无论是问卷调查、访谈还是课堂观察，都具有自身的优势与不足。教师可以依照自身的研究设计选择收集不同类型的数据，并对其进行合理的分析，帮助自己更好地完成预定研究目标。

四、定量化与质性化的数据分析走向

数据收集完成后的分析工作，是展现研究者数据解读能力的重要环节。对于一份相同的数据，不同的研究者依据自身的研究倾向和关注点，采用不同的分析手段，很有可能得出完全不同的结论。在这里可以将数据分析分为定量化分析、质性化分析及混合研究三大类。

1. 定量化分析

定量化分析是将研究对象数据进行量化表征，并通过这些数量来开展研究，得出研究结论的方式。顾名思义，它的最主要特点在于多以数字来替代文字。

在定量化分析的过程中，测量工具的评估占据着非常重要的地位。而这其中首要考量的就是测量工具的信度和效度问题。其中信度指的是监测数据的一致性和稳定性，而效度则指向检测结果的准确性和有效性。对于一个测量工具来说，信度和效度都是重要的属性，二者缺一不可。对于信度和效度的评估有不同的方法，它们分别提供了不同的指数，在此不再展开叙述。在进行定量化分析时，研究者应选择适合自己的研究工具，并提供必要的评估指数来证明所提供的数据是可信有效的。

由于开发测评工具的过程是复杂且耗时的，教师在进行教育科学研究时，除自行开发独立的测量工具外，还可以选用已开发出的成熟测量工具进行数据分析。这对于本身时间并不充裕的教师来说可以节省大量的精力，减少出现纰漏的可能。

2. 质性化分析

与定量化分析不同，质性数据的呈现方式通常是文字而不是数字。这些文字的背后可能蕴含了丰富的形容解释、发展过程，或者事件的前因后果。如果说定量化分析的重点在于大量的数字与统计结果，那么质性化分析的重点则在于丰富的细节描述。

相比于定量化的分析，质性化分析有一些独有的特征。例如它倾向于从自然环境中获取数据而不是在实验环境中加以干预、强调研究者的主观能动性、采用多种不同类型的数据源进行支撑、牵涉大量的归纳演绎逻辑推理过程、强调被试者在研究中的重要价值、具有更加灵活机动的研究设计等（Creswell，2007）。当处于以下 3 种情况时，研究通常需要采用质性化的分析方法：①研究需要探寻的问题无法通过简单测量加以描述；②研究者希望赋予被试更高的权利，了解他们背后的故事；③研究者想要开发一套新的理论。而这其中的前两条原因则较多出现于教师进行的研究当中。

通常来说，人们在进行质性化分析相关研究时会采用 5 种常见的方法，分别是叙事研究（narrative research）、现象论（phenomenology）、民族志（ethnography）、

扎根理论（grounded theory），以及个案研究（case study）。在教师教育科学研究中，个案研究是普及度最高的一种类型，即针对一个或少数几个个体的案例进行深入的描述性分析，形成描述案例。能够应用于质性化分析的数据类型有很多，这其中包括但不仅限于课堂录像、教案、课堂形成性评价任务、个人反思、日记及档案袋等。

相比于定量化分析更多地依赖于测评工具，质性化分析则更多地依赖于研究者的思维能力。因此质性化分析的应用离不开研究者通过长时间的锻炼所积累的经验。

3. 混合研究

定量化和质性化的数据分析分别具有自身独特的优势和不足。在避免单一研究手段及数据形式所带来的负面影响上，社会学研究传统提出了将多种方法共同作用于同一研究的建议，混合研究法逐渐走入研究者的视野当中。

在混合研究法中，研究者可以在一个研究设计中，综合使用定量与质性分析形式来达成研究目标。对于一般的教育科学研究来说，我们更多地使用到混合研究中"三角论证"（triangulation）的作用原理，即通过不同数据、不同分析方法来指向同一研究目标，这一方法可以尽可能地削弱测量偏差，将目标事实相对稳定地固定在真实范围内，提高研究结果的真实性与可信度。

在混合研究的分类上，研究者可以考虑两个方面：其一是在其中所包含的质性分析与定量分析是否是同时进行的；其二是定量分析与质性分析所占的比例和地位是否一致。研究者可以将不同方法混合使用，也可以采用半混合的方法使用其中一种作为主导，另外一种作为辅助。

尽管不少研究者对于混合研究是否能够算作一种独立的数据处理方法还有所争议，但至少可以明确的是，"质性数据只能通过定性分析，量化数据只能通过定量分析"的观点是存在问题的。教师应当明确，无论质性化的数据还是定量化的数据，都可以分别采用不同的分析方法进行处理，服务于预期的研究目标。

五、教育科学研究中的伦理道德

教育科学研究中的伦理（ethics）是指人们在处理与人和社会相关研究时，应当遵守的道德原理与准则，是指导人们开展研究的行为观念与规范（约翰逊，2015）。与一般的科学研究不同，教育研究中的伦理问题更为普遍——因为教育研究中常常以"人"作为研究的被试样本。了解教育研究中的伦理准则，对于教师开展教育科学研究是十分必要的。

尽管不同的教师对待伦理问题的立场不尽相同，但在研究过程中存在一些约定俗成的准则，这其中包括了①知情同意权，即参与研究的被试人员享有研究信息的知情权利，可以自愿加入，也可以随时退出；②未成年被试权利，当研究中涉及未成年的学生时，需要取得监护人的同意；③隐私权与肖像权，指被试所享有的私人信息受到保护，不能被随意收集及公开；④欺骗与事后告知，在某些可能会因公布真实研究细节导致研究失效的情况下，研究者可以采取一定程度的隐瞒，但需要在事后向被试进行解释与告知；⑤生理与心理安全，被试者的生理安全与心理安全不受侵害，是研究能够投入实施的底线。

在研究开展的过程中，教师也可以具有多种伦理角色上的定位。研究者与研究对象之间的关系可以是非常理性化的受益者与付出者，可以是感性角度上的朋友，也可以是站在中立平等角度上的互惠互利等。不同的角色定位可以引导研究者们收集不同的数据，为研究实施提供帮助。

教师在进行教育科学研究时所需关注的内容是方方面面的。上述几个内容是教师必须加以考虑的重要部分，但并非全部。教育科学研究的开展是复杂且耗时的，同时它对于教师的个人成长与发展价值也是巨大的。在各方面条件允许的情况下，教师应多尝试参与一些教育科学研究，在实践过程中摸索适合自身的发展道路。

（李　诺）

🔍 **思考与练习** ....●

1. 说出你所理解的教师专业素养发展是什么？
2. 尝试进行自我发展需求分析，明确自身的发展需求。
3. 阅读几篇教育科学研究文章，并对研究进行分析与讨论。
4. 选择并参与一项教师专业发展提升活动。
5. 选择自己感兴趣的话题，设计一个教育科学研究计划。

🅮 **更多数字课程学习资源**

✏️ 本章小结　　📖 参考文献

第十二章

国际科学教育发展概览

◇◇

📍 **本章学习目标**

1. 用自己的话概述国际科学教育发展的热点趋势。
2. 阐释"2061 计划"提出的教育理念。
3. 举例说出教育项目如何推动科学教育发展。
4. 列出国际科学教育领域的代表性学术团体、权威期刊和国际会议。
5. 了解追踪科学教育新成果的途径,形成关注前沿的良好学术习惯。

科学教育具有很强的时代特征,一方面需要反映科学技术的发展和社会生产的需要,另一方面需要不断吸纳学习科学和教育研究的新成果,因而改革成为科学教育发展的时代底色。生物学教育作为科学教育中的重要领域之一,同样也将顺应和体现时代浪潮。

21 世纪以来,全球科技创新进入空前密集活跃的时期,新一轮科技革命和产业变革正在重构全球创新版图,重塑全球经济结构。在这个背景下,科学教育肩负了极大的责任和挑战,要兼具提高全民科学素养和培养未来科技创新人才的重要功能。全球科学教育者正在孜孜以求,以研究和证据依据形成循证(evidence-based)发展的改革路径,以确保科学教育的方向能准确和有效地指向愿景目标。

本章将介绍世界范围内科学教育的发展状况与趋势动态,期望能够有助于读者把握科学教育的先进理念,深入理解新时代下的课程要求,我们认为这是一名研究型教师应该具备的视野。随着时代变化,科学教育还会在不断变革中前行,今日展现的状况无法完全呈现教育改革的未来发展全貌,终身学习是这个时代赋予每一位教师的基本职责,因而本章还提供了跟进科学教育发展前沿的思路和线索。

第一节 国际科学教育发展的趋势

随着时代的变迁和科技的发展,科学、工程、技术成为人们应对当代和未来挑战的重要工具,同时也深刻影响了每一个人的现代生活。国民科技素质直接决定了国家发展的趋势和潜力,因此世界各国都十分重视科学教育,投入大量人力和物力支持相关研究。在过去的几十年间，科学教育研究吸纳了脑科学、学习科学、教育学等多方面研究成果，期望最大程度提升学生学习效果和对科学的兴趣。在这样的背景下，学习进阶、跨学科概念、科学－工程融合的研究得到了高度重视，其成果影响了新一轮科学教育改革的实践方向。

一、课程设计关注基于核心概念的学习进阶

随着时代进步、各类知识信息迅猛发展，学校课程知识体系的合理设计成为摆在世界各国教育界面前的重要任务。美国科学教育研究者吸取近年来教育研究的丰硕成果，提出了"学习进阶"（learning progression，LP）理念，认为它是促进课程标准、课堂教学与考试评价三者一致性的有效工具。并将其作为制定美国新一代科学课程的核心指导原则。

学习进阶理念认为，学习是逐渐累积、不断演进的过程，学生需要相当长的一段时间（少则 2～3 年、多则 6～8 年）来发展对核心概念真正深入、细致的理解。学习进阶即试图呈现学生在学习科学核心概念（core idea）的长期过程中，所存在的一种潜在发展序列。这里的核心概念，有时也被称作大概念（big idea）或关键概念（key idea），包括了科学领域内重要概念、原理、理论等的基本理解和解释，能够展现当代学科图景，是科学领域的核心内容。设计良好的学习进阶可作为课程体系的骨架，为课程目标的达成提供整体一致、前后连贯、逐渐深入的学习路线导航图，并通过适时合理的测量监测学生进步情况。

设计良好的学习进阶包括下列 5 项特征要素。

（1）学习目标。作为学习进阶的终点，学习目标通常是期望学生在完成该学习进阶后，最终达成的行为。学习目标的设定依据社会期望、对学科核心概念主题的分析及下一阶段教育入门的需求。

（2）进阶变量。进阶变量明确了需要长期发展的某项内容维度，通常是学科中的某个核心概念，或是科学工作中的某项关键实践技能。追踪进阶变量可以清楚呈现学生对核心概念的理解或关键技能的掌握随着时间的延续逐渐熟练深入的发展过程。

（3）成就水平。成就水平是学习进阶发展路径中的中间水平，期望大多数学生沿着多个中间水平拾级而上，对核心概念的理解或关键技能的掌握逐渐完善，最终达成学习进阶的终极目标。

（4）学习表现。学习表现是各成就水平的操作性定义，描述了学生在该水平应达成的知识理解程度、技能掌握情况，以及应能完成的任务表现，这为评价的开发设计提供了明确的指示，也有助于确认学生位于学习进阶的哪个水平。

（5）评价。评价用于测量学生对核心概念或实践的理解和掌握情况，可追踪学生随着时间推移，沿着学习进阶的发展状况。

以主题"生物体中的物质与能量流动"为例，表 12–1 完整呈现了学习进阶的上述要素。

表 12-1 "生物体中的物质与能量流动"学习进阶表

学习目标：理解生物体如何获取、使用物质和能量以供生存和生长的需要 进阶变量：生物体中的物质与能量流动			
成就 水平	学习表现		评价指标
	概念理解	行为表现	
K-2 年级	所有动物都需要食物来维持生存和生长，这些食物可为植物或其他动物 ……	根据食性将动物分为两类，每一类可举出3个以上的例子 ……	· 学生应能按食性将动物分为2类或3类（只吃植物、只吃动物、植物和动物都吃） · 学生能将给定的具体动物正确分类，并能给出分类证据 ……
3~5 年级	· 所有生物体都需要能量 · 动物和植物一般都需要空气和水，动物需要食物，植物需要光和矿物质；厌氧生物（如消化道内的细菌）不需要空气 · 动物从食物中获取身体修复和生长发育所需的原料 · 食物经消化后释放能量以供动物体取暖和运动需要 ……	解释动物如何使用食物，并举出例子和证据 ……	· 学生应能用图表和论据充分解释：食物为构建身体组织提供原料，也作为燃料为生命活动的进行提供能量 · 举例说明食物为身体生长和修复提供原料，并给出证据 ……
6~8 年级	· 植物、藻类及许多微生物通过光合作用使用光能，将空气中的二氧化碳和水制成糖类（食物），供立即使用或储存起来为日后之需 · 动物靠吃植物或其他动物获取食物。食物在个体内经过一系列化学反应，分解重组形成新的分子以维持生长或释放能量 · 绝大多数动物和植物吸入氧气与含碳分子（糖类）发生反应产生能量和二氧化碳 ……	解释为何人体吸入的空气中氧气含量远比呼出气体中的氧气含量高得多，解释中应体现：体内何处使用氧气，如何使用氧气，如何运输氧气 ……	学生应能充分解释体内所有的细胞都要使用氧气，这是食物释放能量一系列化学反应中的一部分。解释中应说明释放能量化学反应中氧气的作用；氧气和食物如何通过体内相关系统运输至所有的细胞 ……

续表

成就水平	学习表现		评价指标
	概念理解	行为表现	
9~12年级	·光合作用通过将二氧化碳和水转化为糖类同时释放氧气的过程，将光能转化为可储存的化学能 ·糖类分子由碳、氢、氧和一些微量元素组成，可用于制造氨基酸及其他碳链分子，它们可组装为更大的分子（如蛋白质或 DNA） ·当物质和能量在生命系统中不同组织间流动，化学元素以多种方式重组形成新的产物。这些化学反应使得能量在分子相互作用的不同体系间传递 ……	构建模型描述有氧化学过程如何使人体细胞获取和传递所需要的能量 ……	学生应能使用图表和文本表明多种化合物（如糖类、蛋白质）与氧气发生反应释放能量满足细胞需要，或通过其他化学反应将能量储存起来 ……

二、通过跨学科概念建立学科之间的联系

跨学科概念是当前国际科学教育研究中受到高度关注的内容。在相当长的时间里，科学学习主要还是基于各自学科领域（如物理、化学、生物）的知识结构展开，各学科之间相对孤立。近些年来，越来越多的科学教育研究者认识到有一些重要的概念重复出现于科学、工程、技术、数学各学科领域，它们超越了学科边界，并在观察和解释自然现象中富有成效，在各学科领域中都有方法论和解释性价值，这些概念被称作跨学科概念（cross-cutting concept），有时候也被称之为通用概念、交叉概念、统一概念、共通概念、基本概念等。

跨学科概念联结整合了不同学科的知识，展现了更为基本且具有综合性的概念原理，为学生系统学习科学知识、领悟科学思维方法提供了一个框架，这个框架能够促进学生在科学的知识库中提取出一个整体思维，能够看清科学各分支之间、科学与其他学科之间的联系。随着学生在 1~12 年级课程的学习进程中不断拓展和深入这些跨学科概念的理解，学生将会加深对科学的整体认识，并将他们的理解运用于日益复杂的变化中。

1964 年，美国科学教学协会首次提出了跨学科概念是组织科学成果的有效方式，它将有助于科学课程的内容架构，并列出了物质、能量、时间、空间等跨学科概念陈述。之后研究者不断丰富跨学科概念的表述和确认，1993 年，由美国科学促进会发布的《科学素养的基准》中即列出了模型、系统、尺度、恒定与

变化 4 个跨学科概念，并指出这些是每个人在科学、数学和技术方面都应该具备的知识。2008 年加拿大安大略省课程标准提出了 6 个跨学科概念：物质、能量、系统和相互作用、结构和功能、可持续发展和管理、变化与连续，并要求学生在 1～12 年级课程的学习进程中不断拓展和深入对这些概念的理解。美国在最新出台的科学教育框架和新一代科学教育标准中提出了如下 7 个跨学科概念，以帮助学生建立科学和工程的完整画面。

1. 模式

指形态和事件呈现出可观测的模式，这些模式指引了组织和分类的进行，促使人们提出问题、想要了解事物之间的联系和影响因素。

2. 原因与结果：机理与解释

指事件发生的原因有的简单，有的复杂。科学的主要活动是探寻和解释起作用的因果联系和机理。机理可在给定情境下予以检验，并用于新情境中事件发生的预测和解释。

3. 尺度、比例与数量

指考虑现象时一定要认识到不同大小、时间和能量尺度的现象之间有何关联；当尺度、比例和数量发生改变时，系统的结构或行为会发生怎样的变化。

4. 系统与系统模型

指根据研究来界定系统、确定系统的边界、建立系统模型是科学和工程中常用的工具方法，有助于理解和检验观点。

5. 能量与物质

流动、循环和守恒指追踪能量和物质如何在系统内流动，以及如何流入、流出系统，将有助于理解该系统的可能性与局限性。

6. 结构与功能

指物体或生命体的形状和亚结构决定了它们的许多性质和功能。

7. 稳定与变化

指研究自然系统和人造系统的关键点在于了解稳定的条件，以及控制着系统变化率或演化率的决定因素。

为了将跨学科概念更好地融入中学生物课程，我国研究者将跨学科概念与我国高中生物学课程内容对应起来（如表 12–2 所示），呈现了跨学科概念与高中生物必修 1 "分子与细胞"课程内容的对应关系。其中，重要的对应关系记做★，有一定关联的记做☆，7 项跨学科概念要素分别用小写字母 a（模型）、b（尺度、比例与数量）、c（物质与能量）、d（结构与功能）、e（稳定与变化）、f（系统）、g（机制）来表示。

表 12-2　跨学科概念与高中生物必修 1 "分子与细胞" 课程内容对应关系表

"分子与细胞" 课程内容		a	b	c	d	e	f	g
1.1 细胞的分子组成	蛋白质		☆		★			
	核酸		☆		★			
	糖类		☆	★	☆			
	脂质		☆		★			
	碳骨架		☆		★			
	水和无机盐		☆		★			
1.2 细胞的结构	细胞多样性	★			☆			
	细胞膜系统	☆			☆		★	
	细胞器	☆	☆		★			
	细胞核	☆	☆		★			
	真核细胞	★					☆	
1.3 细胞的代谢	物质进出细胞	☆		★		☆	☆	
	代谢中的酶	☆	☆					★
	代谢中的 ATP			★	☆	☆		☆
	光合作用的过程	☆	☆	☆	☆	☆	☆	★
	光合作用速率的环境因素	☆	☆	☆	☆			★
	细胞呼吸	☆	☆	☆	☆	☆		★
1.4 细胞增殖	细胞周期	☆	☆	☆	★			
	无丝分裂	★			☆			
	有丝分裂	★		☆	☆			☆
1.5 细胞分化、衰老、凋亡	细胞分化				☆			★
	细胞全能性					·		★
	细胞的衰老与凋亡				★	☆		☆
	癌细胞的特征				☆			★

三、工程学融入科学教育是 STEM 教育发展的新方向

在基础教育的传统布局中，学校科学教育是以"纯科学"的面目出现的，而相对偏应用的工程学教育则主要集中在高等教育阶段开展。随着现代科学综合性

增强，科学和工程学的相互依存性不断显现，国际基础教育领域出现了将工程学融入科学教育的新态势。研究者认为工程学中创意、设计、实践、产品等重要属性和要素极大地丰富了科学课程的内涵和育人价值，使科学课程在培养创新、实践和问题解决能力上有了最直接的支撑点，对学生理解和掌握科学和数学提出了更加真切的要求。

"工程"一词来源于中世纪意大利的动词"ingeniare"和名词"ingenium"，作动词时意为"设计"或"发明"，作名词时意为"一个精巧的发明"。引入基础教育阶段的工程学，常被界定为是一种系统的、多次迭代的方法，用来设计产品、过程和系统，以满足人类的需求。工程学和科学的关系非常密切，但并不相同。科学的目的是研究自然世界，发现自然界存在的客观规律；而工程学的目的是发明或生产某种技术产品用以满足人类需求、解决实际问题，使人类可以更好地生活。尽管最终目的不同，科学和工程学常常互相促进，比如由工程学产生出的许多工具和仪器（如显微镜、核磁共振仪等），极大地促进了科学的发展；而科学原理是工程学的基础，工程师创造性地将科学理论应用于生产生活，最终服务于人类。

20 世纪 90 年代以来，科学教育、数学教育和技术教育分别成为 STEM 教育的核心部分，但工程教育却被边缘化。近年来，为了重新占据世界发展的领先地位，基础教育阶段工程教育逐渐得到各国的重视。美国新一代科学教育标准将工程列为与物质科学、生命科学、地球空间科学并行的第四个学科领域，在 K–12 年级科学课程中进行的学习和实践，前所未有地突出了工程教育在基础教育阶段的重要地位，其中涉及的工程学内容包括了 3 个核心要点：

（1）识别和界定工程问题，以帮助学生定义工程问题及明确成功方案需达成的标准和现存的限制条件。

（2）开发可能的解决方案，以帮助学生产生想法并有效表达做出的初始设计方案。

（3）优化设计方案，以帮助学生认识到工程需要在比较和权衡中寻求"最佳"解决方案，并会不断进行迭代改进，形成设计方案的多项升级。

以上要点为学生掌握工程思想提供了可循的学习途径，并呈现出了工程有别于科学的独特思维方式。这是一种系统化的真实世界问题解决模式，它需要满足人类需求并考虑各项限制条件，如成本、美观、安全等，通过设计原型、交流合作与不断测试，进行产品方案的比较、权衡和改进迭代。这个过程需要体现系统思维、创造力、协作、沟通、优化和伦理考量，同时也需要对科学概念和原理有深入的理解和创新的运用，为科学知识的学习提供了天然的真实情境。由此可以看出，在基础教育阶段科学课程中整合工程学有以下 3 个价值：

第一，工程学作为一种学习情境对于科学概念的应用至关重要，可以帮助学生发展对科学概念的有意义的理解；

第二，工程学中强调的系统思维、模型构建、类比推理、可视化表征等思维方式，将有助于培养学生的综合技能，增进学生在真实情境下的问题解决能力；

第三，学生在课程中有机会感受和理解工程师的工作，有助于提高学生对STEM学科和职业的兴趣，为国家培养高质量科技人才奠定基础。

第二节　科学教育发展的代表性项目

教育研究项目是教育科学研究活动的主要形式，由政府支持的大型研究项目支撑着国家创新体系和决策走向，对社会发展至关重要。在欧美等教育发达国家，科学教育的发展已经形成了基于研究和证据的决策机制，绝大部分的研究工作均依托各类或大或小的项目展开，研究者的努力和智慧凝结成项目成果，点滴汇聚为科学教育每一步变革提供了坚实的决策基础，有力推动了科学教育健康持久的发展。跟踪教育发达国家的重大项目进展，仿若触摸到世界科学教育改革的脉搏，得以洞察国际科学教育未来发展的浪潮走向。

本节将介绍科学教育发展的 3 个代表性项目：2061 计划、NGSS 研制项目和国际课标比较项目。从时间跨度和资源投入来说，2061 计划最为宏大，NGSS 研制项目相对中观，国际课标比较项目最为具体微观，但它们都从各自层面对科学教育产生了深远的影响，已经并将继续影响科学教育的变革。

一、2061 计划引领了世界科学教育改革的新浪潮

2061 计划（Project 2061）是一项有关科学教育改革的长期规划项目，由美国科学促进会发起于 1985 年，旨在提高全民科学、数学和技术方面的素养。之所以命名为"2061"，是因为项目起始年 1985 年恰是哈雷彗星光临地球的日子，计划发起人将计划完成时限定为哈雷彗星的轨道周期，即为 76 年。该计划期望在下一次哈雷彗星回归地球的时候，即 76 年后的 2061 年实现，以适应未来科学技术和社会生活的急剧变化。2061 计划是一项长期的、分阶段的项目，也被誉为是美国有史以来最为雄心勃勃的教育改革项目。

项目初始即聚集了全球 400 多位著名的科学家、数学家、教育家、工程技术专家、教育实践专家和教育机构负责人，历时 4 年的反复讨论与充分论证，于1989 年完成了一份科学教育改革的纲领性文件《2061 计划：面向全体美国人的科学》（*Project 2061：Science for All Americans*），详细阐述了全面改革美国 K–12教育体系的目标、步骤、内容和科学依据，描述了成年人应该在数学、科学和技术等方面具有的基本技能和素养水平。此后陆续出版了多项引人瞩目的成果：

《科学素养的基准》进一步探讨了怎样使学生朝着具有科学素养的目标进步，并对不同年级段学生所应达成的科学教育目标有了更为具体细化的表述；《科学素养的导航图》则以图表的形式直接展现了《2061计划：面向全体美国人的科学》和《科学素养的基准》中所涉及的概念、原理、技能之间的关系，意在给教师提供更为有价值的指导。这些成果一经发布便受到全球各国的高度关注，被翻译为10多种语言版本。2061计划提出了诸多颇具新意的教育理念，对世界许多国家科学教育改革都产生了深远影响。

1. 科学教育要面向全体学生

在此之前，科学教育的主要目的是为国家培养优秀的科学家，这使得科学教育在某种程度上成为一种精英教育，面向的是那些天资聪颖、决定日后投身于科学事业的学生。而2061计划明确倡导一种公平的科学教育，认为科学已经成为现代人的必需品，在21世纪无论是社会还是个人想要成功发展，全民和个人的科学素养都至关重要。因而现代科学教育的对象不应仅仅是少数英才，而应该是每一个学生。"种族、语言、性别和经济状况，不应再是决定一个人能否接受良好的科学、数学和技术教育的决定因素。忽视任何人的科学教育，就是剥夺了他们的基础教育，就会使他们终生受到伤害，国家就会丧失优秀的工人和合格的公民，最终将构成国家难以承受的损失。"

2. 科学教育的目标是提高全民科学素养

2061计划将科学素养作为科学教育目标，明确了中学毕业生必须掌握的知识、技能和思维习惯，这些内容将形成科学社会中公民必须具备的科学理解力与决策力。"科学素养可以增加人们敏锐地观察事件的能力、全面思考的能力，以及领会人们对事物所做出的各种解释的能力。此外，这种内在的理解和思考可以构成人们决策和采取行动的基础"。2061计划中阐释的科学素养基本范围，可大体归纳为：

（1）熟悉自然界，尊重自然界的统一性和多样性；

（2）理解科学的核心概念与原理；

（3）懂得科学、数学和技术相互依存的重要方式；

（4）认识到科学、数学和技术是人类共同的伟大事业，并认识到它们的优势和局限；

（5）具备科学思考能力；

（6）能够运用科学知识和思维方法处理个人和社会问题。

3. 科学教育的内容应少而精

研究者们认为学生当前学习的科学内容过于庞杂陈旧，难以跟上飞速发展的科学技术速度。学生学习的知识看上去很多，但关联性不强且深度不够，使得学生学习效果不佳。因此，2061计划提出了"少而精"的原则，认为学习好较少的一部分内容比盲目地学习很多东西收效更大。在这样的原则下，哪些科学内容要教给学生需要精心选择，对于那些已经过时或细枝末节的知识内容应大刀阔斧地删去。实际上，2061 计划中对学生的要求非但没有降低，反而比以往的更高，它要求学生学习得更加深入、更加贯通、更有关联性，还要求最大限度地减少记忆那些孤立的事实和概念，而应把重点放在核心概念和原理上。

4. 教学应有助于学生理解概念和掌握思维技能

2061 计划的研究者注意到传统教学中过于强调对词汇定义的机械背诵，而忽略了理解和发现的过程，因而他们做出了以下极为重要的教学建议。

（1）教学不应注重对内容细节的死记硬背上，而是要注重理解概念和掌握思维技能。专业词汇等细节被视作提高的手段，但不是必需。比如学生需要知道"绿色植物能利用太阳能，将二氧化碳和水合成为贮存着能量的有机物，同时释放氧气"，但对"光合作用"这样的术语记忆不做要求。

（2）弱化传统上各学科之间的分类界限，强化各学科之间的联系，提出关注跨学科的通用概念，提示教学上应注意类似于"能量转换"不仅出现在物理学科中，也会出现在生物、化学甚至技术系统等学科中。

（3）教学应考虑到学生的接受水平，注重学生已有的前概念，激发学生的学习动机与兴趣，鼓励学生的亲身体验。教学不能仅强调结论，科学发现的过程亦不可忽视，教师既要帮助学生了解与这个世界有关的科学知识，同时也要帮助学生形成科学的思维习惯。

二、NGSS 研制项目是循证研究影响教育决策的典范

美国新一代科学教育标准（next generation science standards，NGSS）研制项目于 2010 年初正式启动，历时 3 年完成并颁布了这份"新标准"，为美国科学课程下一阶段的发展指明了具体的道路和前进的方向。作为一份里程碑式的文件，其研制基于 2061 计划至今 20 多年科学教育研究的成果，也是循证研究影响教育决策的典范。

1. NGSS 研制项目分为两步走完成

随着时代的发展，科学知识更新迅速、教育研究成果层出不穷，美国教育研究者们逐渐认为上一版《科学教育标准》不足以涵盖新时代的学习特点和内容要求，时隔近 15 载，NGSS 研制项目于 2010 年初正式启动，项目分为"两步走"。

第一步计划先完成基本骨架"新框架"。该工作由美国国家研究院（NRC）联合多家单位研制，并于 2011 年 7 月 19 日颁布了《K–12 科学教育的框架》，这份近 300 页的课程文件报告细致勾勒了新一代科学教育的蓝图，明确了指导思想、制订了核心内容。

第二步计划在第一步"新框架"的基础上研制具体标准。"新标准"由非营

利教育机构"成就"公司（Achieve Inc.）牵头组织，联合26个州与美国国家研究院（NRC）、美国科学教师协会（NSTA）和美国科学促进会（AAAS）联合编写。"新标准"于2013年4月9日正式颁布。正式公布的版本有两种编排方式，一种为按主题编排，另一种为按学科核心概念编排，这两个版本的文字内容是完全一样的，只是呈现顺序有所调整。

2. NGSS 是科学教育研究成果的集中展现

从2061计划伊始，至NGSS研制项目启动的20年间，科学教育、脑科学、学习科学等研究领域都取得了长足的进步。美国国家研究院（NRC）对学生如何有效学习科学进行了长期的研究，其成果集中反映在编撰于NGSS项目研制前夕的多本重要著作中，如：《人是如何学习的》（*How People Learn*）（NRC，2000）、《将科学带入学校》（*Taking Science to School*）（NRC，2007）、《准备开始科学》（*Ready Set Science*）（NRC，2008）等。NGSS研制过程中大量汲取了已有科学教育研究成果，为教育研究与教育实践建立了空前紧密的联系。这些内容集中反映在了NGSS提出的6条重要指导原则中：

（1）孩子是天生的研究者；

（2）聚焦于核心概念和实践；

（3）长期持续地发展理解；

（4）科学和工程既需要知识，也需要实践；

（5）联结学生兴趣和经历；

（6）支持平等。

3. NGSS 通过整合三维框架实现教育目标

NGSS构建了三维框架结构，来整合学生在高中毕业前应完成的知识和实践内容，实现如下教育目标。

（1）能懂得自然界的科学解释，并会运用和阐释这些解释；

（2）能收集和评估科学证据和解释；

（3）能理解科学知识的本质和发展；

（4）能有成效地参与科学实践和讨论。

三维框架如下所述，这些内容体现和贯穿于自然科学的4大领域——物质科学，生命科学，地球与空间科学，工程、技术与应用科学。

（1）维度1：科学和工程实践。学生在科学课堂上，应有机会对以下8个内容进行学习和锻炼——提出科学问题和界定技术难题；发展和使用模型；计划和实施研究；分析和阐释数据；使用数学、信息、计算机技术和计算思维；构建解释（针对科学）和设计解决方案（针对工程）；参与基于证据的争论；获取、评估和交流信息。

（2）维度2：跨学科概念。跨学科概念包括模式；原因与结果：机理和解释；尺度、比例与数量；系统与系统模型；能量与物质：流动、循环和守恒；结构和功能；稳定和变化。学习跨学科概念将帮助学生建立对科学和工程的完整认识。

（3）维度3：学科核心概念。学科核心概念选取了自然科学4大领域的核心概念作为重要学习内容。其中生物学科领域的核心概念及其包含的概念成分见表12-3。

表 12-3　生物学科核心概念及其概念成分

领域	核心概念	概念成分
生命科学（LS）	LS1. 从分子到生物体：结构和过程	LS1. A：结构和功能 LS1. B：生物体的生长和发育 LS1. C：生物体中进行物质和能量流动的组织 LS1. D：信息处理
	LS2. 生态系统：相互作用，能量和动态	LS2. A：生态系统中相互依存的关系 LS2. B：生态系统中的物质循环和能量转换 LS2. C：生态系统的动态、运行和恢复 LS2. D：社会交往和群体行为
	LS3. 遗传学：性状的遗传和变异	LS3. A：性状的遗传 LS3. B：性状的变异
	LS4. 生物进化：统一性和多样性	LS4. A：共同祖先的证据和多样性 LS4. B：自然选择 LS4. C：适应 LS4. D：生物多样性和人类

三、国际课标比较项目呈现了清晰的研究范式

相比于前两个项目的规模来说，国际课标比较项目相对微观，这是在 NGSS 研制项目启动之前所做的一个准备工作，任务相当具体而明确，即"对 10 个国家及地区的科学课程标准进行比较研究"。但该项目在科学教育发展中的影响是不可忽略的，项目整体呈现出清晰明确的研究逻辑、扎实细致的数据分析与合理可行的决策建议，这为之后 NGSS 的高质量研制打下了坚实的基础。同时，也为科学教育研究范式的学习提供了优秀的范本。

1. 项目呈现了清晰的研究问题和思路框架

该项目由美国非营利教育机构"成就"公司于 2010 年 9 月完成，他们详细分析评估了 10 个国家及地区的科学课程标准。这些国家（地区）的中小学生在国际评价项目 PISA 和 TIMSS 中表现优异，包括：加拿大（安大略）、中国（香

港和台湾）、英国、芬兰、匈牙利、爱尔兰、日本、新加坡和韩国。项目期望从课程层面分析这些国家（地区）在科学教育中的优秀经验，并为 NGSS 研制提供思路借鉴。

项目列出了明确的研究问题，包括：

（1）这些国家（地区）期望学生在学习高中分科课程之前，应具备什么样的知识和技能？

（2）这些国家（地区）期望学生在高中阶段，学习生物、化学、物理、地球与空间科学的哪些知识和技能？

（3）这些国家（地区）的课程标准中有哪些示范特征值得借鉴？有哪些不足应该竭力避免？

为了回答这些问题，项目采用了定量和定性混合研究方法。

定量研究包括内容主题分布的比较分析及行为表现目标的比较分析。内容主题的划分主要以具体学科内容与跨学科交叉内容为依据；行为表现则分为面向内容知识的认知要求和面向实践活动的探究技能，认知要求又进一步分为由低到高 3 个层次：知道、应用、推理；探究技能进一步分为 2 个层次：基础探究技能和高级探究技能。

定性研究包括对这 10 个国家及地区课程标准的基本分析，研究者期望从中了解这些标准的组织、架构和表述方式；在此基础上，研究者又选取了 5 个国家及地区的标准：加拿大、英国、中国香港、日本和新加坡，请相关学科内容专家，从连贯性、聚焦性、严谨性、进阶性、明确性、清晰性几个角度对标准进行深入分析。

整个研究框架如表 12-4 所示。

表 12-4 国际科学课程标准比较项目研究框架

		跨学科交叉内容	
定量研究	内容主题的比较	生物学内容	
		化学内容	
		物理学内容	
		地球与空间科学内容	
	行为表现的比较	认知要求	知道
			应用
			推理
		探究技能	基础
			高级

续表

定性研究	基本分析	这些国家如何组织标准？
		这些国家如何架构标准？
		这些国家如何表述标准？
	深入分析	连贯性
		聚焦性
		严谨性
		进阶性
		明确性
		清晰性

2. 项目使用图表细致清晰地呈现了研究结果

项目按照上述研究框架分析了 10 个国家及地区的 25 000 条陈述句，对其进行文本编码分析并统计数据，翔实揭示了这些国家（地区）课程中所呈现的总体特征。以下摘取其中 3 个结果略做展示。

（1）项目分析了这些国家（地区）在 1～12 年级开设科学课程的情况，绘制了如表 12-5 所示的表格，可以看出这 10 个国家（地区）均在小学和初中阶段实行综合科学课程，其中 7 个国家（地区）一直延续到 10 年级，之后才进行分科教学。

（2）项目仔细分析了各科内容的分布。从小学到初中的科学课程中，物质科学内容（包括物理和化学）占据了绝大部分。如果将物质科学拆分，则生物学内容最多，而地球和空间科学的内容最少。各科内容的平均分布如图 12-1 所示。

表 12-5　1～12 年级的课程开设情况表

国家及地区	科学课程										高中分科课程			
	1年级	2年级	3年级	4年级	5年级	6年级	7年级	8年级	9年级	10年级	生物	化学	物理	地球与空间科学
加拿大	√	√	√	√	√	√	√	√	√	√	√	√	√	√
中国台湾		√		√		√		√			√	√	√	√
英国		√			√		√				√	√	√	
芬兰		√			√		√							
中国香港			√		√		√							
匈牙利		√			√		√	√						

续表

国家及地区	科学课程										高中分科课程			
	1年级	2年级	3年级	4年级	5年级	6年级	7年级	8年级	9年级	10年级	生物	化学	物理	地球与空间科学
日本		√	√	√	√		√			√	√	√	√	√
新加坡			√				√				√	√	√	
韩国	√	√	√	√	√	√	√	√	√	√				

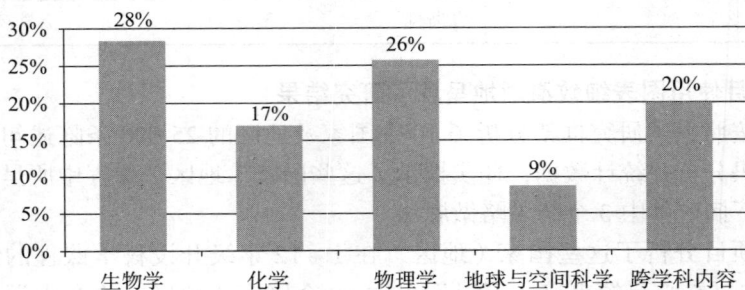

图 12-1 小学到初中各科内容比例平均分布图

（3）进一步具体分析生命科学的内容分布，发现重点聚焦在人体生物学及生物之间的联系上，突出了生命科学对个人及社会意义。生物学各个主题内容在不同学段所占比例的情况如表 12-6 所示。

表 12-6 生物学主题在各学段所占比例的平均分布表

生物学主题	小学 /%	初中 /%	高中 /%
1. 细胞：结构与功能	2	10	18
2. 生殖，发育与遗传	15	11	15
3. 系统，器官与组织：结构与功能	12	18	13
4. 稳态	13	11	11
5. 现代遗传学	0	3	11
6. 生物多样性	17	10	9
7. 人体生物学：健康与生理	21	18	9
8. 生物之间的相互作用	19	16	8
9. 进化	2	3	5

3. 项目提出了诸多有价值的决策建议

在对 10 个国家及地区的科学课程标准进行了充分而详尽地比较分析之后，该项目总结归纳了优秀课标具有的特点，包括了：

（1）围绕统一概念构建的课程标准比基于学科结构的课程标准有更好的连贯性和聚焦性。

（2）课程标准中提供多样化的行为范例会有助于显化和具体化对学生行为的期望目标。这些范例帮助学生将所学概念应用在新的生活情境中，用以解释日常现象，从而加强了课程标准的清晰度和可读性。

（3）与评价建立有意义的联系将帮助学生达成学习最终目标。如：加拿大、英国和中国香港均体现了课程标准与评价一致，将期望学生学习的内容与如何进行学习评价相联系。

（4）课程标准的组织与格式会严重影响标准的清晰度和可读性。

（5）发展学生进行探究、工程设计、建模的能力将为学生更好地参与结构化项目提供支持，同时培养学生的科学思维习惯、激发学生的学习兴趣。

（6）课程标准应体现出理念"科学面向全体学生"。

同时也指出了当前课程标准做得不足，应该极力避免的地方，如：

（1）科学课程标准中对数学的整合做得还不够。

（2）没有强调基于证据的探究，没有着重发展学生的证据意识。

（3）在小学和初中阶段，学生由于缺乏坚实的化学基础（如：化学键、化学反应、有机化学等），在学习现代生物学的关键概念时存在困难。

（4）高中阶段没有强调不同学科之间的基本联系，没能帮助学生理解某个学科中的概念在另一个学科中同样具有强大解释力。

（5）没有形成从小学到高中的学习进阶，尤其是从初中到高中阶段的学习内容和期望目标都有很大的跳跃性。

这些内容形成了对美国新一代科学教育标准制订最直接的决策建议。我们可以看到，最终 NGSS 的研制确实遵从了这样一些建议，吸取了各国课程标准的长处，无论是在组织架构还是文字表述上都尽力体现了标准的清晰度和可读性；同时也填补了现有标准尚需改善之处，提出了不少独树一帜的观点。可见 NGSS 取得的突破与前期大量扎实的研究是分不开的。

第三节　科学教育的学术团体和国际会议

任何一个研究领域若要得到长足的发展，必然需要形成该领域的"学术共同体"，即学术团体。学术团体中的众多研究者相互联系、彼此影响，共同研究发展，以此来推动学术的繁荣。今天的国际科学教育领域充满活力、蓬勃前行，演绎着许多激动人心的发展篇章。在这其中，科学教育的学术团体发挥着巨大作用，通过举办学术活动、国际会议及发行学术期刊，学术团体将全球各地众多科学教育研究者团结和凝聚起来，为学术交流和讨论提供绝佳的平台，促进科学教育研究成果的传播，形成强大的科研推动力和广泛的科学影响力。本节将介绍国际科学教育领域颇有声望的学术团体、权威期刊及国际会议，一方面关注这些内容可以及时获取科学教育研究进展的最新信息，第一时间追踪科学教育的研究成果；另一方面，也期望我国有更多的科学教育研究者参与到国际学术对话中，为中国发声，向世界讲述我们的教育故事。

一、科学教育的学术团体由开始的区域化组织逐渐发展为全球化组织

科学教育的学术团体有很强的地理区域性，形成了以美洲、亚洲、欧洲、大洋洲等为聚集地的科学教育学会。近些年来，随着国际化交流越来越频繁，开放和多样成为这个时代倡导的全球精神。各学术团体也在致力于提升区域合作的同时，不断谋求全球学术影响力，以吸引全球同行为己任。

1. 美国 NARST 协会为全球最具影响力的科学教育学术组织

美国国家科学教育研究协会（National Association for Research in Science Teaching, NARST）于 1928 年成立于美国明尼苏达州。NARST 协会历史悠久，是世界上成立的第一个科学教育学术团体，这是一个致力于通过研究改善科学教学的全球性组织。

NARST 自成立以来，一直致力于推动科学教育的研究和研究成果的传播，其最终目标是帮助所有学习者获得科学素养。它主要通过如下方式来促进这一目标的实现：①鼓励和支持来自多个学科的不同研究方法和理论视角在科学教学研究中的应用；②向研究者、实践者和决策者传达科学教育的研究成果；③与其他教育科学团体合作，影响教育政策。起初 NARST 学会是一个美国本土的学术组织，现在已经发展成为全球最具影响力的科学教育学术组织，其会员遍布全球各地，来自全球各地的研究者都以极大的热情参与到 NARST 学会组织的各项学术活动中。

2. 亚洲 EASE 协会是亚洲地区规模最大的科学教育学术组织

东亚科学教育协会（East-Asian Association for Science Education, EASE）成立于 2007 年，由日本、韩国、中国内地（大陆）、中国香港和中国台湾 5 个成员地区携手组建。

EASE 自成立以来，致力于搭建东亚地区科学教育理论与实践交流的平台。其建立的目标主要有 5 个：①扩大、提高东亚地区科学教育研究、教学的范围和质量；②为科学教育研究提供合作平台；③将研究与科学教育的政策和实践联系起来；④代表科学教育研究人员的专业兴趣；⑤促进东亚的科学教育研究人员与世界其他地方的类似协会之间的联系。EASE 协会的任务包括了 4 个方面：①促

进研究人员之间的网络联系；②成为研究人员合作的平台；③通过科学教育研究为政策和实践做出贡献；④加强与文化和遗产相关的研究。现在，EASE 协会的成员除了来自 5 个成员地区，还包括印度尼西亚、泰国、美国等来自全世界的科学教育研究人员。

3. 欧洲 ESERA 协会代表了欧洲科学教育研究者的专业兴趣

欧洲科学教育研究协会（European Science Education Research Association，ESERA）于 1995 年 4 月在英国利兹成立，界定了"欧洲"是指联合国所界定和承认的属于欧洲一部分的国家；"科学教育"是指为不同年龄学习者而设的自然科学教育（包括物理、化学、生物、地球科学、普通科学及应用科学）；"研究"是指所有形式的有系统的探究。

ESERA 协会代表了欧洲科学教育研究者的专业兴趣，其致力于：①提高欧洲科学教育研究和研究培训的范围及质量；②提供一个供欧洲国家在科学教育研究方面进行合作的论坛；③代表欧洲科学教育研究人员的专业利益；④设法将研究与欧洲科学教育的政策和实践联系起来；⑤促进欧洲科学教育研究人员与世界其他地方类似社区之间的联系。

4. 澳洲 ASERA 协会采用了一种非正式的合议制结构

澳洲科学教育研究协会（Australasian Science Education Research Association，ASERA）于 1970 年在澳大利亚成立，时间上仅晚于 NARST 协会，是世界上第二古老的科学教育研究协会。

ASERA 协会旨在促进所有背景和所有层次的科学教育研究。从一开始，协会就采用了一种非正式的合议制结构，且对所有人开放。协会中唯一的职位是"业务经理"负责财务、组织学术年会和编辑出版会议论文。ASERA 所有事务都是在其举办的学术年会上审议和决定的，所有与会者都将受到热烈的欢迎。

5. 美国 NSTA 协会是世界上最大的科学教师组织

美国国家科学教师协会（National Science Teaching Association，NSTA）成立于 1944 年，总部位于美国弗吉尼亚州的阿林顿（Arlington）。它是世界上最大的科学教师组织，现有超过 6 万名会员，包括科学教师、科学督导、管理人员、科学家、工商业代表，以及其他参与科学教育的人。

NSTA 协会致力于促进卓越和创新的科学教学和学习，确定了如下 6 个目标：①通过在国家、州和地方范围内倡导高质量的科学教育，提高科学教育和科学教学职业地位；②通过提供一套工具、资源和机会，在协作学习环境中支持长期增长，从而增强科学教育工作者的专业学习能力；③振兴科学教育，提高学生的成就和科学素养，巩固美国的经济地位；④从小培养孩子对科学的好奇心；⑤通过增强参与和差异化利益，丰富 NSTA 会员体验；⑥内部组织目标。实现目标需要基础设施的更新，以及人员支持。

二、科学教育学术团体出版学术期刊发布科学教育最新研究成果

科学教育协会通过发行官方出版物来传播科学教育研究成果，促进学术共同体的交流合作与发展繁荣。刊载于这些学术期刊上的论文均通过严格的同行评议机制，对研究实证性、学术价值、研究逻辑和文字质量等方面提出判定和意见，以确保论文的科学性、严谨性和实证价值。及时追踪和阅读这些学术期刊可实时掌握最新科学教育研究成果，把握科学教育发展的动向。

1. JRST 是科学教育界颇负盛名的权威学术期刊

《科学教学研究杂志》(*Journal of Research in Science Teaching*，JRST）是 NARST 协会的官方出版物。该刊物于 1963 年开始发行，每年 10 期，每期发表经同行评议的研究论文 5～7 篇，为科学教育研究人员发布有关科学教育、科学学习、科学教育政策等的研究成果。刊物出版的学术论文包括但不限于采用定性（如人种学、历史、调查、哲学、案例研究）、定量（如实验、准实验、数据挖掘和数据的调查分析方法）、立场文件、政策观点、对文学的批判性评论等。JRST 是科学教育界最为权威的学术期刊，在 2018 年社会科学引文索引 SSCI 中的影响因子数为 3.135，在全部 243 份教育研究类期刊中排名第 17 位。

2. IJSE 是重要的科学教育权威学术期刊

《国际科学教育杂志》(*International Journal of Science Education*，IJSE）是 ESERA 协会的官方出版物。该刊物于 1979 年创办初始名为《欧洲科学教育杂志》(简称 EJSE）, 1987 年更名为"IJSE"并一直沿用至今。该期刊每年出版 18 期，每期发表经同行评议的研究论文 10 篇左右，重点关注从幼儿到大学教育中科学的教与学，将教育研究和教育实践进行有效的关联。主要刊载以下 4 类文章：①实证研究论文：这些是基于理论并嵌入相关文献的批判性评论的实证研究说明；②立场文件：这些文章包括分析性的、解释性的或有说服力的文章，这些文章是关于世界各地的科学教育实践（包括教育、社会或哲学问题和趋势）所面临或可能面临的问题、挑战或机遇的起源、性质和可能的解决办法；③理论论文：这些文章讨论了科学教育理论研究与实践的性质和学术地位；④评论和批评：应包含与先前发表的文章或科学教育工作者感兴趣的问题有关的观点或信息的表达。IJSE 是重要的科学教育权威学术期刊，在 2018 年社会科学引文索引 SSCI 中的影响因子数为 1.255。

3. RISE 也是重要的科学教育权威学术期刊

《科学教育研究杂志》(*Research in Science Education*，RISE）为 ASERA 协会的官方出版物。该期刊于 1974 创刊至今，每年出版 6 期，每期发表经同行评议的研究论文 15～20 篇左右，刊登幼儿、小学、中学、大专、工作场所等各阶段的科学教育研究，也包括非正式教育下的科学教育研究。研究可以采取多种形

式，包括定量、定性和混合方法。RISE 也是重要的科学教育权威学术期刊，在 2018 年社会科学引文索引 SSCI 中的影响因子数为 1.382。

4. NSTA 协会出版了大量科学教学类期刊

NSTA 协会出版的期刊专注于各学段的科学教学实践，发表的文章以教学改革中的课堂实践为主。包括：

（1）《科学和儿童》（*Science and Children*），月刊。主要聚焦的是小学课堂，文章内容涵盖幼儿与小学生的科学学习、小学科学教育与环境教育、校外科学教育、家长参与科学教育等。

（2）《科学展望》（*Science Scope*），月刊。主要聚焦的是初中课堂，文章内容涵盖中学科学教育与环境教育、进化教学、科学本质、技术整合教学、科学教育中的性别平等、家长参与科学教育等。

（3）《科学教师》（*The Science Teacher*），月刊。主要聚焦的是高中课堂，文章内容涵盖高中科学教育与环境教育、进化教学、科学本质、实验科学、技术整合教学等。

（4）《大学科学教学》（*Journal of College Science Teaching*），双月刊。主要聚焦的是大学课堂，文章内容涵盖科学教师的专业精神、科学研究在教学中的作用、下一代科学教育标准、技术在科学教育中的作用等。

三、科学教育学术团体定期举办国际会议等学术活动

科学教育学术团体举办的学术活动常见形式为国际会议，这是世界各地的科学教育研究者进行学术展示、交流与合作的舞台。关注和参加这些国际会议不仅可以迅速了解到科学教育的最新成果、研究热点和发展趋势，还有助于建立中国和世界的学术对话，让世界其他国家和地区了解我国的科学教育改革和研究进展。

1. NARST 年会

作为全球最具影响力的科学教育学术组织，NARST 每年举办的学术年会也成为全球科学教育研究者的盛典，荟萃了全球科学教育顶尖学者的研究分享。每年大约有 2 000 多名来自世界各地的学者来到 NARST 年会进行国际交流。年会形式主要有大会报告、分论坛报告、工作坊和海报展示等，是全球科学教育理论研究和实践探索的精华巡展。最近一次 2019 年会在美国巴尔的摩举行，其主题为"通过科学教育研究来创造和维持集体行动"。

2. EASE 双年会

EASE 的年会每两年组织一次，年会形式主要有大会报告、分论坛报告、工作坊和海报展示等，来自不同国家和地区的科学教育者进行交流和汇报，分享在亚洲科学教育领域工作所发现的成果，加强与国际同仁和学术团体的重要联

系。最近一次 2018 年的会议在中国台湾（花莲）举行，其主题为"地区和全球的对话"。

3. ESERA 双年会

ESERA 年会每两年举办一次，每届约有 1 000 多名来自世界各地的学者进行交流探讨。2019 年的会议于 8 月 26 日—30 日在意大利博洛尼亚举行，其主题为"理解美和乐：通过科学教育应对当代挑战"。

4. ASERA 年会

ASERA 年会每年举办一次，每届约有 300 多名来自澳大利亚、新西兰、一些亚洲国家，以及世界各地的学者来到年会现场进行国际交流。该年会一直保持两项特色，一是不邀请任何人以任何形式进行主题演讲，二是每份研究的报告时间为 40 分钟，其中 20 分钟宣读研究，20 分钟进行问答讨论。2019 年的 ASERA 年会于 7 月 2 日—5 日在新西兰皇后镇举行，同时举办了该协会的 50 周年庆典。

5. NSTA 会议

NSTA 协会每年举办多次会议，包括了许多地区性的会议，以及令人瞩目的年度会议，多年来每届年会的参会人数已逾万人。会议安排的日程活动有上千的专题演讲、研讨会、工作坊等，内容包括了科学知识的最新发展、科学教育的新趋势，以及各年级教学设计优秀案例的分享与讨论。会中的展示会场还有来自全美数百家的厂商或机构展出开发的教材、教具及教学用品等，供学校、老师们参考选购。2019 年是美国科学教师协会（NSTA）成立 75 周年，年会于 4 月 11 日—14 日在圣路易斯市召开，其主题为"科学教育的优胜者"。

此外，部分科学教育学术团体也为研究生提供学术培训的机会，比如 EASE 协会每两年定期组织国际学术研讨会和暑期/冬季学校夏令营学术交流活动，活动的目标是为来自东亚科学教育协会所属会员国家和地区的科学教育博士研究生提供一个共同分享研究经历、提升博士论文研究水平、进一步发展未来研究合作的平台。活动邀请来自东亚各个成员国的科学教育专家和科学教育博士生参与，活动内容主要包括专家报告、博士论文研究小组研讨以及小组合作研究设计。科学教育专家在会议中分享科学教育研究中的成果和挑战，同时也会为参与会议博士研究生的论文提出建议。来自不同国家的博士生会被分为不同的小组，由教授和教练进行指导展开跨领域合作的研究。

（张颖之）

🔍 思考与练习

1. 尝试将跨学科概念与我国高中生物"必修 2"的课程内容关联起来。

2. 举例说明科学与工程有何联系，有何区别。

3. 选取一个小的科学教育主题，设计一个国际比较项目的研究问题和思路框架。

4. 说出有哪些途径可迅速了解科学教育研究的新热点。

5. 在网上浏览最近一次 NARST 年会的页面，搜寻此次会议包括了哪些主题。

𝑒 更多数字课程学习资源

✏️ 本章小结　　📖 参考文献

郑重声明

高等教育出版社依法对本书享有专有出版权。任何未经许可的复制、销售行为均违反《中华人民共和国著作权法》，其行为人将承担相应的民事责任和行政责任；构成犯罪的，将被依法追究刑事责任。为了维护市场秩序，保护读者的合法权益，避免读者误用盗版书造成不良后果，我社将配合行政执法部门和司法机关对违法犯罪的单位和个人进行严厉打击。社会各界人士如发现上述侵权行为，希望及时举报，本社将奖励举报有功人员。

反盗版举报电话　　(010)58581999　58582371　58582488
反盗版举报传真　　(010)82086060
反盗版举报邮箱　　dd@hep.com.cn
通信地址　北京市西城区德外大街4号　高等教育出版社法律事务与版权管理部
邮政编码　100120

防伪查询说明

用户购书后刮开封底防伪涂层，利用手机微信等软件扫描二维码，会跳转至防伪查询网页，获得所购图书详细信息。也可将防伪二维码下的20位密码按从左到右、从上到下的顺序发送短信至106695881280，免费查询所购图书真伪。

反盗版短信举报

编辑短信"JB，图书名称，出版社，购买地点"发送至10669588128

防伪客服电话

(010)58582300